C++ 소프트웨어 디자인

고품질 소프트웨어 구축을 위한
설계 원칙과 패턴

**C++ 소프트웨어
디자인**

고품질 소프트웨어 구축을 위한
설계 원칙과 패턴

지은이 **클라우스 이글베르거**

옮긴이 **이상주**

펴낸이 **박찬규** 교정 **전이주** 디자인 **북누리** 표지디자인 **Arowa & Arowana**

펴낸곳 **위키북스** 전화 **031-955-3658, 3659** 팩스 **031-955-3660**
주소 **경기도 파주시 문발로 115 세종출판벤처타운 311호**

가격 **32,000** 페이지 **468** 책규격 **188 x 240mm**

초판 발행 **2023년 10월 30일**
ISBN **979-11-5839-458-5 (93000)**

등록번호 **제406-2006-000036호** 등록일자 **2006년 05월 19일**
홈페이지 **wikibook.co.kr** 전자우편 **wikibook@wikibook.co.kr**

© 2023 WIKIBOOKS Publishing Co.
Authorized Korean translation of the English edition of C++ Software Design
ISBN 9781098113162 © 2022 Klaus Iglberger.
This translation is published and sold by permission of O'Reilly Media, Inc.,
which owns or controls all rights to publish and sell the same.

이 책의 한국어판 저작권은 저작권자와 독점 계약한 위키북스에 있습니다.
신저작권법에 의해 한국 내에서 보호를 받는 저작물이므로 무단 전재와 복제를 금합니다.
이 책의 내용에 대한 추가 지원과 문의는 위키북스 출판사 홈페이지 wikibook.co.kr이나
이메일 wikibook@wikibook.co.kr을 이용해 주세요.

C++ 소프트웨어 디자인

고품질 소프트웨어 구축을 위한 설계 원칙과 패턴

클라우스 이글베르거 지음
이상주 옮김

O'REILLY® 위키북스

서문

여러분의 손에는 내가 수년 전에 가지고 있었으면 좋았을 C++ 책이 들려 있다. 이 책은 C++ 공부 초반에 읽는 책이 아니라, C++ 언어의 메커니즘을 소화하고 C++ 구문에 얽매이지 않고 생각할 수 있게 된 후에 읽는 고급 책이다. 그렇다. 분명 이 책은 유지 보수 가능한 소프트웨어의 근본적인 측면을 더 잘 이해하는 데 도움이 될 것이며 여러분에게도 도움이 될 것이라 확신한다.

이 책을 쓴 이유

(첫 번째 C++ 표준이 발표된 지 몇 년 후) 이 언어를 정말 깊게 파고들 무렵 나는 당시 시중에 나와 있는 거의 모든 C++ 책을 읽었다. 상당수 책이 훌륭했고 C++ 강사와 컨설턴트로서의 현재 경력을 쌓는 데 분명 큰 도움이 됐지만, 사소한 상세 내용과 구현 세부 내용에 너무 집중되어 있었고 유지 보수 가능한 소프트웨어라는 큰 그림과는 다소 거리가 있었다.

당시에는 대규모 소프트웨어 시스템 개발을 다루는 더 큰 그림에 초점을 맞춘 책이 거의 없었다. 그중 의존성 관리에 대한 훌륭하지만 말 그대로 무거운 입문서인 존 라코스(John Lakos)의 《Large Scale C++ Software Design》[1]과 소프트웨어 디자인 패턴에 대한 고전인 이른바 사인방 책[2]이 있었다. 안타깝게도 수년이 지난 지금도 이 상황은 사실 바뀌지 않았다. 대부분의 책, 강연, 블로그 등이 주로 언어 메커니즘과 기능, 즉 작은 상세 내용과 세부 구현에 초점을 맞추고 있다. 새로 나온 책이나 강연, 블로그 글에서도 유지 보수 가능한 소프트웨어, 변경 용이성(changeability), 기능 확장성(extensibility), 테스트 용이성(testability)에 초점을 맞추는 내용은 매우 적으며, 내 생각에는 턱없이 부족할 따름이다. 그리고 그러려고 시도하더라도 안타깝지만 금방 언어 메커니즘을 설명하고 기능을 시연하는 일반적인 습관으로 돌아가 버린다.

이것이 이 책을 쓴 이유다. 대부분 다른 책과 달리, 이 책은 언어 메커니즘이나 여러 기능에 시간을 할애하지 않고 주로 소프트웨어의 변경 용이성, 기능 확장성, 테스트 용이성에 초점을 맞춘다. 새로운 C++ 표준이나 기능을 사용하는 것이 좋은 소프트웨어와 나쁜 소프트웨어를 가른다고 주장하지 않고, 대신에 의존성 관리가 결정적이며, 코드의 의존성이 좋고 나쁜 소프트웨어를 결정한다는 것을 명확히 보여준다. 이처럼 이 책은 소프트웨어 디자인이라는 더 큰 그림에 초점을 맞춘 C++ 세계에서 보기 드문 책이다.

---

1 존 라코스, 《Large Scale C++ Software Design》(Addison-Wesley, 1996).
2 에릭 감마 등, 《GoF의 디자인 패턴》(프로텍미디어, 2015).

이 책에서 다루는 내용

소프트웨어 디자인

내가 보기에 좋은 소프트웨어 디자인은 모든 성공적인 소프트웨어 프로젝트의 본질이다. 그 근본적인 역할에도 불구하고 아직 그 주제에 관한 문헌이 너무 적고, 무엇을 하고 어떻게 해야 올바른지에 대한 조언도 거의 없다. 왜 그럴까? 어렵기 때문이다. 매우 어렵다. 아마 우리가 직면해야 하는 소프트웨어 작성의 가장 어려운 양상일 것이다. 그 이유는 소프트웨어 개발자 세대를 통해 전해줄 '올바른' 단일 해결책이나 '황금' 조언이 없기 때문이다. 항상 상황에 따라 달라진다.

이런 한계에도 불구하고 이 책에서는 좋은 고품질 소프트웨어를 디자인하는 방법에 대한 조언을 제공할 것이다. 의존성 관리 방법을 더 잘 이해하고 수십 년 동안 작동할 수 있는 소프트웨어로 바꾸는 데 도움이 되는 디자인 원칙과 디자인 지침, 디자인 패턴을 제공할 것이다. 앞서 언급했듯이 '황금' 조언이란 존재하지 않으며, 어떤 궁극적이거나 완벽한 해결책을 이 책에 담고 있지도 않다. 대신 이 책에서는 좋은 소프트웨어의 가장 근본적인 측면, 가장 중요한 상세 내용, 서로 다른 디자인의 다양성과 장단점을 보여주려고 한다. 또한 모던 C++를 사용해 고유한 디자인 목표를 공식화하고 이러한 목표를 달성하는 방법을 보여준다.

모던 C++

지난 10여 년 동안 우리는 모던 C++ 출현을 축하하며 이 언어의 새로운 많은 기능과 확장에 갈채를 보내고, 그렇게 함으로써 모던 C++가 모든 소프트웨어 관련 문제를 해결하는 데 도움이 될 것이라는 인상을 만들어 냈다. 이 책은 그렇지 않다. 이 책에서는 코드에 스마트 포인터 몇 가지를 던져 넣는다고 코드가 '모던'해지거나 자동으로 좋은 디자인을 만들어 내는 척하지 않는다. 또한 모던 C++를 새 기능 모음으로 보여주지도 않는다. 대신 이 언어의 철학이 어떻게 발전했는지, 그리고 오늘날 C++ 해결책을 구현하는 방법을 보여준다.

물론 코드도 아주 많이 보게 될 것이다. 물론 이 책에서는 (C++20 포함) 최신 C++ 표준 기능을 활용한다. 하지만 디자인이 구현 상세와 사용된 기능과 독립적이라는 점을 강조하기 위해 노력한다. 새 기능은 무엇이 좋은 디자인이고 나쁜 디자인인지에 대한 규칙을 바꾸지 않으며, 단지 좋은 디자인을 구현하는 방식을 바꿀 뿐이다. 새 기능을 통해 좋은 디자인을 더 쉽게 구현할 수 있다. 그러므로 이 책에서는 구현 상세를 보여주고 논의도 하지만, (바라건대) 그 안에서 길을 잃지 않고 항상 소프트웨어 디자인과 디자인 패턴이라는 큰 그림에 초점을 맞출 것이다.

디자인 패턴

디자인 패턴을 언급하기 시작하면 바로 무심코 객체 지향 프로그래밍과 상속 계통에 대한 기대를 떠올릴 것이다. 그렇다. 이 책에서는 많은 디자인 패턴의 객체 지향적 기원을 보여준다. 하지만 디자인 패턴을 잘 사용하는 방법이 딱 하나가 아니라는 사실을 강조한다. 객체 지향 프로그래밍, 일반화 프로그래밍, 함수형 프로그래밍을 포함해 다양한 패러다임을 활용하며 디자인 패턴 구현이 어떻게 진화하고 다양화했는지 설명한다. 이 책에서는 하나의 진정한 패러다임은 없다는 사실을 인정하고 모든 문제에 대한 단 하나의 해결책, 영원히 작동하는 하나의 해결책이 있는 척하지 않는다. 대신 모든 패러다임을 결합하고, 강하고 튼튼한 그물로 엮어 수십 년을 지속할 소프트웨어 디자인을 만들어 낼 기회를 제공하는 모던 C++의 진정한 모습을 보여준다.

이 책이 C++ 문헌의 부족한 부분을 채워주기를 바란다. 내게 도움이 된 것만큼 여러분에게도 도움이 되길 바란다. 여러분이 찾고 있던 답을 담고 있고, 여러분이 놓친 핵심 통찰력 몇 가지를 제공하길 바란다. 또한 끝까지 읽고 싶을 만큼 이 책이 어느 정도 재미와 동기를 부여하길 바란다. 하지만 가장 중요한 것은 여러분에게 소프트웨어 디자인의 중요성과 디자인 패턴의 역할을 보여 주는 것이다. 여러분도 알다시피 디자인 패턴은 어디에나 있기 때문이다!

이 책의 대상

이 책은 모든 C++ 개발자에게 유용하다. 특히 유지 보수 가능한 소프트웨어의 일반 문제를 이해하고 이러한 문제에 대한 일반적인 해결책을 배우는 데 관심 있는 모든 C++ 개발자를 위한 것이다(사실 **모든** 개발자가 그럴 것이라 추론한다). 하지만 이 책은 C++ 초보자용 책은 아니다. 사실 이 책의 지침 대부분은 전반적으로 소프트웨어 개발과 특히 C++에 대해 어느 정도 경험을 요구한다. 예를 들면, 상속 계통에 대한 언어 메커니즘을 확실히 파악하고 템플릿에 대한 경험이 어느 정도 있다고 가정한다. 그러면 필요하고 적절할 때마다 해당 기능을 이용할 수 있다. 가끔은 C++20 기능 일부(특히 C++20 콘셉트)를 이용하기도 한다. 하지만 소프트웨어 디자인에 초점을 맞추며 특정 기능에 대한 설명을 거의 하지 않으므로 어떤 기능을 모른다면 선호하는 C++ 언어 참고 문서를 찾아보길 바란다. 가끔 기억을 일깨울 만한, (5의 법칙[3] 같이) 대부분 일반적인 C++ 관용구에 대한 것만 추가할 뿐이다.

---

[3] http://isocpp.github.io/CppCoreGuidelines/CppCoreGuidelines#Rc-five

이 책의 구성

이 책은 여러 장으로 구성돼 있으며 각 장에는 지침이 몇 가지씩 있다. 각 지침은 유지 보수 가능한 소프트웨어의 핵심 측면 한 가지나 특정 디자인 패턴에 초점을 맞춘다. 따라서 지침은 가장 큰 가치를 가져다주는 측면, 즉 주요 요점을 나타낸다. 지침은 앞에서부터 순차적으로 읽게 작성했지만, 느슨하게 연결되어 있으므로 관심 가는 지침부터 시작해도 된다. 하지만 각 지침이 독립적이지는 않다. 따라서 각 지침은 모든 것이 연결돼 있다는 것을 보여주기 위해 다른 지침에 대한 상호 참조를 담고 있다.

이 책의 서식

이 책은 다음과 같은 표기 규칙을 따른다.

고딕체

새로운 용어, URL, 이메일 주소, 파일명, 파일 확장자.

`고정폭 글꼴`

본문 및 코드 블록에서 변수명/함수명, 데이터 타입, 환경 변수, 명령문, 키워드와 같은 프로그램 요소를 나타내는 데 사용.

`굵은 고정폭 글꼴`

코드 일부를 강조하거나 사용자가 그대로 입력해야 하는 명령 또는 텍스트에 사용.

`고정폭 기울임꼴`

사용자가 맥락에 맞게 입력해야 하는 텍스트에 사용

팁 또는 제안을 이렇게 나타낸다.

일반적인 참고 사항을 이렇게 나타낸다.

경고를 이렇게 나타낸다.

예제 코드 사용

예제 코드와 연습문제 등 추가 자료는 다음 주소에서 내려받을 수 있다.

- 원서: https://github.com/igl42/cpp_software_design
- 번역서: https://github.com/wikibook/cpp-software-design

이 책은 여러분이 임무를 완료하도록 돕기 위한 것이다. 일반적으로 이 책에서 제공하는 예제 코드는 여러분의 프로그램과 문서에 사용할 수 있다. 해당 코드의 상당 부분을 복제하는 게 아니라면 연락해 허락받을 필요는 없다. 예를 들어 이 책의 코드 일부를 사용해 프로그램을 작성하는 것은 허락받을 필요는 없다. 예제를 판매하거나 배포하려면 허락받아야 한다. 이 책을 인용하고 코드 예를 인용해 질문에 답하는 것은 허락받을 필요 없다. 이 책의 예제 코드 상당량을 제품 문서에 포함하려면 허락받아야 한다.

감사의 말

이런 책은 절대 한 개인의 업적이 아니다. 오히려 이 책이 나오기까지 여러 방법으로 도와준 많은 분께 고마움을 전하고 싶다. 무엇보다 먼저, C++를 모르면서도 책 전체를 읽어준 아내 스테피(Steffi)에게 깊은 고마움을 표하고 싶다. 그리고 이 모든 정보를 종이로 옮기는 데 필요한 침착함을 내가 유지할 수 있도록 두 아이를 돌봐준 것에도 감사한다(이 둘 중 어느 것이 더 큰 희생이었는지 잘 모르겠다).

내 설명과 예에 끊임없이 도전하며 더 나은 책이 되도록 귀중한 시간을 투자한 검토자 다니엘라 엥거트, 패트리스 로이, 스테판 웰러, 마크 서머필드, 제이콥 반데스-스토치에게 특별한 고마움을 전한다.

타입 소거 디자인 패턴에 대한 의견과 피드백을 준 아서 오드와이어, 에두아르도 마드리드, 줄리안 슈미트와 소프트웨어 아키텍처와 문서화에 대해 토론한 요하네스 구테쿤스트에게도 큰 감사를 전한다.

또한 마지막 순간까지 실수를 잡는 데 도움을 준 (그리고 실제로 그랬던) 냉철한 두 독자 마티아스 되르펠과 비토리오 로미오에게도 고마움을 전하고 싶다.

마지막으로 이 책을 더 일관되고 재미있는 책이 되도록 많은 시간을 할애해 귀중한 조언을 해준 편집자 시라 에반스에게 큰 고마움을 전한다.

저자 소개

클라우스 이글베르거(Klaus Iglberger)는 프리랜서 C++ 강사이자 컨설턴트다. 2010년에 컴퓨터 공학 박사를 취득했으며, 이후 대규모 C++ 소프트웨어 디자인에 집중해 왔다. 그는 전 세계적으로 인기 있는 C++ 강의를 통해 전문 지식을 공유하고 있다. 또한 Blaze C++ 수학 라이브러리(https://bitbucket.org/blaze-lib/blaze/src/master)의 창시자이자 책임 디자이너이며, Munich C++ 사용자 모임(MCU++)(https://www.meetup.com/ko-KR/MUCplusplus)의 주최자 중 한 명이고 CppCon(https://cppcon.org)에서 Back-to-Basics(https://cppcon.org/b2b)과 Software Design(https://cppcon.org/softwaredesign) 트랙의 (공동) 주최자다.

역자 소개

이상주 _ 반도체 장비 프로그래머이다. 과거 우연한 기회로 시작한 프로그래밍 서적 번역이 어느덧 여섯 번째에 이르렀다. 《오브젝트 디자인 스타일 가이드》《C++ 프라이머》《프로그래밍 패턴》 등을 번역했다.

목차

01. 소프트웨어 디자인 기술 1

지침 1: 소프트웨어 디자인의 중요성을 이해하라 2
기능은 소프트웨어 디자인이 아니다 2
소프트웨어 디자인: 의존성과 추상화 관리 기술 3
소프트웨어 개발의 세 가지 수준 5
기능에 집중하기 8
소프트웨어 디자인과 디자인 원칙에 집중하기 10

지침 2: 변경을 위한 디자인 10
관심사 분리 11
인위적인 결합 예 12
논리적 결합 대 물리적 결합 15
반복하지 말 것 18
너무 이른 관심사 분리를 피한다 23

지침 3: 인터페이스를 분리해 인위적인 결합을 피하라 24
인터페이스를 분리해 관심사 분리하기 24
템플릿 인자의 요구 사항 최소화하기 27

지침 4: 테스트 용이성을 위한 디자인 28
비공개 멤버 함수 테스트 방법 29
진정한 해결책: 관심사 분리 34

지침 5: 확장을 위한 디자인 37
개방-폐쇄 원칙 37
컴파일 시점의 기능 확장성 41
너무 이른 기능 확장을 위한 디자인을 피한다 44

02. 추상화 구축 기술 46

지침 6: 추상화로 기대하는 행위를 따르라 47
기대를 어기는 예 47
리스코프 치환 원칙 50
리스코프 치환 원칙에 대한 비판 55
좋고 의미 있는 추상화의 필요성 56

지침 7: 기초 클래스와 콘셉트 간 유사성을 이해하라	56
지침 8: 다중 정의 집합의 의미론적 요구 사항을 이해하라	60
자유 함수의 힘: 컴파일 시점 추상화 메커니즘	61
자유 함수의 문제: 행위에 대한 기대	64
지침 9: 추상화 소유권에 주의하라	67
의존성 역전 원칙	67
플러그인 아키텍처에서 의존성 역전	73
템플릿을 통한 의존성 역전	76
다중 정의 집합을 통한 의존성 역전	76
의존성 역전 원칙 대 단일 책임 원칙	78
지침 10: 아키텍처 문서 작성을 고려하라	79

03. 디자인 패턴의 목적   83

지침 11: 디자인 패턴의 목적을 이해하라	84
디자인 패턴은 이름이 있다	84
디자인 패턴은 의도를 전달한다	85
디자인 패턴은 추상화를 도입한다	86
디자인 패턴은 입증됐다	88
지침 12: 디자인 패턴에 대한 오해를 주의하라	89
디자인 패턴은 목표가 아니다	89
디자인 패턴은 구현 상세에 관한 것이 아니다	90
디자인 패턴은 객체 지향 프로그래밍이나 동적 다형성에 국한하지 않는다	93
지침 13: 디자인 패턴은 어디에나 있다	96
지침 14: 디자인 패턴 이름을 사용해 의도를 전달하라	101

04. 비지터 디자인 패턴 — 104

지침 15: 타입 또는 연산 추가를 위한 디자인 — 105
절차적 해결책 — 105
객체 지향 해결책 — 113
동적 다형성에서 디자인 선택을 인식한다 — 116

지침 16: 비지터를 사용해 연산을 확장하라 — 118
디자인 문제 분석 — 118
비지터 디자인 패턴 해설 — 119
비지터 디자인 패턴 단점 분석 — 123

지침 17: 비지터를 구현하는 데 std::variant를 고려하라 — 127
std::variant 소개 — 128
도형 그리기를 값 기반, 비간섭 해결책으로 리팩터링하기 — 130
성능 벤치마크 — 137
std::variant 해결책의 단점 분석 — 139

지침 18: 비순환 비지터의 성능에 주의하라 — 140

05. 전략 디자인 패턴과 커맨드 디자인 패턴 — 146

지침 19: 전략을 사용해 작업 수행 방법을 분리하라 — 147
디자인 문제 분석 — 150
전략 디자인 패턴 해설 — 154
순진한 해결책의 단점 분석 — 159
비지터와 전략 비교 — 166
전략 디자인 패턴 단점 분석 — 166
단위 전략 기반 디자인 — 169

지침 20: 상속보다 구성을 선호하라 — 172

지침 21: 커맨드를 사용해 수행할 작업을 분리하라 — 175
커맨드 디자인 패턴 해설 — 175
커맨드 디자인 패턴 대 전략 디자인 패턴 — 184
커맨드 디자인 패턴 단점 분석 — 187

지침 22: 참조 의미론보다 값 의미론을 선호하라	187
GoF 형식의 단점: 참조 의미론	188
참조 의미론: 두 번째 예	191
모던 C++ 철학: 값 의미론	194
값 의미론: 두 번째 예	196
디자인 패턴을 구현하는 데 값 의미론 사용을 선호하라	198
지침 23: 전략과 커맨드는 값 기반 구현을 선호하라	199
std::function 소개	199
도형 그리기 리팩터링	201
성능 벤치마크	207
std::function 해결책 단점 분석	208

06. 어댑터 디자인 패턴, 옵서버 디자인 패턴, CRTP 디자인 패턴   210

지침 24: 어댑터를 사용해 인터페이스를 표준화하라	211
어댑터 디자인 패턴 해설	212
객체 어댑터 대 클래스 어댑터	214
표준 라이브러리의 예	216
어댑터와 전략 비교	218
함수 어댑터	218
어댑터 디자인 패턴의 단점 분석	220
지침 25: 추상 통지 메커니즘으로 옵서버를 적용하라	224
옵서버 디자인 패턴 해설	224
전통적인 옵서버 구현	226
값 의미론을 기반으로 한 옵서버 구현	237
옵서버 디자인 패턴의 단점 분석	240
지침 26: CRTP를 사용해 정적 타입 범주를 도입하라	241
CRTP에 대한 동기	242
CRTP 디자인 패턴 해설	248
CRTP 디자인 패턴 단점 분석	254
CRTP의 미래: CRTP와 C++20 콘셉트 간 차이	256

지침 27: 정적 믹스인 클래스에 CRTP를 사용하라 259
강타입(Strong type)의 동기 259
구현 패턴으로 CRTP 사용 262

07. 브리지 디자인 패턴, 프로토타입 디자인 패턴, 외부 다형성 디자인 패턴 268

지침 28: 브리지를 구축해 물리적 의존성을 제거하라 269
동기 부여 사례 269
브리지 디자인 패턴 해설 274
핌플 관용구 278
브리지와 전략의 비교 283
브리지 디자인 패턴 단점 분석 286

지침 29: 브리지 성능 이득과 손실을 인식하라 287
브리지 성능 영향 287
부분 브리지로 성능 향상시키기 290

지침 30: 추상 복사 연산에는 프로토타입을 적용하라 293
양을 이용한 예: 동물 복사 294
프로토타입 디자인 패턴 해설 296
프로토타입과 std::variant 비교 299
프로토타입 디자인 패턴 단점 분석 300

지침 31: 비간섭 런타임 다형성에는 외부 다형성을 사용하라 301
외부 다형성 디자인 패턴 해설 302
도형 그리기 다시 보기 305
외부 다형성과 어댑터 비교 314
외부 다형성 디자인 패턴 단점 분석 314

08. 타입 소거 디자인 패턴 ... 319

지침 32: 상속 계통을 타입 소거로 대체할 것을 고려하라 ... 320
타입 소거의 역사 ... 320
타입 소거 디자인 패턴 해설 ... 323
소유형 타입 소거 구현 ... 325
타입 소거 디자인 패턴 단점 분석 ... 334
두 타입 소거 래퍼 비교하기 ... 335
타입 소거 래퍼의 인터페이스 분리 ... 338
성능 벤치마크 ... 340
용어에 대한 한 마디 ... 341

지침 33: 타입 소거의 최적화 잠재력을 인식하라 ... 342
소규모 버퍼 최적화 ... 343
함수 디스패치 직접 구현 ... 353

지침 34: 소유형 타입 소거 래퍼의 설정 비용을 인식하라 ... 359
소유형 타입 소거 래퍼 설정 비용 ... 359
간단한 비소유형 타입 소거 구현 ... 362
더 강력한 비소유형 타입 소거 구현 ... 365

09. 데코레이터 디자인 패턴 ... 376

지침 35: 데코레이터를 사용해 사용자 정의를 계통적으로 추가하라 ... 377
동료의 디자인 문제 ... 377
데코레이터 디자인 패턴 해설 ... 382
데코레이터 디자인 패턴의 고전적인 구현 ... 384
두 번째 데코레이터 예 ... 390
데코레이터, 어댑터, 전략 비교 ... 393
데코레이터 디자인 패턴 단점 분석 ... 394

지침 36: 런타임과 컴파일 시점 추상화 간 이율배반적 관계를 이해하라 ... 397
값 기반 컴파일 시점 데코레이터 ... 398
값 기반 런타임 데코레이터 ... 404

10. 싱글턴 패턴 410

지침 37: 싱글턴을 디자인 패턴이 아닌 구현 패턴으로 다루라 411
싱글턴 패턴 해설 411
싱글턴은 의존성을 관리하거나 줄이지 않는다 415

지침 38: 싱글턴을 변경과 테스트 용이성을 위해 디자인하라 416
싱글턴은 전역 상태를 나타낸다 417
싱글턴은 변경 용이성과 테스트 용이성을 저해한다 418
싱글턴에 대한 의존성 뒤집기 422
전략 디자인 패턴 적용 428
지역 의존성 주입으로 전환 433

11. 마지막 지침 437

지침 39: 디자인 패턴을 계속 배워라 437

01

소프트웨어 디자인 기술

소프트웨어 디자인은 무엇인가? 왜 관심을 둬야 할까? 이 장에서는 소프트웨어 디자인에 관한 이 책의 무대를 마련해 보려고 한다. 또한 일반적으로 소프트웨어 디자인이 왜 프로젝트 성공에 매우 중요하며, 올바로 알아야 하는지 이해하도록 도와줄 것이다. 하지만 소프트웨어 디자인이 복잡하다는 것도 알게 될 것이다. 정말 복잡하다. 사실 소프트웨어 개발에서 가장 복잡한 부분이다. 그러므로 계속해서 올바른 길에 서 있도록 소프트웨어 디자인 원칙도 몇 가지 설명할 것이다.

'지침 1: 소프트웨어 디자인의 중요성을 이해하라'에서는 큰 그림에 집중하되 소프트웨어는 변경될 수 있다는 점을 설명한다. 따라서 소프트웨어는 변화에 대응할 수 있어야 한다. 하지만 실제로 결합(coupling)과 의존성은 개발자로서의 우리 삶을 훨씬 더 힘들게 하므로 행동보다 말이 더 쉽다. 이 문제는 소프트웨어 디자인으로 해결된다. 소프트웨어 공학에서 필수적인 부분인 의존성과 추상화를 관리하는 기술로 소프트웨어 디자인을 소개한다.

'지침 2: 변경을 위한 디자인'에서는 결합과 의존성을 명시적으로 다루고, 변경에 대비한 디자인 방법과 소프트웨어를 더욱 적응력 있게 만드는 방법을 이해하게 돕는다. 이를 위해 **단일 책임 원칙(Single-Responsibility Principle, SRP)과 반복하지 말 것(Don't Repeat Yourself, DRY)** 원칙을 소개한다. 모두 이 목표를 성취하는 데 도움이 되는 원칙이다.

'지침 3: 인터페이스를 분리해 인위적인 결합을 피하라'에서는 결합에 대한 논의를 확대하고 특히 인터페이스를 통한 결합을 다룬다. 또한 인터페이스가 유발한 인위적인 결합을 줄이는 방법으로 **인터페이스 분리 원칙(Interface Segregation Principle, ISP)**을 소개한다.

'지침 4: 테스트 용이성(testability)을 위한 디자인'에서는 인위적인 결합 결과로 생긴 테스트 용이성 문제에 초점을 맞춘다. 특히 비공개 멤버 함수를 어떻게 테스트할지 질문을 제기하고 한 가지 진정한 해결책은 결과적으로 관심사를 분리하는 것임을 보여준다.

'지침 5: 확장을 위한 디자인'에서는 중요한 변경 중 하나인 확장을 다룬다. 코드는 변경하기 쉬워야 하는 만큼 확장하기도 쉬워야 한다. 이 목표를 성취하기 위한 아이디어를 제시하고 **개방-폐쇄 원칙(Open-Closed Principle, OCP)**을 보여준다.

지침 1: 소프트웨어 디자인의 중요성을 이해하라

여러분에게 가장 중요한 코드 특성이 무엇인지 물으면 잠시 생각한 후 아마 가독성, 테스트 용이성, 유지 보수성, 기능 확장성(extensibility), 재사용성, 규모 가변성(scalability)과 같은 것을 대답할 것이다. 전적으로 동의한다. 하지만 이런 목표를 달성하는 방법을 물어보면 RAII, 알고리듬, 람다, 모듈 등 일부 C++ 기능을 나열하기 시작할 것 같다.

기능은 소프트웨어 디자인이 아니다

그렇다. C++에는 많은 기능이 있다. 정말 많다! 인쇄된 C++ 표준에서 거의 2천 쪽 중 절반 가까이 언어 구조와 기능을 설명하는 데 사용한다.[1] C++11 출시 이후, 더 많은 기능이 추가될 것이라는 명시적인 약속이 있다. 감사하게도 C++ 표준 위원회에서는 3년마다 새로운 기능을 추가한 새 C++ 표준을 출시한다. 이 점을 고려하면, C++ 커뮤니티에서 기능과 언어 구조를 매우 강조하는 것도 그리 놀랍지 않다. 대부분의 책과 강연, 블로그에서는 기능과 새 라이브러리, 그리고 언어 세부 정보에 초점을 맞춘다.[2]

마치 기능이 C++ 프로그래밍에서 가장 중요하고 C++ 프로젝트 성공에 필수인 것처럼 느껴진다. 하지만 솔직히 그렇지 않다. 모든 기능에 대한 지식과 C++ 표준 선택, 어느 것도 프로젝트 성공과 관계없다. 기능이 여러분의 프로젝트를 구해줄 것이라 기대해서는 안 된다. 반대로 오래된 C++ 표준을 사용하고 사용 가능한 기능 중 일부만 사용하더라도 프로젝트는 성공할 수 있다. 소프트웨어 개발의 인간적 측면은 차치하고, 프로젝트의 성패에 대한 질문에서 훨씬 더 중요한 것은 소프트웨어의 전반적인 **구조**다. 코드 변경, 확장, 테스트가 얼마나 쉬운지를 뜻하는 유지 보수성에 대한 궁극적인 책임은 구조에 있다. 코

---

1   물론 여러분은 현재 C++ 표준을 인쇄하려고 시도조차 하지 않을 것이고, 공식 C++ 표준(https://isocpp.org/std/the-standard)이나 현재 작업 중인 초안(http://eel.is/c++draft/)의 PDF를 사용할 것이다. 하지만 일상 업무 대부분에서는 C++ 참고 사이트(https://en.cppreference.com/w)를 참고하면 된다.

2   안타깝게도 내가 방대한 C++ 영역을 모두 살펴봤다고 말할 수는 없으므로 어떤 수치도 제시할 수 없다. 오히려 내가 알고 있는 내용에 대해서도 완전한 개요를 가지고 있지 않을 수 있다! 그러므로 이는 저자가 개인적으로 받은 인상이자 C++ 커뮤니티를 인식하는 방식이라고 생각해 주길 바란다. 여러분은 다르게 느낄 수도 있다.

드를 쉽게 변경하고 새 기능을 추가하며 테스트로 정확성을 확신할 수 없으면 프로젝트의 수명주기는 끝난다. 구조는 프로젝트가 그 자체의 무게 때문에 무너지기 전에 얼마나 성장할 수 있는지를 뜻하는 규모 가변성에도 책임이 있다. 얼마나 많은 사람이 서로의 기분을 상하게 하지 않으면서 프로젝트의 비전을 실현할 수 있을까?

전체 구조는 프로젝트의 디자인이다. 프로젝트 성공에서 디자인은 어떤 기능으로 할 수 있는 것보다 훨씬 더 중심적인 역할을 수행한다. 훌륭한 소프트웨어는 기본적으로 어떤 기능을 적절히 사용하는 것에 대한 것이 아니라 견고한 아키텍처와 디자인에 관한 것이다. 훌륭한 소프트웨어 디자인은 일부 나쁜 구현 결정을 견딜 수 있지만, 나쁜 소프트웨어 디자인은 (오래된 또는 새로운) 기능을 멋지게 사용하는 것만으로 구제할 수 없다.

소프트웨어 디자인: 의존성과 추상화 관리 기술

소프트웨어 디자인은 프로젝트 품질에 왜 그렇게 중요할까? 지금 모든 일이 완벽하게 진행 중이라고 가정하면, 소프트웨어에 변경이 전혀 없고 아무것도 추가할 필요가 없는 한 괜찮다. 하지만 이 상태가 오래 가지는 않을 것이다. 무언가 바뀔 거라고 예상하는 게 합리적이다. 결국 소프트웨어 개발에서 변하지 않는 하나의 상수는 변경이다. 변경은 모든 문제(와 해결책 대부분)의 원동력이다. 그것이 바로 소프트웨어를 **소프트웨어**라고 부르는 이유다. 하드웨어에 비해 부드럽고 변하기 쉽기(malleable) 때문이다. 그렇다, **소프트웨어**는 늘 변화하는 요구 사항에 쉽게 적응할 것이라 기대된다. 하지만 알다시피 실제 이런 기대가 항상 맞지는 않는다.

이 점을 설명하기 위해, 팀에서 예상 노력 정도를 2로 평가한 이슈를 이슈 추적 시스템에서 선택한다고 상상해 보자. 프로젝트에서 2의 의미가 무엇이든 분명 큰 작업인 것 같지는 않으므로 빨리 마칠 거라 확신한다. 신념에 따라 먼저 예상되는 사항을 이해하는 데 시간을 들인 다음 어떤 개체 **A**를 변경하는 것으로 시작한다. 테스트에서 즉시 피드백을 받았기에 (테스트가 있어서 다행이다!) 개체 **B**의 문제도 해결해야 한다는 사실을 바로 깨달았다. 놀랍다! B가 관계 있다는 것을 전혀 예상하지 못했다. 그런데도 계속 진행해 어쨌든 **B**를 조정한다. 하지만 다시 예상치 못하게 야간 빌드(nightly build)에서 이로 인해 C와 D가 작동을 멈추는 것을 알게 됐다. 이제는 계속하기 전에 이 이슈를 조금 더 깊게 살펴보고 문제의 근원이 코드 전반에 넓게 퍼져 있음을 알게 된다. 처음에는 평범해 보이던 작은 작업이 크고 잠재적으로 위험한 코드 수정으로 발전했다.[3] 이 문제를 빨리 해결할 자신감이 사라졌다. 이번 주 계획도 마찬가지다.

---

[3] 코드 수정이 위험한지 여부는 테스트 범위(test coverage)에 따라 크게 달라질 수 있다. 실제로 좋은 테스트 범위는 나쁜 소프트웨어 디자인으로 인한 일부 악영향을 흡수할 수 있다.

이 이야기가 친숙하게 들릴 수도 있다. 어쩌면 자신의 투쟁담을 몇 가지를 들려줄 수도 있을 것이다. 사실 개발자 대부분은 비슷한 경험이 있다. 그 경험 대부분은 문제 원인이 같으며 보통 그 문제는 한 단어로 줄일 수 있다. 바로 **의존성**이다. 켄트 벡(Kent Beck)은 테스트 주도 개발(test-driven development)[4]에 관한 자신의 책에서 다음처럼 표현했다.

> *의존성은 모든 규모의 소프트웨어 개발에서 핵심적인 문제다.*

의존성은 모든 소프트웨어 개발자에게 골칫거리다. "하지만 의존성은 당연히 존재합니다."라고 여러분은 주장한다. "의존성은 항상 있어요. 그렇지 않으면 서로 다른 코드 조각이 어떤 식으로 함께 작동합니까?" 물론 옳은 말이다. 서로 다른 코드 조각은 함께 작동해야 하며, 이런 상호 작용에는 항상 어떤 형태로든 결합이 생긴다. 하지만 필요하고 피할 수 없는 의존성이 있는 반면, 문제에 대한 이해가 부족하거나 큰 그림에 관한 명확한 아이디어가 없거나 단지 충분히 집중하지 않아서 예기치 않게 생기는 인위적인 의존성도 있다. 두말하면 잔소리지만, 이런 인위적인 의존성은 해가 된다. 그런 의존성은 우리가 소프트웨어를 이해하고, 변경하고, 새 기능을 추가하고 테스트를 작성하는 것을 더 어렵게 한다. 그러므로 인위적인 의존성을 최소로 유지하는 일은 소프트웨어 개발자의 **최우선** 작업은 아니더라도 주요 작업 중 하나다.

의존성 최소화는 소프트웨어 아키텍처와 디자인의 목표다. 로버트 C. 마틴(Robert C. Martin)의 말을 빌리면 다음과 같다.[5]

> *소프트웨어 아키텍처의 목표는 필요한 시스템을 구축하고 유지하는 데 필요한 인적 자원을 최소화하는 것이다.*

아키텍처와 디자인은 모든 프로젝트에서 작업 노력을 최소화하는 데 필요한 도구다. 의존성을 처리하고 추상화를 통해 복잡도를 낮춘다. 다음과 같은 말이 있다.[6]

> *소프트웨어 디자인은 소프트웨어 구성 요소 간 상호 의존성을 관리하는 기술이다. 인위적인 (기술적) 의존성을 최소화하는 것을 목표로 하며 필요한 추상화와 절충안을 도입한다.*

---

4 켄트 벡, 《테스트 주도 개발》(인사이트, 2014)
5 로버트 C. 마틴, 《클린 아키텍처》(인사이트, 2019)
6 이는 사실 내가 한 말인데, 소프트웨어 디자인에 대한 하나의 공통된 정의가 없기 때문이다. 결과적으로 소프트웨어 디자인이 수반하는 것에 대한 자신만의 정의를 내릴 수 있고 전혀 문제없다. 하지만 디자인 패턴을 포함해 이 책에서는 내 정의를 바탕으로 한다는 점에 주의하기 바란다.

그렇다, 소프트웨어 디자인은 예술이다. 그것은 과학이 아니며, 쉽고 명확한 답도 없다.[7] 우리는 디자인의 큰 그림을 너무 자주 놓치고 소프트웨어 개체의 복잡한 상호 의존성에 압도당한다. 하지만 올바른 추상화를 도입해 이 복잡성을 처리하고 줄이고자 한다. 이런 식으로 상세 수준을 합리적인 수준으로 유지한다. 하지만 팀 내 각 개발자는 아키텍처와 디자인에 관해 너무 자주 서로 다르게 생각할 수 있다. 우리는 디자인에 대한 우리의 비전을 구현하지 못하고 앞으로 나아가기 위해 타협을 강요받을 수도 있다.

추상화라는 용어는 여러 맥락에서 사용한다. 기능과 데이터 항목을 데이터 타입과 함수로 조직할 때 사용하며, 공통 행위를 모델링하고 요구 사항과 기대하는 내용을 표현하는 데도 사용한다. 소프트웨어 디자인에 관한 이 책에서는 주로 후자의 의미로 사용한다(특히 2장 참고).

앞의 인용문에서 **아키텍처**와 **디자인**이라는 단어는 서로 바꿔 쓸 수 있다는 점에 주의한다. 서로 매우 유사하고 같은 목표를 공유하기 때문이다. 하지만 똑같지는 않다. 그 유사성과 차이는 소프트웨어 개발의 세 가지 수준을 살펴보면 명확해진다.

소프트웨어 개발의 세 가지 수준

소프트웨어 아키텍처와 **소프트웨어 디자인**은 소프트웨어 개발의 세 가지 수준 중 두 가지다. 그리고 **구현 상세**(Implementation Details) 수준이 그 둘을 보완한다. 그림 1-1에서 이 세 가지 수준을 볼 수 있다.

이 세 가지 수준에 대한 감을 잡기 위해 아키텍처, 디자인, 구현 상세 사이의 관계에 대한 실제 예로 시작해 보자. 자신을 건축가라고 생각해 보라. 따뜻한 커피를 옆에 두고 컴퓨터 앞의 편안한 의자에 앉아 있는 자신을 상상하지 말고, 야외 건설 현장에 있는 모습을 상상해 보자. 그렇다. 건물을 짓는 건축가 얘기를 하는 중이다.[8] 그런 건축가로서 여러분은 이웃집과의 통합, 구조적 무결성, 방 배치, 배관 등 집의 여러 모든 중요한 특성을 책임질 것이다. 또한 넓은 거실, 주방과 식당 사이의 쉬운 접근 등 쾌적한 외관과 기능적 우수함에 주의를 기울일 것이다. 다시 말하면, 나중에 바꾸기 어려운 전체 구조에 신경 쓰지만, 건물의 더 작은 디자인 측면에도 주의를 기울일 것이다. 하지만 둘 사이 차이를 말하기는 어렵다. 아키텍처와 디자인의 경계는 유동적이며 명확히 나뉘지 않기 때문이다.

---

[7] 분명히 하자면, 컴퓨터 과학은 과학이다(이름에 있다). 소프트웨어 **공학**은 과학, 공예, 예술의 혼합으로 보인다. 그리고 후자의 한 측면이 소프트웨어 **디자인**이다.
[8] 이 은유를 통해 건물을 짓는 건축가가 하루 종일 건설 현장에서 일한다는 걸 암시하려는 건 아니다. 아마 그런 건축가도 여러분과 나 같은 사람처럼 편안한 의자와 컴퓨터 앞에서 많은 시간을 보낼 것이다. 하지만 요점을 알 거라 생각한다.

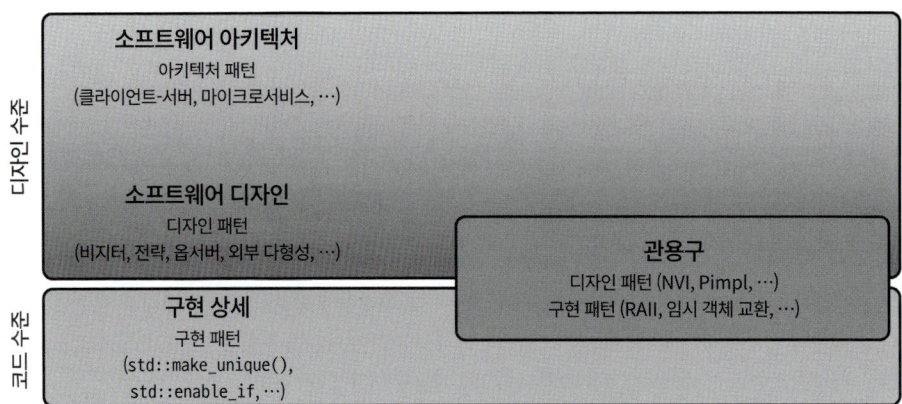

그림 1-1. 소프트웨어 개발의 세 가지 수준인 소프트웨어 아키텍처, 소프트웨어 디자인, 구현 상세. 관용구는 디자인이나 구현 패턴일 수 있다.

하지만 이러한 결정이 여러분이 책임지는 마지막 부분일 수 있다. 건축가로서 냉장고나 TV, 다른 가구를 어디에 둘지 걱정하지는 않을 것이다. 그림 등의 다른 장식품을 어디에 둘지 세세한 부분까지 신경 쓰지도 않을 것이다. 즉, 세부 내용은 다루지 않으며, 단지 집주인이 잘 사는 데 필요한 구조가 갖춰져 있는지 확인할 것이다.

이 은유에서 가구와 기타 '세세한 부분'은 소프트웨어 개발에서 가장 낮으며 구체적인 수준인 구현 상세에 해당한다. 이 수준에서는 해결책이 구현되는 방식을 다룬다. 필요한 (그리고 사용할 수 있는) C++ 표준이나 그 표준의 하위 집합뿐만 아니라 적절한 기능, 키워드 그리고 사용할 언어 명세를 선택하고 메모리 획득, 예외 안전성, 성능 등과 같은 측면을 다룬다. 이는 또한, **팩토리 함수**(factory function)로서 `std::make_unique()`, SFINAE에서 명시적으로 이득을 얻는 반복 해결책으로서 `std::enable_if` 같은 **구현 패턴** 수준이다.[9]

소프트웨어 디자인에서는 큰 그림에 초점을 맞추는 것으로 시작한다. 유지 보수성, 변경 가능성, 기능 확장성, 테스트 용이성, 그리고 규모 가변성에 대한 질문은 이 수준에서 더 두드러진다. 소프트웨어 디자인은 주로 소프트웨어 개체의 상호 작용을 다룬다. 앞의 은유에서 방, 문, 배관, 케이블의 배치로 표현한 것들이다. 이 수준에서 여러분은 (클래스, 함수 등) 구성 요소의 물리적, 논리적 의존성을 다룬다.[10] 3장에

---

9 '치환 실패는 오류가 아니다(Substitution Failure Is Not An Error, SFINAE)'는 템플릿에 제약을 거는 C++ 20 콘셉트(concepts)를 대체하는 데 흔히 사용하는 기본 템플릿 메커니즘이다. 특히 SFINAE와 `std::enable_if`에 대한 설명은 C++ 템플릿에 관한 책을 참고하길. 갖고 있는 책이 없다면 C++ 템플릿 바이블인 다비드 반데부르드(David Vandevoorde), 니콜라이 요수티스(Nicolai Josuttis), 더글러스 그레고르(Douglas Gregor)의 《C++ 템플릿》(에이콘출판사, 2018)을 참고하면 좋을 것이다.

10 물리적, 논리적 의존성 관리에 관한 더 많은 정보는 존 라코스(John Lakos)의 책, 《Large-Sacle C++ Software Development: Process and Architecture》(Addison-Wesley)를 참고하라.

서 설명하겠지만, 이는 소프트웨어 개체 간 의존성 구조를 정의하는 비지터(Visitor), 전략(Strategy), 데코레이터(Decorator) 같은 디자인 패턴 수준이다. 이런 패턴은 보통 언어에서 언어로 전달할 수 있으며, 복잡한 것을 소화 가능한 조각으로 나누는 데 도움이 된다.

소프트웨어 아키텍처는 세 수준 중 가장 모호하며 말로 표현하기가 가장 어렵다. 이는 소프트웨어 아키텍처에 관해 일반적이며 보편적으로 인정하는 정의가 없기 때문이다. 아키텍처가 정확히 무엇인지에 대한 관점은 다양하고 많지만, 다음 한 가지 측면은 모두가 동의하는 것 같다. 일반적으로 아키텍처는 미래에 변경하기 가장 어려운 소프트웨어의 한 측면인 커다란 결정을 수반한다는 것이다.

> 아키텍처는 프로젝트에서 초기에 제대로 할 수 있기를 바라는 결정이지만, 반드시 다른 결정보다 더 제대로 할 가능성이 높지는 않다.[11]
> – 랄프 존슨(Ralph Johnson)

소프트웨어 아키텍처에서는 **클라이언트-서버 아키텍처(client-server architecture)**, **마이크로서비스(microservices)** 등과 같은 아키텍처 패턴을 사용한다.[12] 이런 패턴은 소프트웨어의 다른 부분에 영향을 주지 않고 한 부분을 변경할 수 있는 시스템을 디자인하는 방법에 관한 질문도 다룬다. **소프트웨어 디자인** 패턴과 유사하게 소프트웨어 개체 간 구조와 상호 의존성을 정의하고 다루지만, 디자인 패턴과 달리 소프트웨어의 큰 개체(예를 들면 클래스와 함수 대신 모듈과 구성 요소)를 핵심 요소로 다룬다.

이런 관점에서 소프트웨어 아키텍처는 소프트웨어에 접근하는 전체 전략을 나타내는 반면, 소프트웨어 디자인은 전략을 펼치는 전술이라고 볼 수 있다. 이 그림의 문제는 '커다란' 것에 대한 정의가 없다는 점이다. 특히 마이크로서비스의 출현과 함께 작은 개체와 큰 개체 사이에 명확한 선을 그리기가 더욱더 어려워지고 있다.[13]

따라서 아키텍처는 흔히 프로젝트의 전문 개발자가 핵심 결정으로 인식하는 것으로 설명한다.

관용구(idiom) 개념에서는 아키텍처, 디자인, 상세 내용을 분리하기가 좀 더 어렵다. **관용구**는 반복적인 문제에 흔히 사용되는 언어별 해결책이다. 그에 따라 관용구 또한 패턴을 나타내지만, 이는 **구현 패턴(implementation pattern)**이거나 **디자인 패턴**일 수 있다.[14] 좀 더 느슨하게 얘기하면, C++ 관용

---

11 마틴 파울러(Martin Fowler), 'Who Needs an Architect?' IEEE Software, 20, no.5 (2003), 11–13, http://doi.org/10.1109/MS.2003.1231144
12 마이크로서비스에 관한 매우 훌륭한 소개는 샘 뉴먼(Sam Newman)의 책 《Building Microservices: Designing Fine-Grained Systems》(https://www.oreilly.com/library/view/building-microservices-2nd/9781492034018), 2nd ed. (O'Reilly)에서 볼 수 있다.
13 마크 리차드(Mark Richard)와 닐 포드(Neal Ford), 《Fundamentals of Software Architecture: An Engineering Approach》(https://www.oreilly.com/library/view/fundamentals-of-software/9781492043447) (O'Reilly, 2020)
14 **구현 패턴**이라는 용어는 켄트 벡의 책 《켄트 벡의 구현 패턴》(에이콘출판사, 2008)에서 처음 사용했다. 이 책에서는 **디자인 패턴**과 명확히 구분하기 위해 이 용어를 사용한다. **관용구**라는 용어는 소프트웨어 디자인 수준이나 구현 상세 수준의 패턴을 나타낼 수 있기 때문이다. 이 용어는 구현 상세 수준에서 흔히 사용하는 해결책을 나타내기 위해 지속적으로 사용한다.

구는 디자인이나 구현에 대한 C++ 공동체의 모범 사례. C++에서 관용구 대부분은 구현 상세로 분류할 수 있다. 예를 들면 복사 대입 연산자 구현을 통해 알고 있을 **복사-교환(copy-and-swap) 관용구**(https://en.wikibooks.org/wiki/More_C%2B%2B_Idioms/Copy-and-swap)와 **RAII 관용구**(https://en.cppreference.com/w/cpp/language/raii)(자원 획득은 초기화. 이 내용에 확실히 익숙해야 한다. 그렇지 않으면 여러분이 두 번째로 좋아하는 C++ 책을 참고한다[15])가 있다. 이러한 관용구는 추상화를 도입하지 않으며 결합을 끊는 데 도움을 주지도 않는다. 하지만 좋은 C++ 코드를 구현하는 데 필수적이다.

"좀 더 구체적으로 말씀해 주시겠어요? RAII도 일종의 결합을 끊는 방식 아닌가요? 비즈니스 논리 계층(business logic)과 자원 관리를 분리하지 않나요?"라고 질문하는 것을 들었다. 그 말이 옳다. RAII는 자원 관리와 비즈니스 논리 계층을 분리한다. 하지만 추상화가 아닌 캡슐화(encapsulation)로 해결한다. 추상화와 캡슐화 모두 복잡한 시스템을 이해하고 변경하기 쉽게 하는 데 도움이 되지만, 추상화는 시스템 디자인 수준에서 발생하는 문제를 해결하는 반면, 캡슐화는 구현 상세 수준에서 일어나는 문제를 해결한다. 위키피디아(https://en.wikipedia.org/wiki/Resource_acquisition_is_initialization)를 인용하면 다음과 같다.

> 자원 관리 기술로서 *RAII*의 장점은 캡슐화, 예외 안전성 [...], 지역성(locality) [...]이다. 캡슐화는 자원 관리 논리 구조를 호출하는 쪽 각각에서 정의하지 않고 클래스에서 한 번만 정의하기 때문이다.

관용구 대부분을 구현 상세로 분류하지만, 소프트웨어 디자인에 속하는 관용구도 있다. **비가상 인터페이스(Non-Virtual Interface, NVI) 관용구**와 **Pimpl 관용구**가 그 예다. 이 두 관용구는 각각 두 가지 고전적인 디자인 패턴인 **템플릿 메서드** 디자인 패턴과 **브리지(Bridge)** 디자인 패턴을 바탕으로 한다.[16] 이들은 추상화를 도입하고 변경과 확장을 위해 결합을 끊고 디자인하는 데 도움이 된다.

기능에 집중하기

소프트웨어 아키텍처와 소프트웨어 디자인이 그렇게 중요하면 왜 C++ 공동체는 기능에 그렇게 집중할까? 왜 우리는 C++ 표준과 언어 구조, 기능이 프로젝트에 결정적이라는 환상을 만들까? 여기에는 세 가

---

15 물론 이 책 다음으로 좋아하는 책이라는 의미다. 이 책이 유일한 책이라면 고전인 스콧 마이어스의 《이펙티브 C++》3판(프로텍미디어, 2015)을 참고할 수 있다.
16 템플릿 메서드와 브리지 디자인 패턴은 에릭 감마 등 이른바 사인방(Gang of Four, GoF) 책으로 불리는 《GoF의 디자인 패턴》에서 소개한 23가지 고전 디자인 패턴 중 2가지다. 이 책에서는 템플릿 메서드를 더 자세히 다루지 않지만, GoF 책을 포함해 다양한 교과서에서 훌륭한 설명을 볼 수 있다. 브리지 디자인 패턴에 대해서는 '지침 28: 브리지를 구축해 물리적 의존성을 제거하라'에서 설명한다.

지 강력한 이유가 있다고 생각한다. 첫 번째는 기능이 너무 많고 때로는 복잡한 세부 내용도 있어 그 모든 기능을 적절히 사용하는 방법에 관해 이야기하는 데 많은 시간을 써야 한다는 것이다. 어떻게 사용하는 것이 좋고 나쁜지 공통된 이해를 만들어야 하며, 공동체로서 관용적인 C++에 대한 감각을 개발해야 한다.

두 번째 이유는 기능에 잘못된 기대를 할 수 있다는 것이다. 예를 들어 C++20 모듈(modules)을 생각해 보자. 자세히 설명하지 않아도 이 기능은 사실 C++를 시작한 이래 가장 큰 기술적 혁명으로 간주할 수 있다. 모듈은 마침내 헤더 파일을 소스 파일에 포함하는 의심스럽고 번거로운 관행을 끝낼 수 있다.

이런 잠재력 때문에 그 기능에 대한 기대가 엄청나다. 심지어 어떤 이는 모듈이 프로젝트의 구조적 문제를 해결해 프로젝트를 구원해 줄 것으로 기대한다. 불행히도 모듈이 이런 기대를 만족시키기는 어렵다. 모듈은 코드 구조나 디자인을 향상시키지 않으며 그저 현재 구조와 디자인을 나타낼 뿐이다. 모듈은 디자인 문제를 해결하지는 못하지만 결함을 드러나게 할 수는 있다. 간단히 말해, 모듈은 프로젝트를 구원할 수 없다. 정말로 우리는 기능에 대해 너무 많은 또는 잘못된 기대를 하고 있을 수 있다.

마지막으로 중요한 세 번째 이유는 엄청난 양의 기능과 복잡성에도 불구하고 소프트웨어 디자인의 복잡성에 비해 C++ 기능의 복잡성이 작다는 것이다. 소프트웨어 개체를 분리하는 최선의 방법을 설명하는 것보다, 기능이 포함하는 특별한 사례가 얼마나 많은지에 관계없이 그 기능에 대한 주어진 규칙 집합을 설명하는 것이 훨씬 더 쉽다.

일반적으로 모든 기능 관련 질문에는 좋은 답이 있지만, 소프트웨어 디자인에서 일반적인 답은 "상황에 따라 다릅니다."이다. 이 답은 경험이 부족하다는 증거가 아니라, 코드를 더 유지 보수하기 쉽고 변경 가능하며, 기능을 확장할 수 있고 테스트할 수 있으며, 규모를 확장 가능하게 하는 최선의 방법이 많은 프로젝트별 요인에 달려 있다는 것을 인식하고 있다는 증거일 수 있다. 많은 개체 간 복잡한 상호 작용을 분리하는 것은 사실 인류가 지금껏 직면한 가장 어려운 과제 중 하나일지도 모른다.

> *디자인과 프로그래밍은 인간의 활동이다. 그 사실을 잊으면 모든 걸 잃는다.*[17]

이 세 가지 이유가 바로 우리가 기능에 그렇게 많이 집중하는 이유라고 생각한다. 하지만 오해하지 않기를 바란다. 기능이 중요하지 않다는 말이 아니다. 오히려 기능은 중요하다. 기능에 대해 얘기하고 올바로 사용하는 법을 배우는 게 필요하지만, 다시 한번 강조하듯이 기능만으로 프로젝트를 구원할 수는 없다.

---

17   비야네 스트롭스트룹(Bjarne Stroustrup), 《The C++ Programming Language》(에이콘출판, 2016)

소프트웨어 디자인과 디자인 원칙에 집중하기

기능이 중요하고 그에 대해 얘기하는 것도 물론 좋지만, 소프트웨어 디자인이 더 중요하다. 소프트웨어 디자인은 필수다. 심지어 프로젝트 성공의 기초라고 주장하고 싶다. 따라서 이 책에서는 진정으로 기능 대신 소프트웨어 디자인과 디자인 원칙에 집중하려고 한다. 물론 좋은 최신 C++ 코드를 여전히 보여주겠지만, 가장 최근에 언어에 추가된 매우 멋진 기능을 사용하게 강요하지는 않을 것이다.[18] C++20 콘셉트처럼 합리적이고 유익한 새 기능을 몇 가지 사용**하겠지만**, 어느 곳에서도 noexcept에 주의를 기울이거나 constexpr을 사용하지는 **않을** 것이다.[19] 대신 소프트웨어의 어려운 측면을 다루려 노력할 것이다. 대부분 소프트웨어 디자인, 디자인 결정의 근거, 디자인 원칙, 의존성 관리 그리고 추상화를 다루는 데 초점을 맞출 것이다.

요약하면, 소프트웨어 디자인은 소프트웨어를 작성하는 데 중요한 부분이다. 소프트웨어 개발자는 유지 보수 가능한 좋은 소프트웨어를 작성하기 위해 소프트웨어 디자인을 잘 이해해야 한다. 결국 좋은 소프트웨어는 비용이 적게 들고 나쁜 소프트웨어는 비용이 많이 들기 때문이다.

> **지침 1: 소프트웨어 디자인의 중요성을 이해하라**
> - 소프트웨어 디자인을 소프트웨어 작성에서 필수적인 부분으로 취급한다.
> - C++ 언어 상세보다 소프트웨어 디자인에 더 집중한다.
> - 소프트웨어가 빈번한 변경에 더 잘 적응할 수 있게 불필요한 결합과 의존성을 피한다.
> - 소프트웨어 디자인을 의존성과 추상화를 관리하는 기술로 이해한다.
> - 소프트웨어 디자인과 소프트웨어 아키텍처 간 경계를 유동적이라고 생각한다.

지침 2: 변경을 위한 디자인

좋은 소프트웨어에 기본적으로 기대하는 것 중 하나는 쉽게 변경할 수 있는 능력이다. 이 기대는 심지어 **소프트웨어**라는 단어에도 포함돼 있다. **하드웨어**와 달리 **소프트웨어**는 변화하는 요구 사항에 쉽게 적응할 수 있기를 기대한다('지침 1: 소프트웨어 디자인의 중요성을 이해하라' 참고). 하지만 종종 코드를 바

---

18 비슷한 주장을 하며 그의 책, 《Large-Scale C++ Software Development: Process and Architecture》(Addison-Wesley)에서 C++98을 사용한 존 라코스에게 찬사를 보낸다.

19 그렇다, 벤과 제이슨. 당신들이 정확히 읽었다. 이 책에서는 모든 것을 constexpr로 만들지는 않을 것이다. CppCon2017에서 벤 딘(Ben Deane)과 제이슨 터너(Jason Turner)가 발표한 'constexpr ALL the things'(https://youtu.be/PJwd4JLYJJY)를 참고하라.

꾸기가 쉽지 않다는 것을 경험으로 알고 있을 것이다. 반대로 겉보기에 단순한 변경이 일주일에 걸친 노력으로 나타나기도 한다.

관심사 분리

인위적인 의존성을 줄이고 변경을 단순화하는 최선의 입증된 해결책 중 하나는 관심사 분리(separation of concerns)다. 핵심 아이디어는 기능을 나누거나 분리하거나 추출하는 것이다.[20]

> 작고, 이름이 잘 지어진, 이해하기 쉬운 부분으로 나누어진 시스템은 더 빠른 작업을 가능하게 합니다.

관심사 분리의 의도는 복잡도를 더 잘 이해하고 관리해 더 많은 모듈형 소프트웨어를 설계하는 것이다. 이 개념은 모르기는 해도 소프트웨어 자체만큼이나 오래됐기에 여러 많은 이름으로 불렸다. 예를 들면 실용주의 프로그래머(Pragmatic Programmers)는 같은 아이디어를 **직교성(orthogonality)**이라고 부른다.[21] 그들은 소프트웨어의 직교적 관심사를 분리하도록 권고한다. 톰 드마르코(Tom DeMarco)는 이를 **응집도(cohesion)**라고 불렀다.[22]

> 응집도는 모듈 내부 요소의 연관 강도(strength of association)를 측정한 것이다. 응집도가 높은 모듈은 문장과 데이터 항목이 매우 밀접하게 연관돼 있어 전체로 취급해야 하는 모음이다. 이를 나누려 하면 결합도가 증가하고 가독성만 떨어진다.

가장 잘 확립된 디자인 원칙 중 하나인 SOLID 원칙[23]에서는 이 아이디어를 **단일 책임 원칙(Single-Responsibility Principle, SRP)**이라고 한다.

> 클래스를 변경하는 이유는 단 하나여야 한다.[24]

이 개념이 오래되고 일반적으로 많은 이름으로 알려져 있지만, 관심사 분리를 설명하려는 많은 시도는 답보다 질문을 더 많이 제기한다. 특히 SRP는 더 그렇다. 이 디자인 원칙의 이름만으로도 다음과 같은 질문을 일으킨다. 책임이란 무엇인가? 그리고 **단일** 책임이란 무엇인가? SRP에 관한 모호함을 명확히 하려는 일반적인 시도는 다음과 같다.

---

20 마이클 페더스(Michael Feathers), 《레거시 코드 활용 전략》(에이콘출판사, 2018)
21 데이비드 토머스(David Thomas)와 앤드류 헌트(Andrew Hunt), 《실용주의 프로그래머》(인사이트, 2022)
22 톰 드마르코, 《Structured Analysis and System Specification》(Prentice Hall, 1979)
23 SOLID는 SRP, OCP, LSP, ISP, DIP라는 5가지 원칙을 축약한 두문자로 이루어진 두문자다.
24 SOLID 원칙에 관한 첫 번째 책은 로버트 C. 마틴의 《클린 소프트웨어》(제이펍, 2017)다. 더 새롭고 좀 더 저렴한 대안은 역시 로버트 C. 마틴의 《클린 아키텍처》(인사이트, 2019)다.

모든 것은 오직 한 가지 일만 해야 한다.

안타깝게도 이 설명 역시 모호하기는 마찬가지다. **책임**이라는 단어에 큰 의미가 없는 것처럼 **오직 한 가지**라는 것 역시 의미를 명확히 하는 데 도움이 되지 않는다.

이름과 상관없이 이 아이디어는 항상 같다. 즉, 진정 함께 속하는 것만 하나로 묶고 엄격히 속하지 않는 것은 모두 분리한다. 바꿔 말하면, 여러 가지 이유로 변경하는 것을 분리한다. 이렇게 함으로써 코드의 서로 다른 관심사 사이에 인위적인 결합을 낮추고 소프트웨어가 변경에 더 잘 적응할 수 있게 돕는다. 최선의 경우 소프트웨어의 특정 측면을 정확히 한 곳에서 변경할 수 있다.

인위적인 결합 예

코드 예제로 관심사 분리를 설명해 보자. 정말 좋은 예가 있는데, Document 추상 클래스를 소개한다.

```cpp
//#include <some_json_library.h>    // 잠재적인 물리적 의존성

class Document
{
 public:
  // ...
  virtual ~Document() = default;

  virtual void exportToJSON( /*...*/ ) const = 0;         ❶
  virtual void serialize( ByteStream&, /*...*/ ) const = 0;   ❷
  // ...
};
```

모든 종류의 문서에 매우 유용한 기초 클래스가 될 것 같지 않은가? 첫 번째, exportToJSON() 함수가 있다(❶). 모든 파생 클래스는 문서에서 JSON 파일을 생성하기 위해 exportToJSON() 함수를 구현해야 한다. 이는 꽤 유용할 것이다. 특정 문서의 종류를 알 필요 없이 (그리고 결국에는 PDF 문서, 워드(Word) 문서 등을 얻게 될 것이라 상상할 수 있다) 항상 JSON 형식으로 내보낼 수 있다. 멋지다! 두 번째, serialize() 함수가 있다(❷). 이 함수는 Document를 ByteStream을 통해 바이트로 변환할 수 있고, 이 바이트를 파일이나 데이터베이스 같은 영속적인 시스템에 저장할 수 있다. 물론 이 문서를 거의 모든 용도로 사용할 수 있게 해주는 다른 많은 유용한 기능이 있을 것으로 예상할 수 있다.

그런데 독자 여러분의 찡그린 얼굴이 보인다. 이것이 좋은 소프트웨어 디자인이라고 특별히 확신하는 것 같지 않다. 이 예가 (사실이라기에는 너무 좋아 보여서) 매우 의심스럽기 때문일 수 있다. 아니면 이런 디자인은 결국 문제로 이어진다는 것을 어렵게 배웠기 때문일 수도 있다. 일반적인 객체 지향 디자인 원칙을 사용해 데이터와 이를 사용하는 함수를 함께 묶으면 쉽게 적절하지 않은 결합이 만들어진다는 것을 경험했을 것이다. 나도 동의한다. 이 기본 클래스가 하나에 모든 것이 다 들어 있는(all-in-one) 멋진 패키지로 보이고, 필요한 모든 것을 다 갖춘 것처럼 보이지만, 이 디자인은 금세 문제에 부딪힐 것이다.

이 디자인은 의존성이 많기 때문에 나쁜 디자인이다. 물론 예를 들어 ByteStream 클래스에 대한 의존성처럼 명백하고 직접적인 의존성도 있다. 하지만 이 디자인은 이후 변경을 더 어렵게 하는 인위적인 의존성 도입을 장려한다. 이 사례에는 인위적인 의존성이 세 가지다. 그중 둘은 exportToJSON() 함수로 인해 생기고, 하나는 serialize() 함수로 인해 생긴다.

첫 번째로 파생 클래스에서 exportToJSON()을 구현해야 한다. 이는 (순수 지정자라고 하는 시퀀스 = 0으로 나타내는) 순수 가상 함수(https://en.cppreference.com/w/cpp/language/abstract_class)이므로 선택의 여지가 없다. 파생 클래스는 JSON 내보내기를 수동으로 구현하는 부담을 지고 싶지 않을 가능성이 높으므로 json(https://github.com/nlohmann/json), rapidjson(https://github.com/Tencent/rapidjson) 또는 simdjson(https://github.com/simdjson/simdjson) 등 외부의 서드 파티 JSON 라이브러리에 의존할 것이다. 이를 위해 선택한 라이브러리가 무엇이든 exportToJSON() 멤버 함수로 인해 파생 문서가 갑자기 그 라이브러리에 의존한다. 그리고 모든 파생 클래스는 일관성이라는 이유만으로 같은 라이브러리에 의존할 가능성이 크다. 따라서 파생 클래스는 실제 독립적이지 않으며 특정 디자인 결정과 인위적으로 결합한다.[25] 또한 특정 JSON 라이브러리에 대한 의존성은 더 이상 가볍지 않으므로 상속 계통(hierarchy) 재사용성을 확실히 제한한다. 게다가 다른 라이브러리로 전환하면 모든 파생 클래스를 조정해야 하므로 큰 변화가 생긴다.[26]

물론 serialize() 함수로 인해 같은 인위적 의존성이 생긴다. serialize() 또한 protobuf(https://github.com/protocolbuffers/protobuf)나 Boost.serialization(https://www.boost.org/doc/libs/1_78_0/libs/serialization/doc/index.html) 같은 서드 파티 라이브러리로 구현할 것이다. 이는 직교적이며 관련 없는 두 가지 디자인 관심사(즉 JSON 내보내기와 직렬화) 사이에 결합을 만들므로 의존성 상황을 상당히 악화시킨다. 한 측면을 변경하면 다른 측면에 변경을 일으킬 수 있다.

---

25 외부 라이브러리에서 취한 디자인 결정이 자신의 디자인에 영향을 미칠 수 있으며, 이는 분명히 결합을 증가시킨다는 점을 잊지 말아야 한다.
26 여기에는 다른 이가 작성했을 수 있는 클래스, 즉 여러분이 제어하지 않는 클래스가 포함된다. 물론 다른 이도 그 변경을 달가워하지는 않을 것이다. 따라서 그 변경은 **정말** 어려울 수 있다.

최악의 경우 exportToJSON() 함수가 두 번째 의존성을 도입할 수 있다. exportToJSON() 호출에서 기대하는 인자가, 선택한 JSON 라이브러리의 구현 상세의 일부를 우연히 반영할 수도 있다. 이럴 때 다른 라이브러리로 전환하면 결국 exportToJSON() 함수의 시그니처(signature)에 변경을 일으키고 연쇄적으로 모든 호출자에 변경을 일으킨다. 따라서 선택한 JSON 라이브러리에 대한 의존성이 우연히 의도한 것보다 훨씬 더 널리 퍼질 수 있다.

세 번째 의존성은 serialize() 함수로 인한 것이다. 이 함수로 인해 Document에서 파생한 클래스는 문서를 직렬화하는 방법에 관한 전역 결정에 의존한다. 어떤 형식을 사용할까? 리틀 엔디언(little endian)과 빅 엔디언(big endian) 중 어떤 것을 사용할까? PDF 파일인지, 워드 파일인지를 나타내는 바이트 정보를 추가해야 할까? 그렇다면(개인적으로는 그럴 가능성이 높다고 가정한다) 그런 문서를 어떻게 표현할까? 정숫값으로? 예를 들면 이를 위해 열거형(enumeration)을 사용할 수 있다.[27]

```
enum class DocumentType
{
   pdf,
   word,
   // ... 있을 수 있는 더 많은 문서 유형
};
```

이 접근법은 직렬화에 매우 일반적이다. 하지만 이 저수준 문서 표현을 Document 클래스 구현 내에서 사용하면 실수로 서로 다른 모든 종류의 문서를 결합할 수 있다. 모든 파생 클래스는 다른 모든 Document 타입에 관해 암시적으로 알고 있으며, 결과적으로 새로운 문서 종류를 추가하면 모든 기존 문서 유형에 직접 영향을 미친다. 다시 얘기하지만, 이는 변경을 더 어렵게 하므로 심각한 디자인 결함이 될 것이다.

불행히도 Document 클래스는 다른 많은 결합을 촉진한다. Document 클래스는 변경하기가 쉽지 않기 때문에 좋은 클래스 디자인의 좋은 예가 아니다. 오히려 변경하기가 어렵기 때문에 SRP 위반의 좋은 예다. 즉, Document에서 파생된 클래스와 Document 클래스 사용자는 여러 가지 이유로 변경되는데, 그 이유는 여러 직교적이고 관련 없는 관심사 사이에 강한 결합을 만들어 냈기 때문이다. 요약하면 파생 클래스와 문서 사용자는 다음 이유로 변경할 수 있다.

- 사용한 JSON 라이브러리에 대한 직접적인 의존성 때문에 exportToJSON() 함수 구현 상세가 바뀐다.
- 바탕 구현 내용이 바뀌기 때문에 exportToJSON() 함수 시그니처가 바뀐다.

---

27 열거형이 명확한 선택으로 보이지만, 물론 다른 선택지도 있다. 결국 바이트 표현으로 서로 다른 문서 형식을 나타내는 합의된 값 집합이 필요하다.

- ByteStream 클래스에 대한 직접적인 의존성 때문에 Document 클래스와 serialize() 함수가 바뀐다.
- 구현 상세에 관한 직접적인 의존성 때문에 serialize() 함수의 구현 상세가 바뀐다.
- DocumentType 열거형에 대한 직접적인 의존성 때문에 모든 문서 유형이 바뀐다.

분명히 이 디자인은 더 많은 변경을 촉진하며 각각의 변경은 더 어려울 것이다. 물론 일반적으로는 추가적인 직교적 관심사가 문서 내에서 인위적으로 결합할 위험이 있는데, 이는 변경의 복잡도를 더 높일 것이다. 게다가 이런 변경 중 일부는 분명히 코드베이스(codebase) 내 단일 위치로 제한되지 않을 것이다. 특히 exportToJSON()과 serialize()의 구현 상세에 대한 변경은 한 클래스만으로 국한되지 않고 (PDF, 워드 등) 모든 종류의 문서에 해당할 것이다. 그러므로 변경은 코드베이스 전체에 걸쳐 상당히 많은 곳에 영향을 미치며 이는 유지 보수 위험을 제기한다.

논리적 결합 대 물리적 결합

결합은 논리적 결합에 한정하지 않고 물리적 결합으로 확장될 수 있다. 그림 1-2에서 그 결합을 볼 수 있다. 아키텍처 저수준에 User 클래스가 있고, 이 클래스가 아키텍처의 더 상위 수준에 있는 문서를 사용해야 한다고 가정하자. 물론 User 클래스는 Document 클래스에 직접 의존하며, 이는 필요한 의존성, 즉 주어진 문제에 있어 본질적인 의존성이다. 따라서 이에 관심을 둘 필요는 없다. 하지만 선택한 JSON 라이브러리에 대한 (잠재적인) 물리적 의존성과 ByteStream 클래스에 대한 직접적인 의존성은 아키텍처 최상위에 있는 JSON 라이브러리와 ByteStream에 대한 User의 간접적이며 전이적인(transitive) 의존성을 유발한다. 최악의 경우 이는 JSON 라이브러리나 ByteStream 클래스의 변경이 User에 영향을 미친다는 것을 의미한다. 이것이 의도적이 아닌 인위적인 의존성이란 걸 쉽게 알 수 있었으면 한다. 즉, User는 JSON이나 직렬화에 의존할 필요가 없어야 한다.

 Document에는 선택한 JSON 라이브러리에 대한 **잠재적인 물리적 의존성**이 있다는 점을 분명히 하는 게 좋겠다. ('인위적인 결합 예'의 시작 부분에서 소개한 예제 코드에서 본 것처럼) 선택한 JSON 라이브러리의 모든 헤더를 <Document.h> 헤더 파일이 포함할 경우, 예를 들면 exportToJson() 함수가 그 라이브러리를 기반으로 하는 일부 인자를 기대하기 때문에 해당 라이브러리를 확실히 의존하게 된다. 그러나 이런 상세 내용을 인터페이스로 적절히 추상화할 수 있고 <Document.h> 헤더가 JSON 라이브러리 내용을 포함하지 않으면 물리적 의존성을 피할 수도 있다. 따라서 이는 의존성을 얼마나 잘 추상화할 수 있는지(그리고 얼마나 잘 추상화돼 있는지)에 달렸다.

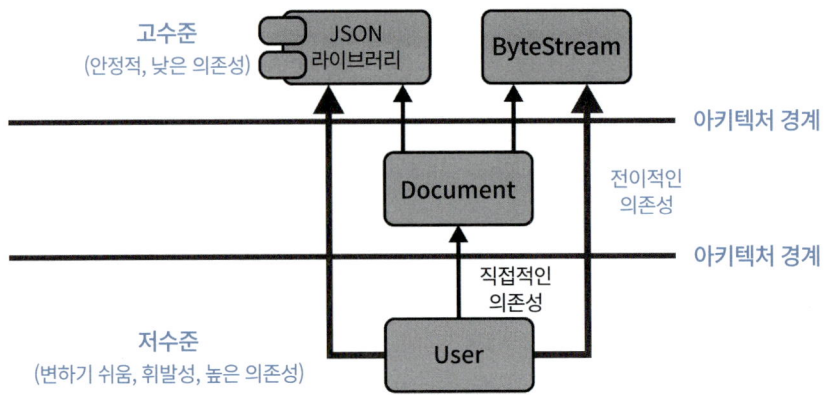

그림 1-2. JSON, 직렬화 같은 직교적 관심사와 User 사이의 강한 전이적, 물리적 결합

"고수준, 저수준 – 이제 혼란스러워요"라고 불평하는 소리가 들린다. 이 두 용어가 일반적으로 혼란을 좀 일으킨다는 것은 알고 있다. 그래서 계속 진행하기 전에 고수준과 저수준이라는 용어에 대한 합의를 도출해 보자. 이 두 용어는 **통합 모델링 언어(Unified Modeling Language, UML)**(https://en.wikipedia.org/wiki/Unified_Modeling_Language)에서 다이어그램을 그리는 방식과 관련이 있다. 안정적이라고 생각하는 기능을 위, 고수준에 표시한다. 더 자주 바뀌므로 휘발성(volatile)이거나 변하기 쉬운 것이라 생각하는 기능은 아래, 저수준에 표시한다. 안타깝게도 아키텍처를 그릴 때는 종종 다른 것 위에 어떻게 구축돼 있는지 보여주고자 하여 가장 안정적인 부분을 아키텍처 아래에 나타낸다. 물론 이는 좀 혼란스럽다. 어떻게 그리든 이 용어만 기억하자. **고수준**은 아키텍처에서 안정적인 부분을 나타내며, **저수준**은 더 자주 변경되거나 바뀔 가능성이 높은 관심사를 나타낸다.

문제로 돌아와, SRP는 관심사와 진정으로 속하지 않는 것, 즉 비응집적(접착적)인 것을 분리해야 한다고 조언한다. 즉, 여러 가지 이유로 변경하는 것을 **변형점(variation point)**으로 분리하도록 조언한다. 그림 1-3은 JSON과 직렬화를 개별 관심사로 분리할 때 결합하는 상황을 보여준다.

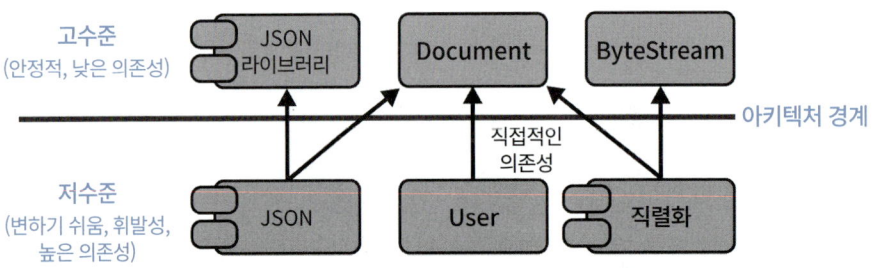

그림 1-3. SRP를 따르면 User와 JSON, 직렬화 사이에 인위적인 결합이 해결된다.

이 조언을 바탕으로 Document 클래스를 다음처럼 리팩터링한다.

```
class Document
{
 public:
   // ...
   virtual ~Document() = default;

   // 'exportToJSON()'과 'serialize()' 함수는 더 이상 없다.
   // 강한 결합을 일으키지 않는 매우 기본적인 문서 연산만
   // 남아 있다.
   // ...
};
```

JSON과 직렬화 기능은 Document 클래스의 그저 기본 기능의 일부가 아니다. Document 클래스는 단지 다른 종류의 문서에 대해 매우 기본적인 연산만 나타내면 된다. 모든 직교적 관심사는 분리해야 한다. 이렇게 하면 변경이 상당히 쉬워진다. 예를 들어 JSON을 별개의 변형점과 새 JSON 구성 요소로 분리하면 한 JSON 라이브러리를 다른 것으로 전환하더라도 해당 구성 요소에만 영향을 미친다. 변경은 정확히 한 곳에서 할 수 있고 다른 모든 직교적 관심사와 분리돼 일어날 수도 있다. 또한 여러 JSON 라이브러리로 JSON 형식을 지원하는 게 더 쉬워질 것이다. 게다가 문서 직렬화 방법을 변경하면 코드 내에서 오직 한 구성 요소, 즉 새 Serialization 구성 요소에만 영향을 미친다. 또한 Serialization은 별개의 쉬운 변경을 가능하게 하는 변형점 역할을 한다. 이것이 최적 상황일 것이다.

Document 예제를 보고 처음에 실망한 후 다시 행복해하는 것이 보인다. 어쩌면 "그럴 줄 알았어요!"라며 미소를 지을지도 모르겠다. 하지만 아직 완전히 만족스럽지는 않다는 듯, "네, 관심사 분리에 관한 일반적인 아이디어에는 동의해요. 하지만 관심사를 분리하기 위해 소프트웨어를 어떻게 구조화해야 하죠? 제대로 작동하게 하려면 뭘 해야 하죠?"라고 물을 수도 있다. 훌륭한 질문이지만, 이어지는 여러 단원에서 다룰 많은 답이 있는 질문이다. 첫 번째로 가장 중요한 점은 변형점을 식별하는 것, 즉 코드에서 변경이 예상되는 기능을 식별하는 것이다. 이런 변형점을 추출하고 분리하고 감싸서 이 변형에 더 이상 의존하지 않게 해야 한다. 이것이 궁극적으로 변경을 더 쉽게 하는 데 도움이 될 것이다.

"하지만 그건 여전히 피상적인 충고일 뿐이에요!"라고 말하는 게 들린다. 여러분이 옳다. 불행히도 단 한 가지 답도 없고, 간단한 답도 없다. 상황에 따라 다르다. 그러나 이어지는 여러 단원에서 관심사를 분리하는 방법에 대해 많은 구체적인 답을 제공할 것을 약속한다. 결국 이 책은 소프트웨어 디자인, 즉 의존

성 관리에 관한 책이다. 미리 귀띔해 주자면, 3장에서는 이 문제에 대한 일반적이며 실용적인 접근법인 디자인 패턴을 소개한다. 이 일반적인 아이디어를 염두에 두고 여러 디자인 패턴을 사용해 관심사를 분리하는 방법을 보여줄 것이다. 예를 들면 **비지터**, **전략**, **외부 다형성** 디자인 패턴을 떠올릴 수 있다. 이 모든 패턴에는 서로 다른 장단점이 있지만, 의존성을 줄이는 데 도움이 되는 일종의 추상화를 도입하는 특성을 공유한다. 추가로 최신 C++로 이러한 디자인 패턴을 구현하는 방법도 자세히 살펴볼 것을 약속한다.

'지침 16: 비지터를 사용해 연산을 확장하라'에서 비지터 디자인 패턴을, '지침 19: 전략을 사용해 작업 수행 방법을 분리하라'에서 전략 디자인 패턴을 소개한다. 외부 다형성 디자인 패턴은 '지침 31: 비간섭 런타임 다형성(Nonintrusive Runtime Polymorphism)에는 외부 다형성을 사용하라'의 주제다.

반복하지 말 것

변경 가능성에는 두 번째로 중요한 관심사가 있다. 이 관심사를 설명하기 위해 항목의 상속 계통이라는 다른 예를 소개한다. 그림 1-4는 이 상속 계통의 상상도다.

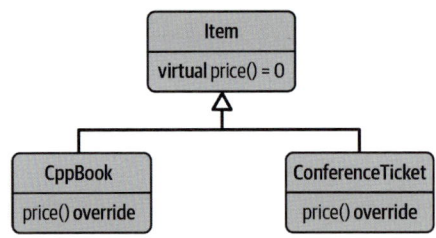

그림 1-4. Item 클래스 상속 계통

상속 계통 맨 위에는 Item 기초 클래스가 있다.

```
//---- <Money.h> ----------------

class Money { /*...*/ };

Money operator*( Money money, double factor );
Money operator+( Money lhs, Money rhs );


//---- <Item.h> ----------------
```

```cpp
#include <Money.h>

class Item
{
 public:
   virtual ~Item() = default;
   virtual Money price() const = 0;
};
```

Item 기초 클래스는 (Money 클래스로 나타내는) 가격표가 있는 모든 항목에 대한 추상화를 나타낸다. price() 함수를 통해 그 가격을 조회할 수 있다. 물론 가능한 항목이 많이 있지만, 설명을 위해 여기서는 CppBook과 ConferenceTicket으로 제한한다.

```cpp
//---- <CppBook.h> ----------------

#include <Item.h>
#include <Money.h>
#include <string>

class CppBook : public Item
{
 public:
   explicit CppBook( std::string title, std::string author, Money price )    ❸
      : title_( std::move(title) )
      , author_( std::move(author) )
      , priceWithTax_( price * 1.15 ) // 15% 세율
   {}

   std::string const& title() const { return title_; }         ❹
   std::string const& author() const { return author_; }       ❺

   Money price() const override { return priceWithTax_; }      ❻

 private:
   std::string title_;
   std::string author_;
   Money priceWithTax_;
};
```

CppBook 클래스 생성자는 문자열 형식인 제목과 저자, Money 형식인 가격을 인자로 기대한다(❸).[28] 그 외에도 title(), author(), price() 함수로 제목, 저자, 가격에만 접근할 수 있다(❹, ❺, ❻). 하지만 price() 함수는 조금 특별하다. 분명히 책에는 세금을 부과한다. 그러므로 책의 원래 가격을 주어진 세율에 따라 조정해야 한다. 이 예에서는 가상 세율을 15%로 가정한다.

ConferenceTicket 클래스는 Item의 두 번째 예제다.

```
//---- <ConferenceTicket.h> ----------------

#include <Item.h>
#include <Money.h>
#include <string>

class ConferenceTicket : public Item
{
 public:
   explicit ConferenceTicket( std::string name, Money price )   ❼
      : name_( std::move(name) )
      , priceWithTax_( price * 1.15 ) // 15% 세율
   {}

   std::string const& name() const { return name_; }

   Money price() const override { return priceWithTax_; }

 private:
   std::string name_;
   Money priceWithTax_;
};
```

ConferenceTicket은 CppBook 클래스와 매우 비슷하지만, 생성자에서는 콘퍼런스 이름과 가격만 기대한다(❼). 물론 name()과 price() 함수는 각각 이름과 가격에 접근할 수 있다. 하지만 가장 중요한 것은

---

28 이 생성자에 explicit 키워드를 명시적으로 사용한 것이 궁금할 수 있다. 그렇다면 핵심 지침(Core Guideline) C.46(http://isocpp.github.io/CppCoreGuidelines/CppCoreGuidelines#Rc-explicit)에서 단일 인자(single-argument) 생성자에 explicit를 기본으로 사용할 것을 권장하는 것도 알 것이다. 이는 정말 좋고 매우 권장하는 조언이다. 의도치 않거나, 잠재적으로 바람직하지 않은 변환을 방지하기 때문이다. 아울러 중요도는 덜 하지만, 변환하지 않는 복사와 이동 생성자를 제외한 다른 모든 생성자에도 타당한 조언이다. 적어도 나쁠 건 없다.

C++ 콘퍼런스 가격에도 세금을 부과한다는 점이다. 그러므로 원래 가격을 가상 세율 15%에 맞춰 다시 조정한다.

이 기능으로 계속 진행하여 main() 함수에 Items 몇 개를 생성할 수 있다.

```cpp
#include <CppBook.h>
#include <ConferenceTicket.h>
#include <algorithm>
#include <cstdlib>
#include <memory>
#include <numeric>
#include <vector>

int main()
{
   std::vector<std::unique_ptr<Item>> items{};

   items.emplace_back( std::make_unique<CppBook>("Effective C++", "Scott Meyers", 19.99) );
    items.emplace_back( std::make_unique<CppBook>("C++ Templates", "David Vandevoorde et al.", 49.99) );
   items.emplace_back( std::make_unique<ConferenceTicket>("CppCon", 999.0) );
   items.emplace_back( std::make_unique<ConferenceTicket>("Meeting C++", 699.0) );
   items.emplace_back( std::make_unique<ConferenceTicket>("C++ on Sea", 499.0) );

   Money const total_price =
      std::accumulate( std::begin(items), std::end(items), Money{},
         []( Money accu, auto const& item ){
            return accu + item->price();
         } );

   // ...

   return EXIT_SUCCESS;
}
```

main()에서는 항목 몇 개(책 두 권과 콘퍼런스 셋)를 생성하고 모든 항목의 총 가격을 계산한다.[29] 물론 총 가격에는 가상 세율 15%를 포함한다.

좋은 디자인인 것 같다. 특정 항목을 분리했고 각 항목의 가격 계산 방법을 개별로 변경할 수 있다. SRP를 충족하고 변형점을 추출 및 분리한 듯하다. 물론 더 많은 항목이 있다. 매우 많지만, 그 모두에 적용 세율을 적절히 고려할 것이다. 멋지다! 이제 Item 상속 계통으로 인해 한동안 행복하겠지만, 이 디자인에는 안타깝게도 심각한 결함이 있다. 지금은 깨닫지 못할 수도 있지만, 멀리 드리워진 그림자가 항상 있다. 소프트웨어 문제의 숙적인 변경이다.

어떤 이유로 세율이 바뀌면 어떻게 될까? 15%인 세율이 12%로 낮아지거나 16%로 올라가면? 초기 설계를 코드베이스에 반영한 날부터 "아니요, 그런 일은 절대 일어나지 않아요!"라는 주장을 여전히 들을 수 있다. 글쎄, 심지어 전혀 예상하지 못한 일이 일어날 수도 있다. 예를 들면 독일에서는 2021년 반년 동안 세율을 19%에서 16%로 낮췄다. 물론 이는 코드베이스에서 세율을 변경해야 한다는 뜻이다. 변경을 어디에 적용해야 할까? 현재는 이 변경이 Item 클래스에서 파생한 모든 클래스에 거의 영향을 미친다. 그 변화는 코드베이스 전체일 것이다!

SRP가 변형점을 분리하라고 조언하는 만큼 코드베이스 전체에 정보를 중복하지 않도록 주의해야 한다. 모든 것에 책임이 하나(단 하나의 변경 이유)이어야 하는 만큼, 모든 책임은 시스템에 단 한 번 존재해야 한다. 이 아이디어를 일반적으로 **반복하지 말 것(DRY)** 원칙이라 한다. 이 원칙은 일부 핵심 정보를 여러 곳에 중복하지 말고 한 곳에서만 변경할 수 있도록 시스템을 디자인할 것을 조언한다. 최적의 경우 세율을 쉽게 변경할 수 있게 정확히 한 곳에만 표시해야 한다.

보통 SRP와 DRY 원칙은 함께 매우 잘 작동한다. SRP를 충실히 따르면 DRY도 따르게 되며, 반대도 마찬가지다. 하지만 때때로 둘 모두를 고수하려면 몇 가지 추가 단계가 필요하다. 이런 추가 단계가 무엇이고 문제를 어떻게 해결하는지 알고 싶겠지만, 지금은 SRP와 DRY에 관한 일반적인 아이디어에 주목하는 것으로 충분하다. 이 문제와 해결법은 뒤에서 다시 살펴볼 것을 약속한다('지침 35: 데코레이터를 사용해 사용자 정의를 계통적으로 추가한다' 참고).

---

[29] 내가 정기적으로 참석하는 콘퍼런스 세 가지, CppCon(https://cppcon.org)과 Meeting C++(http://meetingcpp.com), 그리고 C++ on Sea(https://cpponsea.uk)에서 이름을 따왔다는 것을 눈치챈 사람도 있을 것이다. 이 외에도 C++ 콘퍼런스는 더 많이 있으며, 몇 가지 예를 들면 ACCU(https://accu.org/conf-main/main), Core C++(https://corecpp.org), pacific++(https://www.pacificplusplus.com), CppNorth(https://cppnorth.ca), emBO++(https://embo.io), CPPP(https://cppp.fr) 등이 있다. 콘퍼런스는 최신 C++ 정보를 얻을 수 있는 재미있고 좋은 길이다. 앞으로 열릴 콘퍼런스는 표준 C++ 재단(Standard C++ Foundation) 홈페이지(https://isocpp.org)를 통해 확인할 수 있다.

너무 이른 관심사 분리를 피한다

이 시점에는 여러분이 SRP과 DRY를 따르는 것이 매우 합리적인 생각이라고 확신하고 있기를 바란다. 모든 클래스와 함수를 가장 작은 기능 단위로 분리할 정도로 열정적인 독자도 있을 것이다. 결국 그것이 목표이지 않은가? 지금 그렇게 생각하고 있다면 멈추기를 바란다! 숨을 깊게 들이마시고, 또 한 번 심호흡을 하라. 그런 다음 카트리나 트라예브스카(Katerina Trajchevska)[30]의 지혜를 귀 기울여 들어 보라.

SOLID를 달성하려고 하지 말고 SOLID를 사용해 유지 보수성을 달성하라.

SRP와 DRY 모두 유지 보수성을 개선하고 변경을 단순화하기 위한 도구이지, 목표가 아니다. 둘 다 장기적으로 가장 중요하지만, 영향을 미칠 변화가 어떤 것인지 명확히 모르고 개체를 분리하는 것은 큰 역효과가 날 수 있다. 보통 변경을 위한 디자인은 한 가지 특정한 종류의 변경에 유리하여 불행히도 다른 종류의 변경은 더 어렵게 만들 수 있다. 이 철학은 일반적으로 **YAGNI** 원칙(https://en.wikipedia.org/wiki/You_aren%27t_gonna_need_it)(필요한 것만 할 것, You Aren't Gonna Need It)으로 알려져 있으며 과도한 설계(overengineering)를 경고한다('지침 5: 확장을 위한 디자인' 참고). 명확한 계획이 있다면, 예상하는 변경이 무엇인지 안다면 SRP와 DRY를 적용해 그러한 변경의 종류를 단순하게 한다. 하지만 예상되는 변경의 종류가 무엇인지 모른다면 추측하지 말고 기다린다. 예상되는 변경의 종류를 명확히 알 때까지 기다린 후 가능한 한 쉽게 변경할 수 있게 리팩터링한다.

쉬운 변경의 한 측면은 그 변경이 기대하는 행위를 깨뜨리지 않는다는 것을 확인할 수 있는 단위 테스트(unit test)를 준비하는 것이다.

요약하면, **소프트웨어**에서는 변경을 예상할 수 있으므로 변경을 위한 디자인이 필수적이다. 관심사를 분리하고 중복을 최소화하면 다른 직교적 관심사를 깨뜨리는 것을 걱정하지 않고 쉽게 변경할 수 있다.

---

30 카트리나 트라예브스카, 'Becoming a Better Developer by Using the SOLID Design Principles'(https://youtu.be/rtmFCcjEgEw), Laracon EU, 2018년 8월 30~31일.

지침 2: 변경을 위한 디자인

- **소프트웨어**에서는 변경을 예상한다.
- 쉽게 변경할 수 있게 디자인하고 소프트웨어 적응력을 높인다.
- 결합을 방지하기 위해 관련 없는 직교적 관심사의 결합을 피한다.
- 결합은 변경 가능성을 높이고 변경을 더 어렵게 한다는 점을 이해한다.
- 단일 책임 원칙(SRP)을 준수해 관심사를 분리한다.
- 반복하지 말 것(DRY) 원칙에 따라 중복을 최소화한다.
- 다음 변경에 대한 확신이 없으면 너무 이른 추상화를 피한다.

지침 3: 인터페이스를 분리해 인위적인 결합을 피하라

'지침 2: 변경을 위한 디자인'에서 본 Document 예제를 다시 살펴보자. 지금쯤이면 문서를 충분히 본 것 같겠지만 아직 끝나지 않았다. 여전히 처리해야 할 중요한 결합 측면이 있다. 이번에는 Document 클래스의 개별 함수가 아닌 전체 인터페이스에 집중한다.

```cpp
class Document
{
 public:
   // ...
   virtual ~Document() = default;

   virtual void exportToJSON( /*...*/ ) const = 0;
   virtual void serialize( ByteStream& bs, /*...*/ ) const = 0;
   // ...
};
```

인터페이스를 분리해 관심사 분리하기

Document에는 JSON 내보내기와 직렬화를 모두 처리할 파생 클래스가 필요하다. 문서 관점에서 이는 합리적일 수 있지만(결국 **모든** 문서를 JSON으로 내보내고 직렬화할 수 있어야 한다) 불행히도 이는 다른 결합을 일으킨다. 다음 사용자 코드를 상상해 보자.

```
void exportDocument( Document const& doc )
{
   // ...
   doc.exportToJSON( /* 필요한 인자를 전달한다 */ );
   // ...
}
```

exportDocument() 함수는 오로지 주어진 문서를 JSON으로 내보내는 데만 관심이 있다. 즉, exportDocument() 함수는 문서 직렬화나 Document가 제공해야 하는 다른 기능과 관련이 **없다**. 그런데도 Document 인터페이스 정의 결과로 많은 직교적 관심사를 함께 결합하기 때문에 exportDocument() 함수는 JSON 내보내기보다 더 많은 것에 의존한다. 이 모든 의존성은 불필요하며 인위적이다. 예를 들어 ByteStream 클래스나 serialize() 함수 시그니처 등을 변경하면 Document의 **모든** 사용자, 심지어 직렬화가 필요 없는 사용자에게도 영향을 미친다. 모든 변경에 대해 exportDocument() 함수를 포함한 **모든** 사용자를 다시 컴파일하고 다시 테스트해야 하며, 최악의 경우에는 (예를 들어 개별 라이브러리로 제공한다면) 재배포해야 한다. 그런데 Document 클래스를 다른 기능으로 확장할 때(예를 들면 다른 문서 종류로 내보내기)도 같은 일이 일어난다. Document에 직교적 기능이 더 많이 결합할수록 문제는 더 커진다. 즉, 모든 변경은 코드베이스 전체에 파급 효과를 일으킬 위험이 있다. 정말로 슬픈 것은 인터페이스가 인위적인 결합을 도입하는 게 아니라 분리하는 데 도움이 돼야 하기 때문이다.

이 결합은 **SOLID**의 **I**에 해당하는 인터페이스 분리 원칙(ISP) 위반으로 인한 것이다.

> *사용하지 않는 메서드에 클라이언트가 의존하도록 강요해서는 안 된다.*[31]

ISP는 인터페이스를 분리해 관심사를 분리할 것을 조언한다. 이 예제에서는 JSON 내보내기와 직렬화라는 두 직교적 관심사를 나타내는 별도의 인터페이스가 둘 있어야 한다.

```
class JSONExportable
{
 public:
   // ...
   virtual ~JSONExportable() = default;

   virtual void exportToJSON( /*...*/ ) const = 0;
```

---

[31] 로버트 C 마틴, 《클린 소프트웨어》

```cpp
   // ...
};

class Serializable
{
 public:
   // ...
   virtual ~Serializable() = default;

   virtual void serialize( ByteStream& bs, /*...*/ ) const = 0;
   // ...
};

class Document
   : public JSONExportable
   , public Serializable
{
 public:
   // ...
};
```

이 분리로 Document 클래스가 쓸모 없어지지는 않는다. 반대로 Document 클래스는 여전히 모든 문서에 대한 요구 사항을 나타낸다. 하지만 이제 이런 관심사 분리를 통해 실제 필요한 기능 집합으로 의존성을 최소화할 수 있다.

```cpp
void exportDocument( JSONExportable const& exportable )
{
   // ...
   exportable.exportToJSON( /* 필요한 인자를 전달한다 */ );
   // ...
}
```

이 형식에서는 분리한 JSONExportable 인터페이스에만 의존함으로써 exportDocument() 함수는 더 이상 직렬화 기능에 의존하지 않으므로 ByteStream 클래스에 더 이상 의존하지 않는다. 따라서 인터페이스 분리가 결합을 줄이는 데 도움이 됐다.

"하지만 그건 그냥 관심사 분리 아닌가요?"라고 물을 것이다. "그저 또 다른 SRP의 예 아닌가요?" 사실 그렇다. 본질적으로 두 가지 직교적 관심사를 식별하고 분리한 다음 Document 인터페이스에 SRP를 적용했다는 데 동의한다. 그러므로 ISP와 SRP가 같다고 할 수 있다. 또는 ISP가 인터페이스에 초점을 맞추므로 적어도 ISP는 SRP의 특별한 사례다. 이런 태도가 공동체 내의 공통된 의견인 듯하며 이에 동의한다. 하지만 여전히 ISP에 관해 얘기하는 것은 가치가 있다고 생각한다. ISP가 특별한 사례에 불과할지 모르지만, 중요한 특별 사례라고 주장하고 싶다. 불행히도 관련 없는 직교적 관심사를 인터페이스로 통합하려는 일은 종종 매우 유혹적이다. 개별 관심사를 인터페이스로 결합하는 일은 **여러분**에게도 일어날 수 있다. 물론 우발적으로 우연히 그렇게 했을 뿐 의도적으로 했다고 암시하는 것은 절대 아니다. 우리는 종종 이런 세부 내용에 충분히 주의를 기울이지 않는다. 물론 여러분은 "절대 그러지 않을 거예요."라고 주장할 것이다. 하지만 '지침 19: 전략을 사용해 작업 수행 방법을 분리하라'에서 이런 일이 얼마나 쉽게 일어날 수 있는지 확신할 수 있는 예를 보게 될 것이다. 나중에 인터페이스를 바꾸는 것은 매우 어려울 수 있으므로 인터페이스로 이 문제에 관한 인식을 높이는 것이 도움이 될 것이다. 이런 이유로 ISP를 빠뜨리지 않고 SRP의 중요하고 주목할 만한 사례로 포함했다.

템플릿 인자의 요구 사항 최소화하기

ISP가 기초 클래스에만 적용할 수 있는 것처럼 보이고 대부분 객체 지향 프로그래밍을 통해 도입하지만, 인터페이스로 인한 의존성을 최소화하는 일반적인 아이디어는 템플릿에도 적용할 수 있다. 예로 std::copy() 함수를 생각해 보자.

```
template< typename InputIt, typename OutputIt >
OutputIt copy( InputIt first, InputIt last, OutputIt d_first );
```

C++20에서는 **콘셉트(concepts)**를 적용해 요구 사항을 표현할 수 있다.

```
template< std::input_iterator InputIt, std::output_iterator OutputIt >
OutputIt copy( InputIt first, InputIt last, OutputIt d_first );
```

std::copy()는 복사할 범위인 입력 반복자(input iterator)와 대상 범위인 출력 반복자(output iterator) 쌍을 기대한다. 그 외 다른 연산은 필요 없으므로 입력 반복자와 출력 반복자를 명시적으로 요구한다. 이를 통해 전달하는 인자에 대한 요구 사항을 최소화한다.

std::copy()가 std::input_iterator와 std::output_iterator 대신 std::forward_iterator를 요구한다고 가정하자.

```
template< std::forward_iterator ForwardIt >
OutputIt copy( ForwardIt first, ForwardIt last, ForwardIt d_first );
```

불행히도 이는 std::copy() 알고리듬의 유용성(usefulness)을 제한한다. 일반적으로 다중 경로 보증(multipass guarantee)을 하지 않으며 기록할 수 없으므로 더 이상 입력 스트림에서 복사할 수 없다. 이는 안타까운 일이지만, 의존성에 초점을 맞추면 이제 std::copy()는 필요하지 않은 연산과 요구 사항에 의존한다. 그리고 std::copy()에 전달한 반복자는 추가 연산을 제공하도록 강제되므로 std::copy()는 이 반복자에 대한 의존성을 강제한다.

이는 가상의 예시일 뿐이지만, 인터페이스에서 관심사 분리가 얼마나 중요한지 보여준다. 분명히 해결책은 입력과 출력 능력이 개별 관심사라는 점을 인식하는 것이다. 따라서 관심사를 분리하고 ISP를 적용한 후 의존성이 크게 줄어든다.

지침 3: 인터페이스를 분리해 인위적인 결합을 피하라

- 결합은 인터페이스에도 영향을 미친다는 점을 인식한다.
- 인터페이스 분리 원칙(ISP)을 준수해 인터페이스에서 관심사를 분리한다.
- ISP를 단일 책임 원칙(SRP)의 특별한 사례로 생각한다.
- ISP가 상속 계통과 템플릿 모두에 도움이 된다는 점을 이해한다.

지침 4: 테스트 용이성을 위한 디자인

'지침 1: 소프트웨어 디자인의 중요성을 이해하라'에서 논의한 것처럼 **소프트웨어**는 변한다. 바뀔 것이라고 예상된다. 그런데 소프트웨어에서 무언가를 변경할 때마다 무언가가 망가질 위험이 있다. 물론 의도적이 아니라 우연적이며 최선을 다해 노력해도 그렇다. 그 위험은 항상 존재한다. 하지만 숙련된 개발자는 그 위험 때문에 잠을 설치지는 않는다. 위험이 있으라, 상관하지 않는다. 실수로 망가뜨리는 것을 방지하고 위험을 최소한으로 유지해주는 것, 바로 테스트가 있다.

테스트하는 목적은 끊임없는 변경에도 불구하고 모든 소프트웨어 기능이 여전히 잘 작동하는지 확신할 수 있게 하는 것이다. 그러므로 테스트는 분명 여러분의 보호막이자 구명조끼다. 테스트는 필수다! 하지만 먼저 테스트를 작성해야 한다. 그리고 테스트를 작성하고 이 보호막을 설정하려면 소프트웨어가 테스트 가능해야 한다. 소프트웨어는 테스트를 추가할 수 있게, 기왕이면 **쉽게** 추가할 수 있게 작성해야 한다. 소프트웨어를 테스트 용이하게 디자인해야 한다는 것이 이 지침의 핵심이다.

비공개 멤버 함수 테스트 방법

"물론 테스트가 있어요"라고 여러분은 주장한다. "모두 테스트가 있어야죠. 상식 아닌가요?" 전적으로 동의한다. 그리고 자신의 코드베이스에 합리적인 테스트 묶음(suite)이 있다고 믿는다.[32] 하지만 놀랍게도 모두가 테스트의 필요성에는 동의하지만, 모든 소프트웨어가 이를 염두에 두고 작성되는 것은 아니다.[33] 사실 많은 코드는 테스트하기가 어렵다. 때때로 이는 단순히 해당 코드를 테스트하도록 디자인하지 않았기 때문이다.

한 가지 아이디어를 제공하기 위해 여러분에게 도전적인 문제를 내겠다. 다음 `Widget` 클래스를 살펴보자. `Widget`에는 가끔 갱신해야 하는 `Blob` 객체 모음(collection)이 있다. 이를 위해 `Widget`은 `updateCollection()` 함수를 제공하며, 이 함수는 너무 중요해 테스트를 작성해야 한다고 가정하자. 이제 문제다. `updateCollection()` 멤버 함수를 어떻게 테스트할까?

```
class Widget
{
  // ...
 private:
  void updateCollection( /* 모음을 갱신하는 데 필요한 인자 */ );

  std::vector<Blob> blobs_;
  /* 있을 수 있는 다른 데이터 멤버 */
};
```

---

[32] 테스트 묶음이 준비돼 있지 않다면 할 일이 있다. 진심이다. 시작할 때 매우 일관되게 추천하는 내용은 CppCon 2020에서 벤 삭(Ben Sak)의 단위 테스트에 관한 강연인 'Back to Basics: Unit Tests'(https://youtu.be/_OHE33s7EKw)다. 두 번째는 특히 테스트와 테스트 주도 개발 전체 주제를 이해하는 데 매우 좋은 내용인 제프 랭어(Jeff Langr)의 책 《Modern C++ Programming with Test-Driven Development》(https://www.oreilly.com/library/view/modern-c-programming/9781941222423)(O'Reilly)다.

[33] 안타깝게도 '모두가 동의한다'는 것은 현실과 동떨어진 이야기라는 것을 안다. 테스트에 관한 심각성이 아직 모든 프로젝트와 개발자에게 닿지 않았다는 증거가 필요하다면 OpenFOAM 이슈 추적 시스템에서 이 이슈(https://bugs.openfoam.org/view.php?id=406)를 살펴보기 바란다.

진짜 문제가 무엇인지 즉시 알아챘을 거라고 생각한다. 바로 updateCollection() 멤버 함수를 클래스의 비공개 구역에 선언했다는 것이다. 이는 외부에서 직접 접근할 수 없으므로 직접 테스트할 방법도 없다는 뜻이다. 이 문제를 잠시 생각해 보라.

"비공개지만, 그리 큰 문제는 아니에요. 여러 방법으로 할 수 있어요."라고 말한다. 시도할 수 있는 방법이 여럿이라는 데는 나도 동의한다. 그럼 계속해 보자. 선택지를 따져보고 첫 번째 아이디어를 떠올린다. "글쎄요. 가장 쉬운 방법은 내부에서 updateCollection() 함수를 호출하는 다른 공개 멤버 함수를 통해 테스트하는 거예요." 흥미로운 첫 번째 아이디어 같다. 새 Blob을 추가할 때 그 모음을 갱신해야 한다고 하자. addBlob() 멤버 함수를 호출하면 updateCollection() 함수 호출을 유발한다.

```cpp
class Widget
{
 public:
   // ...
   void addBlob( Blob const& blob, /*...*/ )
   {
      // ...
      updateCollection( /*...*/ );
      // ...
   }
 private:
   void updateCollection( /* 모음을 갱신하는 데 필요한 인자 */ );

   std::vector<Blob> blobs_;
   /* 있을 수 있는 다른 데이터 멤버 */
};
```

이는 합리적인 방법인 듯하지만, 가능하면 피해야 하는 일이기도 하다. 앞에서 제안한 것을 이른바 **화이트박스 테스트**(white box test)라고 한다. 화이트박스 테스트는 어떤 함수의 내부 구현 상세를 알고 그 지식을 바탕으로 테스트한다. 이렇게 하면 테스트 코드가 제품 코드의 구현 상세에 의존한다. 이 접근법의 문제는 소프트웨어가 변한다는 점이다. 코드는 바뀐다. 세부 내용도 바뀐다. 예를 들어 미래 어느 시점에 addBlob() 함수를 재작성해 모음을 더 이상 갱신하지 않을 수도 있다. 그러면 해당 테스트는 그렇게 작성한 작업을 더 이상 수행하지 않는다. 심지어 그 사실을 알아채지도 못한 채 updateCollection() 테스트를 잃게 될 것이다. 따라서 화이트박스 테스트는 위험을 품고 있다. 제품 코드에서 의존성을 피하고 줄여야 하는 만큼('지침 1: 소프트웨어 디자인의 중요성을 이해하라' 참고) 테스트와 제품 코드의 세부 내용 간 의존성도 피해야 한다.

정말로 필요한 것은 **블랙박스 테스트**(black box test)다. 블랙박스 테스트는 내부 구현 상세에 대해 어떤 가정도 하지 않고 예상하는 행위에 대해서만 테스트한다. 물론 이 테스트도 무언가 변경하면 망가질 수 있지만, 이는 구현 상세 변경이 아니라 오직 예상하는 행위가 바뀔 때만 그래야 한다.

"좋아요, 무슨 얘긴지 알겠어요."라고 말한다. "하지만 updateCollection() 함수를 공개로 만들라고 제안하는 건 아니죠?" 그것을 제안하는 건 아니니 안심해도 된다. 물론 때로는 그게 합리적인 접근법일 수 있다. 하지만 이 사례에서는 현명한 조치일지 의심스럽다. updateCollection() 함수를 단순히 재미로 호출해서는 안 된다. 타당한 이유가 있을 때만, 적절한 시기에만, 그리고 어떤 불변속성을 보존하기 위해서 호출해야 한다. 이는 사용자에게 맡기면 안 되는 것이므로, 이 함수가 public 구역에 적합할 거라고 생각하지 않는다.

"좋아요, 그냥 확인한 거예요. 그러면 간단히 테스트를 Widget 클래스의 friend로 하죠. 이렇게 하면 온전히 접근하면서 private 멤버 함수를 제약 없이 호출할 수 있어요."

```
class Widget
{
  // ...
private:
  friend class TestWidget;

  void updateCollection( /* 모음을 갱신하는 데 필요한 인자 */ );

  std::vector<Blob> blobs_;
  /* 있을 수 있는 다른 데이터 멤버 */
};
```

그렇다. friend를 추가할 수 있다. Widget 클래스에 대한 모든 테스트가 있는 TestWidget 테스트 픽스처(fixture)[34]가 있다고 하자. 이 테스트 픽스처를 Widget 클래스의 friend로 만들 수 있다. 이것이 또 다른 합리적 접근법처럼 들릴 수 있지만, 안타깝게도 다시 산통을 깨야겠다. 이것이 기술적으로는 문제를 해결하겠지만, 디자인 관점에서는 인위적인 의존성을 다시 도입했다. friend 선언을 도입하기 위해

---

[34] (옮긴이) 테스트 픽스처란 테스트를 실행할 때 필요한 모든 자원을 포함하는 개념이다. 테스트 대상 코드, 데이터, 설정 등을 포함하며 테스트 전 환경을 설정하고 테스트 후 정리하는 역할도 한다.

제품 코드를 적극적으로 변경함으로써 이제 제품 코드가 테스트 코드에 관해 알게 됐다. 물론 테스트 코드는 제품 코드에 관해 알아야 하지만(이것이 테스트 코드의 의미이다), 제품 코드는 테스트 코드를 알 필요가 없다. 이는 안타깝고 인위적인 의존성인 순환 의존성을 도입한다.

"세상에서 가장 나쁜 것처럼 얘기하네요. 정말 그렇게 나쁜가요?" 때로는 이것이 실제로 합리적인 해결책일 수 있다. 확실히 간단하고 빠른 해결책이다. 하지만 지금은 모든 선택지를 논의할 시간이 있으므로 friend를 추가하는 것보다 더 나은 방법이 분명히 있을 것이다.

상황을 악화시키고 싶지 않지만, C++에는 friend가 많지 않다. 이 말이 슬프고 외롭게 들린다는 건 안다. 물론 friend 키워드를 얘기하는 거고 C++에서 friend는 여러분의 친구가 아니다. friend는 대부분 인위적인 결합을 추가하는데, 결합은 피해야 하기 때문이다. 물론 숨겨진 프렌드(https://www.justsoftwaresolutions.co.uk/cplusplus/hidden-friends.html)와 같이 없이는 살 수 없는 좋은 friend, 패스키(Passkey) 관용구(https://arne-mertz.de/2016/10/passkey-idiom/) 같은 관용적인 friend 사용에 대해서는 예외가 있을 수 있다. 테스트는 소셜 미디어에서 친구와 같으므로 테스트를 friend로 선언하는 것은 좋은 선택 같지 않다.

"좋아요, 그럼 private을 protected로 바꾸고 테스트를 Widget 클래스에서 파생해 만들죠."라고 제안한다. "이렇게 하면 테스트가 updateCollection() 함수에 온전히 접근할 수 있어요."

```
class Widget
{
  // ...
 protected:
   void updateCollection( /* 모음을 갱신하는 데 필요한 인자 */ );

   std::vector<Blob> blobs_;
   /* 있을 수 있는 다른 데이터 멤버 */
};

class TestWidget : private Widget
{
  // ...
};
```

기술적으로는 이 접근법이 효과가 있을 거라고 인정해야겠다. 하지만 이 문제를 해결하기 위해 상속을 제안하고 있으므로, 상속의 의미와 이를 제대로 사용하는 방법에 관해 분명히 얘기해야 할 것 같다. 두 실용적 프로그래머의 말을 인용해 본다.[35]

> 상속이 답인 경우는 드물다.

이 주제에 곧 초점을 맞출 것이므로, 일단 비공개 멤버 함수에 접근하기 위한 유일한 이유로 상속을 남용하는 것 같다고만 말하겠다. 상속을 발명한 이유가 이런 것은 아니라고 확신한다. 상속을 사용해 클래스의 protected 구역에 접근하는 것은 매우 간단해야 할 일에 바주카 접근법(bazooka approach)을 사용하는 것과 같다. 이는 결국 함수를 public으로 만드는 것과 거의 같다. 모두가 쉽게 접근할 수 있기 때문이다. 실제로는 클래스를 쉽게 테스트할 수 있게 디자인되지 않은 듯하다.

"자, 어떤 걸 더 할 수 있죠? 아니면 전처리기를 사용해 모든 private을 public으로 정의하기를 정말 원하는 건가요?"

```
#define private public

class Widget
{
  // ...
 private:
  void updateCollection( /* 모음을 갱신하는 데 필요한 인자 */ );

  std::vector<Blob> blobs_;
  /* 있을 수 있는 다른 데이터 멤버 */
};
```

자, 심호흡을 해보자. 이 마지막 접근법이 우스운 듯해도 이제 합리적인 논쟁 범위를 벗어났다는 점을 기억하자.[36] 전처리기를 사용해 Widget 클래스의 private 구역을 해킹하는 것을 진지하게 고려한다면 모든 것을 잃을 것이다.

---

35 데이비드 토머스와 앤드류 헌트, 《실용주의 프로그래머》
36 심지어 무서운 미정의 행위(undefined behavior) 영역에 들어갔을 수도 있다.

진정한 해결책: 관심사 분리

"좋아요, 그럼 private 멤버 함수를 테스트하려면 어떻게 **해야** 하죠? 당신은 이미 모든 선택지를 버렸잖아요." 아니, 모든 선택지를 버린 것은 아니다. '지침 2: 변경을 위한 디자인'에서 강조한 디자인 접근법 중 하나인 관심사 분리는 아직 논의하지 않았다. 이 접근법은 클래스에서 private 멤버 함수를 추출하고 코드베이스에서 별도의 개체로 만드는 것이다. 이때 선호하는 방법은 멤버 함수를 자유 함수로 추출하는 것이다.

```cpp
void updateCollection( std::vector<Blob>& blobs
                     , /* 모음을 갱신하는 데 필요한 인자 */ );
class Widget
{
  // ...
 private:
    std::vector<Blob> blobs_;
    /* 있을 수 있는 다른 데이터 멤버 */
};
```

이전 멤버 함수에 대한 모든 호출은 첫 번째 인자로 blobs_를 추가한 updateCollection() 자유 함수에 대한 호출로 대체할 수 있다. 또는 함수에 어떤 상태가 있으면 이를 다른 클래스 형태로 추출한다. 어느 쪽이든 결과 코드를 테스트하기 쉽게 심지어 간단하게 디자인한다.

```cpp
namespace widgetDetails {

class BlobCollection
{
 public:
    void updateCollection( /* 모음을 갱신하는 데 필요한 인자 */ );

 private:
    std::vector<Blob> blobs_;
};

} // namespace widgetDetails

class Widget
{
```

```
  // ...
private:
  widgetDetails::BlobCollection blobs_;
  /* 다른 데이터 멤버 */
};
```

"말도 안 돼요!"라고 소리친다. "모든 선택지 중 최악 아닌가요? 함께 속한 둘을 인위적으로 분리하고 있지 않아요? SRP는 함께 속한 건 서로 가깝게 유지해야 한다고 하지 않나요?" 글쎄, 나는 그렇게 생각하지 않는다. 오히려 지금이야말로 SRP를 고수하고 있다고 굳게 믿는다. SRP는 함께 속하지 않는 것, 서로 다른 이유로 변할 수 있는 것을 분리해야 한다고 말한다. 물론 언뜻 보면 Widget과 updateCollection()이 함께 속한 것처럼 보일 수 있다. 결국 blob_ 데이터 멤버를 가끔 갱신해야 하기 때문이다. 하지만 updateCollection() 함수를 제대로 테스트할 수 없다는 점은 이 디자인이 아직 적합하지 않다는 것을 명확히 나타낸다. 명시적인 테스트가 필요한 것을 테스트할 수 없다면 뭔가 잘못된 것이다. 왜 Widget 클래스의 private 구역에서 테스트하기 위해 삶을 더 힘들게 하고 함수를 숨기는 걸까? 테스트는 변화가 있을 때 중요한 역할을 하므로, 테스트는 어떤 것이 함께 속하는지 결정하는 데 도움이 되는 또 다른 방법일 뿐이다. updateCollection() 함수가 별개로 테스트할 만큼 중요하다면 Widget 외 다른 이유로 변경된 것일 수 있다. 이는 Widget과 updateCollection()이 함께 속하지 않는다는 것을 나타낸다. SRP를 바탕으로 updateCollection() 함수를 클래스에서 추출해야 한다.

"하지만 이것은 캡슐화(encapsulation) 개념에 반하지 않나요?"라고 묻는다. "감히 캡슐화를 거부하지 마세요. 캡슐화가 정말 중요하다고 생각해요!" 나도 동의한다. 근본적으로 매우 중요하다! 하지만 캡슐화는 관심사 분리에 대한 또 다른 이유일 뿐이다. 스콧 마이어스가 자신의 책인 《이펙티브 C++》에서 주장한 것처럼 클래스에서 함수를 추출하는 것은 캡슐화를 증진하는 단계다. 마이어스에 따르면 일반적으로 비멤버 비-friend 함수를 멤버 함수보다 선호해야 한다.[37] 이는 모든 멤버 함수가 클래스의 모든 멤버, 심지어 private 멤버에도 온전히 접근할 수 있기 때문이다. 하지만 추출한 형식에서 updateCollection() 함수는 Widget 클래스의 public 인터페이스로만 제한되며 private 멤버에 접근할 수 없다. 따라서 이 private 멤버가 좀 더 캡슐화된다. BlobCollection 클래스를 추출할 때도 같은 인자가 적용된다. BlobCollection 클래스는 Widget 클래스의 비공개 멤버를 건드릴 수 없으므로 Widget을 좀 더 캡슐화한다.

---

[37] 이 설득력 있는 주장은 스콧 마이어스의 《이펙티브 C++》, 항목 23에서 찾을 수 있다.

관심사를 분리하고 이 기능을 추출해 이제 몇 가지 이점을 얻는다. 첫째, 방금 논의한 것처럼 `Widget` 클래스를 더 캡슐화한다. 더 적은 멤버가 `private` 멤버에 접근할 수 있다. 둘째, 추출한 `updateCollection()` 함수를 쉽게, 심지어 간단하게 테스트할 수 있다. 이를 위해 `Widget`이 필요하지도 않으며, 그 대신 첫 번째 인자(멤버 함수의 암시적 첫 번째 인자인 `this` 포인터가 아니다)로 `std::vector<Blob>`을 전달하거나 `public` 멤버 함수를 호출할 수 있다. 셋째, `Widget` 클래스에서 다른 기능을 변경할 필요가 없다. 모음을 갱신해야 할 때마다 `blob_` 멤버를 `updateCollection()` 함수에 전달하기만 하면 된다. 다른 `public` 설정자(getter)를 추가할 필요가 없다. 그리고 아마 가장 중요한 것은 `Widget`을 처리하지 않고 별개로 이 함수를 변경할 수 있다는 점일 것이다. 이는 의존성이 줄었음을 나타낸다. 초기 설정에서 `updateCollection()` 함수는 `Widget` 클래스에 단단히 결합했지만(그렇다, `this` 포인터다), 이제 이 연결을 끊었다. 이제 `updateCollection()` 함수는 재사용할 수도 있는 별도의 서비스다.

아직 질문이 남아 있다는 것을 알고 있다. 이것이 더 이상 어떤 멤버 함수도 있으면 안 된다는 뜻인가 하는 생각으로 염려할 수도 있다. 아니다. 분명히 얘기하지만 클래스에서 모든 멤버를 추출해야 한다고 제안한 것이 아니다. 단지 테스트해야 하지만 클래스의 `private` 구역에 있는 함수를 자세히 살펴볼 것을 제안했을 뿐이다. 또한 자유 함수 형태로 추출할 수 없는 가상 함수와는 어떻게 작동하는지 궁금할 수 있다. 이에 대한 빠른 답은 없지만, 이 책을 통해 다양한 방법으로 다뤄볼 것이다. 가상 함수를 분리하더라도 항상 결합을 줄이고 테스트 용이성을 높이는 게 목표다.

요약하면, 인위적인 결합과 인위적인 경계로 디자인과 테스트 용이성을 방해하지 말자. 테스트 용이성을 위해 디자인하라. 관심사를 분리하라. 함수를 자유롭게 하라!

지침 4: 테스트 용이성을 위한 디자인

- 테스트는 실수로 망가뜨리는 것을 막는 보호막임을 이해한다.
- 테스트는 필수적이며, 테스트 용이성 역시 그렇다는 점을 명심한다.
- 테스트 용이성을 위해 관심사를 분리한다.
- `private` 멤버 함수를 테스트하는 것은 부적절한 것으로 간주한다.
- 멤버 함수보다 비멤버 비-friend 함수를 선호한다.

지침 5: 확장을 위한 디자인

소프트웨어 변경에 관해 아직 강조하지 않은 중요한 측면이 있다. 바로 기능 확장성이다. 기능 확장성은 디자인의 주요 목표 중 하나여야 한다. 솔직히 말해, 코드에 새 기능을 더 이상 추가할 수 없으면 코드 수명이 다한 것이기 때문이다. 따라서 새 기능 추가, 즉 코드베이스 확장은 근본적인 관심이다. 그런 이유로 기능 확장성은 사실상 주요 목표 중 하나이자 좋은 소프트웨어 디자인을 위한 원동력이 돼야 한다.

개방-폐쇄 원칙

안타깝지만 확장을 위한 디자인은 노력 없이 저절로 이루어지거나 마법처럼 실현되는 것이 아니다. 소프트웨어를 디자인할 때 명시적으로 기능 확장성을 고려해야 한다. '지침 2: 변경을 위한 디자인'에서 문서를 직렬화하는 순진한 접근법의 예를 이미 보았다. 그 상황에서는 serialize() 순수 가상 함수가 있는 Document 기초 클래스를 사용했다.

```
class Document
{
 public:
   // ...
   virtual ~Document() = default;

   virtual void serialize( ByteStream& bs /*, ...*/ ) const = 0;
   // ...
};
```

serialize()가 순수 가상 함수이므로 PDF 클래스를 포함한 모든 파생 클래스에서 구현해야 한다.

```
class PDF : public Document
{
 public:
   // ...
   void serialize( ByteStream& bs /*, ...*/ ) const override;
   // ...
};
```

지금까지는 좋다. 흥미로운 질문은 다음과 같다. serialize() 멤버 함수를 어떻게 구현할까? 한 가지 요구 사항은 나중에 바이트를 PDF 인스턴스로 다시 변환할 수 있어야 한다는 것이다(바이트를 PDF로 다시 역직렬화하기를 원한다). 이를 위해 그 바이트가 나타내는 정보를 저장하는 것이 필수다. '지침 2: 변경을 위한 디자인'에서는 열거형으로 이를 해냈다.

```
enum class DocumentType
{
   pdf,
   word,
   // ... 있을 수 있는 더 많은 문서 유형
};
```

이제 모든 파생 클래스에서 이 열거형을 사용해 바이트 스트림 시작에 문서 유형을 넣을 수 있다. 이 방식으로 역직렬화할 때 저장한 문서 종류를 쉽게 감지할 수 있다. 애석하게도 이 디자인 선택은 불행한 결정으로 밝혀졌다. 열거형으로 인해 우연히 모든 종류의 문서가 결합됐다. 즉 PDF 클래스는 워드 형식에 관해 알고 있다. 물론 해당 Word 클래스는 PDF 형식에 관해 알 것이다. 그렇다. 이 두 클래스는 구현 상세를 모르지만 여전히 서로를 알고 있다.

이 결합 상황을 그림 1-5에서 볼 수 있다. 아키텍처 관점에서 DocumentType 열거형은 PDF, Word 클래스와 같은 수준에 있다. 두 문서 유형 모두 DocumentType 열거형을 사용한다(그러므로 의존한다).

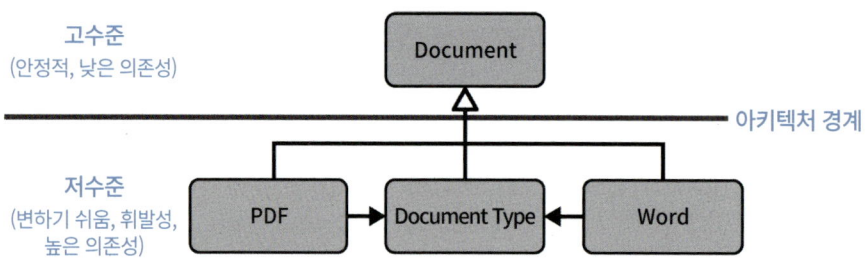

그림 1-5. DocumentType 열거형을 통한 서로 다른 문서 유형의 인위적 결합

기능을 확장하려고 하면 이 문제가 명백해진다. PDF와 워드 다음으로, 이제 일반 XML 형식도 지원하고 싶다. 이상적으로는 Document 클래스에서 파생한 XML 클래스를 추가하기만 하면 된다. 하지만 불행히도 DocumentType 열거형도 이에 맞게 조정해야 한다.

```
enum class DocumentType
{
    pdf,
    word,
    xml,    // 새 문서 유형
    // ... 있을 수 있는 더 많은 문서 유형
};
```

이 변경으로 적어도 다른 모든 문서 유형(PDF, 워드 등)을 다시 컴파일해야 한다. 이제 여러분은 어깨를 으쓱하며 생각할지도 모른다. "아, 그래요! 다시 컴파일만 하면 돼요." **적어도** 내가 이미 얘기했다는 점은 알아두자. 최악의 경우, 누구나 DocumentType 열거형을 확장할 수 있는 것은 아니므로 다른 이가 코드를 확장하는 것, 즉 새 문서 종류를 추가하는 것을 상당히 제한한다. 이런 결합은 옳지 않다고 생각한다. PDF와 Word는 새 XML 형식을 전혀 몰라야 한다. 어떤 것도 알거나 느껴서는 안 되며 심지어 다시 컴파일해서도 안 된다.

이 예에서 문제는 개방-폐쇄 원칙(OCP) 위반으로 설명할 수 있다. OCP는 두 번째 SOLID 원칙이며, 필요한 기능 확장을 쉽게 할 수 있게 소프트웨어를 디자인하라고 조언한다.[38]

> *(클래스, 모듈, 함수 등) 소프트웨어 산출물은 확장에는 열려 있지만 수정에는 닫혀 있어야 한다.*

OCP는 소프트웨어를 확장할 수 있어야 한다고 말한다(확장에 열려 있음). 하지만 확장이 쉬워야 하고, 최선의 경우 새 코드를 추가하는 것만으로 확장 가능해야 한다. 즉, 기존 코드를 수정할 필요가 없어야 한다(수정에 닫혀 있음).

이론적으로 확장은 쉬워야 한다. 새 파생 클래스 XML을 추가하기만 하면 된다. 이 새 클래스만으로는 다른 코드를 수정할 필요가 없다. 불행히도 serialize() 함수는 인위적으로 서로 다른 문서 종류를 결합해 Document 열거형을 수정하게 한다. 이 수정은 차례로 다른 Document 유형에 영향을 미치며, 이것은 정확히 OCP가 권하지 않는 것이다.

다행히 Document 예에서 이를 달성하는 해결책을 이미 살펴봤다. 이 사례에서 올바른 방법은 관심사를 분리하는 것이다(그림 1-6 참고).

---

[38] 버트란드 메이어(Bertland Meyer), 《Object-Oriented Software Construction》, 2nd ed. (Pearson, 2000)

관심사를 분리하고 진정으로 함께 속한 것을 하나로 묶음으로써 서로 다른 종류의 문서 간 우연한 결합이 사라진다. 직렬화를 다루는 모든 코드는 이제 Serialization 구성 요소 내에 적절히 하나로 묶여 아키텍처의 다른 수준에 논리적으로 상주할 수 있다. Serialization은 (PDF, 워드, XML 등) 모든 문서 유형에 의존하지만, 어떤 문서 유형도 Serialization에 의존하지 않는다. 또한 어떤 문서도 (그래야 하므로) 다른 어떤 문서 유형을 인식하지 못한다.

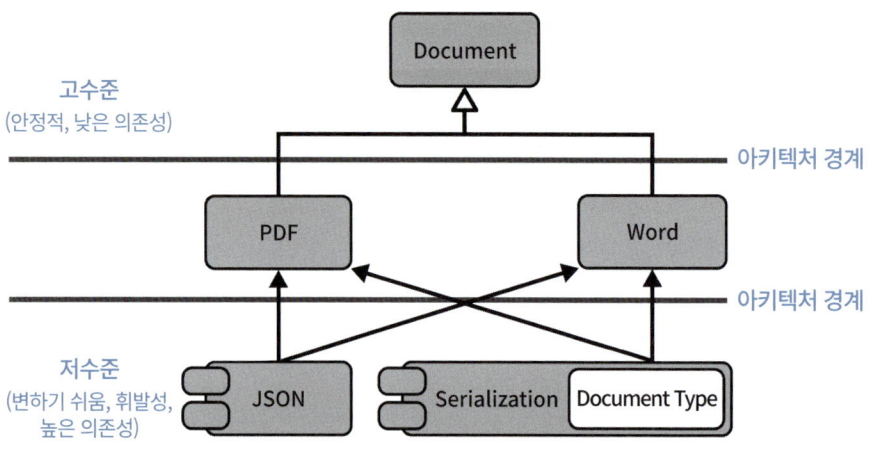

그림 1-6. 관심사 분리는 OCP 위반을 해결한다.

"잠시만요!" 여러분이 말한다. "직렬화 코드에서는 여전히 열거형이 필요하지 않나요? 그렇지 않으면 저장한 바이트가 나타내는 정보를 어떻게 저장하죠?" 이런 의견을 내줘서 기쁘다. Serialization 구성 요소 내에는 DocumentType 열거형 같은 것이 여전히 (매우) 필요할 것이다. 하지만 관심사를 분리해 이 의존성 문제를 적절히 해결했다. 서로 다른 문서 유형 중 어느 것도 DocumentType 열거형에 더 이상 의존하지 않는다. 이제 모든 의존성은 저수준(Serialization 구성 요소)에서 고수준(PDF와 Word)으로 향한다. 이 특성은 적절하고 좋은 아키텍처에 필수적이다.

"하지만 새 문서 유형을 추가하는 건 어떨까요? Serialization 구성 요소를 수정해야 하지 않나요?" 다시 말하지만, 여러분이 전적으로 옳다. 그럼에도 불구하고 이는 동일한 아키텍처 수준 또는 더 높은 수준에서 기존 코드를 수정할 필요가 없어야 한다고 조언하는 OCP 위반이 아니다. 그러나 저수준에서 수정을 제어하거나 막을 방법은 없다. Serialization은 **반드시** 모든 문서 유형에 의존해야 하므로 모든 새 문서 유형에 **반드시** 맞춰야만 한다. 그런 이유로 Serialization은 아키텍처의 저수준(**의존하는** 수준을 생각하자)에 상주해야 한다.

'지침 2: 변경을 위한 디자인'에서 논의한 것처럼 이 예에서 해결책은 관심사 분리다. 따라서 진짜 해결책은 SRP를 따르는 것인 듯하다. 이 때문에 OCP를 별개의 원칙이 아니라 SRP와 같은 것으로 보는 비판적인 목소리도 있다. 나도 이 논거를 이해한다. 관심사 분리가 원하는 기능 확장성으로 이어지는 경우는 매우 잦다. 이는 이 책을 통해 여러 번 경험할 것이며, 특히 디자인 패턴에 관해 얘기할 때 그럴 것이다. 따라서 SRP와 OCP가 연관이 있거나 심지어 같다는 것은 합리적 발상이다.

한편 이번 예에서는 SRP에 대해 얘기할 때 고려하지 않은 OCP에 관한 몇 가지 특정 아키텍처 고려 사항이 있다는 것을 확인했다. 또한 '지침 15: 타입 또는 연산 추가를 위한 디자인'에서 경험하겠지만 종종 무엇을 확장하고 어떻게 확장할지 명확한 결정을 내려야 한다. 그 결정은 SRP를 적용하는 방법과 소프트웨어 디자인 방식에 상당한 영향을 미칠 수 있다. 따라서 OCP는 SRP보다 확장에 대한 인식과 확장에 대한 의식적인 결정에 더 중점을 두는 듯하다. 이처럼, OCP는 SRP의 단순한 연장선이라 아니라 그 이상일 수 있다. 또는 그저 상황에 따라 다를 수도 있다.[39]

어느 쪽이든 이 예는 소프트웨어를 디자인하는 동안 기능 확장성을 명시적으로 고려해야 하며, 특정 방식으로 소프트웨어를 확장하려는 욕구는 관심사를 분리해야 한다는 훌륭한 징후임을 명백히 보여준다. 소프트웨어를 확장하는 방법을 이해하고 **사용자 정의 지점**을 파악하며 이런 확장을 쉽게 수행할 수 있게 설계하는 것이 중요하다.

컴파일 시점의 기능 확장성

`Document` 예시는 이런 디자인 고려 사항을 모두 런타임 다형성에 적용한다는 인상을 줄 수 있다. 아니, 절대 그렇지 않다. 동일한 고려 사항과 주장이 컴파일 시점 문제에도 적용된다. 이를 설명하기 위해 표준 라이브러리에서 몇 가지 예를 들어 본다. 물론 표준 라이브러리를 확장할 수 있다는 점이 가장 흥미롭다. 표준 라이브러리를 **사용**해야 하지만, 그 위에 자신만의 기능을 추가하는 것도 장려한다. 이 때문에 표준 라이브러리는 확장성을 위해 디자인됐다. 그러나 흥미롭게도 기초 클래스로 사용하는 것이 아니라 주로 함수 다중 정의(overloading), 템플릿, 그리고 (클래스) 템플릿 특수화를 기반으로 한다.

함수 다중 정의로 확장하는 훌륭한 예가 `std::swap()` 알고리듬이다. C++11 이후 `std::swap()`은 다음처럼 정의한다.

---

[39] "상황에 따라 달라요!"라는 답은 OCP에 대한 가장 강력한 비판자조차 만족시킬 것이다.

```cpp
namespace std {

template< typename T >
void swap( T& a, T& b )
{
   T tmp( std::move(a) );
   a = std::move(b);
   b = std::move(tmp);
}

} // namespace std
```

std::swap()을 함수 템플릿으로 정의하므로 int와 double 같은 기본 타입, std::string 같은 표준 라이브러리 타입, 그리고 물론 사용자 정의 타입 등 어떤 타입에도 사용할 수 있다. 하지만 일부 타입은 특별히 주의해야 하며, std::swap()으로 교환할 수 없거나 해서는 안 되지만 (예를 들면 효율적으로 이동할 수 없으므로) 다른 방법으로 효율적으로 교환할 수 있다. 그런데도 여전히 핵심 지침 C.83(http://isocpp.github.io/CppCoreGuidelines/CppCoreGuidelines#Rc-swap)[40]에서 표현한 것처럼 값 타입은 교환할 수 있는 것으로 기대한다.

값 타입에는 noexcept 교환 함수를 제공하는 것을 고려하라.

이 경우 직접 정의한 타입에 대해 std::swap()을 다중 정의할 수 있다.

```cpp
namespace custom {

class CustomType
{
   /* 특수한 형태의 swap이 필요한 구현 */
};

void swap( CustomType& a, CustomType& b )
{
   /* 'CustomType' 타입인 두 인스턴스를 교환하는 특수한 구현 */
}
```

---

[40] C++ 핵심 지침(https://cppkorea.github.io/CppCoreGuidelines)은 좋은 C++ 코드를 작성하기 위한 지침을 모으기 위한 공동체의 노력이자 그에 대한 합의다. 관용적인 C++가 무엇인지에 관한 상식을 가장 잘 표현하고 있다. GitHub(https://isocpp.github.io/CppCoreGuidelines/)에서 이 지침을 찾을 수 있다.

```
} // namespace custom
```

swap()을 올바로 사용하면 이 사용자 정의 함수는 두 `CustomType` 인스턴스에 특수한 교환 연산을 수행한다.[41]

```
template< typename T >
void some_function( T& value )
{
   // ...
   T tmp( /*...*/ );

   using std::swap;        // 컴파일러가 후속 호출에 std::swap을
                           // 고려하게 한다
   swap( tmp, value );     // 두 값을 교환한다. 한정하지 않은 호출과
                           // ADL 덕분에 'T'가 'CustomType'일 때
   // ...                  // 'custom::swap()'을 호출한다
}
```

분명히 `std::swap()`을 **사용자 정의 지점**으로 디자인해 새로운 사용자 정의 타입과 행위에 연결할 수 있다. 표준 라이브러리의 모든 알고리듬도 마찬가지다. 예를 들어 `std::find()`와 `std::find_if()`를 생각해 보자.

```
template< typename InputIt, typename T >
constexpr InputIt find( InputIt first, InputIt last, T const& value );

template< typename InputIt, typename UnaryPredicate >
constexpr InputIt find_if( InputIt first, InputIt last, UnaryPredicate p );
```

템플릿 매개변수, 그리고 해당하는 콘셉트를 암시적으로 사용해 `std::find()`와 `std::find_if()`는 (다른 알고리듬과 마찬가지로) 직접 정의한 (반복자) 타입을 사용해 검색할 수 있다. 또한 `std::find_if()`는 요소 비교 처리 방법을 사용자 정의할 수 있다. 따라서 이런 함수는 확실히 확장과 사용자 정의를 위해 디자인되어 있다.

---

[41] 약어인 ADL은 인자 의존 검색(Argument Dependent Lookup)을 나타낸다. 소개는 저자의 CppReference(https://en.cppreference.com/w/cpp/language/adl)나 CppCon 2020 강연(https://youtu.be/GydNMuyQzWo)을 참고한다.

마지막 **사용자 정의 지점**은 템플릿 특수화다. 이 접근법은 예를 들어 std::hash 클래스 템플릿에서 사용한다. std::swap() 예시에서 CustomType을 가정하면 std::hash를 명시적으로 특수화할 수 있다.

```
template<>
struct std::hash<CustomType>
{
   std::size_t operator()( CustomType const& v ) const noexcept
   {
      return /*...*/;
   }
};
```

std::hash 디자인은 모든 사용자 정의 타입에 대해 그 행위를 맞출 수 있다. 가장 주목할 만한 점은 기존 코드를 전혀 수정할 필요가 없다는 것이다. 특별한 요구 사항에 맞춰 별도의 전문화를 제공하는 것으로 충분하다.

거의 모든 표준 라이브러리는 확장과 사용자 정의를 위해 디자인됐다. 하지만 표준 라이브러리는 아키텍처의 가장 고수준 중 하나를 나타내야 하므로 놀라운 일이 아니다. 표준 라이브러리는 여러분의 코드 내 어느 것에도 의존할 수 없지만, 여러분은 전적으로 표준 라이브러리에 의존한다.

너무 이른 기능 확장을 위한 디자인을 피한다

C++ 표준 라이브러리는 확장을 위한 디자인의 훌륭한 예다. 이를 통해 기능 확장성이 실제로 얼마나 중요한지 느낄 수 있기를 바란다. 그런데 확장성이 중요하더라도 그저 미래에 기능 확장성을 보장하기 위해 가능한 모든 구현 상세에 대해 고려 없이 자동으로 기초 클래스나 템플릿을 좇아야 한다는 뜻은 아니다. 관심사를 너무 일찍 분리하지 말아야 하는 것처럼, 확장을 위한 디자인도 너무 일찍 하지 말아야 한다. 물론 코드가 어떻게 발전할지 좋은 아이디어가 있다면 얼마든지 계속하며 그에 따라 디자인한다. 하지만 YAGNI 원칙을 기억하자. 코드가 어떻게 발전할지 모른다면 절대 일어나지 않을 확장을 예상하는 대신 기다리는 게 현명할 수 있다. 아마도 다음 확장은 미래의 확장에 관한 아이디어를 줄 것이고, 이는 후속 확장이 쉽도록 코드를 리팩터링할 기회를 줄 것이다. 그렇지 않으면 어떤 확장을 선호하는 바람에 다른 확장이 훨씬 더 어려워지는 문제에 빠질 수 있다(예를 들면 '지침 15: 타입 또는 연산 추가를 위한 디자인' 참고). 이는 가능하면 피해야 한다.

요약하면, 확장을 위한 디자인은 변경을 위한 디자인의 중요한 부분이다. 그러므로 확장을 예상하는 기능을 명시적으로 주시하고 확장하기 쉽게 코드를 디자인한다.

지침 5: 기능 확장을 위한 디자인

- 코드를 쉽게 확장할 수 있는 디자인을 선호한다.
- 코드가 확장에는 열려 있고 수정에는 닫혀 있도록 개방–폐쇄 원칙(OCP)을 따른다.
- 코드 추가를 위해 기초 클래스, 템플릿, 함수 다중 정의 또는 템플릿 특수화를 사용해 디자인한다.
- 다음 추가를 확신할 수 없으면 너무 이른 추상화를 피한다.

02

추상화 구축 기술

추상화는 소프트웨어 디자인과 소프트웨어 아키텍처에서 중요한 역할을 한다. 다시 말해 좋은 추상화는 복잡도를 관리하는 열쇠다. 이것이 없다면 좋은 디자인과 적절한 아키텍처는 상상하기 어렵다. 그렇지만 좋은 추상화를 구축하고 이를 잘 사용하는 것은 놀라울 정도로 어렵다. 곧 밝혀지겠지만, 추상화를 구축하고 사용하는 데는 미묘한 부분이 많으므로 과학이라기보다 예술처럼 느껴진다. 이 장에서는 추상화 의미와 추상화를 구축하는 기술에 관해 상세히 설명한다.

'지침 6: 추상화로 기대하는 행위를 따르라'에서는 추상화의 목적에 관해 얘기한다. 또한 추상화가 요구 사항과 기대를 나타내며 추상화로 기대하는 행위를 따르는 것이 왜 그렇게 중요한지에 대해 얘기한다. 그 맥락에서 또 다른 디자인 원칙인 **리스코프 치환 원칙**(Liskov Substitution Principle, LSP)을 소개한다.

'지침 7: 기초 클래스와 콘셉트 간 유사성을 이해하라'에서는 가장 일반적으로 사용하는 두 가지 추상화, 기초 클래스와 콘셉트를 비교한다. 둘 다 기대하는 행위를 표현할 수 있기 때문에 의미론적 관점에서 두 접근법이 유사하다는 것을 이해하게 될 것이다.

'지침 8: 다중 정의 집합의 의미론적 요구 사항을 이해하라'에서는 의미론적 요구 사항에 관한 논의를 확장하고 세 번째 추상화 종류인 함수 다중 정의에 관해 얘기한다. 다중 정의 집합에 속하는 각 함수에도 기대하는 행위가 있으므로 LSP를 따라야 한다는 것을 이해하게 될 것이다.

'지침 9: 추상화 소유권에 주의하라'에서는 추상화의 아키텍처적 의미에 초점을 맞춘다. 아키텍처가 무엇이고 아키텍처의 고수준과 저수준에서 기대하는 것이 무엇인지 설명한다. 아키텍처 관점에서 의존성을 해결하기 위해 추상화를 도입하는 **것만으로** 충분하지 않다는 것도 보여줄 것이다. 이를 설명하기 위해 추상화로 아키텍처를 구축하는 방법에 관한 중요한 조언인 **의존성 역전 원칙**(Dependency Inversion Principle, DIP)을 소개한다.

'지침 10: 아키텍처 문서 작성을 고려하라'에서는 아키텍처 문서의 이점에 대해 얘기한다. 아직 관심을 가진 적이 없다면 이 지침이 문서를 작성하는 동기가 되기를 바란다.

지침 6: 추상화로 기대하는 행위를 따르라

소프트웨어 분리의 주요 측면 중 하나이며, 따라서 소프트웨어 디자인의 주요 측면 중 하나는 추상화 도입이다. 이런 이유로 비교적 간단하고 쉬운 일이라 생각할 수 있다. 안타깝지만 추상화를 구축하는 것은 어렵다.

이 말이 무슨 의미인지 보여주기 위해 예시를 살펴보겠다. 이 목적을 위해 **고전적인** 예를 선택했는데, 이미 아는 사람도 있을 것이다. 그렇다면 이 부분은 그냥 넘어가도 좋다. 하지만 이 예제가 익숙하지 않다면 도움이 될 것이다.

기대를 어기는 예

`Rectangle` 기초 클래스로 시작하자.

```
class Rectangle
{
 public:
   // ...
   virtual ~Rectangle() = default;      ❶

   int getWidth() const;                ❸
   int getHeight() const;

   virtual void setWidth(int);          ❹
   virtual void setHeight(int);
```

```cpp
    virtual int getArea() const;     ❺
    // ...

  private:
    int width;      ❷
    int height;
};
```

우선 이 클래스는 가상 소멸자가 있으므로 기초 클래스로 디자인됐다(❶). 의미론적으로 Rectangle은 다양한 직사각형에 대한 추상화를 나타낸다. 기술적으로는 Rectangle에 대한 포인터로 파생형 객체를 적절히 소멸할 수 있다.

둘째, Rectangle 클래스에는 데이터 멤버가 width와 height 둘 있다(❷). 직사각형에는 width와 height로 나타내는 두 변의 길이가 있으므로 당연하다. getWidth()와 getHeight() 멤버 함수는 두 변의 길이를 조회하는 데 사용할 수 있으며(❸), setWidth()와 setHeight() 멤버 함수를 통해 width와 height를 설정할 수 있다(❹). 이 둘을 독립적으로 설정할 수 있다는 점이 중요하다. 즉, height를 변경하지 않고 width를 설정할 수 있다.

마지막으로 getArea() 멤버 함수가 있다(❺). getArea()는 직사각형 넓이를 계산하며, 당연히 width와 height 곱을 반환하도록 구현한다.

물론 더 많은 기능이 있을 수 있지만, 이 예제에서는 주어진 멤버가 중요한 것들이다. 지금은 꽤 좋은 Rectangle 클래스인 듯하다. 확실히 출발이 좋다. 하지만 물론 더 있다. 예를 들면 Square 클래스가 있다.

```cpp
class Square : public Rectangle      ❻
{
 public:
   // ...
   void setWidth(int) override;      ❼
   void setHeight(int) override;     ❽

   int getArea() const override;     ❾
   // ...
};
```

Square 클래스는 Rectangle 클래스를 공개로 상속한다(❻). 수학적 관점에서 정사각형은 직사각형의 특수한 종류로 보이므로 꽤 합리적인 듯하다.[1]

Square는 오직 한 변의 길이만 있다는 점에서 특수하다. 하지만 Rectangle 기초 클래스는 width와 height로 길이가 둘이다. 이 때문에 Square의 불변속성을 항상 보존하게 해야 한다. 두 데이터 멤버와 두 획득자(getter) 함수가 있는 주어진 구현에서 두 데이터 멤버의 값이 항상 같도록 해야 하므로, width와 height를 모두 설정하도록 setWidth() 멤버 함수를 재정의(override)한다(❼). 또한 width와 height를 모두 설정하도록 setHeight() 멤버 함수도 재정의한다(❽).

이렇게 하면 Square는 항상 변의 길이가 같고, getArea() 함수는 항상 Square의 올바른 넓이를 반환한다(❾). 멋지다!

이 두 클래스를 잘 활용해 보자. 예를 들면 서로 다른 직사각형을 변환하는 함수에 관해 생각할 수 있다.

```
void transform( Rectangle& rectangle )        ❿
{
   rectangle.setWidth( 7 );           ⓫
   rectangle.setHeight( 4 );          ⓬

   assert( rectangle.getArea() == 28 );    ⓭

   // ...
}
```

transform() 함수는 모든 Rectangle 종류를 비-const 참조로 취한다(❿). 주어진 직사각형을 변경하고 싶으므로 이는 합리적이다. 직사각형을 변경하는 첫 번째 가능한 방법은 setWidth() 멤버 함수를 통해 width를 7로 설정하는 것이다(⓫). 그런 다음, setHeight() 멤버 함수를 통해 직사각형의 height를 4로 변경할 수 있다(⓬).

이 시점에 여러분이 암묵적인 추정을 하고 있다는 점을 보여주겠다. 당연히 7 곱하기 4는 28이므로 여러분이 직사각형의 넓이를 28로 추정한다고 확신한다. 이는 assert 문으로 테스트할 수 있는 추정이다(⓭).

유일하게 놓친 것은 실제 transform() 함수 호출이다. main() 함수에서 하는 일은 다음과 같다.

---

1 몇 년 전 수업 중에 수학적 관점에서 정사각형은 직사각형이 아니라 마름모라는 것을 '부드럽게' 상기시킨 적이 있었다. 그 강의를 생각하면 아직도 무릎이 떨린다. 그러므로 나처럼 잘 모르는 사람이 갖고 있을 순진한 인상을 나타내기 위해 '이다' 대신 '인 듯하다'라고 표현했다.

```
int main()
{
    Square s{};              ⓴
    s.setWidth( 6 );

    transform( s );          ⓯

    return EXIT_SUCCESS;
}
```

main() 함수에서는 특수한 직사각형 종류인 Square를 생성한다(⓴).[2] 이 정사각형을 transform() 함수로 전달하는데, 물론 잘 작동한다. Square에 대한 참조를 암시적으로 Rectangle에 대한 참조로 변환할 수 있기 때문이다(⓯).

내가 "어떻게 된 거죠?"라고 묻는다면, 여러분은 "assert()가 실패했어요!"라고 답할 거라 확신한다. 확실히 assert()는 실패한다. assert()는 전달받은 표현식을 false로 평가하고 SIGKILL 신호와 함께 프로세스 충돌을 일으킨다. 이는 확실히 불행한 일이다. 그럼 사후 분석을 해 보자. 왜 assert()가 실패할까? transform() 함수에서 기대한 것은 직사각형의 너비와 높이를 독립적으로 변경할 수 있는 것이다. setWidth()와 setHeight() 두 함수를 호출해 이 기대를 명시적으로 표현했다. 하지만 예상 밖으로 이 특수한 직사각형 종류는 이를 허용하지 않는다. 자체 불변속성을 보존하기 위해 Square 클래스는 항상 두 변 길이가 같은지 확인해야 한다. 따라서 Square 클래스는 이 기대를 위반해야 하며, 추상화에서 이러한 기대 위반은 LSP 위반이다.

리스코프 치환 원칙

LSP는 세 번째 SOLID 원칙이며 **행위적 서브타이핑(behavioral subtyping)**, 즉 추상화로 기대하는 행위와 관련이 있다. 이 디자인 원칙은 1988년에 처음 소개됐고, 1994년 지넷 윙(Jeannette Wing)과 함께 이를 명확히 한 바바라 리스코프(Barbara Liskov)의 이름을 따 명명했다.[3]

---

2 수학적으로가 아니라 이 구현에서다.
3 LSP는 바바라 리스코프가 1988년 'Data Abstraction and Hierarchy'(https://dl.acm.org/doi/10.1145/62139.62141)라는 논문에서 처음 소개했다. 1994년에는 바바라 리스코프와 지넷 윙이 'A Behavioral Notion of Subtyping'(https://dl.acm.org/doi/10.1145/197320.197933)이라는 논문에서 재공식화했다. 이 업적으로 바바라 리스코프는 2008년에 튜링 상(Turing Award)을 받았다.

하위 타입(subtype) 요구 사항: φ(x)를 T 타입 객체 x에 대해 증명할 수 있는 특성이라 하자. 이 때 S가 T의 하위 타입이라면 φ(y)는 S 타입 객체 y에 대해 참이어야 한다.

이 원칙은 흔히 **IS-A**(https://en.wikipedia.org/wiki/Is-a) 관계라고 하는 것을 공식화한다. 이 관계, 즉 추상화의 기대를 하위 타입에서 **반드시** 따라야 한다. 이는 다음 특성을 포함한다.

- 사전 조건을 하위 타입에서 강화할 수 없다. 하위 타입은 함수에서 상위 타입(super type)이 표현하는 것보다 더 많은 것을 기대할 수 없다. 이는 추상화의 기대를 위반한다.

    ```
    struct X
    {
      virtual ~X() = default;

      // 사전 조건: 함수는 0보다 큰 모든 'i'를 받아들인다
      virtual void f( int i ) const
      {
         assert( i > 0 );
         // ...
      }
    };

    struct Y : public X
    {
      // 사전 조건: 함수는 10보다 큰 모든 'i'를 받아들인다.
      // 이는 사전 조건을 강화한다. 1과 10 사이 숫자를
      // 더 이상 허용하지 않으며, 이는 LSP 위반이다!
      void f( int i ) const override
      {
      assert( i > 10 );
      // ...
      }
    };
    ```

- 사전 조건을 하위 타입에서 약화할 수 없다. 하위 타입은 함수를 마칠 때 상위 타입이 약속하는 것보다 더 적게 약속할 수 없다. 다시 얘기하지만, 이는 추상화의 기대를 위반한다.

    ```
    struct X
    {
    ```

```cpp
    virtual ~X() = default;

    // 사전 조건: 함수는 0보다 큰 값만 반환한다
    virtual int f() const
    {
        int i;
        // ...
        assert( i > 0 );
        return i;
    }
};

struct Y : public X
{
    // 사전 조건: 함수는 어떤 값이든 반환할 수 있다.
    // 이는 사전 조건을 약화한다. 음수와 0을 허용하며
    // 이는 LSP 위반이다!
    int f( int i ) const override
    {
        int i;
        // ...
        return i;
    }
};
```

- 하위 타입의 함수 반환 타입은 반드시 **공변적**(covariant)이어야 한다. 하위 타입의 멤버 함수는 상위 타입의 해당 멤버 함수에서 반환하는 타입의 하위 타입을 반환할 수 있다. 이 특성은 C++에서 언어적으로 직접 지원한다. 하지만 하위 타입은 상위 타입의 해당 함수에서 반환하는 타입의 어떤 상위 타입도 반환할 수 없다.

```cpp
struct Base { /*...소멸자를 포함한 가상 함수들...*/ };
struct Derived : public Base { /*...*/ };

struct X
{
    virtual ~X() = default;
    virtual Base* f();
};

struct Y : public X
```

```
    {
        Derived* f() override;    // 공변적인 반환 타입
    };
```

- 하위 타입의 함수 매개변수는 반드시 **반공변적(contravariant)**이어야 한다. 하위 타입은 멤버 함수에서 상위 타입의 해당 멤버 함수에서 받는 함수 매개변수의 상위 타입을 받아들일 수 있다. 이 특성은 C++에서 언어적으로 직접 지원하지 **않는다**.

```
    struct Base { /*...소멸자를 포함한 가상 함수들...*/ };
    struct Derived : public Base { /*...*/ };

    struct X
    {
        virtual ~X() = default;
        virtual void f( Derived* );
    };

    struct Y : public X
    {
        void f( Base* ) override;   // 반공변적 함수 매개변수.
                                    // C++에서 지원하지 않으므로 이 함수를
                                    // 재정의하지 않으며 컴파일 실패한다.
    };
```

- 상위 타입의 불변속성을 하위 타입에서 반드시 보존해야 한다. 상위 타입의 상태에 관한 모든 기대는 하위 타입의 멤버 함수를 포함한 모든 멤버 함수 호출 전후로 항상 유효해야 한다.

```
    struct X
    {
        explicit X( int v = 1 )
            : value_(v)
        {
            if( v < 1 || v > 10 ) throw std::invalid_argument( /*...*/ );
        }

        virtual ~X() = default;

        int get() const { return value_; }
```

```cpp
protected:
   int value_;   // 불변속성: [1..10] 범위 내이어야 한다
};

struct Y : public X
{
 public:
   Y()
      : X()
   {
      value_ = 11;   // 깨진 불변속성: 생성자 호출 후 'value_'는
                     // 기대한 범위를 벗어난다. 불변속성을 적절히
                     // 캡슐화하고 핵심 지침 C.133: 'protected 데이터를
                     // 피하라'를 따라야 하는 한 가지 좋은 이유다.
   }
};
```

이 예에서 Rectangle이 기대하는 것은 두 변의 길이를 독립적으로 변경할 수 있거나 더 공식적으로는 setHeight() 호출 후 getWidth() 결과가 바뀌지 않는 것이다. 이 기대는 모든 직사각형에 대해 직관적이다. 하지만 Square 클래스 자체는 모든 변이 항상 같아야 한다는 불변속성을 도입한다. 그렇지 않으면 Square는 정사각형에 관한 아이디어를 적절히 표현하지 못할 것이다. Square는 그 자신의 불변속성을 보호함으로써 불행히도 기초 클래스의 기대를 위반한다. 따라서 Square 클래스는 Rectangle 클래스의 기대를 충족하지 못하며, 이 예에서 상속 계통은 IS-A 관계를 나타내지 않는다. 그러므로 Rectangle을 기대하는 모든 곳에서 Square를 사용할 수 없다.

"하지만 정사각형은 직사각형이 아닌가요?"라고 묻는다. "기하학적 관계를 제대로 표현하고 있지 않나요?"[4] 정사각형과 직사각형 사이에 기하학적 관계가 있을 수 있지만, 이 예에서 상속 관계는 깨졌다. 이 예는 수학적인 IS-A 관계가 사실은 LSP IS-A 관계와 다르다는 점을 보여준다. 기하학에서 정사각형은 항상 직사각형이지만, 컴퓨터 과학에서는 실제 인터페이스와 기대에 따라 다르다. 독립적인 두 함수 setWidth()와 setHeight()가 있는 한 Square는 항상 기대를 위반한다. 여러분은 "이해했어요."라고 얘기한다. "기하학적으로 정사각형의 너비가 바뀌어도 여전히 정사각형이라고 주장하는 사람은 아무도 없겠죠?" 바로 그거다.

---

4 정사각형이 마름모라는 확고한 의견을 갖고 있다면 용서해 주길 바란다!

이 예는 상속이 자연적이거나 직관적인 기능이 아니라 어려운 기능임을 보여준다. 처음에 언급했듯이 추상화를 구축하는 것은 어렵다. 상속을 사용할 때마다 기초 클래스의 모든 기대를 충족하고 파생형이 기대한 대로 행동하는지 **반드시** 확인해야 한다.

리스코프 치환 원칙에 대한 비판

앞서 설명한 것처럼 일부는 LSP가 사실 바바라 리스코프의 콘퍼런스 논문, '데이터 추상화와 상속 계통(Data Abstraction and Hierarchy)'에서 설명한 것과 다르며 서브타이핑 개념에 결함이 있다고 주장한다. 이는 옳은 말이다. 보통은 기초 객체를 파생 객체로 치환하는 게 아니라 파생 객체를 기초 객체처럼 사용한다. 하지만 리스코프의 서술에 대한 이런 문자적이고 엄격한 해석은 날마다 구축하는 추상화에 어떤 역할도 하지 않는다. 바바라 리스코프와 지넷 윙은 1994년 논문 '서브타이핑의 행위적 개념(A Behavioral Notion of Subtyping)'에서 오늘날 LSP에 관한 일반적인 해석인 **행위적 서브타이핑**이라는 용어를 제안했다.

LSP의 잠재적 위반 때문에 기초 클래스가 추상화 목적에 부합하지 않는다고 주장하는 사람들도 있다. 그 근거는 코드를 사용하는 것 또한 파생형의 (잘못된) 행위에 의존한다는 것이다. 불행히도 이 주장은 세상을 발칵 뒤집었다. 호출 코드는 이 추상화에서 **기대하는** 행위에 전적으로 의존할 수 있고 그래야 하므로 기초 클래스는 추상화를 **나타낸다**. 이는 LSP 위반 프로그래밍 오류를 만드는 의존성이다. 안타깝게도 사람들은 때때로 특별한 임시 해결책을 도입해 LSP 위반을 수정하려고 한다.

```
class Base { /*...*/ };
class Derived : public Base { /*...*/ };
class Special : public Base { /*...*/ };
// ... 더 있을 수 있는 파생 클래스

void f( Base const& b )
{
   if( dynamic_cast<Special const*>(&b) )
   {
      // ... 'Special'이 다르게 행동하는 것을 알아서 '특별한' 무언가를 한다
   }
   else
   {
      // ... 기대한 일을 한다
   }
}
```

사실 이런 임시 해결책은 파생형의 행위에 의존성을 도입한다. 정말 매우 유감스러운 의존성이다! 이는 항상 LPS 위반이자 매우 나쁜 사례로 간주해야 하며[5], 기초 클래스의 추상화 특성에 반하는 일반적인 주장으로 적합하지 않다.

좋고 의미 있는 추상화의 필요성

소프트웨어 개체를 적절히 분리하려면 추상화에 의지할 수 있는 게 근본적으로 중요하다. 코드를 읽는 사람이 **완전히** 이해하는 의미 있는 추상화 없이는 견고하며 신뢰할 수 있는 소프트웨어를 작성할 수 없다. 따라서 LSP를 따르는 것은 소프트웨어 디자인의 목적에 필수다. 하지만 추상화의 기대를 명확하고 모호하지 않게 전달하는 것 또한 중요하다. 최선의 경우 이는 소프트웨어 자체에서 일어나지만(**스스로 문서화하는 코드, self-documenting code**), 추상화에 대한 적절한 문서화도 수반한다. 좋은 예로, 사전과 사후 조건을 포함해 기대 행위를 명확히 나열하는 C++ 표준의 반복자 개념 문서(https://en.cppreference.com/w/cpp/iterator)를 추천한다.

> **지침 6: 추상화로 기대하는 행위를 따르라**
> - 추상화는 요구 사항과 기대를 나타낸다는 것을 이해한다.
> - 추상화의 기대 행위를 준수하기 위해 리스코프 치환 원칙(LSP)을 따른다.
> - 파생 클래스가 기초 클래스의 기대 행위를 따르도록 한다.
> - 추상화의 기대를 전달한다.

지침 7: 기초 클래스와 콘셉트 간 유사성을 이해하라

'지침 6: 추상화로 기대하는 행위를 따르라'에서는 LSP가 상속 계통과 기초 클래스만 관련이 있다는 인상을 줬을 수 있다. 이 인상이 고착되지 않도록 LSP가 동적 (런타임) 다형성과 상속 계통에 한정되지 **않는다**는 점을 분명히 밝히겠다. 반대로, LSP를 정적 (컴파일 시점) 다형성과 템플릿 코드에도 적용할 수 있다.

요점을 말하기 위해 질문을 하나 하겠다. 다음 두 코드 조각의 차이는 무엇일까?

---

[5] 그럼에도 불구하고 충분히 큰 코드베이스에서는 이런 위법 행위의 예를 적어도 하나는 찾을 수 있다. 경험상 이는 종종 추상화를 다시 생각해 맞출 시간이 너무 적기 때문이다.

```cpp
//==== 코드 조각 1 ====

class Document
{
 public:
   // ...
   virtual ~Document() = default;

   virtual void exportToJSON( /*...*/ ) const = 0;
   virtual void serialize( ByteStream&, /*...*/ ) const = 0;
   // ...
};

void useDocument( Document const& doc )
{
   // ...
   doc.exportToJSON( /*...*/ );
   // ...
}


//==== 코드 조각 2 ====

template< typename T >
concept Document =
   requires( T t, ByteStream b ) {
      t.exportToJSON( /*...*/ );
      t.serialize( b, /*...*/ );
   };

template< Document T >
void useDocument( T const& doc )
{
   // ...
   doc.exportToJSON( /*...*/ );
   // ...
}
```

첫 번째 코드 조각은 동적 다형성을 사용한 해결책을 보여주고, 두 번째는 정적 다형성을 보여준다는 게 여러분의 첫 번째 답이라 확신한다. 훌륭하다! 또 뭐가 있을까? 그렇다. 물론 구문도 다르다. 이제 질문을 좀 더 자세히 해야 겠다. 두 해결책이 어떤 점에서 **의미론적으로** 다를까?

생각해 보면 의미론적 관점에서 두 해결책이 사실 매우 비슷하다는 것을 알 수 있을 것이다. 첫 번째 코드 조각에서 useDocument() 함수는 Document 기초 클래스에서 파생한 클래스에만 작동한다. 따라서 이 함수는 Document 추상화의 기대를 따르는 클래스에만 작동한다고 할 수 있다. 두 번째 코드 조각에서 useDocument() 함수는 Document 콘셉트를 구현하는 클래스에만 작동한다. 즉, 이 함수는 Document 추상화의 기대를 따르는 클래스에만 작동한다.

지금 기시감(데자뷰)을 느낀다면 내가 선택한 단어가 감동을 줬기를 바란다. 그렇다. 두 코드 조각 모두에서 useDocument() 함수는 Document 추상화의 기대를 따르는 클래스에만 작동한다. 첫 번째 코드 조각이 런타임 추상화를 기반으로 하고 두 번째 함수가 컴파일 시점 추상화를 나타낸다는 사실에도 불구하고 이 두 함수는 의미론적 관점에서 매우 비슷하다.

기초 클래스와 콘셉트는 요구 사항(구문 요구 사항과 의미론적 요구 사항 모두) 집합을 나타낸다. 이처럼 둘 모두 기대 행위에 대한 형식적인 기술을 나타내므로 코드 호출에 대한 기대를 표현하고 전달하는 수단이다. 따라서 콘셉트는 기초 클래스와 동등한 정적 대응물로 간주할 수 있다. 템플릿 코드에 대한 LSP도 이런 관점에서 고려하는 게 합리적이다.

"C++20 콘셉트가 의미론(semantics)을 표현할 수 없다고 들었지만 전 믿지 않아요!"[6]라고 말한다. 이에 대해서는 최종적인 예와 아니오로만 답할 수 있다. 그렇다. C++20 콘셉트는 의미론을 완전히 표현할 수 없으며 이는 맞는 얘기다. 그러나 한편으로 콘셉트는 여전히 기대 행위를 표현한다. 예를 들어, C++20 형식인 std::copy() 알고리듬을 생각해 보자.[7]

```
template< typename InputIt, typename OutputIt >
constexpr OutputIt copy( InputIt first, InputIt last, OutputIt d_first )
{
   while( first != last ) {
      *d_first++ = *first++;
   }
```

---

6 이는 정말 매우 자주 논의되는 주제다. foonathan(https://www.foonathan.net/2021/07/concepts-structural-nominal/)의 블로그에서 매우 좋은 요약을 찾을 수 있다.
7 C++20에서 std::copy는 마침내 constexpr이 됐지만, 아직 std::input_iterator와 std::output_iterator 콘셉트를 사용하지 않는다. 여전히 입력과 출력 반복자의 형식적인 기술을 바탕으로 한다. LegacyInputIterator(https://en.cppreference.com/w/cpp/named_req/InputIterator) 와 LegacyOutputIterator(https://en.cppreference.com/w/cpp/named_req/OutputIterator)를 참고한다.

```
    return d_first;
}
```

std::copy() 알고리듬은 세 인자를 기대한다. 처음 두 인자는 복사할 요소 범위(**입력 범위**)를 나타낸다. 세 번째 인자는 복사해 넣을 목적지의 첫 번째 요소(**출력 범위**)를 나타낸다. 일반적인 기대는 **출력 범위**가 충분히 커서 **입력 범위**의 모든 요소를 복사할 수 있는 것이다.

반복자 타입인 InputIt와 OutputIt 이름을 통해 암시적으로 표현하는 기대도 있다. InputIt는 **입력 반복자** 타입을 나타낸다. C++ 표준에서는 상등(부등) 비교의 사용 가능성, 전위와 후위 증가(operator++()와 operator++(int))로 범위를 순회하는 능력, 그리고 역참조 연산자(operator*())로 요소에 접근하는 능력 같은 반복자 타입의 모든 기대를 명시하고 있다. 반면 OutputIt는 **출력 반복자** 타입을 나타내며, C++ 표준에서는 이 또한 기대하는 모든 연산을 명시하고 있다.

InputIt와 OutputIt는 C++20 콘셉트가 아닐 수 있으나 동일한 아이디어를 나타낸다. 이 명명된 템플릿 매개변수는 필요한 타입에 관한 아이디어를 제공할 뿐만 아니라 기대 행위도 표현한다. 예를 들면, first를 계속 증가시키면 결국 last가 될 것을 기대한다. 주어진 구체(concrete) 반복자가 이런 식으로 행동하지 않으면 std::copy는 기대한 대로 작동하지 않는다. 이는 기대 행위 위반이며 LSP 위반이다.[8] 그러므로 InputIt와 OutputIt 모두 LSP 추상화를 나타낸다.

콘셉트는 LSP 추상화, 즉 요구 조건과 기대를 나타내므로 **인터페이스 분리 원칙(ISP)**에도 적용된다('지침 3: 인터페이스를 분리해 인위적인 결합을 피하라' 참고). 요구 사항 정의에서 관심사를 기초 클래스 형태로 분리해야 하는 것처럼(말하자면 '인터페이스' 클래스), 콘셉트를 정의할 때도 관심사를 분리해야 한다. 표준 라이브러리 반복자는 서로를 기반으로 구축해 이를 수행하므로 원하는 수준의 요구 사항을 선택할 수 있다.

```
template< typename I >
concept input_or_output_iterator =
    /* ... */;


template< typename I >
concept input_iterator =
    std::input_or_output_iterator<I> &&
    /* ... */;
```

---

8 불행히도 이는 컴파일 시점 오류가 아니다.

```
template< typename I >
concept forward_iterator =
    std::input_iterator<I> &&
    /* ... */;
```

두 명명된 템플릿 매개변수와 C++20 콘셉트 모두 같은 목적을 제공하며, LSP 추상화를 나타내므로 이제부터 모든 후속 지침에서 **개념**이라는 용어로 둘 모두를 지칭한다. 따라서 **개념**이라는 용어로 요구 사항 집합을 나타내는 모든 방법을 언급할 것이다(대부분은 템플릿 인자에 대해서 사용하겠지만, 때로는 훨씬 더 일반적으로 사용할 것이다). 이 둘 중 하나의 표현을 특정하여 언급하고 싶을 때는 분명히 밝히겠다.

요약하면 (동적과 정적) 어떤 추상화든 추상화는 그 기대 행위에 대한 요구 사항을 나타낸다. 이 기대는 구체적 구현으로 충족돼야 하므로, LSP는 모든 IS-A 관계에 대한 필수 지침을 명확히 나타낸다.

지침 7: 기초 클래스와 콘셉트 간 유사성을 이해하라

- 동적과 정적 다형성 모두에 리스코프 치환 원칙(LSP)을 적용한다.
- 콘셉트(C++20 기능과 C++20 이전의 명명된 템플릿 인자 모두)를 기초 클래스의 정적 등가물로 간주한다.
- 템플릿을 사용할 때 콘셉트의 기대 행위를 따른다.
- 개념(특히 C++20 이전의 명명한 템플릿 인자)의 기대를 전달한다.

지침 8: 다중 정의 집합의 의미론적 요구 사항을 이해하라

'지침 6: 추상화로 기대하는 행위를 따르라'에서는 LSP를 소개했고 '**모든** 추상화는 일련의 의미론적 요구 사항을 나타낸다!'라는 것을 강하게 주장했다. 다시 말해, 추상화는 충족해야 하는 기대 행위를 표현한다. 그렇지 않으면 (아마) 문제가 생길 것이다. '지침 7: 기초 클래스와 콘셉트 간 유사성을 이해하라'에서는 LSP에 관한 논의를 콘셉트로 확장하고 LSP를 정적 추상화에 적용할 수 있으며 또 **그래야 한다**는 걸 보여줬다.

하지만 이것이 이야기의 끝이 아니다. 앞서 언급했듯이 **모든** 추상화는 요구 사항을 나타낸다. 아직 고려하지 않은 추상화 종류가 하나 더 있다. 안타깝지만 그 강력함에도 불구하고 종종 간과하므로 논의할 때 잊지 말아야 하는 것으로 함수 다중 정의가 바로 그것이다. "함수 다중 정의라고요? 클래스에 이름이 같은 함수가 여럿일 수 있다는 거죠?" 물론이다. 이것이 정말 꽤 강력한 기능이란 것을 아마 경험했을 것이다. 예를 들면 `std::vector()`에 있는 `begin()` 멤버 함수의 두 다중 정의를 생각해 보자. `const` 벡터인지, 비-`const` 벡터인지에 따라 해당 다중 정의가 선택된다. 심지어 당신은 알아채지도 못한다. 꽤 강력하다! 하지만 솔직히 이것이 정말 대단한 추상화는 아니다. 멤버 함수를 다중 정의하는 것이 편리하고 도움이 되지만, 개인적으로는 다른 종류의 함수 다중 정의를 염두에 두고 있다. 진정으로 추상화의 한 형태를 나타내는 자유 함수가 그것이다.

자유 함수의 힘: 컴파일 시점 추상화 메커니즘

콘셉트 다음으로 자유 함수를 이용한 함수 다중 정의는 두 번째 컴파일 시점 추상화를 나타낸다. 컴파일러는 동일하게 명명한 함수 집합에서 주어진 타입을 바탕으로 어느 함수를 호출할지 알아낸다. 이를 **다중 정의 집합**이라 한다. 이는 매우 다재다능하고 강력한 추상화 메커니즘이며 훌륭한 디자인 특성이 많다. 우선 `int`, `std::string`과 그 외 다른 모든 타입 등 어떤 타입이라도 자유 함수를 추가할 수 있다. 비간섭적으로. 멤버 함수로 시도해 보면 이것이 작동하지 않는 것을 알 수 있다. 멤버 함수를 추가하는 것은 간섭적이다. 멤버 함수를 가질 수 없는 타입이나 수정할 수 없는 타입에는 아무것도 추가할 수 없다. 따라서 자유 함수는 개방-폐쇄 원칙(OCP) 정신에 완벽히 부응한다. 기존 코드를 수정하지 않고 단순히 코드를 추가하는 것으로 기능을 확장할 수 있다.

이를 통해 상당한 디자인 이점을 얻을 수 있는데, 예를 들어 다음 코드를 생각해 보자.

```cpp
template< typename Range >
void traverseRange( Range const& range )
{
   for( auto pos=range.begin(); pos!=range.end(); ++pos ) {
      // ...
   }
}
```

`traverseRange()` 함수는 주어진 `range`에 대해 전통적인 반복자 기반 루프를 수행한다. 반복자를 획득하기 위해 `range`에 `begin()`과 `end()` 멤버 함수를 호출한다. 이 코드는 많은 컨테이너 타입에서 작동하지만, 내장 배열에서는 작동하지 않는다.

```cpp
#include <cstdlib>
```

```
int main()
{
   int array[6] = { 4, 8, 15, 16, 23, 42 };

   traverseRange( array );   // 컴파일 오류!

   return EXIT_SUCCESS;
}
```

이 코드는 주어진 배열 타입에 대해 begin()과 end() 멤버 함수가 없다고 컴파일러가 불평할 것이므로 컴파일하지 못한다. "그래서 내장 배열 대신 std::array를 사용해야 하는 것 아닌가요?" 전적으로 동의한다. 대신 std::array를 사용해야 한다. 이는 또한 핵심 지침 SL.con.1(http://isocpp.github.io/CppCoreGuidelines/CppCoreGuidelines#Rsl-arrays)에서 매우 잘 설명하고 있다.

> *C 배열 대신 STL array나 vector를 사용하라.*

이것이 모범 사례이기는 하지만, traverseRange() 함수의 디자인 문제를 놓치지 말자. traverseRange()는 begin()과 end() 멤버 함수에 의존함으로써 스스로 제한하고 있다. 즉, begin() 멤버와 end() 멤버 함수를 지원하기 위해 Range 타입에 인위적인 요구 조건을 만들고, 이로 인해 자신의 적용 가능성(applicability)을 제한한다. 하지만 이 함수를 훨씬 더 폭넓게 적용할 수 있는 간단한 해결책이 있다. begin()과 end() 자유 함수 다중 정의 집합을 기반으로 구축하는 것이다.[9]

```
template< typename Range >
void traverseRange( Range const& range )
{
   using std::begin;   // ADL을 활성화하기 위해 한정하지 않은
   using std::end;     // 'begin()'과 'end()'를 호출하기 위한 using 선언

   for( auto pos=begin(range); pos!=end(range); ++pos ) {
      // ...
   }
}
```

---

[9] begin()과 end() 자유 함수는 **어댑터(Adapter)** 디자인 패턴의 예다. 더 자세한 내용은 '지침 24: 어댑터를 사용해 인터페이스를 표준화하라'를 참고한다.

이 함수는 여전히 이전과 동일한 일을 하고 있지만, 어떤 인위적 요구 사항으로 스스로를 제한하지 않는다. 그리고 사실 제한이 없다. **어떤** 타입이라도 `begin()`과 `end()` 자유 함수가 있을 수 있고, 만약 없다면 갖출 수 있다. 비간섭적으로. 따라서 이 함수는 어떤 Range와도 작동하며 일부 타입이 요구 사항에 맞지 않더라도 수정하거나 다중 정의할 필요가 없다. 더 폭넓게 적용할 수 있으며 정말 일반적이다.[10]

그런데 자유 함수에는 더 많은 이점이 있다. '지침 4: 테스트 용이성을 위한 디자인'에서 이미 논의했듯이 자유 함수는 관심사를 분리하고 단일 책임 원칙(SRP)을 충족하는 매우 우아한 기술이다. 클래스 외부에 연산을 구현함으로써 해당 연산에 대한 그 클래스의 의존성이 자동으로 줄어든다. 기술적으로 이는, 멤버 함수와 달리 자유 함수는 암시적 첫 번째 인자인 `first` 포인터가 없으므로 바로 이해된다. 동시에 이는 해당 함수가 별도의 분리된 서비스가 되도록 촉진해 다른 많은 클래스에도 사용할 수 있다. 따라서 재사용을 촉진하고 중복을 줄인다. 이는 반복하지 말 것(DRY) 원칙의 아이디어를 매우 훌륭히 따른다.

이 아름다움은 알렉산더 스테파노프(Alexander Stepanov)의 작품인 표준 템플릿 라이브러리(the Standard Template Library, STL)에서 훌륭하게 입증됐다.[11] STL 철학 중 한 부분은 서로 다른 기능 조각을 느슨하게 결합하고 자유 함수로 관심사를 분리해 재사용을 촉진하는 것이다. 이것이 STL에서 컨테이너와 알고리듬이 별개의 개념인 이유다. 개념적으로 컨테이너는 알고리듬에 대해, 알고리듬은 컨테이너에 대해 서로 모른다. 이들 사이의 추상화는 겉보기에 끝이 없어 보이는 방식으로 그 둘을 결합해 주는 반복자를 통해 이뤄진다. 정말로 놀라운 디자인이다. 또는 스콧 마이어스의 말로 표현하면 다음과 같다.[12]

> *[표준 템플릿] 라이브러리가 효율적이고 확장 가능한 디자인의 돌파구라는 점에는 의문의 여지가 없었다.*

"하지만 `std::string`은 어떤가요? `std::string`에는 많은 알고리듬을 포함해 멤버 함수가 수십 개예요." 좋은 지적이다. 오늘날 커뮤니티에서는 `std::string`의 디자인이 훌륭하지 않다는 것에 동의한다. 그 디자인은 결합, 중복 그리고 성장을 촉진한다. 다시 말해 모든 새 C++ 표준에는 몇 가지 새로운 추가 멤버 함수가 있다. 그리고 성장은 수정과 이후 우연히 무언가를 변경할 위험을 의미한다. 이는 디자인에서 피하고 싶은 위험이다. 하지만 변호하자면, `std::string`은 최초 STL의 일부가 아니었다. (`std::vector`, `std::list`, `std::set` 등) STL 컨테이너와 함께 디자인되지 않았으며 나중에 STL 디자

---

10 범위 기반 for 루프를 `begin()`과 `end()` 자유 함수 기반으로 구축하는 이유다.
11 알렉산더 스테파노프와 멩 리(Meng Lee)가 1995년 10월에 쓴 'The Standard Template Library'(https://stepanovpapers.com/STL/DOC.PDF).
12 스콧 마이어스, 《이펙티브 STL》(정보문화사, 2006)

인에 맞게 조정했다. 이것이 왜 다른 STL 컨테이너와 다르며 아름다운 디자인 목표를 완전히 공유하지 않는지에 대한 설명이다.

자유 함수의 문제: 행위에 대한 기대

분명히 자유 함수는 일반화 프로그래밍에서 놀랍도록 강력하고 매우 중요하다. 또한 추상화 메커니즘의 힘을 기반으로 구축하는 STL 디자인과 C++ 표준 라이브러리 전체 디자인에서 중요한 역할을 한다.[13] 하지만 이 모든 힘은 다중 정의 함수 집합이 규칙과 특정 기대를 따를 때만 작동할 수 있다. 즉, LSP를 따를 때만 작동할 수 있다.

예를 들어 Widget 타입을 직접 작성하고 이에 대한 사용자 정의 swap() 연산을 제공하려 한다고 생각해 보자.

```
//---- <Widget.h> ----------------

struct Widget
{
   int i;
   int j;
};

void swap( Widget& w1, Widget& w2 )
{
   using std::swap;
   swap( w1.i, w2.i );
}
```

작성한 Widget은 i와 j라는 int 값에 대한 간단한 래퍼(wrapper)이면 된다. 여러분은 해당 swap() 함수를 자유 함수로 함께 제공한다. 그리고 swap()은 j 값을 제외하고 i 값만 교환하도록 구현한다. Widget 타입을 다른 개발자, 혹은 친절한 동료가 사용한다고 생각해 보자. 어느 시점에 이 동료는 swap() 함수를 호출할 것이다.

---

[13] 자유 함수는 정말로 대단히 가치 있는 디자인 도구다. 이에 대한 한 예로 짧은 투쟁담을 들려주겠다. 전문 소프트웨어 개발에 대한 고전 중 하나로 여길 수 있는, 마틴 파울러의 책 《리팩터링 2판》(한빛미디어, 2020)을 알 것이다. 초판은 1999년에 출판했으며 자바를 프로그래밍 예제에 사용했다. 두 번째 판은 2018년에 나왔는데 흥미롭게도 자바스크립트로 재작성했다. 그렇게 선택한 이유 중 하나는 구문이 C와 비슷한 언어를 독자 대다수가 더 쉽게 소화할 수 있다고 생각했기 때문이었다. 하지만 다른 중요한 이유는 자바스크립트가 자바와 달리 자유 함수를 제공한다는 사실이었으며, 마틴 파울러는 결합을 끊고 관심사를 분리하는 데 이를 매우 중요한 도구로 간주했다. 이 기능 없이는 리팩터링 목표를 달성하기 위한 유연성이 제한된다.

```
#include <Widget.h>
#include <cstdlib>

int main()
{
    Widget w1{ 1, 11 };
    Widget w2{ 2, 22 };

    swap( w1, w2 );

    // Widget w1에는 (2,11)이 있다
    // Widget w2에는 (1,22)이 있다

    return EXIT_SUCCESS;
}
```

swap() 연산 후 w1의 내용이 (2,22)가 아니라 (2,11)일 때 여러분의 동료가 얼마나 놀랄지 상상할 수 있겠는가? 객체의 일부만 교환한다는 것이 얼마나 예상하지 못한 일일까? 여러분의 동료가 한 시간 동안 디버깅한 후 얼마나 짜증을 낼지 상상할 수 있겠는가? 만약 동료가 **너그럽지** 않다면 어떤 일이 벌어질까?

분명 이 swap() 구현은 swap() 함수의 기대를 충족하지 못한다. 분명 누구나 객체의 관찰할 수 있는 전체 상태를 교환할 것으로 기대할 것이다. 분명 행위적 기대가 있다. 따라서 다중 정의 집합을 믿는다면 즉시 그리고 필연적으로 그 다중 정의 집합의 기대 행위를 충족해야 한다. 즉, LSP를 따라야 한다.

"문제를 알겠어요. 그 점은 이해했어요. LSP를 따를 것을 약속해요."라고 말한다. 좋고, 그 의도를 존경한다. 문제는 기대 행위가 무엇인지 항상 명확하지는 않다는 것이다. 특히 대규모 코드베이스 여기저기에 흩어져 있는 다중 정의 집합에 대해서는 더욱 그렇다. 모든 기대와 모든 세부 사항에 대해 모를 수도 있다. 따라서 때로는, 심지어 이 문제를 알고 주의를 기울이더라도 여전히 '올바른' 일을 하지 않을 수 있다. 잠재적으로 LSP를 위반하는 기능을 다중 정의 집합에 제한 없이 추가할 수 있다는 점은 커뮤니티의 여러 사람이 걱정하는 일이다.[14] 그리고 이전에 언급한 것처럼 이는 쉬운 일이다. 누구나 어디서든 자유 함수를 추가할 수 있다.

---

[14] 이에 대한 훌륭한 논의는 존 칼브(Jon Kalb), 필 내쉬(Phil Nash), 그리고 데이브 에이브람스(Dave Abrahams)가 C++에서 배운 교훈과 스위프트 프로그래밍 언어 개발에 적용한 방법을 논의한 **Cpp.Chat** 83화 방송분(https://cpp.chat/83)에서 찾을 수 있다.

항상 그렇듯 모든 접근법과 해결책에는 장단점이 있다. 한편 다중 정의 집합의 힘을 이용하는 것은 엄청나게 유익하지만, 다른 한편으로는 제대로 하기가 매우 어렵다. 이러한 동전의 양면은 핵심 지침 C.162(http://isocpp.github.io/CppCoreGuidelines/CppCoreGuidelines#Ro-equivalent)와 핵심 지침 C.163(http://isocpp.github.io/CppCoreGuidelines/CppCoreGuidelines#Ro-equivalent-2)에서도 표현했다.

거의 동등한 연산을 다중 정의한다.
– 핵심 지침 C.162

거의 동등한 연산만 다중 정의한다.
– 핵심 지침 C.163

C.162는 의미론적으로 동등한 함수가 이름이 같을 때의 이점을 나타낸 반면, C.163은 의미론적으로 다른 함수가 이름이 같을 때의 문제를 나타낸다. 모든 C++ 개발자는 이 두 지침 사이의 긴장을 알아야 한다. 또한 기대 행위를 따르기 위해 모든 C++ 개발자는 (`std::swap()`, `std::begin()`, `std::cbegin()`, `std::end()`, `std::cend()`, `std::data()`, `std::size()` 등) 기존 다중 정의 집합을 알고 공통 명명 규칙에 대해 아는 게 좋다. 예를 들어 `find()`라는 이름은 요소 범위에 대해 선형 검색을 수행하는 함수에만 사용해야 한다. 이진 검색을 수행하는 함수에 `find()`라는 이름은 잘못된 기대를 불러일으키고 해당 범위를 정렬해야 한다는 사전 조건을 전달하지 않는다. 물론 `begin()`과 `end()`라는 이름은 범위를 순회하는 데 사용할 수 있는 반복자 쌍을 반환할 것이라는 기대를 항상 충족해야 한다. 이들은 어떤 절차를 시작하거나 마쳐서는 안 된다. 이런 작업은 `start()`나 `stop()` 함수로 수행하는 게 더 좋다.[15]

"음, 이 모든 점에 동의해요."라고 말한다. "하지만 주로 가상 함수를 사용하고 이를 자유 함수로 구현할 수 없으므로 다중 정의 집합에 관한 조언을 모두 사용할 수는 없겠죠?" 놀랄지도 모르지만, 이 조언은 여전히 여러분에게 적용된다. 궁극적인 목표는 의존성을 줄이는 것이고 가상 함수는 상당한 결합을 유발할 수 있으므로 이런 것을 '풀어주는' 것도 목표 중 하나다. 사실 앞으로 볼 많은 지침에서, 아마 가장 두드러지게는 '지침 19: 전략을 사용해 작업 수행 방법을 분리하라'와 '지침 31: 비간섭 런타임 다형성에는 외부 다형성을 사용하라'에서는 가상 함수를 자유 함수로, 그러나 제한하지 않은 형태로 추출하고 분리하는 방법에 관해 이야기할 것이다.

---

15 케이트 그레고리(Kate Gregory)가 말했듯이 '이름 짓는 것은 어렵다. 더 잘 해보자(Naming is hard: Let's Do Better).' 는 CppCon 2019(https://youtu.be/MBRoCdtZOYg)에서 그녀가 강력히 추천한 강연 제목이다.

요약하면, 함수 다중 정의는 과소평가해서는 안 되는 강력한 컴파일 시점 추상화 메커니즘이다. 특히 일반화 프로그래밍에서는 이 힘을 아주 많이 이용한다. 그렇다고 이 힘을 너무 가볍게 받아들이지 말라. 기초 클래스와 콘셉트처럼 다중 정의 집합이 의미론적 요구 사항을 나타내므로 LSP의 적용을 받는다는 것을 기억하라. 다중 정의 집합의 기대 행위를 반드시 따라야 하며 그렇지 않으면 제대로 작동하지 않는다.

지침 8: 다중 정의 집합의 의미론적 요구 사항을 이해하라

- 함수 다중 정의가 컴파일 시점 추상화 메커니즘이라는 것을 인식한다.
- 다중 정의 집합에 속한 함수의 행위에 대한 기대가 있다는 점을 명심한다.
- 기존 이름과 규칙에 주의한다.

지침 9: 추상화 소유권에 주의하라

'지침 2: 변경을 위한 디자인'에서 언급했듯이 변경은 소프트웨어 개발에서 하나의 상수다. 소프트웨어는 변경에 대비해야 한다. 변경을 다루는 필수 요소 중 하나는 추상화 도입이다('지침 6: 추상화로 기대하는 행위를 따르라' 참고). 추상화는 의존성을 줄이는 데 도움이 되므로 세부 내용을 개별적으로 더 쉽게 변경할 수 있다. 하지만 추상화를 도입하는 것에는 단지 기초 클래스나 템플릿을 추가하는 것 이상의 것이 있다.

의존성 역전 원칙

로버트 마틴도 추상화 필요성을 다음처럼 표현한다.[16]

> *가장 유연한 시스템은 소스 코드 의존성이 구체화(concretion)가 아닌 추상화만 참조하는 시스템이다.*

이 지혜로운 말은 흔히 의존성 역전 원칙(Dependency Inversion Principle, DIP)으로 알려져 있으며 SOLID 원칙 중 다섯 번째 원칙이다. 간단히 말하면 의존성을 위해 구체 타입이나 구현 상세 대신 추상화에 의존할 것을 조언한다. 이 문장은 상속 계통에 대해서는 아무 말도 하지 않고 일반적인 추상화만 언급한다.

---

16 로버트 C. 마틴, 《클린 아키텍처》(인사이트, 2019)

그림 2-1에서 보여주는 상황을 살펴보자.[17] 여러분이 자동 입출금기(ATM)의 논리를 구현한다고 상상해 보자. ATM은 인출, 입금, 송금 등 여러 연산을 제공한다. 이 모든 연산은 실제 돈을 다루므로 완전히 완료하거나 오류가 있으면 중단하고 모든 변경을 되돌려야 한다. 이런 행위(100% 성공 또는 완전한 되돌림)를 일반적으로 **트랜잭션(transaction)**이라고 한다. 결과적으로 Transaction이라는 추상화를 도입할 수 있다. 모든 추상화(Deposit, Withdrawal, Transfer)는 (UML 상속 화살표로 표시한) Transaction 클래스를 상속한다.

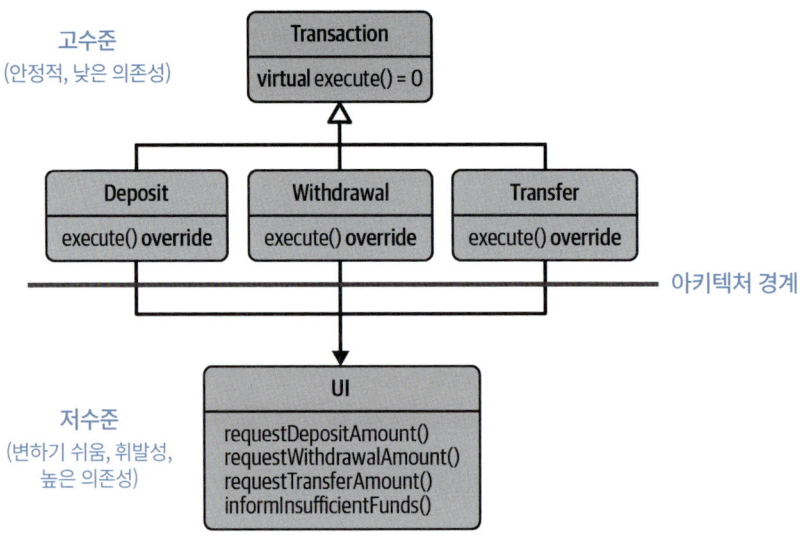

그림 2-1. 여러 트랜잭션과 UI 간 초기의 강한 의존성 관계

모든 트랜잭션은 은행 고객이 사용자 인터페이스를 통해 입력한 데이터가 필요하다. 이 사용자 인터페이스는 UI 클래스에서 제공한다. 이 클래스는 입력한 데이터를 조회하기 위한 다양한 함수를 제공하며, requestDepositAmount(), requestWithdrawalAmount(), requestTransferAmount(), informInsufficientFunds()를 비롯해 그 외 함수가 더 있을 수 있다. 세 추상화 모두 정보가 필요할 때마다 이 함수를 직접 호출한다. 이 관계는 추상화가 UI 클래스에 의존하는 것을 나타내는 속이 채워진 작은 화살표로 표시한다.

이 설정은 얼마간 작동할 수 있지만, 숙련된 여러분의 눈은 이미 잠재적 문제를 발견했을 수 있다. 여기서 무언가 변경된다면 어떻게 될까? 예를 들어 시스템에 새 트랜잭션을 추가하면 어떻게 될까?

---

[17] 이 예는 로버트 마틴의 책 《클린 소프트웨어》(제이펍, 2017)에서 가져왔다. 마틴은 인터페이스 분리 원칙(ISP)을 설명하기 위해 이 예를 사용했기에 추상화 소유권 문제에 관해 상세히 설명하지 않았다. 이 책에서 그 공백을 메우려 한다.

VIP 고객을 위해 SpeedTransfer 트랜잭션을 꼭 추가해야 한다고 가정해 보자. 이를 위해 몇 가지 새 함수(예를 들면 requestSpeedTransferAmount()와 requestVIPNumber())로 UI 클래스를 변경하고 확장해야 할 수 있다. 이는 차례로 다른 모든 트랜잭션에도 영향을 준다. UI 클래스에 직접 의존하기 때문이다. 최상의 경우 트랜잭션을 단순히 다시 컴파일해 테스트하면 되지만(여전히 시간이 소요된다!), 최악으로 별도의 공유 라이브러리로 제공하는 경우 재배포해야 할 수도 있다.

이런 추가 노력이 필요한 근본적인 원인은 망가진 아키텍처다. 모든 트랜잭션은 UI 클래스에 대한 구체적 의존성을 통해 간접적으로 서로 의존한다. 트랜잭션 클래스는 아키텍처 고수준에 있는 반면, UI 클래스는 저수준에 있으므로 이는 아키텍처 관점에서 매우 불행한 상황이다. 이 예에서는 고수준이 저수준에 의존한다. 이는 잘못됐다. 올바른 아키텍처에서는 이 의존성이 뒤집혀야 한다.[18]

모든 트랜잭션은 UI 클래스에 대한 의존성 때문에 서로 간접적으로 의존한다. 더욱이 아키텍처의 고수준이 저수준에 의존한다. 이는 정말 아주 불행한 상황이며 제대로 해결해야 한다. "하지만 그건 간단해요!"라고 한다. "추상화를 도입하면 돼요!" 로버트 마틴이 자신의 성명서에서 표현한 것이 바로 그것이다. UI 클래스의 구체적인 구현 내용에 의존하지 않으려면 추상화를 도입해야 한다.

하지만 단일 추상화로 이 문제를 해결할 수는 없다. 세 가지 트랜잭션은 여전히 간접적으로 결합돼 있다. 그림 2-2에서 볼 수 있듯이 트랜잭션 하나당 하나씩, 세 개의 추상화가 필요하다.[19]

---

18 Transaction 기초 클래스가 훨씬 더 높은 수준에 있을 수 있다고 주장한다면 그 말이 옳다. 여러분은 보너스 점수를 얻었다! 하지만 이 예의 나머지 부분에서는 이 추가 수준이 필요하지 않으므로 무시한다.
19 두 informInsufficientFunds() 함수는 다음과 같다. 두 가상 함수(즉, WithdrawalUI에서 하나와 TransferUI에서 하나) **모두를 UI 클래스의 단일 구현을 사용해 구현할 수 있다.** 물론 이는 두 함수가 같은 기대를 나타내 하나로 구현할 수 있을 때만 잘 작동한다. 만약 서로 다른 기대를 나타내면 **샴 쌍둥이 문제**(허브 서터(Herb Sutter)의 《More Exceptional C++》(사이텍미디어, 2003) 항목 26 참고)에 직면한다. 이 예에서는 두 가상 함수를 쉽게 처리할 수 있다고 가정한다.

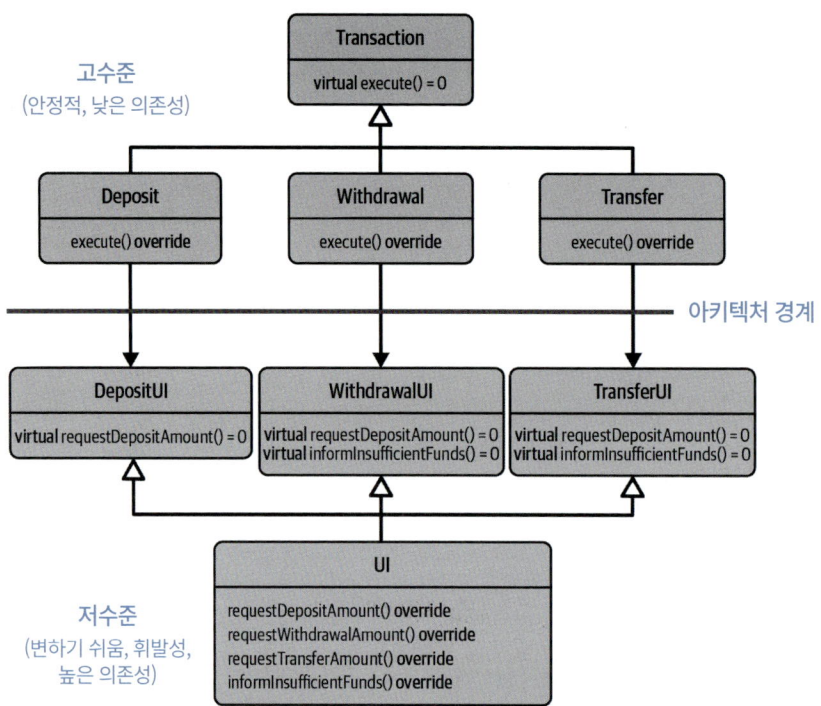

그림 2-2. 여러 트랜잭션과 UI 간 완화된 의존성 관계

`DepositUI`, `WithdrawalUI`, `TransferUI` 클래스를 도입해 세 추상화 사이의 의존성을 깨뜨렸다. 세 추상화는 더 이상 구체 UI 클래스에 의존하지 않으며, 관련 트랜잭션이 실제 요구하는 연산만 나타내는 가벼운 추상화에 의존한다. 이제 `SpeedTransfer` 트랜잭션을 도입하면 `SpeedTransferUI` 추상화도 도입할 수 있으며, 다른 추상화는 어느 것도 UI 클래스에 도입하는 이 변경에 영향을 받지 않는다.

"아, 알겠어요! 이렇게 해서 세 디자인 원칙을 충족했어요!" 감동한 듯한 목소리다. "사용자 인터페이스의 구현 상세에 대한 의존성을 끊기 위해 추상화를 도입했어요. 이는 분명 DIP예요. 그리고 ISP를 따랐고 서로 다른 트랜잭션 사이의 의존성을 제거했어요. 게다가 보너스로, 실제 함께 속한 것을 멋지게 하나로 묶었어요. SRP 맞죠? 놀라워요! 함께 축하해요!"

잠깐, 잠깐, 잠깐. 이 의존성 문제를 해결한 것을 축하하기 위해 가장 좋은 샴페인을 따기 전에 이 문제를 좀 더 자세히 살펴보자. 여러분이 옳다. UI 클래스의 관심사를 분리해 ISP를 따랐고, 세 가지 클라이언트별 인터페이스로 분리해 세 트랜잭션 사이의 의존성 상황을 해결했다. 이는 정말 ISP이다. 아주 좋다!

불행히도 아키텍처 문제를 아직 해결하지 못했기에 DIP를 (아직) 따르지 않는다. 약간 오해할 수도 있는데, 마치 의존성을 뒤집은 것처럼 보인다는 거다. 그림 2-3에서는 의존성 역전을 실제 도입한 것을 보여준다. 구체 UI 클래스에 의존하는 대신 이제 추상화에 의존한다.

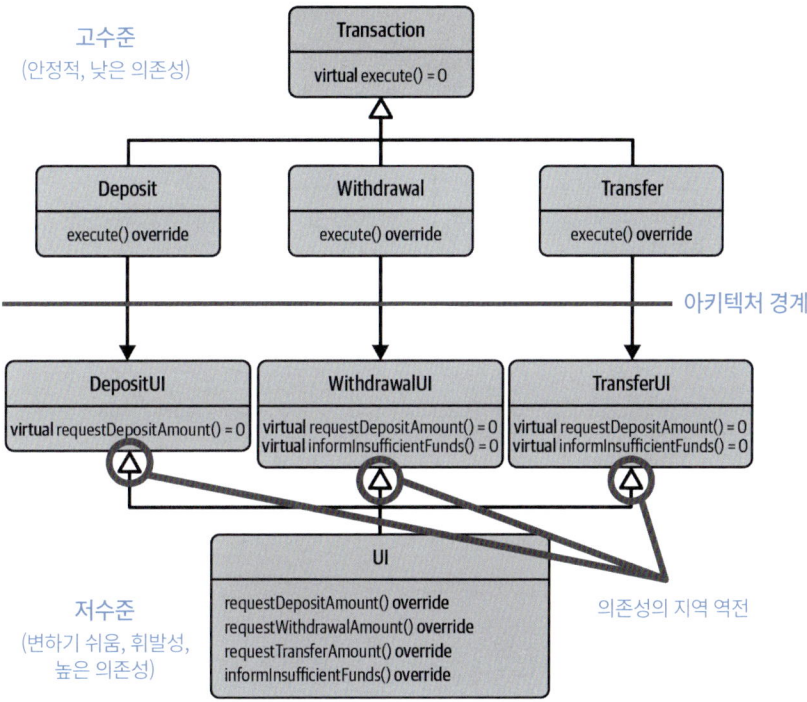

그림 2-3. 세 추상 UI 클래스 도입으로 인한 의존성 지역 역전

그러나 도입한 것은 의존성의 **지역**(local) 역전이다. 그렇다. 전역(global) 역전이 아닌 지역 역전일 뿐이다. 아키텍처 관점에서는 여전히 고수준(트랜잭션 클래스)에서 저수준(UI 기능)으로 의존한다. 따라서 추상화를 도입하는 **것만으로는** 충분하지 않다. 추상화를 도입할 **위치**를 고려하는 것도 중요하다. 로버트 마틴은 다음 두 가지로 이를 표현했다.[20]

1. 고수준 모듈은 저수준 모듈에 의존해서는 안 된다. 둘 모두 추상화에 의존해야 한다.
2. 추상화는 세부 내용에 의존해서는 안 된다. 세부 내용이 추상화에 의존해야 한다.

---

20 로버트 마틴, 《클린 아키텍처》

첫 번째 항목은 아키텍처의 필수 특성을 명확히 표현한다. 높은 수준, 즉 소프트웨어의 안정적인 부분이 낮은 수준, 즉 구현 상세에 의존해서는 안 된다. 이 의존성은 뒤집혀야 하며, 저수준이 고수준에 의존해야 한다는 것을 의미한다. 다행히 두 번째 항목은 이를 달성할 수 있는 아이디어를 알려준다. 즉, 세 추상화를 고수준에 배치한다. 그림 2-4에서는 추상화를 고수준의 일부로 간주할 때의 의존성을 볼 수 있다.

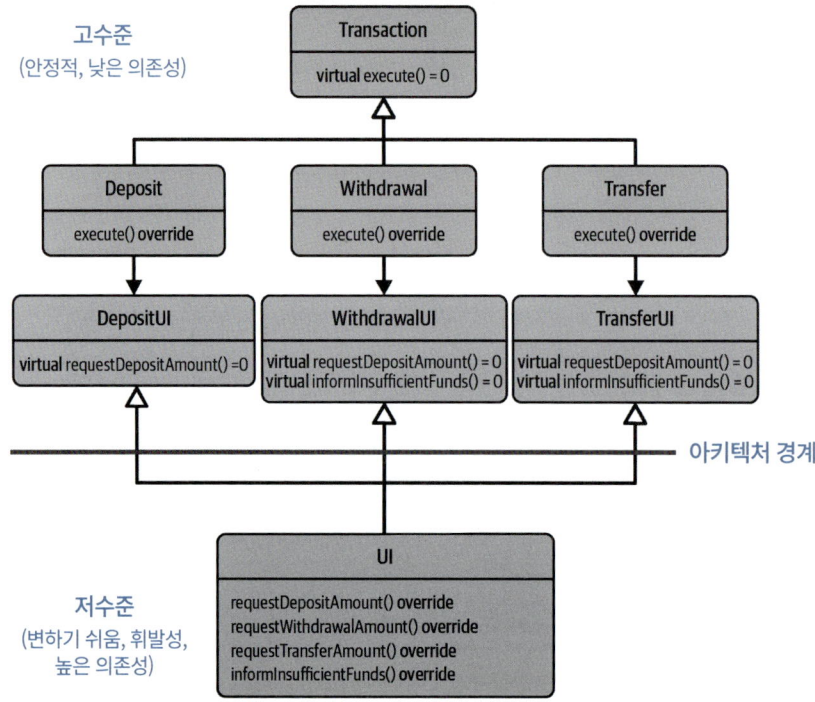

그림 2-4. 추상화를 고수준에 배치해 의존성 역전

추상화를 고수준에 배치하고 고수준을 추상화 소유자로 만듦으로써 진정으로 DIP를 따른다. 이제 모든 화살표는 저수준에서 고수준으로 향하며, 제대로 된 아키텍처가 됐다.

"잠깐만요!" 여러분은 조금 혼란스러워 보인다. "이게 다인가요? 필요한 거라고는 아키텍처 경계에 관한 시점을 바꾸는 게 다인가요?" 글쎄, 단지 시점을 바꾸는 것 이상일 수도 있다. 이는 UI 클래스에 의존하는 헤더 파일을 한 모듈에서 다른 모듈로 옮기고 의존적인 포함문도 완전히 재정렬한 결과일 수도 있다. 그저 시점을 이동한 것이 아니라 소유권을 재배치한 것이다.

"하지만 이제는 함께 속한 것을 더 이상 하나로 묶지 않아요."라고 주장한다. "이제 사용자 인터페이스 기능이 두 수준에 걸쳐 퍼져 있어요. SRP 위반 아닌가요?" 아니다. 반대로 추상화를 고수준에 배치한 후에야 SRP를 올바로 따르고 있다. UI 클래스에 함께 속한 것이 아니라, 트랜잭션 클래스와 의존적인 UI 추상화를 함께 묶어야 한다. 이 방식으로만 의존성을 올바른 방향으로 이끌 수 있으며, 아키텍처를 구축할 수 있다. 따라서 적절한 의존성 역전을 위해서는 **반드시** 고수준에서 추상화를 소유해야 한다.

플러그인 아키텍처에서 의존성 역전

그림 2-5에서 표현한 상황을 고려하면 아마 이 사실이 더 이해가 될 것이다. 차세대 텍스트 편집기를 만들었다고 생각해 보자. 새 텍스트 편집기의 핵심은 왼쪽의 Editor 클래스다. 텍스트 편집기가 성공하도록 팬 커뮤니티가 개발에 참여할 수 있게 하고 싶다. 따라서 성공하는 데 중요한 요소 중 하나는 플러그인 형태로 새 기능을 추가하는 커뮤니티 능력이다. 하지만 초기 설정은 아키텍처 관점에서 결함이 상당하며 팬 커뮤니티를 만족시키기 어렵다. Editor가 구체 VimModePlugin 클래스에 직접 의존하기 때문이다. Editor 클래스는 여러분 자신의 영역으로 고려해야 하는 아키텍처의 고수준에 속하므로 VimModePlugin은 팬 커뮤니티 영역인 아키텍처의 저수준에 속한다. Editor는 VimModePlugin에 직접 의존하고 근본적으로 커뮤니티는 원하는 대로 인터페이스를 정의할 수 있다는 뜻이므로 새 플러그인마다 편집기를 변경해야 한다. 여러분의 작품에 공을 들이기를 좋아하는 만큼 다양한 플러그인에 맞추는 데 할애할 수 있는 시간은 제한적이다. 불행히도 팬 커뮤니티는 금방 실망하고 다른 텍스트 편집기로 떠날 것이다.

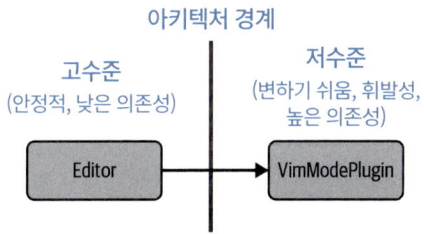

그림 2-5. 망가진 플러그인 아키텍처. 고수준 Editor 클래스가 저수준 VimModePlugin 클래스에 의존한다.

물론 이런 일이 일어나서는 안 된다. 주어진 Editor 예에서, Editor 클래스가 모든 구체 플러그인에 의존하게 하는 것은 분명 좋은 생각이 아니다. 대신, 예를 들면 Plugin 기초 클래스 형태 같은 추상화를 좇아야 한다. 이제 Plugin 클래스는 모든 플러그인 종류에 대한 추상화를 나타낸다. 하지만 아키텍처 저수준에 추상화를 도입하는 것은 타당하지 않다(그림 2-6 참고). Editor는 여전히 팬 커뮤니티의 변덕에 의존한다.

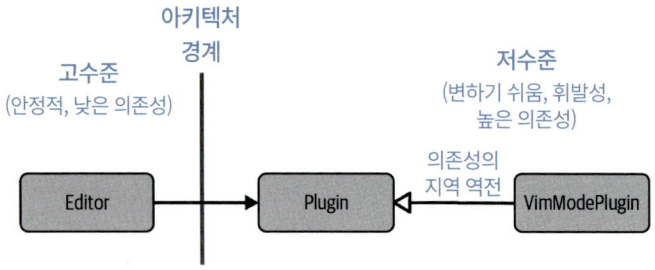

그림 2-6. 망가진 플러그인 아키텍처. 고수준 Editor 클래스가 저수준 Plugin 클래스에 의존한다.

이 잘못된 의존성은 소스 코드를 봐도 분명해진다.

```
//---- <thirdparty/Plugin.h> ----------------

class Plugin { /*...*/ };    // 플러그인에 대한 요구 사항을 정의한다



//---- <thirdparty/VimModePlugin.h> ----------------

#include <thirdparty/Plugin.h>

class VimModePlugin : public Plugin { /*...*/ };



//---- <yourcode/Editor.h> ----------------

#include <thirdparty/Plugin.h>   // 잘못된 의존성 방향!

class Editor { /*...*/ };
```

적절한 플러그인 아키텍처를 구축하는 유일한 방법은 추상화를 고수준에 배치하는 것이다. 추상화는 팬 커뮤니티가 아니라 **반드시 여러분**에게 속해야 한다. 그림 2-7은 아키텍처 의존성을 해결하고 Editor 클래스가 플러그인에 대한 의존성에서 벗어나도록 한 것을 보여준다. 의존성을 적절히 뒤집어 DIP를 해결하고, 추상화가 고수준에 속하도록 해서 SRP를 해결한다.

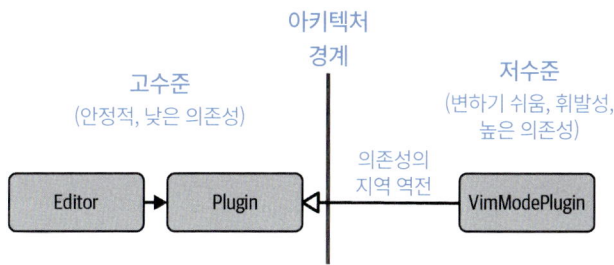

그림 2-7. 올바른 플러그인 아키텍처. 저수준 VimModePlugin 클래스가 고수준 Plugin 클래스에 의존한다.

소스 코드를 보면 의존성 방향이 고쳐진 것을 알 수 있다. VimModePlugin이 여러분의 코드에 의존할 뿐 그 반대는 아니다.

```
//---- <yourcode/Plugin.h> ----------------

class Plugin { /*...*/ };   // 플러그인에 대한 요구 사항을 정의한다


//---- <yourcode/Editor.h> ----------------

#include <yourcode/Plugin.h>

class Editor { /*...*/ };


//---- <thirdparty/VimModePlugin.h> ----------------

#include <yourcode/Plugin.h>   // 올바른 의존성 방향

class VimModePlugin : public Plugin { /*...*/ };
```

다시 얘기하지만, 의존성 역전을 제대로 하려면 고수준에서 추상화를 소유해야 한다. 이런 맥락에서 **Plugin** 클래스는 모든 플러그인이 충족해야 하는 요구 사항 집합을 나타낸다('지침 6: 추상화로 기대하는 행위를 따르라' 참고). **Editor**는 이런 요구 사항을 정의하고 소유하지만, 의존하지 않는다. 대신 서로 다른 플러그인이 요구 사항에 의존한다. 이것이 의존성 역전이다. 따라서 DIP는 단지 추상화 도입에 관한 것이 아닌 그 추상화의 소유권에 관한 것이다.

템플릿을 통한 의존성 역전

지금까지 DIP가 상속 계통과 기초 클래스에만 관련 있다는 인상을 줬을 수 있다. 하지만 의존성 역전은 템플릿으로도 달성할 수 있다. 이런 맥락에서 소유권 문제는 자동으로 해결된다. 예를 들어 `std::copy_if()` 알고리듬을 생각해 보자.

```
template< typename InputIt, typename OutputIt, typename UnaryPredicate >
OutputIt copy_if( InputIt first, InputIt last, OutputIt d_first,
                  UnaryPredicate pred );
```

이 `copy_if()` 알고리듬도 DIP를 따른다. 의존성 역전은 `InputIt`, `OutputIt`, `UnaryPredicate` 개념으로 달성한다. 이 세 개념은 코드 호출 때 충족해야 하는, 전달한 반복자와 술어 함수(predicate)에 대한 요구 사항을 나타낸다. 개념을 통해 이런 요구 사항을 지정함으로써, 즉 이런 개념을 소유함으로써 `std::copy_if()`는 다른 코드가 자신에게 의존하게 하고 자신은 다른 코드에 의존하지 않는다. 이 의존성 구조를 그림 2-8에서 표현하고 있다. 두 컨테이너와 술어 함수 모두 해당 알고리듬에서 표현하는 요구 사항에 의존한다. 따라서 표준 라이브러리 내 아키텍처를 고려하면 `std::copy_if()`는 아키텍처 고수준에 속하고, 컨테이너와 술어 함수(함수 객체, 람다 등)는 아키텍처 저수준에 속한다.

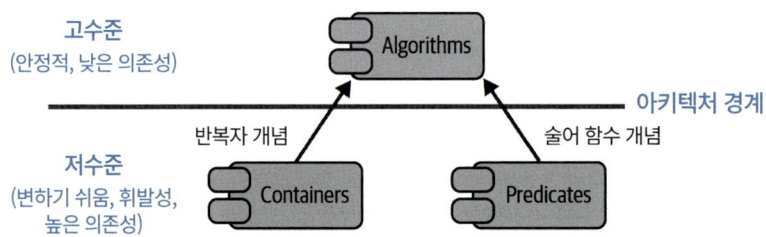

그림 2-8. STL 알고리듬의 의존성 구조

다중 정의 집합을 통한 의존성 역전

상속 계통과 개념이 의존성을 뒤집는 유일한 방법은 아니다. 모든 추상화는 그렇게 할 수 있다. 그러므로 다중 정의 집합으로도 DIP를 따를 수 있다는 것은 놀라운 일이 아니다. '지침 8: 다중 정의 집합의 의미론적 요구 사항을 이해하라'에서 본 것처럼, 다중 정의 집합은 추상화와 예를 들어 의미론적 요구 사항과 기대의 집합과 같은 것을 나타낸다. 하지만 기초 클래스 및 개념과 비교하면 불행히도 요구 사항을 명시적으로 설명하는 코드가 없다. 그렇지만 이런 요구 사항을 아키텍처의 고수준이 소유하면 의존성 역전을 달성할 수 있다. 예를 들어 다음 `Widget` 클래스 템플릿을 생각해 보자.

```
//---- <Widget.h> ----------------

#include <utility>

template< typename T >
struct Widget
{
   T value;
};

template< typename T >
void swap( Widget<T>& lhs, Widget<T>& rhs )
{
   using std::swap;
   swap( lhs.value, rhs.value );
}
```

Widget은 알려지지 않은 타입 T인 데이터 멤버를 소유한다. T가 알려지지 않았음에도 불구하고 swap() 함수의 의미론적 기대를 기반으로 Widget에 대한 사용자 정의 swap() 함수를 구현할 수 있다. 이 구현은 T에 대한 swap() 함수가 swap()에 대한 모든 기대를 준수하고 LSP를 따르는 한 작동한다.[21]

```
#include <Widget.h>
#include <assert>
#include <cstdlib>
#include <string>

int main()
{
   Widget<std::string> w1{ "Hello" };
   Widget<std::string> w2{ "World" };

   swap( w1, w2 );

   assert( w1.value == "World" );
   assert( w2.value == "Hello" );
```

---

21 여러분이 무슨 생각하는지 안다. 하지만 'Hello World' 예를 만나는 건 단지 시간 문제였을 뿐이다.

```
    return EXIT_SUCCESS;
}
```

결과적으로 Widget swap() 함수 자체는 파생 클래스가 하는 것과 유사하게, 그 기대를 따르며 다중 정의 집합에 추가한다. swap() 다중 정의 집합에 대한 의존성 구조는 그림 2-9에서 볼 수 있다. 다중 정의 집합에 대한 요구 사항이나 기대는 아키텍처의 고수준에 속하고 모든 swap() 구현이 이 기대에 의존하므로 의존성은 저수준에서 고수준으로 향한다. 따라서 의존성이 적절히 뒤집어졌다.

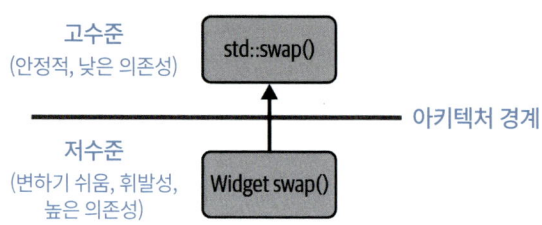

그림 2-9. swap() 다중 정의 집합의 의존성 구조

의존성 역전 원칙 대 단일 책임 원칙

앞에서 본 것처럼 DIP는 소유권을 적절히 배치하고 진정으로 속한 것을 적절히 하나로 묶어야 충족된다. 이런 관점에서 DIP를 (ISP와 유사하게) SRP의 또 다른 특별한 사례로 간주하는 것이 그럴 듯할 수 있다. 하지만 DIP는 그 이상이라는 것을 알았으면 한다. DIP는 SRP와 달리 아키텍처 관점과 관련이 매우 많으므로 적절한 전역 의존성 구조를 구축하는 데 있어 중요한 조언이라고 생각한다.

요약하면, 적절한 의존성 구조를 가진 적절한 아키텍처를 구축하기 위해서는 필수적으로 추상화 소유권에 주의해야 한다. 추상화는 구현에 대한 요구 사항을 나타내므로 모든 의존성을 고수준으로 이끌려면 추상화가 고수준의 일부여야 한다.

> **지침 9: 추상화 소유권에 주의하라**
> - 적절한 아키텍처에서 저수준 구현 상세는 고수준 추상화에 의존한다는 것을 기억한다.
> - 의존성 역전 원칙(DIP)를 따르고 추상화를 아키텍처의 고수준에 배치한다.
> - 추상화는 저수준이 아니라 고수준에서 **소유**하도록 한다.

지침 10: 아키텍처 문서 작성을 고려하라

아키텍처에 관해 잠시 얘기해 보자. 아주 간단한 질문으로 시작하겠다. 아키텍처 문서가 있는가? 아키텍처의 주요 사항과 기본적인 결정을 요약하고, 고수준과 저수준, 그리고 이들 사이의 의존성을 보여주는 계획이나 설명이 있는가? 답이 '예'라면 이 지침을 건너뛰고 다음으로 넘어가도 좋다. 하지만 답이 '아니오'라면 이어서 몇 가지 질문을 하겠다. **지속적 통합(Continuous Integration, CI)** 환경이 있는가? 자동화한 테스트를 사용하는가? 정적 코드 분석 도구를 적용하는가? 모두 '예'인가? 좋다. 아직 희망이 있다. 이제 마지막 질문이다. 그런데 왜 아키텍처 문서가 없는가?

"아, 너무 과장하는 것 아닌가요? 아키텍처 문서가 없다고 세상이 끝나는 게 아니잖아요! 어쨌든 우리는 애자일(Agile)을 따르니까 상황을 빠르게 바꿀 수 있어요!" 완전히 멍한 내 표정과 긴 한숨을 상상해 보라. 글쎄, 솔직히 여러분이 이렇게 설명할까 봐 두려웠다. 불행히도 너무 자주 듣는 말이다. 오해가 있을 수도 있는데, 상황을 빠르게 바꾸는 능력은 애자일 방법론의 요점이 아니다. 또한 슬프게도, 여러분의 답이 전혀 말이 되지 않는다는 것을 말해줘야겠다. "어쨌든 우리는 초콜릿을 좋아해요!"라거나 "어쨌든 우리는 목에 당근을 걸치고 있어요!"라고 하는 게 오히려 나을 수 있었다. 내 뜻을 설명하기 위해 애자일 방법론의 요점을 빠르게 요약한 다음, 아키텍처 문서에 투자해야 하는 이유를 설명하겠다.

애자일 방법이 상황을 빠르게 바꾸는 데 도움이 된다는 기대가 꽤 널리 퍼져 있다. 하지만 최근 여러 저자가 명확히 했듯이 애자일 방법론의 주요한, 어쩌면 유일한 요점은 **빠른 피드백을 받는 것이다**.[22] 애자일 방법에서는 전체 소프트웨어 개발 과정이 (계획 수립, 작은 배포, 인수 테스트 같은) 비지니스 실천법에 기인한 빠른 피드백, 팀 실천법(예들 들면 공동 소유, CI, 스탠드업 미팅)에 기인한 빠른 피드백, (테스트 주도 개발, 리팩터링, 짝 프로그래밍 같은) 기술적 실천법에 기인한 빠른 피드백을 중심으로 만들어진다. 하지만 대중적인 믿음과 달리 피드백이 빠르다고 소프트웨어를 빠르고 쉽게 변경할 수 있는 것은 아니다. 물론 피드백이 빠르면 뭔가 해야 한다는 것을 빨리 아는 데 도움이 되지만, 소프트웨어를 빠르게 바꾸는 능력은 좋은 소프트웨어 디자인과 아키텍처로만 얻을 수 있다. 이 둘은 상황을 바꾸는 데 드는 엄청난 노력을 덜어주지만, 빠른 피드백은 무언가 망가졌다는 것을 알려줄 뿐이다.

---

22 예를 들면, 이 요점은 애자일 선언문 서명자 중 한 명인 로버트 C. 마틴이 자신의 책 《클린 애자일》(인사이트, 2020)에서 언급했다. 두 번째로 좋은 요약은 버트란드 메이어의 《Agile! The Good, the Hype and the Ugly》(Springer)에 있다. 마지막으로 제임스 쇼어의 책 《The Art of Agile Development》(https://www.oreilly.com/library/view/the-art-of/9781492080688)(O'Reilly) 2판도 참고할 수 있다. **애자일**이라는 용어의 오용에 대한 좋은 강연은 GOTO 2015에서 데이브 토머스의 'Agile Is Dead'(https://youtu.be/a-BOSpxYJ9M)를 참고한다.

"좋아요, 그 말이 옳아요. 좋은 소프트웨어 디자인과 아키텍처에 주의를 기울이는 게 중요하다는 건 이해해요. 하지만 아키텍처 문서의 의미는 뭐죠?" 의견이 일치돼 기쁘다. 그리고 훌륭한 질문이다. 점점 나아지고 있다. 아키텍처 문서의 목적을 설명하기 위해 아키텍처의 또 다른 정의를 제시하겠다.[23]

> 성공적인 소프트웨어 프로젝트 대부분에서 그 프로젝트에 참여하는 전문 개발자는 시스템 디자인에 대한 이해를 공유한다. 이 공유하는 이해를 '아키텍처'라고 한다.
> – 랄프 존슨

랄프 존슨은 **아키텍처**를 코드베이스의 공유된 이해, 즉 전체적인 비전으로 설명한다. 아키텍처 문서가 없고 전체 그림, 즉 코드베이스의 전체 비전을 요약하는 것도 없다고 가정해 보자. 또한 코드베이스의 아키텍처에 대해 매우 명확한 아이디어가 있는 것으로 믿고 있다고 가정해 보자. 이제 몇 가지 질문이 더 있다. 팀에 개발자가 얼마나 있는가? 모든 개발자가 여러분의 머릿속에 있는 아키텍처에 익숙하다고 확신하는가? 모두가 같은 비전을 공유한다고 확신하는가? **같은 방향으로** 나아가도록 모두가 돕는다고 확신하는가?

답이 '예'라면 아직 논지를 이해하지 못했을 수 있다. 모든 개발자의 경험이 다르고 용어도 서로 약간 다르다는 것은 아주 확실하다. 또한 모든 개발자가 코드를 다르게 보고 현재 아키텍처에 대한 생각도 약간 다르다는 것도 꽤 확실하다. 그리고 현재 상황에 대해 약간 다른 이런 관점은 약간 다른 미래의 비전으로 이어질 수 있다. 이것이 단기간에 바로 드러나지 않을 수 있지만, 장기적으로는 놀라운 일이 생길 가능성이 높다. 바로 오해와 오역이다. 이것이 정확히 아키텍처 문서의 핵심이다. 아이디어, 비전 그리고 필수적인 결정을 한 곳에 통합하는 하나의 공통 문서이며, 아키텍처 상태를 유지하고 전달하는 데 도움을 주고, 모든 오해를 피하는 데 도움을 준다.

이 문서는 또한 아이디어, 비전, 결정을 보존한다. 코드베이스의 아키텍처 배후에 있는 뛰어난 전문가인 선임 소프트웨어 아키텍트 중 한 명이 조직을 떠난다고 생각해 보자. 기본적인 결정에 대한 문서가 없으면 이러한 인력 손실로 인해 코드베이스에 대한 필수적인 정보도 잃게 된다. 결과적으로 아키텍처의 비전에 대한 일관성을 잃게 되고, 더 중요하게는 아키텍처적 결정을 조정하거나 변경할 자신감을 잃게 된다. 어떤 신입 사원도 그 지식과 경험을 대체할 수 없으며, 아무도 코드에서 그 정보를 모두 추출할 수 없다. 따라서 코드는 더욱 경직(rigid)되고 더욱 '레거시(legacy)'해질 것이다. 이는 결과물을 의심하며 코드의 많은 부분을 재작성하게 만든다. 처음 새 코드에는 오래된 코드에 있는 많은 지혜가 없기 때문이

---

[23] 마틴 파울러, 'Who Needs an Architect?' IEEE Software 20, no.5 (2003), 11–13, http://doi.org/10.1109/MS.2003.1231144에서 인용했다.

다.[24] 따라서 아키텍처 문서 없이는 장기적인 성공이 위태로울 수 있다.

이런 아키텍처 문서의 가치는 공사 현장에서 아키텍처를 얼마나 중요하게 받아들이는지 살펴보면 분명해진다. 계획 없이는 공사를 아예 시작하지 않는다. 그 계획은 모두가 동의한 것이다. 혹은 계획이 없다면 어떤 일이 벌어질지 상상해 보자. "이봐요, 차고는 집 왼쪽에 있어야 한다고 했잖아요!" "집 왼쪽에 지었어요." "맞아요, 하지만 당신의 왼쪽이 아니라 내 왼쪽을 말한 거였어요!"

이는 정확히 아키텍처 문서에 시간을 투자해 피할 수 있는 문제다. "네, 맞아요." 여러분이 인정한다. "하지만 그런 문서는 할 일이 **너어어무** 많아요. 그리고 이 모든 정보는 어쨌든 코드에 있어요. 정보는 코드와 함께 맞춰지지만, 문서는 **너어어무** 빨리 구식이 돼 버려요!" 글쎄, 제대로 하고 있다면 그렇지 않다. 아키텍처 문서는 주로 코드베이스의 큰 그림을 반영해야 하므로 빨리 구식이 되어서는 안 된다. 실제로 매우 자주 바뀔 수 있는 작은 세부 사항을 담아서는 안 되며, 대신 전체 구조, 핵심 요소 간 연결, 주요 기술적 결정을 담아야 한다. 이 모든 것은 바뀌지 않을 것으로 예상된다. ('바뀌지 않을 것으로 예상된다'는 게 바뀌지 않는다는 의미는 아니라는 데 모두 동의하겠지만, 어쨌든 **소프트웨어**는 바뀔 것이 예상된다.) 그리고 여러분이 옳다. 물론 이런 세부 사항은 코드의 일부이기도 하다. 결국 코드에는 모든 세부 사항이 포함돼 있으므로 궁극적인 진실을 나타낸다고 할 수 있다. 하지만 정보를 얻기가 쉽지 않고 눈에 잘 띄지 않으며 추출하는 데 고고학적 노력이 필요할 때는 도움이 되지 않는다.

처음에는 아키텍처 문서를 만들기 위한 노력이 많은 일로 보인다는 것도 알고 있다. 엄청나게 많은 일일 수 있다. 내가 할 수 있는 일은 어떻게든 시작하도록 격려하는 것뿐이다. 처음에는 아키텍처를 화려하게 문서화할 필요 없이 가장 기본적인 구조적 결정만으로 시작할 수 있다. 일부 도구는 이미 이 정보를 사용해 추정하는 아키텍처 상태와 실제 상태를 비교할 수 있다.[25] 시간이 지남에 따라 점점 더 많은 아키텍처 정보를 추가하고 문서화하며 심지어 도구로 테스트할 수도 있어 팀 전체에 더욱 보편적으로 사용 가능하고 확립된 지혜로 이어진다.

"하지만 이 문서를 최신으로 유지하는 건 어떻게 하죠?" 여러분이 묻는다. 물론 이 문서를 유지 보수하고 새 결정을 통합하며 이전 결정을 갱신하는 등의 일을 해야 한다. 하지만 이 문서는 자주 바뀌지 않는 측면에 관한 정보만을 포함해야 하므로 지속적으로 만지고 리팩터링할 필요가 없어야 한다. 아키텍처가 발전했는지, 어떻게 발전했는지 논의하기 위해 1~2주마다 선임 개발자와 짧은 회의 일정을 잡는 것만으로

---

[24] Joel on Software 블로그(https://www.joelonsoftware.com) 저자이자 Stack Overflow 창시자 중 한 명인 조엘 스폴스키(Joel Spolsky)는 많은 양의 코드를 처음부터 다시 작성하기로 한 결정을 '모든 회사가 저지를 수 있는 최악의 전략적 실수'(https://www.joelonsoftware.com/2000/04/06/things-you-should-never-do-part-i/)라고 말했다.

[25] 이 목적을 위해 가능한 도구 한 가지는 Axivion Suite(https://www.axivion.com/en/products/architecture-analysis)이다. 모듈 간 아키텍처 경계를 정의하는 것으로 시작하는데, 이는 아키텍처 의존성이 유지되는지 확인하는 도구로 사용할 수 있다. 이런 기능이 있는 다른 도구는 Sparx Systems Enterprise Architect(https://www.sparxsystems.com/products/ea/index.html)이다.

충분할 것이다. 따라서 이 문서가 개발 과정에서 병목 지점이 되는 것은 상상하기 어렵다. 이 점에서 이 문서를 은행 예금 금고로 간주할 수 있다. 즉, 필요할 때 과거의 축적된 모든 결정을 보유하고 그 정보를 안전하게 유지하는 것은 매우 귀중하지만, 그것을 매일 열지는 않을 것이다.

요약하면, 아키텍처 문서를 갖는 이점이 위험과 노력보다 훨씬 더 크다. 아키텍처 문서는 모든 프로젝트에 필수적이며 유지 보수와 의사소통 노력의 필수 요소로 간주해야 한다. 또한 CI 환경이나 자동화한 테스트만큼 중요하게 고려해야 한다.

> **지침 10: 아키텍처 문서 작성을 고려하라**
> - 아키텍처 문서는 아키텍처의 현재 상태를 유지하고 전달하는 목적에 기여한다는 점을 이해한다.
> - 아키텍처의 현재 상태를 예상된 상태와 비교해 테스트하는 것을 지원하고 돕는 도구를 사용한다.

03
디자인 패턴의 목적

비지터, **전략**, **데코레이터**. 이는 모두 다음 장에서 다룰 디자인 패턴 이름이다. 각 디자인 패턴을 자세히 살펴보기 전에 디자인 패턴의 일반적인 목적에 대한 아이디어를 주는 게 좋겠다. 따라서 이 장에서는 먼저 여러분이 알고 사용하기를 원하는 디자인 패턴의 기본 특징에 대해 살펴본다.

'지침 1: 소프트웨어 디자인의 중요성을 이해하라'에서 **디자인 패턴**이라는 용어를 이미 사용했고, 이를 사용하는 소프트웨어 개발 수준이 어디인지 설명했다. 하지만 디자인 패턴이 무엇**인지** 아직 자세히 설명하지 않았다. 이것이 '지침 11: 디자인 패턴의 목적을 이해하라'의 주제다. 여러분은 디자인 패턴에 의도를 표현하는 이름이 있으며, 디자인 패턴이 소프트웨어 개체를 분리하는 데 도움이 되는 추상화를 도입하며 수년에 걸쳐 입증됐다는 걸 이해하게 될 것이다.

'지침 12: 디자인 패턴에 대한 오해를 주의하라'에서는 디자인 패턴에 대한 여러 오해에 초점을 맞추고 디자인 패턴은 무엇이 **아닌지**를 설명한다. 디자인 패턴은 구현 상세에 관한 것이 아니며 일반적인 문제에 대한 언어별 해결책을 나타내지 않는다는 내용으로 여러분을 설득할 것이다. 또한 객체 지향 프로그래밍이나 동적 다형성에 국한하지 않는다는 것을 보여주기 위해 최선을 다 할 것이다.

'지침 13: 디자인 패턴은 어디에나 있다'에서는 디자인 패턴을 피하기 어렵다는 것을 보여준다. 디자인 패턴은 어디에나 있다! 특히 C++ 표준 라이브러리는 디자인 패턴으로 가득 차 있고 디자인 패턴의 강점을 잘 활용한다는 것을 깨닫게 될 것이다.

'지침 14: 디자인 패턴 이름을 사용해 의도를 전달하라'에서는 디자인 패턴의 이름을 사용해 의도를 전달하는 능력이 디자인 패턴의 강점 중 일부라는 점을 강조한다. 따라서 디자인 패턴의 이름을 사용해 코드에 얼마나 많은 정보와 의미를 추가할 수 있는지 보여준다.

지침 11: 디자인 패턴의 목적을 이해하라

여러분은 이전에 디자인 패턴에 대해 들어봤을 가능성이 높고 프로그래밍 경력에서 일부 패턴을 사용해봤을 가능성도 꽤 높다. 디자인 패턴은 새로운 것이 아니다. 적어도 사인방(Gang of Four, GoF)이 1994년에 디자인 패턴에 관한 책을 출간한 이후로 존재했다.[1] 비평하는 사람들은 항상 있지만, 소프트웨어 산업 전반에서 그 특별한 가치를 인정받았다. 디자인 패턴의 오랜 존재와 중요성, 그리고 모든 지식과 축적된 지혜에도 불구하고 특히 C++ 공동체에서는 이에 대해 많은 오해를 한다.

디자인 패턴을 생산적으로 사용하려면 첫 번째 단계로 디자인 패턴이 무엇인지 이해해야 한다. 디자인 패턴은,

- 이름이 있다.
- 의도를 전달한다.
- 추상화를 도입한다.
- 입증됐다.

디자인 패턴은 이름이 있다

우선, 디자인 패턴에는 이름이 있다. 이는 매우 명백하고 필요한 듯하지만, 사실 디자인 패턴의 기본 특성이다. 우리가 함께 프로젝트에 참여하고 있으며 문제 해결책을 찾는 과제를 맡았다고 하자. "비지터를 사용할 거예요."[2]라고 여러분에게 얘기했다고 상상해 보자. 이는 진짜 문제가 무엇인지에 대해 내가 이해한 것을 알릴 뿐만 아니라 내가 제안하는 해결책에 관한 정확한 아이디어도 제공한다.

---

1 사인방 또는 간단히 GoF는 흔히 에릭 감마, 리처드 헬름, 랄프 E. 존슨, 존 블리시데스의 저자 네 명과 디자인 패턴에 대한 저서 《GoF의 디자인 패턴》을 가리키는 말이다. GoF 책은 수십 년이 지나도 여전히 디자인 패턴에 대한 참고 자료다. 이 책의 나머지 부분에서는 GoF 책, GoF 패턴, 또는 특징적인 객체 지향 GoF 형식을 참고한다.

2 **비지터** 디자인 패턴을 아직 몰라도 걱정하지 않아도 된다. 이 패턴은 4장에서 소개한다.

디자인 패턴의 이름은 우리가 매우 높은 수준에서 의사소통하고 매우 적은 단어로 많은 정보를 교환할 수 있게 한다.

나: 비지터를 사용할 거예요.

여러분: 글쎄요. 저는 전략을 사용하는 걸 생각했어요.

나: 네, 그 말도 일리가 있네요. 하지만 연산을 꽤 자주 확장해야 하므로 어쩌면 데코레이터도 고려해 봐야겠어요.

단지 **비지터**, **전략**, **데코레이터**라는 이름을 사용해 코드베이스의 발전에 대해 논의하고 장래에 상황이 어떻게 바뀌고 확장될 것으로 예상하는지 설명했다.[3] 이런 이름이 없으면 생각을 표현하기가 훨씬 더 어려워질 것이다.

나: 기존 타입을 반복해서 수정할 필요 없이 연산을 확장할 수 있는 시스템을 만들어야 한다고 생각해요.

여러분: 글쎄요. 새 연산보다 새 타입을 자주 추가할 거라고 생각해요. 그래서 타입을 쉽게 추가할 수 있는 해결책이 더 좋아요. 하지만 구현 상세와 결합을 줄이려면(이게 예상되거든요) 변형점을 도입해 기존 타입에서 구현 상세를 추출하는 방법을 제안해요.

나: 네, 그 말도 일리가 있네요. 하지만 연산을 꽤 자주 확장해야 하므로 어쩌면 주어진 구현 내용을 기반으로 쉽게 구축하고 재사용할 수 있는 방식으로 시스템을 디자인하는 것을 고려해 봐야겠어요.

차이가 보이는가? 차이가 **느껴**지는가? 이름이 없으면 훨씬 더 많은 세부 사항에 대해 명시적으로 얘기해야 한다. 분명히 이런 정확한 의사소통은 디자인 패턴에 대한 동일한 이해를 공유할 때만 가능하다. 그래서 디자인 패턴에 대해 알고 얘기하는 것은 대단히 중요하다.

디자인 패턴은 의도를 전달한다

디자인 패턴의 이름을 사용해 의도를 간결하게 표현하고, 가능한 오해를 줄일 수 있다. 이는 디자인 패턴의 두 번째 특성인 의도로 이어진다. 디자인 패턴의 **이름**은 **의도**를 전달한다. 디자인 패턴의 이름을 사용하면 무엇을 문제로 생각하며 무엇을 해결책으로 보는지 암시적으로 설명해준다.

---

3   전략 디자인 패턴은 5장, 데코레이터 디자인 패턴은 9장에서 자세히 설명한다.

우리의 작은 전환에서 구현 내용에 대해서는 전혀 얘기하지 않았다는 것을 깨달았기를 바란다. 구현 상세나 어떤 기능, 또는 특정 C++ 표준에 대해서도 얘기하지 않았다. 심지어 어떤 특정 프로그래밍 언어에 대해서도 얘기하지 않았다. 그리고 디자인 패턴 이름을 알려주는 것으로 해결책을 구현하는 방법을 암시적으로 얘기했다고 추정하지 않았으면 한다. 그것은 디자인 패턴에 관한 것이 아니다. 그 반대로 이 이름은 제안하는 구조, 의존성을 어떻게 관리할 계획인지, 시스템이 어떻게 발전할 것으로 기대하는지에 대해 알려준다. 그것이 의도다.

사실 많은 디자인 패턴의 구조가 유사하다. GoF 책에 나오는 많은 디자인 패턴이 매우 비슷하게 보이며, 이는 물론 많은 혼란과 의문을 제기한다. 예를 들면, 구조적으로 전략과 **커맨드**(Command), **브리지** 디자인 패턴 사이에는 차이가 거의 없어 보인다.[4] 하지만 의도는 매우 다르므로 서로 다른 문제를 해결하는 데 사용할 것이다. 이어지는 여러 단원에서 다양한 예를 보겠지만, 거의 항상 선택할 수 있는 다양한 구현이 있다.

디자인 패턴은 추상화를 도입한다

디자인 패턴은 항상 일종의 추상화를 도입해 의존성을 줄이는 방법을 제공한다. 이는 디자인 패턴이 항상 소프트웨어 개체 간 상호작용을 관리하고 소프트웨어의 여러 부분을 분리하는 것과 관련이 있다. 예를 들면, 그림 3-1에서 원래 GoF 디자인 패턴 중 하나인 전략 디자인 패턴을 생각해 보자. 너무 자세히 설명하지는 않겠지만, 전략 디자인 패턴은 Strategy 기초 클래스 형태로 추상화를 도입한다. 이 기초 클래스는 Strategy 사용자(아키텍처의 고수준에 있는 Context 클래스)를 구체적인 전략의 구현 상세(아키텍처의 저수준에 있는 ConcreteStrategyA와 ConcreteStrategyB)와 분리한다. 이처럼 전략은 디자인 패턴의 특성을 충족한다.[5]

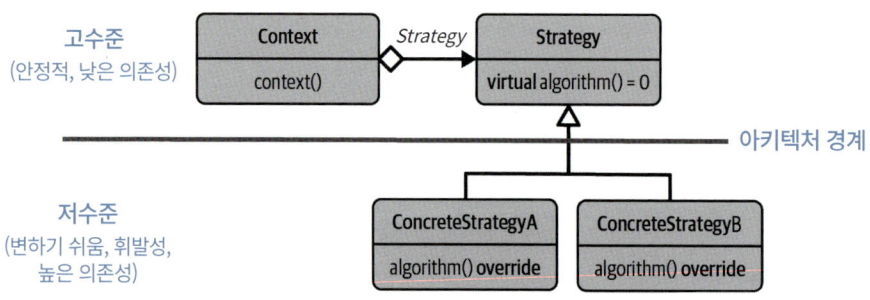

그림 3-1. GoF 전략 디자인 패턴

---

[4] 이후 장에서 설명할 디자인 패턴만 언급한다(전략과 **커맨드** 디자인 패턴은 5장, **브리지** 디자인 패턴은 '지침 28: 브리지를 구축해 물리적 의존성을 제거하라' 참고). 같은 구조를 공유하는 디자인 패턴이 몇 개 더 있다.

[5] 전략 디자인 패턴에 익숙지 않아도 5장에서 여러 코드 예를 포함해 훨씬 더 많은 정보를 제공하니 안심해도 된다.

비슷한 예는 **팩토리 메서드(Factory Method)** 디자인 패턴(또 다른 GoF 디자인 패턴, 그림 3-2 참고)이다. **팩토리 메서드**의 의도는 특정 제품 생성을 분리하는 것이다. 이를 위해 아키텍처적으로 고수준에 상주하는 Product와 Creator 기초 클래스 형태로 두 추상화를 도입한다. ConcreteProduct와 ConcreteCreator 클래스로 주어지는 구현 상세는 아키텍처 저수준에 상주한다. 이름이 있으며 분리 의도와 추상화를 도입하는 이 아키텍처 구조로 **팩토리 메서드** 또한 디자인 패턴으로서 자격이 있다.

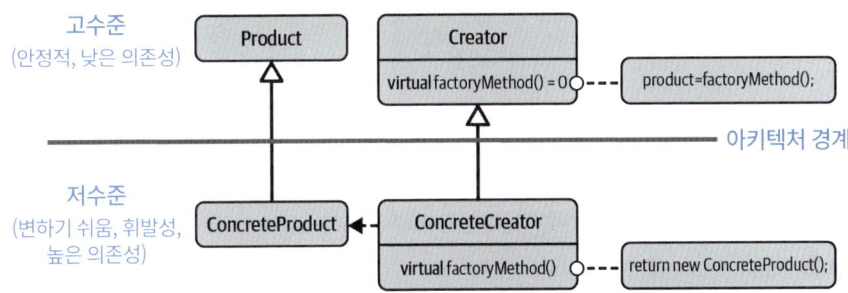

그림 3-2. GoF 팩토리 메서드 디자인 패턴

디자인 패턴에서 도입한 추상화가 반드시 기초 클래스를 통해 도입되는 것은 아니다. 이어지는 내용에서 살펴보겠지만, 이 추상화는 다양한 방법, 예를 들면 템플릿이나 단순히 함수 다중 정의를 통해 도입할 수도 있다. 다시 얘기하지만, 디자인 패턴은 특정 구현을 의미하지 않는다.

반례로, std::make_unique() 함수를 생각해 보자.

```
namespace std {

    template< typename T, typename... Args >
    unique_ptr<T> make_unique( Args&&... args );

} // namespace std
```

C++ 공동체에서는 종종 std::make_unique() 함수를 **팩토리 함수**로 얘기한다. **팩토리 함수**라는 용어는 std::make_unique()가 **팩토리 메서드** 디자인 패턴의 한 예라는 인상을 주지만, 이는 사실이 아니다. 디자인 패턴은 구현 상세를 사용자 정의하고 늦출 수 있는 추상화를 도입해 분리하는 것을 돕는다. 특히 **팩토리 메서드** 디자인 패턴의 의도는 객체 인스턴스화를 위한 **사용자 정의 지점**을 도입하는 것이다. std::make_unique()는 이런 **사용자 정의 지점**을 제공하지 않는다. std::make_unique()를 사용하면 new로 인스턴스를 생성하고 요청한 타입에 대한 std::unique_ptr을 얻는다는 것을 알 것이다.

```
// 'new'를 호출해 Widget을 생성한다
auto ptr = std::make_unique<Widget>( /* Widget 인자 */ );
```

std::make_unique()는 그 행위를 사용자 정의할 어떤 방법도 제공하지 않으므로 개체 간 결합을 줄이는 데 도움이 될 수 없어 디자인 패턴의 목적을 제공할 수 없다.[6] 그럼에도 불구하고 std::make_unique()는 특정 문제에 대한 반복적인 해결책이다. 즉, 패턴이다. 하지만 **디자인 패턴**이 아닌 **구현 패턴**이다. 구현 상세(이 사례에서는 Widget 인스턴스 생성)를 캡슐화하는 것은 대중적인 해결책이지만, 얻는 내용이나 생성 방법을 추상화하지 않는다. 이와 같이 **구현 상세** 수준에 속하지만, **소프트웨어 디자인** 수준은 아니다(그림 1-1 참고).

추상화 도입은 소프트웨어의 개체 분리와 변화와 확장을 위한 디자인의 핵심이다. std::make_unique() 함수 템플릿에는 추상화가 없으므로 기능을 확장할 방법이 없다(심지어 적절히 다중 정의하거나 특수화할 수도 없다). 대조적으로 **팩토리 메서드** 디자인 패턴은 (인스턴스화 전후의 행동을 포함해) 생성하는 **내용**과 생성하는 **방법**에 대한 추상화를 제공**한다**. 그 추상화 덕택에 기존 코드를 변경하지 않고 나중에 새 팩토리를 만들 수 있다. 따라서 디자인 패턴은 소프트웨어를 분리하고 확장하는 데 도움이 되는 반면, std::make_unique()는 **구현 패턴**일 뿐이다.

디자인 패턴은 입증됐다

마지막으로 중요한 것은, 디자인 패턴은 수년에 걸쳐 입증됐다는 점이다. 사인방은 가능한 모든 해결책이 아닌, 서로 다른 코드베이스에서 (비록 구현이 서로 다를 수 있어도) 동일한 문제를 해결하기 위해 일반적으로 사용하는 해결책만 모았다. 따라서 해결책은 패턴으로 알려지기 전에 그 가치를 여러 번 입증해야 한다.

요약하면, 디자인 패턴은 입증되고 명명된 해결책으로, 매우 명확한 의도를 표현한다. 또한 추상화를 도입해 소프트웨어 개체를 분리하며, 따라서 소프트웨어 개체 간 상호작용을 관리하는 데 도움이 된다. 의존성과 분리를 관리하는 기술을 나타내기 위해 **디자인**이라는 용어를 사용하는 것처럼('지침 1: 소프트웨어 디자인의 중요성을 이해하라' 참고) **디자인 패턴**이라는 용어 또한 정확하고 목적에 맞게 사용해야 한다.

---

[6] 이는 논란의 여지가 많은 예다. C++ 공동체를 잘 알기 때문에 여러분은 의견이 다를 수 있다는 것을 알지만, 나는 이 입장을 고수한다. 정의상 std::make_unique()는 소프트웨어 개체를 분리할 수 없으므로 소프트웨어 디자인 수준의 역할을 하지 않는다. 단지 구현 상세(하지만 가치 있고 유용한 것)일 뿐이다.

> 지침 11: 디자인 패턴의 목적을 이해하라

- 디자인 패턴은 입증되고 결합을 분리하려는 의도가 있는 명명된 해결책임을 이해한다.
- 디자인 패턴은 추상화를 도입한다는 것을 인식한다.
- 디자인 패턴은 소프트웨어 디자인, 즉 의존성 관리를 돕는 것이 목표라는 것을 염두에 둔다.
- 디자인 패턴과 구현 패턴 간 차이를 인식한다.

지침 12: 디자인 패턴에 대한 오해를 주의하라

마지막 절은 이름, 의도, 소프트웨어 개체를 분리하기 위한 몇 가지 추상화 형식의 조합인 디자인 패턴의 목적을 설명하는 데 초점을 맞췄다. 그러나 디자인 패턴이 무엇**인지** 이해하는 것이 중요하듯이 디자인 패턴은 무엇이 **아닌지** 이해하는 것도 중요하다. 안타깝게도 디자인 패턴에 대한 일반적인 오해가 몇 가지 있다.

- 일부는 디자인 패턴을 좋은 소프트웨어 품질을 달성하기 위한 목표이자 보증으로 간주한다.
- 일부는 디자인 패턴이 특정 구현을 기반으로 하므로 언어별 관용구라고 주장한다.
- 일부는 디자인 패턴이 객체 지향 프로그래밍과 동적 다형성에 국한된다고 말한다.
- 일부는 디자인 패턴이 구식이거나 심지어 더 이상 쓸모 없다고 생각한다.

디자인에 대해 거의 얘기하지 않고 기능과 언어 구조에 초점을 맞추기 때문에 이런 오해는 놀랍지 않다 ('지침 1: 소프트웨어 디자인의 중요성을 이해하라' 참고). 그런 이유로 이번 지침에서는 처음 세 가지 오해를 폭로하고 다음 절에서 네 번째 오해를 다룬다.

디자인 패턴은 목표가 아니다

일부 개발자는 디자인 패턴을 좋아한다. 너무 푹 빠져서 합리적이든 아니든 모든 문제를 디자인 패턴으로 해결하려고 한다. 물론 이런 사고 방식은 잠재적으로 코드 복잡도를 증가시키고 이해력을 감소시켜 역효과로 드러날 수 있다. 결과적으로 이런 디자인 패턴의 남용은 다른 개발자를 좌절시키고 일반적으로 디자인 패턴의 평판을 나쁘게 만들거나 심지어 패턴의 일반적인 아이디어조차 거부하게 할 수 있다.

자세히 설명하면, 디자인 패턴은 목표가 **아니다**. 목표를 달성하기 위한 수단이다. 해결책의 일부일 수도 있다. 하지만 목표는 아니다. 벤캣 수브라마니암(Venkat Subramaniam)이 말했듯이, 아침에 일어나 "오늘은 어떤 디자인 패턴을 사용할까?"라고 생각한다면 디자인 패턴의 목적을 놓치고 있다는 숨길 수 없는 증거다.[7] 가능한 한 많은 디자인 패턴을 사용하는 것에 대한 보상이나 메달은 없다. 디자인 패턴을 사용했을 때 복잡도가 생기는 게 아니라 오히려 감소해야 한다. 디자인 패턴은 의존성을 해결하고 더 나은 구도를 만드는 데 도움이 돼야 하므로 그야말로 코드는 더 단순하고 더 이해하기 쉬우며 변경과 유지 보수가 더 쉬워져야 한다. 디자인 패턴을 사용해 복잡성이 증가하고 다른 개발자에게 문제가 생긴다면 분명 올바른 해결책이 아니다.

분명히 말하자면, 디자인 패턴을 사용하지 말라는 게 아니다. 단지 다른 어떤 도구도 남용하면 안 되듯이 디자인 패턴도 남용하지 말라는 것뿐이다. 이는 항상 문제에 따라 다르다. 예를 들어, 못이 문제라면 망치는 훌륭한 도구다. 문제가 나사로 바뀌는 순간 망치는 다소 볼품없는 도구가 된다.[8] 디자인 패턴을 적절히 사용하고, 사용할 때와 그렇지 **않을** 때를 알기 위해서는 디자인 패턴을 확실히 파악하고 의도와 구조적 특성을 이해해 현명하게 적용하는 게 매우 중요하다.

디자인 패턴은 구현 상세에 관한 것이 아니다

디자인 패턴에 관한 가장 흔한 오해 중 하나는 특정 구현을 기반으로 한다는 것이다. 이 말은 곧 디자인 패턴이 대략 특정 언어의 구문이나 특성과 연관된 언어별 관용구라는 의견을 포함한다. 이런 오해는 많은 디자인 패턴, 특히 GoF 패턴을 일반적으로 객체 지향 설정으로 제시하고 객체 지향 예제로 설명하므로 이해하기 쉽다. 이런 맥락에서 구현 상세를 특정 패턴으로 오해하고 둘을 같은 것으로 추정하기 쉽다.

다행히 디자인 패턴이 구현 상세나 특정 언어 기능, 또는 어떤 C++ 표준에 대한 것이 아니라는 것 역시 쉽게 입증할 수 있다. 동일한 디자인 패턴의 서로 다른 구현을 살펴보자. 먼저 고전적이며 객체 지향적인 디자인 패턴으로 시작한다.

다음 시나리오를 생각해 보자. 주어진 도형을 그리려고 한다.[9] 코드에서는 원을 선택했지만, 정사각형, 삼각형 등 어떤 도형이라도 상관없다. 그리기를 위해 `Circle` 클래스는 `draw()` 멤버 함수를 제공한다.

---

7 벤캣 수브라마니암과 앤드류 헌트, 《애자일 프랙티스》(인사이트, 2007)
8 음, 박는다는 의미에서는 망치로도 나사를 박을 수는 있다.
9 여러분이 무슨 생각을 하는지 안다. "설마 진심은 아니죠? 흥미로운 예가 그렇게도 많은데, 선택한 예가 이 책에서 가장 오래되고 지루한 거라고요!" 좋다. 가장 흥미로운 예가 아닐 수 있다는 건 인정한다. 하지만 여전히 이 예를 사용해야 할 좋은 이유가 두 가지 있다. 첫째, 시나리오가 너무 잘 알려져 있어 이해하는 데 아무도 문제가 없을 거라 가정할 수 있다. 즉, 소프트웨어 디자인에 대한 내 주장을 모두 따를 수 있을 거라는 의미다. 둘째, 컴퓨터 과학에서는 도형이나 동물 예로 시작하는 것이 일종의 전통이라는 점에 동의하자. 마지막으로 당연히 전통주의자를 실망시키고 싶지 않다.

```
class Circle
{
 public:
   void draw( /*...*/ );   // 몇몇 그래픽 라이브러리로 구현한다
   // ...
};
```

draw() 함수를 구현해야 하는 것은 자명해 보인다. 더 생각할 것도 없이 OpenGL, 메탈(Metal), 벌컨(Vulkan) 또는 다른 그래픽 라이브러리 등 공통 그래픽 라이브러리로 처리할 수도 있다. 그러나 Circle 클래스가 draw() 기능의 자체 구현을 제공한다면 이는 큰 디자인 결함이 된다. draw() 함수를 직접 구현하면 선택한 그래픽 라이브러리와 강한 결합이 생기며, 그럴 경우 몇 가지 단점이 있다.

- Circle을 사용할 수 있는 모든 상황에서 항상 그래픽 라이브러리를 사용할 수 있어야 한다. 심지어 그래픽에는 관심이 없고 기하 기본 요소(geometric primitive)로만 필요하더라도 그렇다.
- 그래픽 라이브러리에 대한 모든 변경이 Circle 클래스에 영향을 미쳐 수정, 재테스트, 재배포 등을 해야 할 수 있다.
- 미래에 다른 라이브러리로 전환하는 것은 순조로운 전환을 제외한 모든 것을 의미한다.

이 문제에는 모두 공통 원인이 있다. draw() 함수를 Circle 클래스 내에 직접 구현하는 것은 **단일 책임 원칙**(SRP, '지침 2: 변경을 위한 디자인' 참고)을 위반한다. 클래스는 더 이상 한 가지 이유로 변경하지 않으며 그 디자인 결정에 크게 의존한다.

이 문제에 대한 고전적인 객체 지향 해결책은 원을 그리는 방법에 대한 결정을 추출하고 기초 클래스로 이에 대한 추상화를 도입하는 것이다. 이런 **변형점**을 도입하는 것이 전략 디자인 패턴의 효과다(그림 3-3 참고).[10]

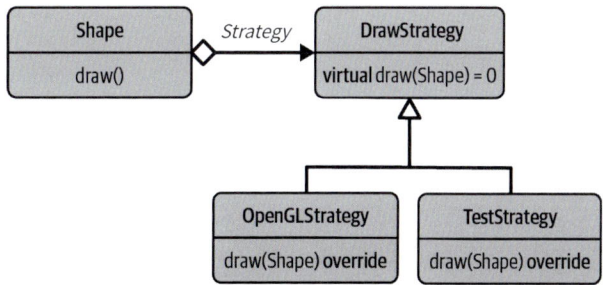

그림 3-3. 원 그리기에 적용한 전략 디자인 패턴

---

10 5장에서는 **전략** 디자인 패턴을 완전하고 철저하게 소개한다.

전략 디자인 패턴의 의도는 알고리듬 군(群)을 정의하고 각 알고리듬을 캡슐화해 상호 교환할 수 있게 하는 것이다. 전략을 사용하면 알고리듬을 사용하는 클라이언트와 독립적으로 알고리듬을 다양화할 수 있다. DrawStrategy 기초 클래스를 도입함으로써 주어진 Circle의 draw() 구현을 쉽게 바꿀 수 있다. 또한 이를 통해 여러분뿐만 아니라 모두가 기존 코드를 수정하지 않고 새로운 그리기 행위를 구현하고 이를 외부에서 Circle에 주입할 수 있다. 이것이 흔히 말하는 **의존성 주입(dependency injection)**이라는 것이다.

```cpp
#include <Circle.h>
#include <OpenGLStrategy.h>
#include <cstdlib>
#include <utility>

int main()
{
   // ...

   // 원하는 원 그리기 전략을 생성한다.
   auto strategy =
      std::make_unique<OpenGLStrategy>( /* OpenGL용 인자 */ );

   // 원에 전략을 주입한다. 원은 특정 전략에 대해
   // 알 필요가 없으며, 아무것도 몰라도 'DrawStrategy' 추상화를
   // 통해 사용할 수 있다.
   Circle circle( 4.2, std::move(strategy) );
   circle.draw( /*...*/ );

   // ...

   return EXIT_SUCCESS;
}
```

이 접근법은 서로 다른 그리기 행위에 대한 유연성을 크게 증가시킨다. 특정 라이브러리와 다른구현 상세에 대한 모든 의존성을 제거해 코드를 더 변경 가능하고 확장 가능하게 한다. 예를 들면, 이제 테스트용 특수 구현(즉, TestStrategy)을 쉽게 제공할 수 있다. 이는 개선된 유연성이 디자인의 테스트 용이성에 매우 긍정적 영향을 미친다는 것을 보여준다.

전략 디자인 패턴은 고전적인 GoF 디자인 패턴 중 하나다. 이처럼 흔히 객체 지향 디자인 패턴으로 언급하며, 기본 클래스가 필요한 것으로 간주한다. 하지만 전략의 의도는 객체 지향 프로그래밍에 한정하지 않는다. 추상화를 위해 기초 클래스를 사용할 수 있는 것처럼 템플릿 매개변수에 의존하는 것도 쉽게 할 수 있다.

```
template< typename DrawStrategy >
class Circle
{
 public:
    void draw( /*...*/ );
};
```

이 형식에서 원을 그리는 방법은 컴파일 시점에 결정한다. 기초 클래스 DrawStrategy를 작성하고 실행 중에 DrawStrategy에 대한 포인터를 전달하는 대신 그리기에 대한 구현 상세를 DrawStrategy 템플릿 인자로 제공한다. 템플릿 매개변수를 사용해 구현 상세를 외부에서 주입할 수 있지만, Circle은 여전히 어떤 구현 상세에도 의존하지 않는 점에 주의한다. 따라서 사용한 그래픽 라이브러리와 Circle 클래스를 여전히 분리한다. 하지만 런타임 접근법과 비교하면 DrawStrategy가 바뀔 때마다 다시 컴파일해야 한다.

템플릿 기반 해결책이 예제의 특성을 근본적으로 변경하는 것은 사실이지만(즉, 기초 클래스, 가상 함수, 런타임 결정, 단일 Circle 클래스 등은 없지만 모든 구체 DrawStrategy에 대해 Circle 타입은 하나), 여전히 전략 디자인 패턴의 의도를 완벽히 구현한다. 따라서 이는 디자인 패턴이 특정 구현이나 특정 추상화 형태에 한정하지 않는다는 것을 보여준다.

디자인 패턴은 객체 지향 프로그래밍이나 동적 다형성에 국한하지 않는다

전략 디자인 패턴의 다른 사용 사례를 생각해 보자. 다음은 <number> 헤더에 있는 표준 라이브러리 accumulate() 함수 템플릿이다.

```
std::vector<int> v{ 1, 2, 3, 4, 5 };
auto const sum =
    std::accumulate( begin(v), end(v), int{0} );
```

기본적으로 std::accumulate()는 주어진 범위의 모든 요소를 합한다. 세 번째 인자는 합의 초깃값을 지정한다. std::accumulate()는 그 인자 타입을 반환 타입으로 사용하므로 미묘한 오해를 막기 위해 단순히 0이 아니라 int{0}으로 명확히 강조한다. 하지만 요소를 합하는 것은 빙산의 일각일 뿐이다. 필요하면 std::accumulate()에 네 번째 인자를 제공해 요소를 누적하는 방법을 지정할 수 있다. 예를 들면 <functional> 헤더에 있는 std::plus나 std::multiplies를 사용할 수 있다.

```
std::vector<int> v{ 1, 2, 3, 4, 5 };
auto const sum =
    std::accumulate( begin(v), end(v), int{0}, std::plus<>{} );
auto const product =
    std::accumulate( begin(v), end(v), int{1}, std::multiplies<>{} );
```

네 번째 인자로 std::accumulate()는 모든 축소 연산(reduction operation)을 사용할 수 있으므로 네 번째 인자는 축소 연산의 구현을 나타낸다. 이처럼 축소 연산이 어떻게 작동해야 하는지에 대한 세부 사항을 외부에서 주입해 구현을 다양화할 수 있다. 그러므로 std::accumulate()는 단일한 특정 구현에 의존하지 않으며 누구나 특정 목적에 맞게 맞춤 정의할 수 있다. 이는 전략 디자인 패턴의 의도를 정확히 나타낸다.[11]

std::accumulate()는 전략 디자인 패턴의 일반화 형식에서 그 힘을 얻는다. 이 행위를 변경할 수 없으면 매우 제한적인 수의 사용 사례에서만 유용할 것이다. 전략 디자인 패턴으로 인해 사용 가능한 수는 무한하다.[12]

std::accumulate()의 예는 디자인 패턴, 심지어 고전적인 GoF 패턴이 특정 구현에 얽매이지 않을 뿐만 아니라 객체 지향 프로그래밍에 국한하지 않는다는 것을 보여준다. 분명히 이런 패턴 상당수의 의도는 함수형 또는 일반화 프로그래밍 같은 다른 패러다임에도 유용하다.[13] 그러므로 디자인 패턴은 동적 다형성에 국한되지 않는다. 이와 반대로 디자인 패턴은 정적 다형성과도 동등하게 잘 작동하므로 C++ 템플릿과 함께 사용할 수 있다.

---

11 네 번째 인자 없이도 주어진 타입에 대한 사용자 정의 덧셈 연산(즉, operator+())을 제공해 누적 연산이 작동하는 방식을 바꿀 수 있다는 것을 (정확히) 관찰할 수 있다. 그러나 이는 제한적이다. 사용자 정의 타입에 대한 사용자 정의 덧셈 연산은 제공할 수 있지만, (예에서 int 같은 기본 타입에 대해 사용자 정의 덧셈 연산은 제공할 수 없다. 또한 덧셈 연산(이나 문자열 연결 같은 관련 연산) 외 모든 연산에 대해 operator+()를 정의하는 것은 매우 의문스럽다. 따라서 덧셈 연산에 의존하는 것은 기술적으로나 의미적으로 제한적일 것이다.
12 CppCon 2016 강연 'std::accumulate: Exploring an Algorithmic Empire'(https://youtu.be/B6twozNPUoA)에서 벤 딘은 그 네 번째 인자 덕분에 std::accumulate()가 얼마나 강력한지를 인상적으로 보여주었다.
13 STL 알고리듬과 함수형 프로그래밍 유산에 관한 더 많은 정보는 이반 추키츠(Ivan Cukic)의 훌륭한 입문서인 《Functional Programming in C++》(에이콘출판사, 2019)를 참고한다.

이 점을 더 강조하고 전략 디자인 패턴의 추가 예시를 보여주기 위해 std::vector와 std::set 클래스 템플릿 선언을 생각해 보자.

```
namespace std {

template< class T
        , class Allocator = std::allocator<T> >
class vector;

template< class Key
        , class Compare = std::less<Key>
        , class Allocator = std::allocator<Key> >
class set;

} // namespace std
```

표준 라이브러리에서 (std::array를 제외한) 모든 컨테이너는 사용자 지정 할당자를 지정할 수 있는 기회를 제공한다. std::vector 사례에서는 두 번째 템플릿 인자, std::set에서는 세 번째 인자다. 컨테이너의 모든 메모리 요청은 지정한 할당자를 통해 처리한다.

표준 라이브러리 컨테이너는 할당자에 대한 템플릿 인자를 드러내 메모리 할당자를 외부에서 사용자 정의할 수 있는 기회를 제공한다. 이를 통해 알고리듬 군(이전 사례에서 메모리 획득을 위한 알고리듬)을 정의하고 각각을 캡슐화해 상호 교환할 수 있게 한다. 결과적으로 이 알고리듬을 사용하는 클라이언트(이 사례에서 컨테이너)와 독립적으로 이 알고리듬을 바꿀 수 있다.[14]

그 설명을 읽었다면 전략 디자인 패턴을 인식해야 한다. 이 예에서 전략은 다시 정적 다형성을 기반으로 하며 템플릿 인자로 구현한다. 분명히 전략은 동적 다형성에 국한되지 않는다.

일반적으로 디자인 패턴이 객체 지향 프로그래밍이나 동적 다형성에 국한되지 않는다는 것은 분명한 사실이지만, 그 의도가 객체 지향 프로그래밍의 일반적인 문제를 완화하는 것이 목표인 디자인 패턴도 있다(예를 들면 **비지터**와 **프로토타입** 디자인 패턴).[15] 물론 함수형 프로그래밍이나 일반화 프로그래밍에 초점을 맞춘 디자인 패턴도 있다(예를 들면 **묘하게 되풀이되는 템플릿 패턴**(Curiously Recurring

---

14 이런 형태의 전략 디자인 패턴에 일반적으로 사용하는 다른 이름은 **단위 전략 기반 디자인**(Policy-Based Design)이다. '지침 19: 전략을 사용해 작업 수행 방법을 분리하라'를 참고한다.

15 **비지터** 디자인 패턴은 4장, **프로토타입** 디자인 패턴은 '지침 30: 추상 복사 연산에는 프로토타입을 적용하라'에서 설명한다.

Template Pattern, CRTP)과 **표현식 템플릿**(Expression Templates)).[16] 디자인 패턴 대부분은 패러다임 중심이 아니며 그 의도를 다양한 구현에서 사용할 수 있으나, 일부는 더 구체적이다.

다음 장에서는 두 범주 모두에 대한 예를 볼 수 있다. 의도가 매우 일반적이며, 그에 따라 일반적으로 유용한 디자인 패턴과 보다 패러다임에 특화돼 대상 도메인 밖에서는 유용하지 않은 디자인 패턴도 보게 될 것이다. 그런데도 모두 디자인 패턴의 주요 특성인 이름, 의도, 어떤 추상화 형태가 공통적으로 있다.

요약하면, 디자인 패턴은 객체 지향 프로그래밍과 동적 다형성에 국한되지 않는다. 더 구체적으로, 디자인 패턴은 특정 구현에 관한 것도 아니고 언어별 관용구도 아니다. 그 대신 소프트웨어 개체를 특정 방식으로 분리하려는 의도에 전적으로 초점을 맞춘다.

> **지침 12: 디자인 패턴에 대한 오해를 주의하라**
>
> - 디자인 패턴을 목표가 아닌 디자인 문제를 해결하기 위한 도구로 간주한다.
> - 디자인 패턴은 객체 지향 프로그래밍에 국한되지 않는다는 것을 인식한다.
> - 디자인 패턴은 동적 다형성에 국한되지 않는다는 것을 명심한다.
> - 디자인 패턴은 언어별 관용구가 아니라는 것을 이해한다.

지침 13: 디자인 패턴은 어디에나 있다

이전 절에서는 디자인 패턴이 객체 지향 프로그래밍이나 동적 다형성에 국한되지 않으며, 언어별 관용구도 특정 구현에 관한 것도 아님을 알아봤다. 그런데도 이런 일반적인 오해와 함께 C++를 더 이상 객체 지향 프로그래밍 언어로만 보지 않기 때문에 일부에서는 디자인 패턴이 구식이거나 더 이상 쓸모 없다고 주장한다.[17]

지금 여러분은 약간 회의적일 것이다. "쓸모가 없다고요? 좀 과장된 것 아닌가요?"라고 묻는다. 음, 불행히도 아니다. 투쟁담을 조금 들려주자면, 2021년 초에 German C++ 사용자 모임(user group)에서 디자인 패턴에 대해 가상 강연을 하는 영광을 누렸다. 주 목표는 디자인 패턴이 무엇이고 그것이 오늘날

---

[16] 여기서도 이반 추키츠의 입문서인 《Functional Programming in C++》를 언급하고 있다. CRTP 디자인 패턴은 '지침 26: CRTP를 사용해 정적 타입 범주를 도입하라'의 주제다. 템플릿 기반 패턴인 **표현식 템플릿**은 C++ 템플릿 참고서인 데이비드 반데부르드, 니콜라이 요수티스, 더글라스 그레고르의 《C++ 템플릿》(에이콘 출판사, 2018)을 참고한다.

[17] 1989년에 템플릿의 첫 구현을 언어에 추가한 이후부터 C++는 다중 패러다임 프로그래밍 언어가 됐다고 주장하고 싶다. 언어에 템플릿이 미치는 영향은 1994년 표준 라이브러리에 표준 템플릿 라이브러리(STL) 일부를 추가하며 분명해졌다. 그 이후로 C++는 객체 지향, 함수형, 일반화 능력을 제공했다.

많이 사용되고 있다는 것을 설명하는 것이었다. 강연하는 동안 기분이 좋았고 사람들이 디자인 패턴의 모든 이점을 알 수 있게 돕는 임무에 기운이 났으며 디자인 패턴에 대한 지식이 가져오는 빛을 모두가 볼 수 있게 최선을 다했다. 그럼에도 불구하고 유튜브에 강연을 공개한 지 며칠 후, 한 사용자가 "진심인가요? 2021년에 디자인 패턴이라니요?"라고 댓글을 남겼다.

지금 여러분이 믿을 수 없다는 듯이 고개를 흔들고 있기를 정말 바란다. 나 역시 믿을 수 없었다. 특히 C++ 표준 라이브러리에 디자인 패턴에 대한 예제가 수백 개가 있다는 것을 보여준 후였다. 디자인 패턴은 구식이 아니며 쓸모 없지도 않다. 그건 전혀 사실이 아니다. 디자인 패턴은 여전히 살아 있고 의미 있다는 것을 증명하기 위해 C++ 표준 라이브러리의 최신 할당자 기능을 생각해 보자. std::pmr(**다형성 메모리 자원**, polymorphic memory resource) 네임스페이스의 할당자를 사용하는 다음 코드 예제를 살펴보자.

```cpp
#include <array>
#include <cstddef>
#include <cstdlib>
#include <memory_resource>
#include <string>
#include <vector>

int main()
{
   std::array<std::byte,1000> raw;   // 주의: 초기화하지 않았다!         ❶

   std::pmr::monotonic_buffer_resource
       buffer{ raw.data(), raw.size(), std::pmr::null_memory_resource() };   ❷

   std::pmr::vector<std::pmr::string> strings{ &buffer };         ❸

   strings.emplace_back( "String longer than what SSO can handle" );
   strings.emplace_back( "Another long string that goes beyond SSO" );
   strings.emplace_back( "A third long string that cannot be handled by SSO" );

   // ...

   return EXIT_SUCCESS;
}
```

이 예는 `std::pmr::monotonic_buffer_resource`를 할당자로 사용해 모든 메모리 할당을 미리 정의한 바이트 버퍼로 재지정하는 법을 보여준다. 처음에는 `std::array` 형식으로 1,000바이트 버퍼를 생성한다(❶). 이 버퍼는 (`raw.data()`를 통해) 첫 번째 요소에 대한 포인터와 (`raw.size()`를 통해) 버퍼 크기를 전달해 `std::pmr::monotonic_buffer_resource`에 대한 메모리 자원으로 사용한다(❷).

`monotonic_buffer_resource`의 세 번째 인자는 `monotonic_buffer_resource`의 메모리가 부족할 때 사용하는 예비(backup) 할당자를 나타낸다. 이 예에서는 추가 메모리가 필요하지 않으므로, 할당을 항상 실패하는 표준 할당자에 대한 포인터를 제공하는 `std::pmr::null_memory_resource()` 함수를 사용한다. 이는 메모리를 요청할 때 원하는 만큼 정확히 요청할 수 있지만, `std::pmr::null_memory_resource()`에서 반환한 할당자는 항상 예외를 던진다는 뜻이다.

생성한 버퍼는 `strings` 벡터에 대한 할당자로 전달하며, 이제 초기 바이트 버퍼에서 모든 메모리를 획득한다(❸). 게다가 벡터는 할당자를 자신의 요소에 전달하므로, `emplace_back()` 함수로 추가하며 **짧은 문자열 최적화(Small String Optimization, SSO)**에 의존하기에는 너무 긴 세 문자열까지 포함해 모든 메모리를 바이트 버퍼에서 획득한다. 따라서 예제 전체에서 동적 메모리는 사용하지 않으며 모든 메모리를 바이트 배열에서 얻는다.[18]

언뜻 보기에 이 예는 어떤 디자인 패턴도 필요하지 않은 것처럼 보인다. 하지만 이 예에서 사용한 할당자 기능은 템플릿 메서드(Template Method) 디자인 패턴, 데코레이터 디자인 패턴, 어댑터 디자인 패턴, (다시) 전략 디자인 패턴 등 적어도 서로 다른 네 디자인 패턴을 사용한다.

`null_memory_resource()` 함수(❷)는 **싱글턴** 패턴으로 구현하므로 만약 **싱글턴(Singleton)** 패턴을 계산한다면 심지어 다섯이 된다.[19] 이 패턴은 정적 기억 존속 시간(static storage duration) 객체에 대한 포인터를 반환하며, 이 할당자의 인스턴스가 최대 하나임을 보장하는 데 사용한다.

`null_memory_resource()`와 `monotonic_buffer_resource()`에서 반환한 할당자를 포함해 `pmr` 네임스페이스의 모든 C++ 할당자는 `std::pmr::memory_resource` 기초 클래스에서 파생된다. `memory_resource` 클래스의 정의를 보면 첫 번째 디자인 패턴을 볼 수 있다.

---

18 **짧은 문자열 최적화(SSO)**는 짧은 문자열에 대한 일반적인 최적화다. 제공한 할당자를 통해 힙에서 동적 메모리를 할당하는 대신 적은 수의 문자를 그 문자열의 스택 부분에 직접 저장한다. (C++ 표준은 아니지만 `std::string`의 일반적인 구현 특성으로) 문자열은 일반적으로 스택에서 24~32바이트를 차지하므로 32바이트를 초과하는 것은 힙을 할당해야 한다. 주어진 세 문자열이 그렇다.

19 **싱글턴**은 원래 GoF 디자인 패턴 23개 중 하나다. 하지만 '지침 37: 싱글턴을 디자인 패턴이 아닌 구현 패턴으로 다루라'에서는 최선을 다해 **싱글턴**이 실제로는 디자인 패턴이 아니라 구현 상세라는 것을 확신시킬 것이다. 그런 이유로 **싱글턴**을 디자인 패턴이 아니라 단순히 구현 패턴으로 언급한다.

```
namespace std::pmr {

class memory_resource
{
 public:
   // ... 가상 소멸자, 생성자와 대입 연산자들

   [[nodiscard]] void* allocate(size_t bytes, size_t alignment);
   void deallocate(void* p, size_t bytes, size_t alignment);
   bool is_equal(memory_resource const& other) const noexcept;

 private:
   virtual void* do_allocate(size_t bytes, size_t alignment) = 0;
   virtual void do_deallocate(void* p, size_t bytes, size_t alignment) = 0;
   virtual bool do_is_equal(memory_resource const& other) const noexcept = 0;
};

} // namespace std::pmr
```

클래스의 public 구역에 있는 세 함수는 private 구역에 가상인 대응 함수가 있음을 알 수 있다. 공개인 allocate(), deallocate(), is_equal() 함수는 클래스의 사용자 인터페이스를 나타내는 반면, do_allocate(), do_deallocate(), do_is_equal() 함수는 파생클래스 인터페이스를 나타낸다. 이런 관심사 분리는 **비가상 인터페이스(NVI)** 관용구의 예이며, 그 자체가 **템플릿 메서드** 디자인 패턴의 예다.[20]

암시적으로 사용하는 두 번째 디자인 패턴은 데코레이터 디자인 패턴이다.[21] 데코레이터는 할당자의 계통적 계층(hierarchical layer)을 구축하고 한 할당자의 기능을 다른 할당자로 감싸고 확장하는 것을 돕는다. 이 아이디어는 다음 내용으로 더 명확해진다.

```
std::pmr::monotonic_buffer_resource
    buffer{ raw.data(), raw.size(), std::pmr::null_memory_resource() };
```

null_memory_resource() 함수에서 반환한 할당자를 monotonic_buffer_resource에 전달해 그 기능을 장식한다. allocate() 함수를 통해 monotonic_buffer_resource에 메모리를 요청할 때마다 호출을 예

---

20 안타깝지만 이 책에서는 **템플릿 메서드** 디자인 패턴을 다루지 않는다. 중요하지 않아서가 아니라 단순히 지면이 부족해서다. 더 자세한 내용은 GoF 책을 참고하길 바란다.
21 데코레이터 디자인 패턴은 9장에서 완전히 소개한다.

비 할당자에 전달할 수 있다. 이런 식으로 다양한 할당자를 구현할 수 있고, 결국 이를 쉽게 조립해 서로 다른 할당 전략 계층을 이용하는 완전한 메모리 하위 시스템을 구성할 수 있다. 이런 기능 결합과 재사용이 데코레이터 디자인 패턴의 강점이다.

예제 코드에서 std::pmr::vector와 std::pmr::string을 사용한 것을 알 수 있을 것이다. std::string은 단지 std::basic_string<char>에 대한 타입 별칭이라는 것을 여러분이 기억하고 있다고 가정한다. 이를 알면 pmr 네임스페이스 있는 두 가지 타입 역시 별칭이라는 점이 놀라운 일은 아닐 것이다.

```
namespace std::pmr {

template< class CharT, class Traits = std::char_traits<CharT> >
using basic_string =
    std::basic_string< CharT, Traits,
                       std::pmr::polymorphic_allocator<CharT> >;


template <class T>
using vector =
    std::vector< T, std::pmr::polymorphic_allocator<T> >;

} // namespace std::pmr
```

이런 타입 별칭은 여전히 일반 std::vector와 std::basic_string 클래스를 참조하지만, 더 이상 할당자에 대한 템플릿 매개변수를 노출하지 않는다. 그 대신 std::pmr::polymorphic_allocator를 할당자로 사용한다. 이는 어댑터 디자인 패턴의 예다.[22] 어댑터의 의도는 어울리지 않는 두 인터페이스를 함께 붙일 수 있게 돕는 것이다. 이 사례에서 polymorphic_allocator는 고전적인 C++ 할당자에 필요한 고전적인 정적 인터페이스와 std::pmr::memory_resource에 필요한 새로운 동적 할당 인터페이스 사이에 전송하는 것을 돕는다.

예제에서 사용한 네 번째이자 마지막 디자인 패턴은 다시 전략 디자인 패턴이다. std::vector와 std::string 같은 표준 라이브러리 컨테이너는 할당자에 대한 템플릿 인자를 노출해 외부에서 메모리 할당을 사용자 정의할 수 있는 기회를 제공한다. 이는 전략 디자인 패턴의 정적 형태이며, 알고리듬을 사용자 정의하는 것과 의도가 같다('지침 12: 디자인 패턴에 대한 오해를 주의하라' 참고).

---

[22] 어댑터 디자인 패턴은 '지침 24: 어댑터를 사용해 인터페이스를 표준화하라'의 주제다.

이 예는 디자인 패턴이 더 이상 쓸모 없는 것이 아니라는 것을 인상적으로 보여준다. 더 자세히 조사해 보면 어디서나 디자인 패턴을 볼 수 있다. 모든 추상화와 소프트웨어 개체를 분리하고 유연성과 확장성을 도입하려는 모든 시도는 어떤 디자인 패턴을 기반으로 할 가능성이 높다. 그렇기에 서로 다른 디자인 패턴에 대해 알고, 필요하며 적절할 때마다 인식하고 적용하려는 의도를 이해하는 것이 확실히 도움이 된다.

지침 13: 디자인 패턴은 어디에나 있다

- 모든 추상화와 분리 시도는 알려진 디자인 패턴을 나타내는 것일 수 있다는 것을 이해한다.
- 서로 다른 디자인 패턴을 배우고, 분리하려는 의도를 이해한다.
- 필요할 때마다 의도에 따라 디자인 패턴을 적용한다.

지침 14: 디자인 패턴 이름을 사용해 의도를 전달하라

지난 두 절에서는 디자인 패턴이 무엇이고, 무엇이 디자인 패턴이 아닌지, 그리고 디자인 패턴은 어디에나 있다는 것을 배웠다. 모든 디자인 패턴은 명확하고 간결하며 분명한 의도를 표현하는 이름이 있다는 것도 배웠다. 따라서 이름은 의미를 지닌다.[23] 디자인 패턴의 이름을 사용해 문제가 무엇인지, 그 문제를 해결하기 위해 어떤 해결책을 선택했는지 표현할 수 있으며, 코드가 어떻게 발전할 것으로 기대하는지 설명할 수 있다.

예를 들어 표준 라이브러리 accumulate() 함수를 생각해 보자.

```
template< class InputIt, class T, class BinaryOperation >
constexpr T accumulate( InputIt first, InputIt last, T init,
                        BinaryOperation op );
```

세 번째 템플릿 매개변수 이름은 BinaryOperation이다. 이는 전달한 함수 호출성 객체(callable)가 인자 둘을 취해야 한다는 사실을 전달하지만, 그 이름은 매개변수의 의도를 전달하지 못한다. 의도를 더 명확히 표현하기 위해 BinaryReductionStrategy로 부르는 것을 생각해 보자.

23　좋은 이름은 항상 의미를 지닌다. 좋은 이름이 근본적으로 그렇게 중요한 이유가 그것이다.

```
template< class InputIt, class T, class BinaryReductionStrategy >
constexpr T accumulate( InputIt first, InputIt last, T init,
                        BinaryReductionStrategy op );
```

축소라는 용어와 **전략**이라는 이름 모두 모든 C++ 프로그래머에게 의미가 있다. 따라서 이제 의도를 훨씬 더 명확하게 갈무리하고 표현했다. 매개변수로 이진 연산의 **의존성 주입**이 가능하고 이를 통해 축소 연산이 작동하는 방식을 지정할 수 있다. 따라서 매개변수는 사용자 정의 문제를 해결한다. 5장에서 보겠지만, 전략 디자인 패턴은 연산에 대해 어떤 기대가 있다는 것을 전달한다. 여러분은 축소 연산이 작동하는 방식만 지정할 수 있으며 accumulate()가 하는 일을 재정의할 수 없다. 그것을 표현하고 싶다면 **커맨드** 디자인 패턴 이름을 사용해야 한다.[24]

```
template< class InputIt, class UnaryCommand >
constexpr UnaryCommand
    for_each( InputIt first, InputIt last, UnaryCommand f );
```

std::for_each() 알고리듬을 사용하면 모든 단항 연산을 요소 범위에 적용할 수 있다. 이 의도를 표현하기 위해 두 번째 템플릿 매개변수를 UnaryCommand로 명명할 수 있으며, 이는 연산에 대한 기대가 (거의) 없음을 분명히 표현한다.

표준 라이브러리의 또 다른 예는 디자인 패턴의 이름이 코드에 얼마나 많은 가치를 부여할 수 있는지 보여준다.

```
#include <cstdlib>
#include <iostream>
#include <string>
#include <variant>

struct Print
{
   void operator()(int i) const {
      std::cout << "int: " << i << '\n';
   }
   void operator()(double d) const {
      std::cout << "double: " << d << '\n';
   }
```

---

24 **커맨드** 디자인 패턴은 5장에서 전략 디자인 패턴과 함께 설명한다.

```cpp
    void operator()(std::string const& s) const {
        std::cout << "string: " << s << '\n';
    }
};

int main()
{
    std::variant<int,double,std::string> v{};        ❶

    v = "C++ Variant example";                        ❷

    std::visit(Print{}, v);                           ❸

    return EXIT_SUCCESS;
}
```

main() 함수에서는 세 가지 대안 int, double, std::string에 대한 std::variant를 생성한다(❶). 다음 줄에서는 C 형식 문자열 리터럴(literal)을 대입하며, std::variant 안에서는 이를 std::string으로 변환한다(❷). 그런 다음 std::visit() 함수와 Print 함수 객체를 통해 내용을 출력한다(❸).

std::visit() 함수 이름에 주목한다. 이름이 **비지터** 디자인 패턴을 직접 참조하므로 std::variant 인스턴스에서 포함하는 타입의 닫힌 집합에 어떤 연산이든 적용할 수 있다는 의도를 명확히 표현한다.[25] 또한 연산 집합을 비간섭적으로 확장할 수 있다.

디자인 패턴 이름을 사용하는 것이 임의의 이름을 사용하는 것보다 더 많은 정보를 전달한다는 것을 알 수 있다. 그렇더라도 이것이 이름 짓는 것이 쉽다는 것을 암시하는 것은 아니다.[26] 이름은 주로 특정 맥락에서 코드를 이해하는 데 도움이 돼야 한다. 디자인 패턴의 이름이 도움이 될 수 있다면 그 이름을 포함해 의도를 표현하는 것을 고려한다.

지침 14: 디자인 패턴 이름을 사용해 의도를 전달하라

- 디자인 패턴 이름을 사용해 해결책의 의도를 전달한다.
- 디자인 패턴 이름을 사용해 가독성을 향상시킨다.

---

25 **비지터** 디자인 패턴은 std::variant를 사용한 최신 구현을 포함해 4장에서 초점을 맞춘다.
26 케이트 그레고리가 CppCon 2019에서 적극 추천한 자신의 강연 'Naming is Hard: Let's Do Better'(https://youtu.be/MBRoCdtZOYg)에서 적절히 언급했듯이 이름 짓는 건 어렵다.

04
비지터 디자인 패턴

이 장 전체는 **비지터** 디자인 패턴에 초점을 맞춘다. 비지터 디자인 패턴에 대해 이미 들어봤거나 디자인할 때 사용해 봤다면, 상세히 설명할 첫 번째 디자인 패턴으로 비지터를 선택한 이유가 궁금할 수도 있다. 비지터는 분명히 가장 매력적인 디자인 패턴 중 하나는 아니다. 하지만 이는 분명히 디자인 패턴을 구현할 때 가질 수 있는 많은 선택지와 그 구현을 얼마나 다르게 구현할 수 있는지 보여주는 좋은 예가 될 것이다. 또한 최신 C++의 장점을 광고하는 효과적인 예가 될 것이다.

'지침 15: 타입 또는 연산 추가를 위한 디자인'에서는 동적 다형성 영역으로 들어갈 때, 타입과 연산 중 어디에 집중할지에 관해 내려야 할 기본적인 디자인 결정에 대해 먼저 얘기한다. 이 지침에서는 프로그래밍 패러다임의 본질적인 강점과 약점에 대해서도 얘기한다.

'지침 16: 비지터를 사용해 연산을 확장하라'에서는 비지터 디자인 패턴을 소개한다. 타입 대신 연산을 확장하려는 의도를 설명하고 고전적인 비지터 패턴의 장점과 단점을 모두 보여준다.

'지침 17: 비지터를 구현하는 데 std::variant를 고려하라'에서는 비지터 디자인 패턴의 최신 구현을 알게 될 것이다. `std::variant`를 소개하고 그 특정 구현의 많은 장점을 설명한다.

'지침 18: 비순환 비지터의 성능에 주의하라'에서는 **비순환 비지터**(Acyclic Visitor)를 소개한다. 언뜻 보기에 이 접근법은 비지터 패턴의 몇 가지 근본적인 문제를 해결하는 듯하지만, 더 자세히 조사해 보면 런타임 추가 비용으로 이 구현이 적합하지 않을 수 있다는 것을 알게 될 것이다.

지침 15: 타입 또는 연산 추가를 위한 디자인

여러분에게 **동적 다형성**이라는 용어는 엄청난 자유처럼 들릴 수 있다. 끝없는 가능성, 무제한 같이 여러분이 아이였을 때 느꼈던 감정과 비슷하게 느낄 수 있다. 자, 여러분은 나이가 들고 현실에 직면했다. 모든 것을 가질 수는 없으며 항상 선택해야 한다. 불행히도 이는 동적 다형성과 유사하다. 완전한 자유처럼 들린다는 사실에도 불구하고 선택은 제한적이다. 타입과 연산 중 확장하고 싶은 것은 어느 것인가?

이해를 돕기 위해 주어진 도형을 그리는 3장의 시나리오로 돌아가 보자.[1] 우리는 동적 다형성을 고수하며, 처음 시도로 추억 돋는 절차적 프로그래밍을 사용해 이 문제를 구현한다.

절차적 해결책

첫 번째 헤더 파일 Point.h는 꽤 간단한 Point 클래스를 제공한다. 이는 주로 코드를 완성하는 데 도움이 되지만, 2D 도형을 다루고 있다는 것도 알려준다.

```
//---- <Point.h> ----------------

struct Point
{
   double x;
   double y;
};
```

두 번째 개념적 헤더 파일 Shape.h는 훨씬 더 흥미롭다.

```
//---- <Shape.h> ----------------

enum ShapeType     ❶
{
   circle,
   square
};

class Shape        ❷
```

---

[1] 여러분이 지루해하며 눈을 굴리는 걸 알 수 있다! "아, 그 지루한 예를 또!" 하지만 3장을 건너 뛴 독자를 생각해 보라. 그들은 이제 그 시나리오에 대한 긴 설명 없이 이 절을 읽을 수 있다는 것에 행복해 할 것이다.

```cpp
{
 protected:
   explicit Shape( ShapeType type )
      : type_( type )      ❺
   {}

 public:
   virtual ~Shape() = default;     ❸

   ShapeType getType() const { return type_; }    ❻

 private:
   ShapeType type_;    ❹
};
```

먼저, 현재 두 열거자 circle과 square를 나열하는 열거형 ShapeType을 도입한다(❶). 분명히 처음에는 원과 정사각형만 다루고 있다. 두 번째로 Shape 클래스를 도입한다(❷). 보호된 생성자와 가상 소멸자가 주어져(❸) Shape이 기초 클래스로 작동할 것이라고 예상할 수 있다. 하지만 이는 Shape에 대한 놀라운 내용은 아니다. Shape에는 ShapeType 타입 데이터 멤버가 있다(❹). 이 데이터 멤버는 생성자를 통해 초기화하며(❺) getType() 멤버 함수를 통해 조회할 수 있다(❻). Shape은 ShapeType 열거형 형식으로 그 유형을 저장한다는 것을 쉽게 알 수 있다.

Shape 기초 클래스 사용 예시 중 한 가지는 Circle 클래스다.

```cpp
//---- <Circle.h> ----------------

#include <Point.h>
#include <Shape.h>

class Circle : public Shape      ❼
{
 public:
   explicit Circle( double radius )
      : Shape( circle )      ❽
      , radius_( radius )
   {
      /* 주어진 radius가 유효한지 확인한다 */
```

}

   double radius() const { return radius_; }
   Point center() const { return center_; }

 private:
   double radius_;
   Point center_{};
};
```

Circle은 Shape을 공개로 상속하는데(❼), Shape에는 기본 생성자가 없으므로 기초 클래스를 초기화해야 한다(❽). 원이므로 circle 열거자를 기초 클래스 생성자에 대한 인자로 사용한다.

앞서 언급했듯이 우리는 도형을 그리기를 원한다. 따라서 원에 대한 draw() 함수를 도입한다. 그리기의 어떤 구현 상세와도 너무 강하게 결합하고 싶지 않으므로 draw() 함수를 개념적 헤더 파일 DrawCircle.h에 선언하고 해당 소스 파일에 정의한다.

```
//---- <DrawCircle.h> ----------------

class Circle;

void draw( Circle const& );


//---- <DrawCircle.cpp> ----------------

#include <DrawCircle.h>
#include <Circle.h>
#include /* 몇몇 그래픽 라이브러리 */

void draw( Circle const& c )
{
   // ... 원을 그리는 논리 구조를 구현한다
}
```

물론 원만 있는 것은 아니다. square 열거자로 나타내는 Square 클래스도 있다.
```

```
//---- <Square.h> ----------------

#include <Point.h>
#include <Shape.h>

class Square : public Shape            ❾
{
 public:
   explicit Square( double side )
      : Shape( square )                ❿
      , side_( side )
   {
      /* 주어진 side 길이가 유효한지 확인한다 */
   }

   double side   () const { return side_; }
   Point  center() const { return center_; }

 private:
   double side_;
   Point center_{}; // 또는 원한다면 어느 모서리
};


//---- <DrawSquare.h> ----------------

class Square;

void draw( Square const& );


//---- <DrawSquare.cpp> ----------------

#include <DrawSquare.h>
#include <Square.h>
#include /* 몇몇 그래픽 라이브러리 */

void draw( Square const& s )
```

```
{
    // ... 정사각형을 그리는 논리 구조를 구현한다
}
```

Square 클래스는 Circle 클래스와 매우 유사해 보인다(❾). 주요 차이점은 Square가 기초 클래스를 square 열거자로 초기화한다는 것이다(❿).

원과 정사각형 모두 사용할 수 있으므로 이제 서로 다른 도형의 전체 벡터를 그리고 싶어 한다. 따라서 drawAllShapes() 함수를 도입한다.

```
//---- <DrawAllShapes.h> ----------------

#include <memory>
#include <vector>
class Shape;

void drawAllShapes( std::vector<std::unique_ptr<Shape>> const& shapes );    ⓫


//---- <DrawAllShapes.cpp> ----------------

#include <DrawAllShapes.h>
#include <Circle.h>
#include <Square.h>

void drawAllShapes( std::vector<std::unique_ptr<Shape>> const& shapes )
{
    for( auto const& shape : shapes )
    {
        switch( shape->getType() )    ⓬
        {
            case circle:
                draw( static_cast<Circle const&>( *shape ) );
                break;
            case square:
                draw( static_cast<Square const&>( *shape ) );
                break;
        }
```

       }
}
```

drawAllShapes()는 std::unique_ptr<Shape> 형식의 도형 벡터를 취한다(❶). 기초 클래스에 대한 포인터는 서로 다른 구체 도형을 담기 위해, 특히 std::unique_ptr은 **RAII 관용구**를 통해 그 도형을 자동으로 관리하기 위해 필요하다. 함수 내에서는 모든 도형을 그리기 위해 벡터를 순회하는 것으로 시작한다. 불행히도 이 시점에 우리가 가진 것은 Shape 포인터뿐이다. 그러므로 어떤 도형인지 getType() 함수를 사용해 각 도형을 정확히 물어봐야 한다(❷). 도형이 circle로 응답하면 Circle로 그리고 해당하는 static_cast를 수행해야 한다. 도형이 square로 응답하면 Square로 그린다.

여러분은 이 해결책이 그다지 만족스럽지 않은 것 같다. 하지만 단점에 대해 얘기하기 전에 main() 함수를 생각해 보자.

```
//---- <Main.cpp> ----------------

#include <Circle.h>
#include <Square.h>
#include <DrawAllShapes.h>
#include <memory>
#include <vector>

int main()
{
   using Shapes = std::vector<std::unique_ptr<Shape>>;

   // 도형 몇 개를 생성한다
   Shapes shapes;
   shapes.emplace_back(std::make_unique<Circle>(2.3));
   shapes.emplace_back(std::make_unique<Square>(1.2));
   shapes.emplace_back(std::make_unique<Circle>(4.1));

   // 모든 도형을 그린다
   drawAllShapes(shapes);

   return EXIT_SUCCESS;
}
```
```

작동한다! 이 main() 함수를 사용해 코드는 도형 셋(원 둘과 정사각형 하나)을 컴파일하고 그린다. 대단하지 않은가? 하지만 이것으로 불평을 막지는 못할 것 같다. "정말 원시적인 해결책이군요! switch는 서로 다른 도형을 구별하는 데 나쁜 선택일 뿐만 아니라 default 사례도 없어요! 그리고 범위 비지정 열거형을 사용해 도형의 유형을 부호화하는 이런 미친 생각을 누가 한 건가요?"[2] 여러분은 수상쩍다는 듯이 내 쪽을 보고 있다.

음, 여러분의 반응을 이해할 수 있다. 하지만 문제를 좀 더 자세히 분석해 보자. '지침 5: 확장을 위한 설계'를 기억할 것이다. 이제 세 번째 도형을 추가하기 위해 무엇을 해야 하는지 상상해 보자. 먼저 열거형을 확장해야 한다. 예를 들면 새 열거자 triangle을 추가해야 한다(❸).

```
enum ShapeType
{
    circle,
    square,
    triangle       ❸
};
```

이 추가는 drawAllShapes() 함수 내 switch 문(이제는 완전히 불완전하다)과 Shape에서 파생한 모든 클래스(Circle과 Square)에 영향을 준다. 이 클래스들은 Shape 기초 클래스에 의존하며 열거형도 직접 사용하므로 그 열거형에 의존한다. 따라서 열거형을 변경하면 **모든** 소스 파일을 다시 컴파일해야 한다.

이는 심각한 문제로 느껴질 것이다. 사실 그렇다. 문제의 핵심은 모든 도형 클래스와 함수가 열거형에 직접 의존한다는 점이다. 열거형을 변경하면 그에 의존하는 파일을 다시 컴파일해야 하는 파급 효과를 일으킨다. 분명히 이는 개방-폐쇄 원칙(OCP)을 직접적으로 위반한다('지침 5: 확장을 위한 디자인' 참고). 이는 옳지 않아 보인다. Triangle을 추가해도 Circle과 Square 클래스를 다시 컴파일하지 않아야 한다.

그런데 더 남은 게 있다. 실제로 Triangle 클래스를 작성(상상에 맡긴다)하는 것 외에도 삼각형을 처리하기 위해 switch 문을 갱신해야 한다(⓮).

```
void drawAllShapes( std::vector<std::unique_ptr<Shape>> const& shapes )
{
    for( auto const& shape : shapes )
```

---

[2] C++11부터 범위 지정 열거형을 쓸 수 있다. enum class로 쓸 수 있는 구문 때문에 때때로 **클래스 열거형**이라고도 한다. 예를 들면, 이는 불완전한 switch 문을 컴파일러가 더 잘 경고하도록 돕는다. 이런 결함을 발견했다면 보너스 점수를 받은 것이다.

```
{
   switch( shape->getType() )
   {
      case circle:
         draw( static_cast<Circle const&>( *shape ) );
         break;
      case square:
         draw( static_cast<Square const&>( *shape ) );
         break;
      case triangle:     ⓮
         draw( static_cast<Triangle const&>( *shape ) );
         break;
   }
}
```

여러분의 격렬한 반응을 상상할 수 있다. "복사-붙여 넣기! 중복!" 이 상황에서 개발자는 복사-붙여 넣기를 사용해 새 논리 구조를 구현할 가능성이 매우 높다. 새 사례가 이전 두 사례와 매우 유사하므로 이는 무척 편리하다. 그리고 사실 이는 디자인을 개선할 수 있다는 징후다. 하지만 훨씬 더 심각한 결함이 있다. 더 큰 코드베이스에서는 이것이 유일한 `switch` 문이 아니라고 추정할 수 있다. 반대로, 갱신해야 하는 다른 것도 있을 것이다. 얼마나 될까? 12개? 50개? 100개 이상? 이 모두를 어떻게 찾을까? 좋다. 그래서 여러분은 컴파일러가 이 작업에 도움이 될 것이라 주장한다. 아마 스위치를 사용해서. 좋다. 하지만 if-else-if 연속 구조도 있다면 어떨까? 그다음, 이 갱신 마라톤이 끝난 후 모든 것을 완료했다고 여길 때 필요한 모든 구역을 정확히 갱신했다고 어떻게 보장할까?

여러분의 반응과 이런 코드를 선호하지 않는 이유를 이해할 수 있다. 이렇게 유형을 명시적으로 처리하는 것은 유지 보수 악몽이다. 스콧 마이어스의 말을 인용하면 다음과 같다.[3]

이러한 타입 기반 프로그래밍은 C에서 유서가 깊으며, 우리가 이에 대해 아는 한 가지는 근본적으로 유지 보수할 수 없는 프로그램을 만들어 낸다는 것이다.

---

3 스콧 마이어스, 《More Effective C++》(정보문화사, 2007), 항목 31

객체 지향 해결책

그럼 질문을 하겠다. 여러분은 어떻게 하겠는가? 도형 그리기를 어떻게 구현하겠는가? 음, 객체 지향 접근법을 사용했을 것으로 상상할 수 있다. 즉, 열거형을 없애고 순수 가상 draw() 함수를 Shape 기초 클래스에 추가한다. 이렇게 하면 Shape는 유형을 더 이상 기억할 필요가 없다.

```cpp
//---- <Shape.h> ----------------

class Shape
{
 public:
   Shape() = default;

   virtual ~Shape() = default;

   virtual void draw() const = 0;
};
```

이 기초 클래스가 주어지면 파생 클래스는 이제 draw() 멤버 함수만 구현하면 된다(❺).

```cpp
//---- <Circle.h> ----------------

#include <Point.h>
#include <Shape.h>

class Circle : public Shape
{
 public:
   explicit Circle( double radius )
      : radius_( radius )
   {
      /* 주어진 radius가 유효한지 확인한다 */
   }

   double radius() const { return radius_; }
   Point  center() const { return center_; }

   void draw() const override;     ❺
```

```cpp
private:
   double radius_;
   Point center_{};
};


//---- <Circle.cpp> ----------------

#include <Circle.h>
#include /* 몇몇 그래픽 라이브러리 */

void Circle::draw() const
{
// ... 원을 그리는 논리 구조를 구현한다
}


//---- <Square.h> ----------------

#include <Point.h>
#include <Shape.h>

class Square : public Shape
{
 public:
   explicit Square( double side )
      : side_( side )
   {
      /* 주어진 side 길이가 유효한지 확인한다 */
   }

   double side  () const { return side_; }
   Point  center() const { return center_; }

   void draw() const override;    ❺

 private:
   double side_;
```

```
   Point center_{};
};
```

```
//---- <Square.cpp> ----------------

#include <Square.h>
#include /* 몇몇 그래픽 라이브러리 */

void Square::draw() const
{
   // ... 정사각형을 그리는 논리 구조를 구현한다
}
```

가상 draw() 함수를 준비하고 모든 파생 클래스에서 구현되면 drawAllShapes() 함수를 리팩터링하는 데 사용할 수 있다.

```
//---- <DrawAllShapes.h> ----------------

#include <memory>
#include <vector>
class Shape;

void drawAllShapes( std::vector< std::unique_ptr<Shape> > const& shapes );
```

```
//---- <DrawAllShapes.cpp> ----------------

#include <DrawAllShapes.h>
#include <Shape.h>

void drawAllShapes( std::vector< std::unique_ptr<Shape> > const& shapes )
{
   for( auto const& shape : shapes )
   {
      shape->draw();
   }
}
```

여러분이 긴장을 풀고 다시 웃기 시작하는 것이 보인다. 훨씬 더 좋고 훨씬 더 깔끔하다. 여러분이 이 해결책을 선호하며 이 안락한 지역에 조금 더 오래 머물고 싶어 하는 것을 이해하지만, 안타깝게도 결함을 지적해야 한다. 이 해결책에도 단점이 있을 수 있다.

이 절 소개에서 명시한 것처럼 객체 지향 접근법으로 이제 새 타입을 매우 쉽게 추가할 수 있다. 해야 할 일은 새 파생 클래스를 작성하는 것뿐이다. (main() 함수를 제외한) 어떤 기존 코드도 수정하거나 다시 컴파일할 필요가 없다. 이는 OCP를 완벽하게 충족한다. 그런데 더 이상 연산을 쉽게 추가할 수 없다는 것을 눈치챘는가? 예를 들어, Shape를 바이트로 변환하기 위해 가상 serialize() 함수가 필요하다고 하자. 기존 코드를 수정하지 않고 어떻게 추가할 수 있을까? Shape 기초 클래스를 건들지 않고 어떻게 누구나 이 연산을 쉽게 추가할 수 있을까?

안타깝게도 더 이상 불가능하다. 이제는 연산의 **닫힌 집합**을 다루고 있으며 연산 추가는 곧 OCP 위반을 뜻한다. 가상 함수를 추가하려면 기초 클래스를 수정해야 하며, (원, 정사각형 등) 모든 파생 클래스에서는 새 함수를 전혀 호출하지 않더라도 그 함수를 구현해야 한다. 요약하면, 객체 지향 해결책은 타입 추가에 관해서는 OCP를 충족하지만, 연산에 대해서는 위반한다.

절차적 해결책을 영원히 떠났다고 생각하겠지만, 다시 살펴보자. 절차적 접근법에서는 새 연산 추가가 정말로 매우 간단했다. 예를 들면, 새 연산을 자유 함수나 개별 클래스 형태로 추가할 수 있었다. Shape 기초 클래스나 어떤 파생 클래스도 수정할 필요가 없었다. 따라서 절차적 해결책에서는 연산 추가와 관련해 OCP를 충족했다. 그러나 이미 봤듯이 절차적 해결책은 타입 추가와 관련해 OCP를 위반한다. 따라서 객체 지향 해결책의 역전, 즉 반대로 보인다.

동적 다형성에서 디자인 선택을 인식한다

이 예시의 요점은 동적 다형성을 사용할 때, 연산 수를 고정해 타입을 쉽게 추가하거나 타입의 수를 고정해 연산을 쉽게 추가할 수 있는 디자인 선택이 있다는 것이다. 따라서 OCP에는 두 가지 차원이 있으며, 소프트웨어를 디자인할 때 어떤 확장을 기대하는지 의식하며 결정해야 한다.

객체 지향 프로그래밍의 강점은 새로운 타입을 쉽게 추가할 수 있다는 점이지만, 연산 추가는 훨씬 더 어려워진다는 단점이 있다. 절차적 프로그래밍의 강점은 연산을 쉽게 추가할 수 있다는 점이지만, 타입을 추가하는 것은 골칫거리다(표 4-1). 프로젝트에 따라 다르지만, 연산보다 새로운 타입을 자주 추가할 것으로 예상하면 연산을 **닫힌 집합**, 타입을 **열린 집합**으로 다루는 OCP 해결책을 위해 노력해야 한다. 만약 연산을 추가할 것으로 예상하면 타입을 **닫힌 집합**, 연산을 **열린 집합**으로 다루는 절차적 해결책을 위해 노력해야 한다. 올바른 선택을 하면 자신과 동료의 시간을 아낄 수 있으며 확장이 자연스럽고 쉽게 느껴질 것이다.[4]

표 4-1. 서로 다른 프로그래밍 패러다임의 강점과 약점

프로그래밍 패러다임	강점	약점
절차적 프로그래밍	연산 추가	(다형) 타입 추가
객체 지향 프로그래밍	(다형) 타입 추가	연산 추가

이런 강점을 인식하고, 코드베이스가 어떻게 발전할 것인지에 대한 기대를 근거로 확장을 위한 디자인에 맞는 접근법을 선택한다. 약점을 무시하지 말고 불행한 유지 보수 지옥에 빠지지 말자.

이 시점에서 여러분은 두 가지 **열린 집합**이 가능한지 궁금해하고 있을 것이다. 글쎄, 내가 아는 한 불가능하지는 않지만, 대개 비실용적이다. 예로 '지침 18: 비순환 비지터의 성능에 주의하라'에서 성능이 크게 떨어질 수 있다는 것을 보여준다.

여러분이 템플릿 기반 프로그래밍과 이와 유사한 컴파일 시점 시도(compile time endeavors)의 팬일 수도 있으므로 정적 다형성에는 동일한 제한이 없다는 것도 분명히 언급해야겠다. 동적 다형성에서는 디자인의 한 축(타입 또는 연산)을 고정해야 하지만, 정적 다형성에서는 두 정보 모두 컴파일 시점에 사용할 수 있다. 따라서 (적절히 한다면) 두 측면 모두 쉽게 확장할 수 있다.[5]

지침 15: 타입 또는 연산 추가를 위한 디자인

- 서로 다른 프로그래밍 패러다임의 강점과 약점을 인식한다.
- 패러다임의 강점을 이용하고 약점은 피한다.
- 동적 다형성에서 타입 또는 연산 추가 사이의 선택을 이해한다.
- 주로 타입을 추가할 때는 객체 지향 해결책을 선호한다.
- 주로 연산을 추가할 때는 절차적/함수형 해결책을 선호한다.

---

4 열린 집합과 닫힌 집합의 수학적 개념은 완전히 다르다는 점에 주의한다.
5 정적 다형성을 사용하는 디자인 예로 표준 템플릿 라이브러리(STL)의 알고리듬을 생각해 보자. 새 연산, 즉 알고리듬을 쉽게 추가할 수 있을 뿐만 아니라 복사, 정렬 등을 할 수 있는 새로운 타입도 쉽게 추가할 수 있다.

지침 16: 비지터를 사용해 연산을 확장하라

이전 절에서는 객체 지향 프로그래밍(OOP)의 강점이 타입 추가이고 약점은 연산 추가임을 살펴봤다. 물론 OOP에는 그 약점에 대한 답이 있다. 비지터 디자인 패턴이다.

비지터 디자인 패턴은 사인방(GoF)이 서술한 고전적인 디자인 패턴 중 하나다. 타입보다는 연산을 자주 추가할 수 있게 하는 데 중점을 둔다. 이전에 본 단순한 예인 도형 그리기를 사용해 비지터 디자인 패턴을 설명한다.

그림 4-1에서는 Shape 상속 계통을 볼 수 있다. Shape 클래스는 다시 특정 개수의 구체 도형에 대한 기초 클래스다. 이 예에서는 Circle과 Square 두 클래스만 있지만, 당연히 더 많은 도형이 있을 수 있다. 게다가 Triangle, Rectangle, Ellipse 클래스도 상상할 수 있다.

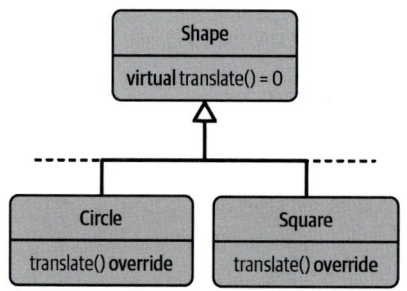

그림 4-1. 파생 클래스가 (Circle과 Square) 둘인 도형 상속 계통의 UML 표현

디자인 문제 분석

필요한 모든 도형이 이미 있는 것으로 확신한다고 가정하자. 즉, 도형 집합을 **닫힌 집합**으로 간주한다. 하지만 추가적인 연산을 놓치고 있다. 예를 들면 도형을 회전하는 연산을 놓치고 있다. 또한 도형을 직렬화, 즉 도형 인스턴스를 바이트로 변환하려고 한다. 물론 도형 그리기도 원한다. 또한 누구나 새 연산을 추가할 수 있었으면 한다. 그러므로 연산의 **열린 집합**을 기대한다.[6]

이제 모든 새 연산은 새 가상 함수로 기초 클래스에 넣어야 한다. 불행히도 이는 다른 방식으로 골칫거리가 될 수 있다. 가장 분명한 것은 모두가 가상 함수를 Shape 기초 클래스에 추가할 수는 없다는 점이다.

---

6 예측은 항상 어렵다. 그러나 일반적으로 코드베이스가 어떻게 발전할지는 꽤 잘 안다. 상황이 어떻게 될지 모를 때는 첫 번째 변경이나 확장을 기다렸다가 그로부터 배우고 더 많은 정보에 근거해 결정해야 한다. 이 철학은 과도한 설계를 경고하는, 일반적으로 YAGNI로 알려진 원칙(https://en.wikipedia.org/wiki/You_aren%27t_gonna_need_it)의 일부다. '지침 2: 변경을 위한 디자인'도 참고한다.

예를 들면, 나는 여러분의 코드를 간단히 변경할 수 없다. 따라서 이 접근법은 모두가 연산을 추가할 수 있다는 기대를 충족하지 않는다. 이미 이를 최종적인 부정 평결로 볼 수 있지만, 가상 함수 문제를 더 자세히 분석해 보자.

순수 가상 함수를 사용하기로 결정하면 모든 파생 클래스에서 그 함수를 구현해야 한다. 직접 정의한 파생 타입은 약간의 추가 노력으로 훌훌 털어낼 수 있다. 하지만 그 Shape 기초 클래스를 상속해 도형을 생성한 다른 사람들에게는 추가 작업을 유발할 수도 있다.[7] 누구나 새로운 타입을 쉽게 추가할 수 있다는 것이 OOP의 강점이므로 이를 확실히 예상할 수 있다. 그리고 예상할 수 있으므로 그것이 순수 가상 함수를 사용하지 않는 이유가 될 수 있다.

대안으로 일반 가상 함수, 즉 기본 구현이 있는 가상 함수를 도입할 수 있다. `rotate()` 함수에 대한 기본 행위는 매우 합리적인 듯하지만, `serialize()` 함수에 대한 기본 구현은 전혀 쉽지 않아 보인다. 이런 함수를 어떻게 구현할지 고민해야 했다는 걸 인정한다. 예외 발생을 기본으로 제안할 수도 있지만, 이는 파생 클래스에 없는 행위를 다시 구현해야 한다는 것이고 위장한 순수 가상 함수이거나 명백한 리스코프 치환 원칙 위반이다('지침 6: 추상화로 기대하는 행위를 따르라' 참고).

어느 쪽이든 새 연산을 Shape 기초 클래스에 추가하는 것은 어렵거나 심지어 불가능하다. 근본적인 이유는 가상 함수 추가가 OCP를 위반하기 때문이다. 새 연산을 정말 자주 추가해야 한다면 연산을 쉽게 확장할 수 있게 디자인해야 한다. 비지터 디자인 패턴이 달성하려는 것이 이것이다.

비지터 디자인 패턴 해설

비지터 디자인 패턴의 의도는 연산을 추가할 수 있게 하는 것이다.

비지터 디자인 패턴

의도: '객체 구조의 요소에 대해 수행할 연산을 나타낸다. 비지터를 사용하면 연산 대상 요소의 클래스를 변경하지 않고 새 연산을 정의할 수 있다.'[8]

Shape 상속 계통에 더해, 이제 그림 4-2의 왼편에 `ShapeVisitor` 상속 계통을 도입한다. `ShapeVisitor` 기초 클래스는 도형 연산의 추상화를 나타낸다. 이 때문에 `ShapeOperation`이 그 클래스 이름으로 더 나

---

[7] 나라면 그것이 기쁘지는 않을 것이다. 심지어 대단히 불쾌할 수도 있지만, 화를 내지는 않을 것이다. 하지만 다른 동료들은 어떨까? 최악에는 여러분을 다음 번 팀 바비큐 파티에서 제외할 수도 있다.

[8] 에릭 감마 등, 《GoF의 디자인 패턴》.

을 거라 주장할 수 있다. 그러나 '지침 14: 디자인 패턴 이름을 사용해 의도를 전달하라'를 적용하는 것이 이득이다. 다른 사람이 디자인을 이해하는 데는 비지터라는 이름이 도움이 된다.

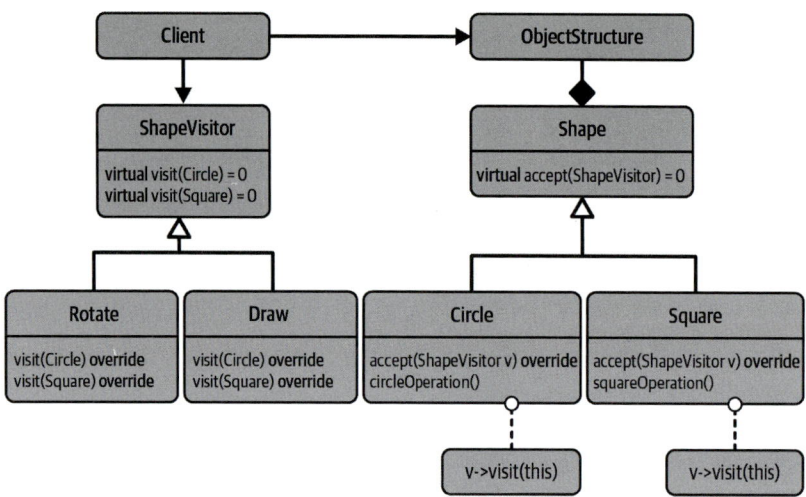

그림 4-2. 비지터 디자인 패턴의 UML 표현

ShapeVisitor 기초 클래스에는 Shape 상속 계통 내 모든 구체 도형에 대해 순수 가상 visit() 함수가 하나씩 있다.

```
class ShapeVisitor
{
 public:
   virtual ~ShapeVisitor() = default;

   virtual void visit( Circle const& /*, ...*/ ) const = 0;      ❶
   virtual void visit( Square const& /*, ...*/ ) const = 0;      ❷
   // 각 구체 도형에 대해 하나씩, 더 많은 visit() 함수가 있을 수 있다
};
```

이 예시에서는 Circle에 대해 visit() 함수 하나(❶), Square에 대해 하나가 있다(❷). 물론, 예를 들어 Shape 기초 클래스에서 파생한 Triangle, Rectangle, Ellipse 등이 주어지면 이 역시 하나씩, 더 많은 visit() 함수가 있을 것이다.

ShapeVisitor 기초 클래스가 있으니 이제 새 연산을 쉽게 추가할 수 있다. 새 연산을 추가하려면 새 파생 클래스를 추가하기만 하면 된다. 예를 들어 도형을 회전하려면 Rotate 클래스를 도입하고 모든 visit() 함수를 구현하면 된다. 도형을 그리려면 Draw 클래스를 도입하기만 하면 된다.

```
class Draw : public ShapeVisitor
{
 public:
   void visit( Circle const& c /*, ...*/ ) const override;
   void visit( Square const& s /*, ...*/ ) const override;
   // 각 구체 도형에 대해 하나씩, 더 많은 visit() 함수가 있을 수 있다
};
```

지원해야 하는 그래픽 라이브러리별로 하나씩 여러 Draw 클래스를 도입하는 것에 관해 생각할 수 있다. 이 역시 쉽게 할 수 있다. **기존 코드**를 수정할 필요가 없기 때문이다. **새 코드**를 추가해 ShapeVisitor 상속 계통을 확장하기만 하면 된다. 따라서 이 디자인은 연산 추가와 관련해 OCP를 충족한다.

비지터의 소프트웨어 디자인 특성을 완전히 이해하려면 비지터 디자인 패턴이 OCP를 충족할 수 있는 이유를 이해하는 게 중요하다. 초기 문제는 새 연산을 추가할 때마다 Shape 기초 클래스를 변경해야 한다는 것이었다. 비지터는 연산 추가를 **변형점**으로 식별한다. 이 변형점을 추출해, 즉 별도의 클래스로 만들어 단일 책임 원칙(SRP)을 따른다. 즉, Shape는 모든 새 연산에 대해 변경할 필요가 없다. 이를 통해 Shape 상속 계통의 빈번한 변경을 피하고 새 연산을 쉽게 추가할 수 있다. 그러므로 SRP는 OCP를 가능하게 하는 역할을 한다.

도형에 (ShapedVisitor 기초 클래스에서 파생한 클래스인) 비지터들을 사용하려면 이제 Shape 상속 계통에 마지막 함수를 하나 추가해야 한다. 바로 accept() 함수다(❸).[9]

```
class Shape
{
 public:
   virtual ~Shape() = default;
   virtual void accept( ShapeVisitor const& v ) = 0;   ❸
   // ...
};
```

---

[9] accept()는 GoF 책에서 사용한 이름으로, 비지터 디자인 패턴에서 전통적인 이름이다. 물론 apply() 같은 다른 어떤 이름이라도 자유롭게 쓸 수 있다. 하지만 이름을 바꾸기 전에 '지침 14: 디자인 패턴 이름을 사용해 의도를 전달하라'의 조언을 고려하자.

accept() 함수는 기초 클래스에 순수 가상 함수로 도입하므로 모든 파생 클래스에서 구현해야 한다(❹와 ❺).

```cpp
class Circle : public Shape
{
 public:
   explicit Circle( double radius )
      : radius_( radius )
   {
      /* 주어진 radius가 유효한지 확인한다 */
   }

   void accept( ShapeVisitor const& v ) override { v.visit( *this ); }   ❹

   double radius() const { return radius_; }

 private:
   double radius_;
};


class Square : public Shape
{
 public:
   explicit Square( double side )
      : side_( side )
   {
      /* 주어진 side 길이가 유효한지 확인한다 */
   }

   void accept( ShapeVisitor const& v ) override { v.visit( *this ); }   ❺

   double side() const { return side_; }

 private:
   double side_;
};
```

accept()의 구현은 쉽다. 구체 Shape의 타입에 따라 주어진 비지터에 해당하는 visit() 함수를 호출하기만 하면 된다. 이는 this 포인터를 visit()에 인자로 전달해 달성한다. 이와 같이, 각 파생 클래스에서 accept() 구현은 동일하지만, this 포인터의 타입이 다르므로 주어진 비지터에서 visit() 함수의 서로 다른 다중 정의를 호출하게 된다. 그러므로 Shape 기초 클래스는 기본 구현을 제공할 수 없다.

이제 연산을 수행해야 하는 곳에서 이 accept() 함수를 사용할 수 있다. 예를 들면 drawAllShapes() 함수는 accept()를 사용해 주어진 도형 벡터의 모든 도형을 그린다.

```
void drawAllShapes( std::vector<std::unique_ptr<Shape>> const& shapes )
{
   for( auto const& shape : shapes )
   {
      shape->accept( Draw{} );
   }
}
```

accept() 함수 추가로 Shape 상속 계통에 연산을 쉽게 확장할 수 있다. 이제 연산의 **열린 집합**을 디자인했다. 대단하다! 하지만 은 탄환은 없으며 항상 효과가 있는 디자인도 없다. 모든 디자인은 장점과 함께 단점도 있다. 그러므로 축하하기 전에, 전체 그림을 위해 비지터 디자인 패턴의 단점을 얘기하겠다.

비지터 디자인 패턴 단점 분석

불행히도 비지터 디자인 패턴은 완벽과는 거리가 멀다. 비지터가 OOP의 강점을 기반으로 구축하는 것이 아니라 OOP의 본질적인 약점에 대한 임시 해결책이라는 것을 고려하면 이는 예상해야 한다.

첫 번째 단점은 구현 유연성이 낮다는 것이다. 이는 Translate 비지터 구현을 생각하면 분명해진다. Translate 비지터는 지정한 오프셋만큼 각 도형의 중심점을 이동해야 한다. 이를 위해 Translate는 모든 구체 Shape에 대해 visit() 함수를 구현해야 한다. 특히 Translate에서 이런 visit() 함수 구현은 동일하지 않더라도 매우 비슷할 것이라 상상할 수 있다. Circle을 이동하는 것은 Square를 이동하는 것과 차이가 없기 때문이다. 그럼에도 모든 visit() 함수를 작성해야 한다. 물론 DRY 원칙에 따라 중복을 최소화하기 위해 visit() 함수에서 논리 구조를 추출해 별도의 제3의 함수에 구현할 것이다.[10] 하지만 불행히도 기초 클래스가 부과하는 엄격한 요구 사항으로 인해 이 visit() 함수를 하나로 구현할 자유는 없다. 결과는 상용구 코드(boilerplate code)를 이용하는 것이다.

---

10 논리 구조를 단일 함수로 추출하는 것은 정말 바람직하다. 이유는 변경 때문이다. 구현을 나중에 갱신해야 할 때 여러 번 변경하고 싶지 않을 것이다. 이것이 DRY(반복하지 말 것) 원칙의 아이디어다. '지침 2: 변경을 위한 디자인'을 기억하기 바란다.

```
class Translate : public ShapeVisitor
{
 public:
   // 원 이동과 정사각형 이동 사이에 차이가 있는가?
   // 그렇더라도 모든 가상 함수를 구현해야 한다...
   void visit( Circle const& c /*, ...*/ ) const override;
   void visit( Square const& s /*, ...*/ ) const override;
   // 각 구체 도형별로 하나씩, 더 많은 visit() 함수가 있을 수 있다
};
```

이와 비슷한 구현 경직성이 visit() 함수의 반환 타입에 있다. 함수가 반환하는 것을 ShapeVisitor 기초 클래스에서 결정한다. 파생 클래스는 이를 변경할 수 없다. 일반적인 접근법은 결과를 비지터에 저장하고 나중에 접근하는 것이다.

두 번째 단점은 비지터 디자인 패턴을 사용하면 새 타입을 추가하기 어려워진다는 것이다. 앞서 필요한 모든 도형이 있는 것으로 확신한다고 가정했다. 이제 이 가정은 제약이 됐다. Shape 상속 계통에 새 도형을 추가하려면 ShapeVisitor 전체 상속 계통을 갱신해야 한다. 즉, ShapeVisitor 기초 클래스에 새로운 순수 가상 함수를 추가하고 이 가상 함수를 모든 파생 클래스에서 구현해야 한다. 물론 이것은 이전에 논의한 모든 단점을 동반한다. 특히 다른 개발자가 자신의 연산을 갱신하도록 강제한다.[11] 따라서 비지터 디자인 패턴은 타입의 **닫힌 집합**을 요구하며 그 대가로 연산의 **열린 집합**을 제공한다.

이 제약의 근본적인 이유는 ShapeVisitor 기초 클래스, (Circle, Square 등) 구체 도형, Shape 기초 클래스 간 순환 의존성 때문이다(그림 4-3 참고).

---

11 위험을 고려하라! 이 때문에 평생 팀 바비큐 파티에서 제외될 수도 있다!

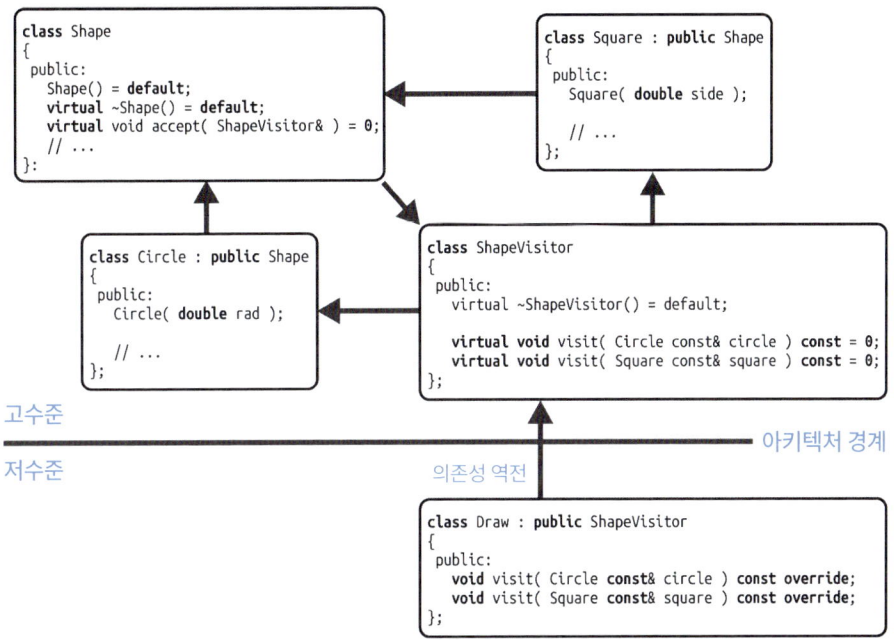

그림 4-3. 비지터 디자인 패턴 의존성 도표

ShapeVisitor 기초 클래스는 각 도형에 대한 visit() 함수를 제공하므로 구체 도형에 의존한다. 구체 도형은 기초 클래스의 모든 기대와 요구 사항을 충족해야 하므로 Shape 기초 클래스에 의존한다. 그리고 Shape 기초 클래스는 accept() 함수로 인해 ShapeVisitor 기초 클래스에 의존한다. 이 순환 의존성으로 인해 (의존성 역전 때문에 아키텍처 저수준에) 새 연산을 쉽게 추가할 수 있지만, 타입은 (아키텍처 고수준에 추가해야 하므로) 더 이상 쉽게 추가할 수 없다. 이런 이유로 고전적인 방문자 패턴을 **순환 비지터(Cyclic Visitor)**라고 한다.

세 번째 단점은 비지터의 간섭성(intrusive nature)이다. 기존 상속 계통에 비지터를 추가하려면 그 상속 계통의 기초 클래스에 가상 accept()를 추가해야 한다. 이는 종종 가능하지만, 여전히 기존 상속 계통에 순수 가상 함수를 추가하는 일반적인 문제로 어려움을 겪는다('지침 15: 타입 또는 연산 추가를 위한 디자인' 참고). 그러나 accept() 함수를 추가할 수 없으면 이런 Visitor 형태는 고려 대상이 아니다. 만약 그렇다고 해도 걱정할 필요는 없다. '지침 17: 비지터를 구현하는 데 std::variant를 고려하라'에서 비지터 디자인 패턴의 비간섭 형태를 살펴본다.

더 모호하기는 하지만 네 번째 단점은 accept() 함수를 파생 클래스에서 상속한다는 것이다. 나중에 누군가 (그 누군가 여러분일 수 있다) 파생 클래스의 다른 계층을 추가하고 accept() 함수를 재정의하는 것을 잊는다면 그 비지터를 잘못된 타입에 적용할 것이다. 불행히도 이에 대해 어떤 경고도 받을 수 없다. 이는 그저 새 타입을 추가하기가 더 어려워졌다는 증거일 뿐이다. 이 문제의 가능한 해결책은 Circle과 Square 클래스를 final로 선언하는 것이지만, 향후 확장을 제한할 것이다.

"와, 단점이 많네요. 더 있나요?" 그렇다. 불행히도 두 가지 더 있다. 다섯 번째 단점은 모든 연산에 대해 이제 두 가지 가상 함수 호출을 고려해야 할 때 드러난다. 처음에는 연산의 종류나 도형의 타입을 모른다. 첫 번째 가상 함수는 추상 ShapeVisitor에 전달하는 accept() 함수다. 이제 accept() 함수는 도형의 구체 타입을 해결한다. 두 번째 가상 함수는 Shape의 구체 타입에 전달하는 visit() 함수다. 이제 visit() 함수가 연산의 구체 타입을 해결한다. 이른바 이 **이중 디스패치(double dispatch)** 는 안타깝게도 공짜가 아니다. 오히려 성능 면에서 비지터 디자인 패턴은 다소 느리다고 생각해야 한다. 다음 지침에서는 몇 가지 성능 수치를 제공한다.

성능에 대해 얘기하는 동안 성능에 부정적인 영향을 미치는 다른 두 측면도 언급하겠다. 첫째, 일반적으로 우리는 모든 단일 도형과 비지터를 개별적으로 할당한다. 다음 main() 함수를 생각해 보자.

```
int main()
{
   using Shapes = std::vector< std::unique_ptr<Shape> >;

   Shapes shapes;
   shapes.emplace_back( std::make_unique<Circle>( 2.3 ) );    ❻
   shapes.emplace_back( std::make_unique<Square>( 1.2 ) );    ❼
   shapes.emplace_back( std::make_unique<Circle>( 4.1 ) );    ❽

   drawAllShapes( shapes );

   // ...

   return EXIT_SUCCESS;
}
```

이 min() 함수에서는 모든 할당을 std::make_unique()로 한다(❻, ❼, ❽). 이런 작은 할당을 많이 하면 그 자체로 런타임 비용이 들며 장기적으로 메모리 단편화를 유발한다.[12] 또한 메모리를 불리한 캐시 비친화적인 방식으로 배치할 수 있다. 그 결과물인 도형과 비지터에 흔히 포인터를 사용해 접근하므로, 그 결

---

12 메모리 단편화 가능성은 특수 목적의 할당 기법보다 new에 대한 호출을 캡슐화하는 std::make_unique()를 사용할 때 훨씬 더 높다.

과 간접 지정(indirection)은 컴파일러 최적화를 훨씬 더 어렵게 하고 성능 벤치마크에도 나타난다. 그러나 솔직히 이는 비지터에 한정된 문제가 아니며, 일반적으로 이 두 측면은 OOP에 흔히 있는 일이다.

비지터 디자인 패턴의 마지막 단점은 경험상 이 디자인 패턴을 완전히 이해하고 유지 보수하는 것이 좀 어렵다는 것이다. 이는 다소 주관적인 단점이지만 두 상속 계통의 높은 상호작용의 복잡도는 종종 실제 해결책이라기보다 부담처럼 느껴진다.

요약하면, 비지터 디자인 패턴은 타입 대신 연산을 쉽게 확장할 수 있는 OOP 해결책이다. 이는 다른 타입 집합에 대한 연산을 추가할 수 있는 ShapeVisitor 기초 클래스 형태로 추상화를 도입해 달성한다. 이것이 비지터의 고유한 강점이지만 불행히도 몇 가지 결함을 동반한다. 기초 클래스의 요구 사항에 대한 강한 결합으로 인한 두 상속 계통에서 구현 경직성, 다소 나쁜 성능과 비지터의 본질적인 복잡도로 인한 다소 인기 없는 디자인 패턴이라는 점이 그렇다.

고전적인 비지터를 사용할지 아직 결정하지 못했다면 시간을 내 다음 절을 읽어보자. 비지터를 구현하는 다른 방법, 즉 훨씬 더 만족할 수 있는 해결책을 보여줄 것이다.

지침 16: 비지터를 사용해 연산을 확장하라

- 기존 상속 계통에 새 연산을 추가하는 것은 어렵다는 것을 명심한다.
- 비지터 디자인 패턴은 연산을 쉽게 추가할 의도로 적용한다.
- 비지터 디자인 패턴의 단점을 인식한다.

지침 17: 비지터를 구현하는 데 std::variant를 고려하라

'지침 16: 비지터를 사용해 연산을 확장하라'에서는 비지터 디자인 패턴을 소개했다. 비지터는 확실히 몇 가지 고유한 특성이 있지만, 강한 내부 결합과 성능 결함이 있는 다소 복잡한 디자인 패턴이기도 하므로 바로 좋아하게 되는 디자인 패턴은 아니다. 아니, 보통은 좋아하지 않는다! 하지만 걱정하지 않아도 된다. 비지터 디자인 패턴을 고전적인 형태로만 구현할 수 있는 것은 아니다. 이 절에서는 비지터를 구현하는 다른 방법을 소개한다. 그리고 이 접근법이 여러분 취향에 훨씬 더 맞을 거라고 확신한다.

std::variant 소개

이 장을 시작할 때 서로 다른 패러다임(OOP 대 절차적 프로그래밍)의 강점과 약점에 대해 얘기했다. 특히 절차적 프로그래밍은 기존 타입 집합에 새 연산을 추가하는 데 특별히 훌륭하다는 사실에 대해 얘기했다. 그렇다면 OOP에서 임시 해결책을 찾는 대신 절차적 프로그래밍의 강점을 이용하는 것은 어떨까? 물론 초기 해결책으로 돌아가라고 제안하는 게 아니니 걱정하지 않아도 된다. 그 접근법은 오류가 발생하기 너무 쉽다. 여기서는 대신 std::variant에 대해 얘기하고 있다.

```cpp
#include <cstdlib>
#include <iostream>
#include <string>
#include <variant>

struct Print   (❿)
{
   void operator()( int value ) const
      { std::cout << "int: " << value << '\n'; }
   void operator()( double value ) const
      { std::cout << "double: " << value << '\n'; }
   void operator()( std::string const& value ) const
      { std::cout << "string: " << value << '\n'; }
};

int main()
{
   // 0으로 초기화한 'int'를 담고 있는 기본 variant를 생성한다
   std::variant<int,double,std::string> v{};          ❶

   v = 42;        // 'int' 42를 variant에 대입한다      ❷
   v = 3.14;      // 'double' 3.14를 variant에 대입한다   ❸
   v = 2.71F;     // 'float'를 대입한다, 이는 'double'로 승격한다   ❹
   v = "Bjarne";  // 문자열 리터럴 'Bjarne'을 variant에 대입한다   ❺
   v = 43;        // 'int' 43을 variant에 대입한다      ❻

   int const i = std::get<int>(v);  // 값에 직접 접근한다   ❼

   int* const pi = std::get_if<int>(&v);  // 값에 직접 접근한다   ❽
```

```
    std::visit( Print{}, v );   // Print 비지터를 적용한다         ❾

    return EXIT_SUCCESS;
}
```

아직 C++17 std::variant를 만나는 즐거움을 누리지 못한 독자도 있을 수 있으므로 만일을 위해 간단히 소개하겠다. variant는 여러 대안 중 하나를 나타낸다. 코드 예제에서 main() 함수 시작 부분에 있는 variant는 int나 double 또는 std::string을 담을 수 있다❶. 이때 '또는'이라고 한 것에 주의하자. variant는 이 세 대안 중 단 하나만 담을 수 있다. 절대 그중 여럿을 담을 수 없으며 일반 상황에서는 아무것도 담지 않아야 한다. 이런 이유로 variant를 **합 타입**(sum type)이라고 한다. 가능한 상태의 집합이 대안의 가능한 상태의 합이기 때문이다.

기본 variant도 비어 있지 않으며, 첫 대안의 기본값으로 초기화된다. 이 예에서 기본 variant는 값이 0인 정수를 담고 있다. variant 값을 변경하는 것은 간단하다. 그저 새 값을 대입하면 된다. 예를 들어 42를 대입할 수 있으며, 이는 해당 variant에 값이 42인 정수를 저장한다는 의미다❷. 그 후 double 3.14를 대입하면 variant는 값이 3.14인 double을 저장한다❸. 저장 가능한 대안 중 하나가 아닌 타입의 값을 대입하려면 일반적인 변환 규칙을 적용한다. 예를 들어 float를 대입하려 하면 일반 변환 규칙에 따라 double로 승격한다❹.

대안을 저장하기 위해 variant는 가장 큰 대안을 수용하기에 충분한 내부 버퍼를 제공한다. 이 사례에서 가장 큰 대안은 std::string이며, (표준 라이브러리 구현에 따라) 일반적으로 24~32바이트 사이다. 따라서 문자열 리터럴 "Bjarne"를 대입하면 variant는 먼저 이전 값을 정리한 후(double일 뿐이므로 할 일은 많지 않다), std::string이 이에 맞는 유일한 대안이므로 자체 버퍼에 생성한다❺. 마음을 바꿔 정수 43을 대입하면❻ variant는 std::string을 해당 소멸자로 적절히 소멸하고 내부 버퍼를 정수용으로 재사용한다. 신기하지 않은가? variant는 타입 안전하며 항상 적절히 초기화한다. 뭘 더 바랄 수 있을까?

음, 여러분은 variant 내 값으로 뭔가 하기를 원할 것이다. 값을 저장하는 것만으로는 아무 소용없다. 불행히도, 예를 들면 int 값을 다시 얻기 위해 단순히 variant를 다른 값에 대입할 수는 없다. 값에 접근하는 건 좀 더 복잡하다. 저장한 값에 접근하는 방법은 몇 가지가 있는데, 가장 직접적인 방법은 std::get()이다❼. std::get()으로 특정 타입의 값을 조회할 수 있다. variant가 해당 타입의 값을 담고 있으면 그 참조를 반환하며, 담고 있지 않으면 std::bad_variant_exception을 발생한다. 이는 여러분의 정중한 요청을 고려하면 꽤 무례한 응답으로 보이기도 한다. 하지만 variant가 실제 그렇지 않으면서 어떤 값을 담고 있는 척하지 않는다는 점에 기뻐해야 할 것이다. 적어도 이는 정직하다. 더 나은 방법으로 std::get_if() 형식이 있다(❽). std::get()과 비교해 std::get_if()는 참조가 아닌 포인터를 반환한다. std::variant가 현재 담고 있지 않은 타입을 요청하면 예외를 발생하는 대신 nullptr을 반환한다. 그러나 우리 목적인 std::visit()에 특히 흥미로운 세 번째 방법이 있다(❾). std::visit()를 사용하면 저장한 값에 어떤 연산이든 수행할 수 있다. 더 정확히는 사용자 정의 비지터를 전달해 **닫힌 집합**인 타입으로 저장된 값에 어떤 연산이든 수행할 수 있다. 친숙하게 들리지 않는가?

첫 번째 인자로 전달하는 Print 비지터(❿)는 가능한 모든 대안에 대해 함수 호출 연산자(operator())를 제공해야 한다. 이 예에서는 int, double, std::string에 대해 하나씩 세 가지 operator()를 제공해 충족한다. 특히 Print는 어떤 기초 클래스도 상속할 필요가 없으며 어떤 가상 함수도 없다는 점이 주목할 만하다. 그러므로 어떤 요구 사항과도 강한 결합이 없다. 또한 int는 double로 변환할 수 있으므로 원한다면 int와 double에 대한 함수 호출 연산자를 하나로 축소할 수 있다.

```
struct Print
{
   void operator()( double value ) const
      { std::cout << "int or double: " << value << '\n'; }
   void operator()( std::string const& value ) const
      { std::cout << "string: " << value << '\n'; }
};
```

현재로서는 어떤 버전을 우선해야 하는지에 대한 질문이 특별히 흥미롭지 않지만, 구현 유연성이 많다는 것을 알 게 될 것이다. 정확한 형식에 관계없이 모든 대안에 대해 operator()가 있어야 한다는 규칙에 따라 매우 느슨한 결합만 있다. 매우 특정한 방식으로 처리하도록 강요하는 Visitor 기초 클래스는 더 이상 없다. 또한 대안에 대한 기초 클래스도 없다. int와 double 같은 기본 타입뿐만 아니라 std::string 같은 임의의 클래스 타입도 자유롭게 사용할 수 있다. 그리고 가장 중요하게는, 누구나 새 연산을 쉽게 추가할 수 있다. 기존 코드를 수정할 필요도 없다. 이를 통해, 이것이 판별자(discriminator)를 유지하기 위해 기초 클래스를 사용한 초기의 열거형 기반 접근법보다 훨씬 더 우아한 절차적 해결책이라 주장할 수 있다.

도형 그리기를 값 기반, 비간섭 해결책으로 리팩터링하기

이런 특성으로 std::variant는 그리기 예제에 완벽하게 적합하다. std::variant로 도형 그리기를 다시 구현해 보자. 먼저 Circle과 Square 클래스를 리팩터링한다.

```cpp
//---- <Circle.h> ----------------

#include <Point.h>

class Circle
{
 public:
   explicit Circle( double radius )
      : radius_( radius )
   {
      /* 주어진 radius가 유효한지 확인한다 */
   }

   double radius() const { return radius_; }
   Point  center() const { return center_; }

 private:
   double radius_;
   Point center_{};
};


//---- <Square.h> ----------------

#include <Point.h>

class Square
{
 public:
   explicit Square( double side )
      : side_( side )
   {
      /* 주어진 side 길이가 유효한지 확인한다 */
   }

   double side  () const { return side_; }
   Point  center() const { return center_; }
```

```
private:
  double side_;
  Point center_{};
};
```

Circle과 Square 모두 크게 단순화됐다. 더 이상 Shape 기초 클래스가 없으며, 더 이상 어떤 가상 함수도, 특히 accept() 함수를 구현할 필요도 없다. 따라서 이 비지터 접근법은 비간섭적이다. 즉, 이 비지터 형식은 기존 타입에 쉽게 추가할 수 있다! 그리고 향후 어떤 연산에 대해서도 이런 클래스를 준비할 필요가 없다. 이 두 클래스를 기하 기본 요소 그대로 구현하는 데 전적으로 집중할 수 있다.

하지만 리팩터링의 가장 아름다운 부분은 std::variant를 실제로 사용한 부분이다.

```
//---- <Shape.h> ----------------

#include <variant>
#include <Circle.h>
#include <Square.h>

using Shape = std::variant<Circle,Square>;   ⓫


//---- <Shapes.h> ----------------

#include <vector>
#include <Shape.h>

using Shapes = std::vector<Shape>;   ⓬
```

타입의 **닫힌 집합**은 도형 집합이므로 이제 variant는 Circle 또는 Square를 담는다. 그리고 도형을 나타내는 타입 집합의 추상화에 대한 좋은 이름은 무엇일까? 음… Shape(⓫). 도형의 실제 타입으로부터 추상화한 기초 클래스 대신 이제 std::variant가 이 일을 맡는다. 처음 본다면 아마 완전히 놀랄 것이다. 그러나 잠깐만, 아직 더 있다. 이 말은 곧 이제 std::unique_ptr를 사용하지 않아도 된다는 뜻이기도 하다. (스마트) 포인터를 사용한 유일한 이유는 동일한 벡터에 서로 다른 도형을 저장할 수 있게 하기 위한 것이라는 사실을 기억하자. 이제 std::variant로 동일한 일을 할 수 있으며, 단일 벡터에 variant 객체를 간단히 저장할 수 있다(⓬).

이 기능이 있으면 도형에 사용자 정의 연산을 작성할 수 있다. 여전히 도형 그리기에 관심이 있으므로, 이를 위해 Draw 비지터를 구현한다.

```cpp
//---- <Draw.h> ----------------

#include <Shape.h>
#include /* 몇몇 그래픽 라이브러리 */

struct Draw
{
   void operator()( Circle const& c ) const
      { /* ... 원을 그리는 논리 구조를 구현한다 ... */ }
   void operator()( Square const& s ) const
      { /* ... 정사각형을 그리는 논리 구조를 구현한다 ... */ }
};
```

다시 얘기하지만, 우리는 모든 대안에 대해 operator()를 하나씩, 즉 Circle과 Square에 각각 하나씩 구현하는 기대를 따르고 있다. 하지만 이번에는 선택할 수 있다. 어떤 기초 클래스도 구현할 필요가 없으므로 어떤 가상 함수도 재정의할 필요가 없다. 그러므로 모든 대안에 대해 operator()를 정확히 하나씩 구현할 필요가 없다. 이 예에서는 함수가 둘인 것이 합리적인 듯하지만, 두 operator()를 함수 하나로 결합하는 선택지가 있다. 또한 해당 연산의 반환 타입에 관해서도 선택할 수 있다. 무엇을 반환할지 지역적으로 결정할 수 있으며, 이는 특정 연산에 독립적이며 전역 결정을 내리는 기초 클래스가 아니다. 구현 유연성, 느슨한 결합. 대단하다!

마지막 퍼즐 조작은 drawAllShapes() 함수다.

```cpp
//---- <DrawAllShapes.h> ----------------

#include <Shapes.h>

void drawAllShapes( Shapes const& shapes );


//---- <DrawAllShapes.cpp> ----------------

#include <DrawAllShapes.h>
```

```
void drawAllShapes( Shapes const& shapes )
{
   for( auto const& shape : shapes )
   {
      std::visit( Draw{}, shape );
   }
}
```

drawAllShapes() 함수는 std::visit()를 사용하도록 리팩터링한다. 이제 이 함수에서는 벡터에 저장한 모든 variant에 Draw 비지터를 적용한다.

std::visit()의 일은 필요한 타입 디스패치를 수행하는 것이다. 주어진 std::variant가 Circle을 담고 있으면 원에 대한 Draw::operator()를 호출하며, 그렇지 않으면 정사각형에 대한 Draw::operator()를 호출한다. 원한다면 std::get_if()로 동일한 디스패치를 직접 구현할 수 있다.

```
void drawAllShapes( Shapes const& shapes )
{
   for( auto const& shape : shapes )
   {
      if( Circle* circle = std::get_if<Circle>(&shape) ) {
         // ... 원을 그린다
      }
      else if( Square* square = std::get_if<Square>(&shape) ) {
         // ... 정사각형을 그린다
      }
   }
}
```

여러분이 어떤 생각을 하는지 안다. "말도 안돼요! 왜 그러고 싶겠어요? 열거형 기반 해결책과 똑같은 유지 보수 악몽이 될 거예요." 전적으로 동의한다. 소프트웨어 디자인 관점에서 이는 끔찍한 아이디어다. 그렇더라도 이 책의 맥락에서 이것을 인정하기 어렵다는 것을 얘기해야겠다. (때로는) 그렇게 해야 하는 타당한 이유가 있을 수 있다. 바로 성능이다. 이제 여러분의 흥미를 끌었고 어쨌든 성능에 대해 얘기할 준비가 거의 됐으므로 이 논의를 몇 단락만 연기하자. 이 주제로 다시 돌아올 것을 약속한다!

이런 세부 내용과 함께 마침내 `main()` 함수를 리팩터링할 수 있다. 하지만 할 일은 많지 않다. `std::make_unique()`를 사용해 원과 정사각형을 생성하는 대신, 원과 정사각형을 간단히 직접 생성해 벡터에 추가한다. 이는 대안 중 어느 것으로든 암시적 변환을 허용하는 `variant`의 비-`explicit` 생성자 덕분에 가능하다.

```cpp
//---- <Main.cpp> ----------------

#include <Circle.h>
#include <Square.h>
#include <Shapes.h>
#include <DrawAllShapes.h>

int main()
{
   Shapes shapes;

   shapes.emplace_back( Circle{ 2.3 } );
   shapes.emplace_back( Square{ 1.2 } );
   shapes.emplace_back( Circle{ 4.1 } );

   drawAllShapes( shapes );

   return EXIT_SUCCESS;
}
```

이 값 기반 해결책의 최종 결과는 놀라울 정도로 매력적이다. 어디에도 기초 클래스가 없으며 가상 함수와 포인터도 없고 메모리를 직접 할당하지도 않는다. 가능한 한 간단하며 상용구 코드는 거의 없다. 게다가 코드가 이전 해결책과 매우 달라 보이는데도 아키텍처 특성은 동일하다. 모두가 기존 코드를 수정할 필요 없이 새 연산을 추가할 수 있다(그림 4-4 참고). 따라서 연산 추가와 관련해 여전히 OCP를 충족한다.

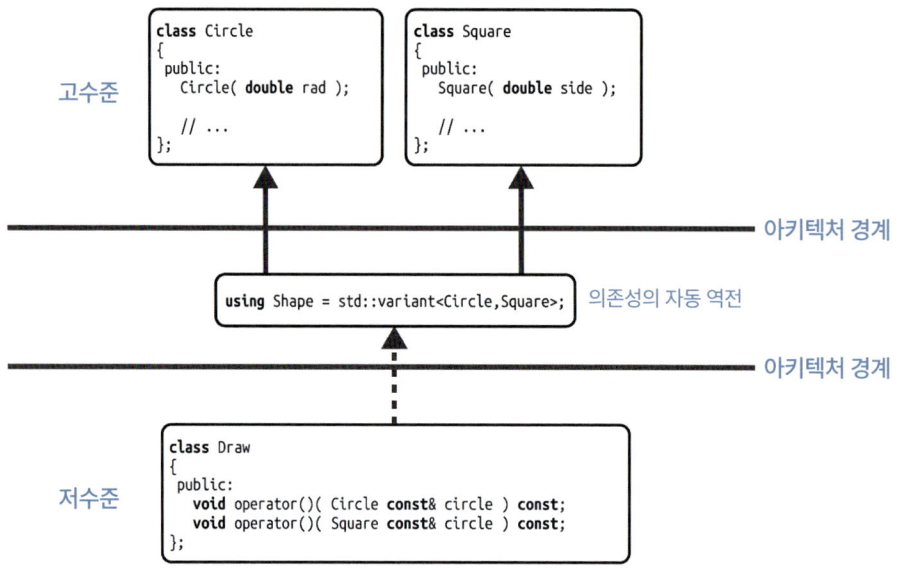

그림 4-4. std::variant 해결책에 대한 의존성 도표

이미 언급했듯이, 이 비지터 접근법은 비간섭적이다. 아키텍처 관점에서 고전적인 비지터와 비교해 이는 다른 중요한 이점을 준다. 고전적인 비지터의 의존성 도표(그림 4-3 참고)와 std::variant 해결책의 의존성 도표(그림 4-4 참고)를 비교하면 std::variant 해결책에 대한 의존성 도표에는 두 번째 아키텍처 경계가 있는 것을 알 수 있다. 이는 std::variant와 그 대안 사이에 순환 의존성이 없다는 뜻이다. 그 중요성을 강조하기 위해 반복하자면, std::variant와 그 대안 사이에는 순환 의존성이 **없다**! 약간 세부 내용처럼 보일 수 있는 것이 실제로는 큰 아키텍처적 이점이다. 정말 큰 이점이다! 예시로, std::variant를 기반으로 즉시 추상화를 할 수 있다.

```
//---- <Shape.h> ----------------

#include <variant>
#include <Circle.h>
#include <Square.h>

using Shape = std::variant<Circle,Square>;   ⓭



//---- <SomeHeader.h> ----------------
```

```
#include <Circle.h>
#include <Ellipse.h>
#include <variant>

using RoundShapes = std::variant<Circle,Ellipse>;        ⑭


//---- <SomeOtherHeader.h> ----------------

#include <Square.h>
#include <Rectangle.h>
#include <variant>

using AngularShapes = std::variant<Square,Rectangle>;    ⑮
```

이미 생성한 Shape 추상화 외에도(⑬), 모든 둥근 도형에 대한 std::variant를 생성할 수 있고(⑭) 모든 각진 도형에 대한 std::variant도 생성할 수 있으며(⑮), 둘 모두 Shape 추상화와 멀리 떨어져 있을 수 있다. 여러 비지터 기초 클래스에서 파생할 필요가 없으므로 이를 쉽게 할 수 있다. 반대로 도형 클래스는 영향을 받지 않는다. 따라서 std::variant 해결책이 비간섭적이라는 사실은 최고의 아키텍처적 가치를 지닌다.

성능 벤치마크

지금 여러분의 기분이 어떤지 안다. 첫눈에 반한다는 게 그런 느낌이다. 하지만 믿거나 말거나 아직 남은 게 있다. 아직 논의하지 않는 주제가 한 가지가 있는데, 이는 모든 C++ 개발자에게 소중한 주제인 성능이다. 이 책이 실제로 성능에 관한 책은 아니지만, std::variant의 성능에 대해 걱정할 필요가 없다는 것은 여전히 언급할 가치가 있으며, 빠르다는 것을 약속할 수 있다.

하지만 벤치마크 결과를 보이기 전에 이에 대해 몇 가지 언급하고 싶다. 성능, **휴우**... 불행히도 성능은 항상 어려운 주제다. 항상 누군가는 성능에 대해 불평한다. 그런 이유로 이 주제를 완전히 건너뛰겠다. 하지만 그러면 누락한 성능 수치에 대해 불평하는 다른 사람이 있다. **후우**… 음, 약간의 불평불만은 항상 있는 듯하고 그냥 지나치기에는 그 결과가 너무 좋으므로 몇 가지 벤치마크 결과를 보여주겠다. 그러나 두 가지 조건이 있다. 첫째, 절대적 진리를 나타내는 양적 가치가 아니라 올바른 방향을 가리키는 질적 가치로 간주한다. 둘째, 여러분이 좋아하는 컴파일러나 컴파일 플래그 또는 IDE를 사용하지 않았다고 내 집 앞에서 시위하지 말아야 한다. 약속하겠는가?

여러분: 고개를 끄덕이며 사소한 걸로 불평하지 않겠다고 맹세합니다!

좋다. 표 4-2에 벤치마크 결과가 있다.

표 4-2. 서로 다른 비지터 구현에 대한 벤치마크 결과

비지터 구현	GCC 11.1	Clang 11.1
고전적인 비지터 디자인 패턴	1.6161 s	1.8015 s
객체 지향 해결책	1.5205 s	1.1480 s
열거형 해결책	1.2179 s	1.1200 s
std::variant (std::visit() 사용)	1.1992 s	1.2279 s
std::variant (std::get_if() 사용)	1.0252 s	0.6998 s

이 숫자를 이해하려면 배경 지식이 조금 더 필요하다. 조금 더 현실적인 시나리오를 위해 원과 정사각형뿐만 아니라 직사각형과 타원도 사용했다. 그런 다음 무작위로 생성한 도형 10,000개에 연산을 25,000번 실행했다. 도형을 그리는 대신 임의의 벡터로 중심점을 갱신했다.[13] 이동 연산의 비용이 매우 저렴하고 (간접 지정과 가상 함수 호출에 드는 추가 비용 같은) 이 모든 해결책의 본질적인 추가 비용을 더 잘 보여줄 수 있기 때문이다. draw()처럼 비용이 많이 드는 연산은 이런 세부 내용을 모호하게 하고 모든 접근법이 매우 유사하다는 인상을 줄 수 있다. GCC 11.1과 Clang 11.1을 사용했으며 두 컴파일러 모두 -O3과 -DNDEBUG 컴파일러 플래그만 추가했다. 사용한 플랫폼은 8 코어인 인텔 코어 i7 3.8GHz와 주메모리가 64GB인 맥OS 빅서(Big Sur)(버전 11.4)이다.

벤치마크 결과에서 가장 분명한 요점은 variant 해결책이 고전적인 비지터 해결책보다 훨씬 더 효율적이라는 것이다. 이는 놀랍지 않다. 이중 디스패치로 인해 고전적인 비지터 구현에는 간접 지정이 많아 최적화하기 어렵다. 또한 도형 객체의 메모리 배치도 완벽하다. 열거형 기반 해결책을 포함한 다른 모든 해결책과 비교해 모든 도형을 메모리에 연속으로 저장하는데, 이는 선택할 수 있는 가장 캐시 친화적인 배치다. 두 번째 요점은 std::variant가 놀랄 정도로 효율적이지는 않지만, 실은 꽤 효율적이라는 점이다. 그러나 std::get_if()나 std::visit() 중 어느 것을 사용하는지에 따라 효율이 크게 달라진다는 점은 놀랍다(이 주제로 다시 돌아오겠다고 약속했다). GCC와 Clang 모두 std::visit()를 사용할 때 훨씬

---

13 실은 성능이 GCC 11.1에서는 바뀌지 않고 Clang 11.1에서만 약간 바뀐다는 것을 스스로 증명한 후에야 std::mt19937과 std::uniform_real_distribution을 이용해 생성한 임의의 벡터를 사용하고 있다. 분명히 난수 생성 자체는 (적어도 내 컴퓨터에서는) 특별히 비용이 많이 들지 않는다. 이러한 것을 질적 결과로 간주하기로 약속했으므로 이제 준비가 됐다.

더 느린 코드를 만드는데, 그 시점에 std::visit()를 완벽히 구현하고 최적화하지 않았다고 추정한다. 하지만 이전에 얘기했듯이, 성능은 항상 어렵고 이 미스터리를 더 깊게 파고들려 하지 않았다.[14]

가장 중요한 것은 std::variant의 아름다움이 나쁜 성능 수치로 엉망이 되지 않는다는 점이다. 반대로 성능 결과가 std::variant와 새로운 관계를 강화하는 데 도움이 된다.

std::variant 해결책의 단점 분석

이 관계를 위험에 빠뜨리고 싶지 않지만, std::variant 기반 해결책을 사용할 때 처리해야 할 몇 가지 단점을 지적하는 것도 나의 의무라 생각한다.

먼저 다시 한번 분명히 지적할 것은, 비지터 디자인 패턴과 유사하며 절차적 프로그래밍을 기반으로 하는 해결책으로서 std::variant는 연산의 **열린 집합**을 제공하는 데도 초점을 맞춘다는 점이다. 단점은 타입의 **닫힌 집합**을 처리해야 한다는 것이다. 새 타입을 추가하면 '지침 15: 타입 또는 연산 추가를 위한 디자인'에서 열거형 기반 해결책으로 경험한 문제와 매우 유사한 문제가 발생한다. 무엇보다 먼저 variant 자체를 갱신해야 하며, 이로 인해 그 variant 타입을 사용하는 모든 코드를 다시 컴파일해야 할 수 있다(열거형 갱신을 기억하는가?). 또한 모든 연산을 갱신하고 새 대안에 대해 잠재적으로 누락된 operator()를 추가해야 한다. 좋은 점은 이런 연산자 중 하나를 빠뜨리면 컴파일러가 불평한다는 것이다. 나쁜 점은 컴파일러가 친절하고 읽기 쉬운 오류 메시지가 아닌 모든 템플릿 관련 오류 메시지의 근원에 조금 더 가까운 것을 생성한다는 것이다. 전체적으로 열거형 기반 해결책에서 겪은 이전 경험과 매우 흡사하다.

기억해야 할 두 번째 잠재적 문제는 variant에 크기가 매우 다른 타입을 넣지 않아야 한다는 것이다. 대안 중 적어도 하나가 다른 것보다 훨씬 크면 많은 작은 대안을 저장하는 데 많은 공간을 낭비할 수 있다. 이는 성능에 부정적인 영향을 미친다. 해결책은 큰 대안을 직접 저장하지 말고 **프락시(Proxy)** 객체를 통하거나 **브리지** 디자인 패턴을 사용해 포인터 뒤에 저장하는 것이다.[15] 물론 이는 간접 지정을 도입하며 성능도 떨어진다. 이것이 크기가 서로 다른 값을 저장하는 것과 비교해 성능 면에서 불리한지 여부는 벤치마크를 해야 할 것이다.

마지막으로 중요한 것은 variant가 많은 정보를 드러낼 수 있다는 사실을 항상 알고 있어야 한다는 사실이다. 런타임 추상화를 나타내지만, 담고 있는 타입을 여전히 똑똑히 볼 수 있다. 이는 variant에 물리적

---

14 variant의 다른 오픈 소스 대체 구현이 있다. 부스트 라이브러리(https://www.boost.org)는 두 가지 구현을 제공하며 앱세일(Abseil)(https://github.com/abseil/abseil-cpp)도 variant 구현을 제공한다. 마이클 파크(Michael Park)의 구현(https://github.com/mpark/variant)도 살펴보는 것이 좋다.

15 **프락시** 패턴은 GoF 디자인 패턴 중 또 다른 하나인데, 안타깝게도 지면이 부족해 이 책에서는 다루지 않는다. 하지만 **브리지** 디자인 패턴에 대해서는 자세히 설명한다. '지침 28: 브리지를 구축해 물리적 의존성을 제거하라'를 참고한다.

의존성을 생성할 수 있다. 즉, 대안 타입 중 하나를 수정하면 의존하는 모든 코드를 다시 컴파일해야 할 수 있다. 다시 얘기하지만, 해결책은 포인터나 **프락시** 객체를 저장해 구현 상세를 숨기는 것이다. 불행히도 많은 성능 향상이 컴파일러가 세부 내용에 대해 알고 그에 따라 최적화해 이뤄지므로 이는 성능에도 영향을 미친다. 따라서 성능과 캡슐화 사이에는 항상 타협점이 있다.

요약하면, 이런 단점에도 불구하고 `std::variant`는 OOP 기반 비지터 디자인 패턴의 훌륭한 대체제임을 알 수 있다. 코드를 많이 단순화하고, 거의 모든 상용구 코드를 제거하며, 보기 싫고 유지 보수 집약적인 부분을 캡슐화하고, 성능이 우수하다. 게다가 `std::variant`는 디자인 패턴이 구현 상세가 아니라 의도에 관한 것이라는 사실의 또 다른 좋은 예임을 알 수 있다.

> **지침 17: 비지터를 구현하는 데 std::variant를 고려하라**
> - 고전적인 비지터와 `std::variant` 간 아키텍처 유사성을 이해한다.
> - 객체 지향 비지터 해결책과 비교해 `std::variant`의 장점을 인식한다.
> - `std::variant`의 비간섭성을 사용해 추상화를 즉시 생성한다.
> - `std::variant`의 단점을 염두에 두고 적절하지 않을 때는 피한다.

지침 18: 비순환 비지터의 성능에 주의하라

'지침 15: 타입 또는 연산 추가를 위한 디자인'에서 본 것처럼 동적 다형성을 사용할 때는 결정을 내려야 한다. 즉, **타입**의 열린 집합을 지원하거나 **연산**의 열린 집합을 지원할 수 있는데, 둘 모두를 할 수는 없다. 사실 내가 아는 한 둘 모두를 지원하는 게 불가능하지는 않지만, 일반적으로 비실용적이다. 시연을 위해 비지터 디자인 패턴의 또 다른 변형인 **비순환 비지터**를 소개한다.[16]

'지침 16: 비지터를 사용해 연산을 확장하라'에서는 비지터 디자인 패턴의 핵심 요소 사이에 순환 의존성이 있음을 알았다. 즉, `Visitor` 기초 클래스는 (`Circle`, `Square` 등) 도형의 구체 타입에 의존하며, 도형의 구체 타입은 `Shape` 기초 클래스에 의존하고, `Shape` 기초 클래스는 `Visitor` 기초 클래스에 의존한다. 그 모든 핵심 요소를 아키텍처의 한 수준에 고정하는 이런 순환 의존성으로 인해 비지터에 새 타입을 추가하기가 어렵다. 비순환 비지터의 개념은 이 의존성을 깨는 것이다.

---

16 비순환 비지터 패턴에 대해 발명자가 쓴 더 많은 정보는 로버트 C. 마틴, 《클린 소프트웨어》(제이펍)를 참고한다.

그림 4-5에서는 비순환 비지터에 대한 UML 도표를 볼 수 있다. GoF 비지터와 비교해 그림 오른편에 작은 차이만 있지만, 왼편에는 몇 가지 근본적인 변화가 있다. 가장 중요한 것은 Visitor 기초 클래스가 AbstractVisitor 기초 클래스와 도형의 각 구체 타입마다 기초 클래스 하나씩(이 예에서는 CircleVisitor와 SquareVisitor), 여러 기초 클래스로 나뉘었다는 점이다. 모든 비지터는 AbstractVisitor 기초 클래스를 상속해야 하지만, 이제는 도형별 비지터 기초 클래스를 상속하는 선택지도 있다. 연산이 원을 지원하려면 CircleVisitor 기초 클래스를 상속하고 Circle에 대한 visit() 함수를 구현한다. 원을 지원하지 않으려면 단순히 CircleVisitor를 상속하지 않으면 된다.

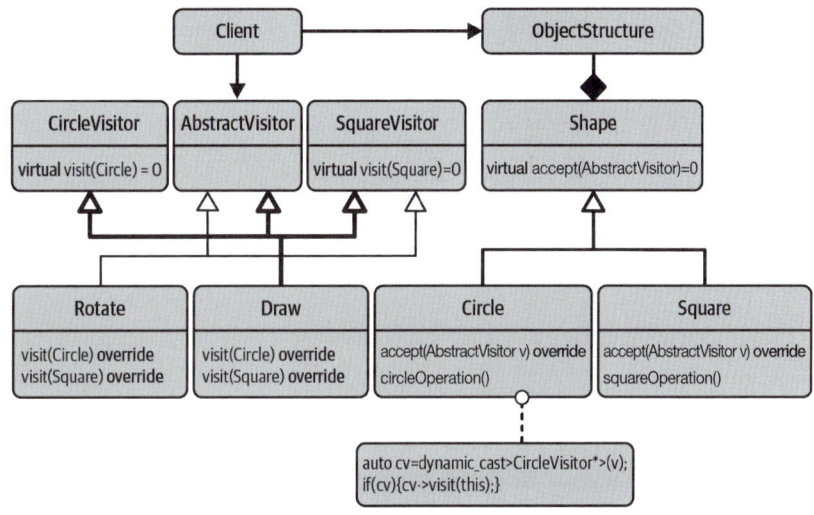

그림 4-5. 비순환 비지터의 UML 표현

다음 코드 조각에서는 가능한 Visitor 기초 클래스의 구현을 볼 수 있다.

```
//---- <AbstractVisitor.h> ----------------

class AbstractVisitor      ❶
{
 public:
    virtual ~AbstractVisitor() = default;
};



//---- <Visitor.h> ----------------
```

```
template< typename T >
class Visitor        ❷
{
 protected:
   ~Visitor() = default;

 public:
   virtual void visit( T const& ) const = 0;
};
```

AbstractVisitor 기초 클래스는 가상 소멸자가 있는 빈 기초 클래스일 뿐이다(❶). 다른 함수는 필요 없다. 보다시피 AbstractVisitor는 비지터를 식별하는 일반 꼬리표 역할만 하며, 그 자체로 어떤 연산도 제공할 필요가 없다. C++에서는 도형별 비지터 기초 클래스를 클래스 템플릿 형식으로 구현하는 경향이 있다(❷). Visitor 클래스 템플릿은 특정 도형 타입에 대해 매개변수화하며, 그 특정 도형에 대해 순수 가상 visit()를 도입한다.

Draw 비지터 구현에서 Circle과 Square 모두를 지원할 것이므로 이제 AbstractVisitor, Visitor<Circle>, Visitor<Square> 세 기초 클래스를 상속한다.

```
class Draw : public AbstractVisitor
           , public Visitor<Circle>
           , public Visitor<Square>
{
 public:
   void visit( Circle const& c ) const override
     { /* ... 원을 그리는 논리 구조를 구현한다 ... */ }
   void visit( Square const& s ) const override
     { /* ... 정사각형을 그리는 논리 구조를 구현한다 ... */ }
};
```

이런 구현 선택은 순환 의존성을 깨뜨린다. 그림 4-6에서 볼 수 있듯이, 아키텍처 고수준이 구체 도형 타입에 더이상 의존하지 않는다. 도형(Circle과 Square)과 연산 모두 이제 아키텍처 경계의 저수준에 있다. 이제 타입과 연산을 모두 추가할 수 있다.

이 시점에 여러분은 매우 의심스러워 하며 거의 비난하는 듯한 시선으로 내 쪽을 보고 있다. 둘 다는 불가능하다고 얘기하지 않았던가? 당연히 가능하다, 그렇지 않은가? 다시 한번 말하지만, 나는 불가능하다고 하지 않았다. 오히려 비실용적일 수 있다고 얘기했다. 이제 비순환 비지터의 이점을 알았으므로 이 접근법의 단점을 보여주겠다.

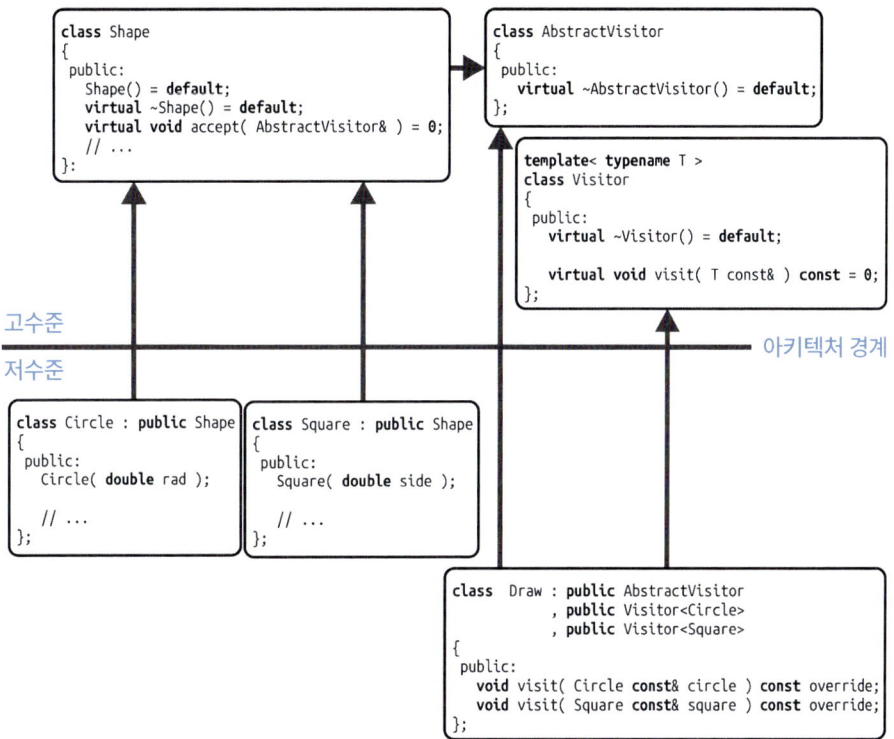

그림 4-6. 비순환 비지터에 대한 의존성 도표

먼저, Circle의 accept() 함수 구현을 살펴보자.

```
//---- <Circle.h> ----------------

class Circle : public Shape
{
 public:
   explicit Circle( double radius )
      : radius_( radius )
   {
      /* 주어진 radius가 유효한지 확인한다 */
   }
```

```cpp
   void accept( AbstractVisitor const& v ) override {   ❸
      if( auto const* cv = dynamic_cast<Visitor<Circle> const*>(&v) ) {   ❹
         cv->visit( *this );         ❺
      }
   }

   double radius() const { return radius_; }
   Point  center() const { return center_; }

 private:
   double radius_;
   Point center_{};
};
```

Shape 상속 계통에서 작은 변화 하나를 알아차렸을 것이다. 이제 가상 accept() 함수는 Abstract Visitor를 받아들인다(❸). 또한 AbstractVisitor는 자체적으로 어떤 연산도 구현하지 않는다는 것도 기억한다. 그러므로 AbstractVisitor에 visit() 함수를 호출하는 대신, Circle은 Visitor<Circle>로 변환하는 dynamic_cast를 수행해 주어진 비지터가 원을 지원하는지 확인한다(❹). 이는 포인터 변환을 수행하며 dynamic_cast는 Visitor<Circle>에 대한 유효한 포인터나 nullptr을 반환한다는 점에 주의한다. 만약 Visitor<Circle>에 대한 유효한 포인터를 반환하면 해당하는 visit() 함수를 호출한다(❺).

이 접근법이 가장 확실히 효과가 있고 비지터 디자인 패턴의 순환 의존성을 깨뜨리는 부분이지만, dynamic_cast는 항상 나쁜 느낌을 남긴다. dynamic_cast는 잘못 사용하면 아키텍처를 망가뜨릴 수 있으므로 항상 약간 수상히 여겨야 한다. 아키텍처 고수준에서 아키텍처 저수준에 상주하는 무언가로 캐스트를 수행하면 이런 일이 발생한다.[17] 이 예에서는 아키텍처 저수준에서 사용하므로 실제 사용에 문제는 없다. 따라서 저수준에 대한 지식을 고수준에 삽입해 아키텍처를 망가뜨리지 않는다.

진짜 결함은 실행 시간 불이익에 있다. 비순환 비지터에 대해 '지침17: 비지터를 구현하는 데 std::variant를 고려하라'와 동일한 벤치마크를 실행하면 순환 비지터의 실행 시간보다 거의 한 자릿수 더 크다는 것을 알게 된다(표 4-3참고). 그 이유는 dynamic_cast가 느리기 때문이다. 매우 느리다. 이 적용 사례에서는 특히 느리다. 여기서 하는 일은 교차 캐스트(cross-cast)다. 단순히 특정 파생 클래스

---

17 **고수준**과 **저수준** 용어 정의는 '지침 9: 추상화 소유권에 주의하라'를 참고하기 바란다.

로 하향 캐스팅하는 게 아니라 상속 계통의 다른 분기로 캐스팅한다. 가상 함수 호출이 뒤따르는 이 교차 캐스트는 단순한 하향 캐스트보다 비용이 훨씬 더 많이 든다.

표 4-3. 서로 다른 비지터 구현에 대한 성능 결과

비지터 구현	GCC 11.1	Clang 11.1
비순환 비지터	14.3423 s	7.3445 s
순환 비지터	1.6161 s	1.8015 s
객체 지향 해결책	1.5205 s	1.1480 s
열거형 해결책	1.2179 s	1.1200 s
std::variant (std::visit() 사용)	1.1992 s	1.2279 s
std::variant (std::get_if() 사용)	1.0252 s	0.6998 s

아키텍처적으로 비순환 비지터는 매우 흥미로운 대안이지만, 실용적 관점에서 이런 성능 결과는 결격 사유일 수 있다. 이는 사용해서는 안 된다는 의미는 아니지만, 적어도 나쁜 성능은 다른 해결책을 요구하는 매우 강력한 주장일 수 있다는 것을 알고 있어야 한다.

지침 18: 비순환 비지터의 성능에 주의하라

- 비순환 비지터의 아키텍처적 이점을 이해한다.
- 그 해결책의 현저한 성능상 단점을 인식한다.

05

전략 디자인 패턴과 커맨드 디자인 패턴

이 장에서는 가장 일반적으로 사용하는 디자인 패턴 중 두 가지인 전략 디자인 패턴과 **커맨드** 디자인 패턴에 집중한다. 정말 가장 흔히 사용한다. C++ 표준 라이브러리도 이 둘을 수십 번 사용하고 여러분도 여러 번 사용했을 가능성이 높다. 이 둘 모두 모든 개발자를 위한 기본 도구로 간주할 수 있다.

'지침 19: 전략을 사용해 작업 수행 방법을 분리하라'에서는 전략 디자인 패턴을 소개한다. 왜 이것이 가장 유용하고 중요한 디자인 패턴 중 하나인지, 왜 많은 상황에서 유용한지 보여준다.

'지침 20: 상속보다 구성(composition)을 선호하라'에서는 상속과 이에 대해 불평하는 이유를 살펴본다. 그 자체로 나쁘지는 않지만, 다른 모든 것과 마찬가지로 이점과 한계가 있다는 것을 알 게 될 것이다. 그러나 가장 중요한 것은 많은 고전적인 디자인 패턴이 그 힘을 상속이 아닌 구성에서 끌어낸다는 것을 설명한다.

'지침 21: 커맨드를 사용해 수행할 작업을 분리하라'에서는 커맨드 디자인 패턴을 소개한다. 디자인 패턴을 생산적으로 사용하는 방법을 보여주고 커맨드와 전략을 비교하는 방법에 관한 아이디어도 제공한다.

'지침 22: 참조 의미론(reference semantics)보다 값 의미론(value semantics)을 선호하라'에서는 **참조 의미론** 영역으로 여행을 떠난다. 그러나 이 영역은 특별히 우호적이거나 친절하지 않으며 코드 품질에 대해 걱정하게 만든다는 것을 알게 될 것이다. 따라서 코드베이스에 많은 이점으로 환영해 주는 **값 의미론**의 영역에 재정착할 것이다.

'지침 23: 전략과 커맨드는 값 기반 구현을 선호하라'에서는 전략과 커맨드 패턴을 다시 살펴본다. 값 의미론 영역에서 얻은 통찰을 적용하고 `std::function`을 기반으로 두 디자인 패턴을 구현하는 방법을 보여준다.

지침 19: 전략을 사용해 작업 수행 방법을 분리하라

여러분과 팀이 새 2D 그래픽 도구를 구현하려 한다고 상상해 보자. 다른 요구 사항으로는 원, 정사각형 등 간단한 기하 기본 요소를 처리해야 한다는 것도 있다(그림 5-1 참고).

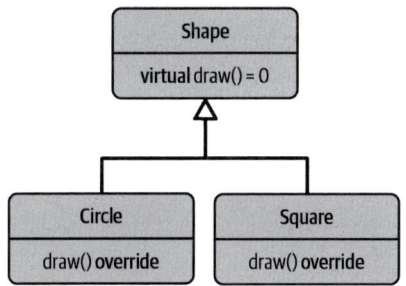

그림 5-1. 초기 Shape 상속 계통

Shape 기초 클래스, Circle 클래스, Square 클래스 같은 클래스 몇 가지는 이미 구현됐다.

```
//---- <Shape.h> ----------------

class Shape
{
 public:
   virtual ~Shape() = default;

   virtual void draw( /*몇몇 인자*/ ) const = 0;     ❶
};


//---- <Circle.h> ----------------

#include <Point.h>
#include <Shape.h>
```

```cpp
class Circle : public Shape
{
 public:
   explicit Circle( double radius )
      : radius_( radius )
   {
      /* 주어진 radius가 유효한지 확인한다 */
   }

   double radius() const { return radius_; }
   Point center() const { return center_; }

   void draw( /*몇몇 인자*/ ) const override;      ❷

 private:
   double radius_;
   Point center_{};
};


//---- <Circle.cpp> ----------------

#include <Circle.h>
#include /* 몇몇 그래픽 라이브러리 */

void Circle::draw( /*몇몇 인자*/ ) const
{
   // ... 원을 그리는 논리 구조를 구현한다
}


//---- <Square.h> ----------------

#include <Point.h>
#include <Shape.h>

class Square : public Shape
```

```cpp
{
 public:
   explicit Square( double side )
      : side_( side )
   {
      /* 주어진 side 길이가 유효한지 확인한다 */
   }

   double side () const { return side_; }
   Point center() const { return center_; }

   void draw( /*몇몇 인자*/ ) const override;           ❸

 private:
   double side_;
   Point center_{};
};


//---- <Square.cpp> ----------------

#include <Square.h>
#include /* 몇몇 그래픽 라이브러리 */

void Square::draw( /*몇몇 인자*/ ) const
{
   // ... 정사각형을 그리는 논리 구조를 구현한다
}
```

가장 중요한 측면은 Shape 기초 클래스의 순수 가상 draw() 멤버 함수다(❶). 여러분이 휴가 중에 팀원 중 한 명이 이미 OpenGL을 사용해 Circle과 Square 클래스 모두에 대해 draw() 멤버 함수를 구현했다(❷와 ❸). 이 도구는 이미 원과 정사각형을 그릴 수 있으며, 팀 전체는 그 결과로 얻은 그래픽이 꽤 깔끔하다는 데 동의한다. 모두가 행복하다!

디자인 문제 분석

여러분을 제외한 모두가 그렇다. 휴가에서 돌아온 후 여러분은 구현한 해결책이 단일 책임 원칙(SRP)을 위반한다는 것을 즉시 알아차린다.[1] 현재 상태는 Shape 상속 계통이 변경을 위해 디자인되지 않았다. 첫째, 도형을 그리는 방식을 변경하기가 쉽지 않다. 현재 구현에서는 도형을 그리는 방식이 고정된 한 가지뿐이며 이런 세부 사항을 전혀 방해하지 않고 변경할 수 없다. 도구가 여러 그래픽 라이브러리를 지원해야 할 것이라고 이미 예측했으므로 이는 분명히 문제다.[2] 둘째, 결국 변경을 하게 되면 관계없는 여러 위치에서 행위를 변경해야 한다.

하지만 아직 남은 게 있다. 그리기 기능은 Circle과 Square 내부에서 구현하므로 Circle과 Square 클래스는 draw()의 구현 상세에 의존하며, 이는 OpenGL에 의존한다는 의미다. 원과 정사각형은 기본적으로 단순한 기하 기본 요소여야 한다는 사실에도 불구하고 이제 이 두 클래스는 사용하는 모든 곳에서 OpenGL을 사용해야 하는 부담을 안고 있다.

동료들에게 이를 지적하면 처음에는 약간 어안이 벙벙해한다. 그리고 그들의 아름다운 해결책에 어떤 결함도 지적받을 것이라 예상하지 않았기에 약간 짜증도 낸다. 하지만 여러분은 문제를 설명하는 매우 훌륭한 방법이 있고 그들은 결국 여러분에게 동의하며 더 나은 해결책에 대해 생각하기 시작한다.

더 나은 접근법을 생각해 내는 데는 오래 걸리지 않는다. 며칠 후 다음 팀 회의에서 그들은 상속 계통 내 또 다른 계층이라는 새 아이디어를 제시한다(그림 5-2 참고).

---

[1] '지침 2. 변경을 위한 디자인'을 참고한다.
[2] 이 문제에 대한 해결책이 여러 가지라고 제대로 주장할 수 있다. 즉, 그래픽 라이브러리당 소스 파일을 하나씩 가질 수 있고, 코드 전체에 #ifdef를 몇 개 뿌려 전처리기에 의존할 수 있으며, 그래픽 라이브러리를 감싸는 추상화 층을 구현할 수도 있다. 처음 두 선택지는 결함 있는 디자인에 대한 기술적 임시 해결책으로 느껴진다. 하지만 마지막 선택지는 내가 제안할 것에 대한 합리적이며 대안적인 해결책이다. 안타깝게도 이는 이 책에서 다루지 않는 **퍼사드(Facade)** 디자인 패턴을 기반으로 한 해결책이다.

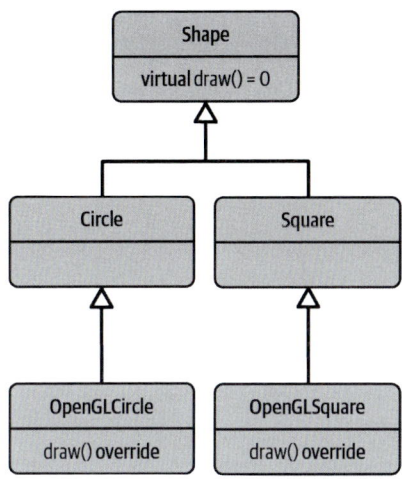

그림 5-2. 확장한 Shape 상속 계통

아이디어를 입증하기 위해 그들은 이미 OpenGLCircle과 OpenGLSquare 클래스를 구현했다.

```
//---- <Circle.h> ----------------

#include <Shape.h>

class Circle : public Shape
{
 public:
   // ... draw() 멤버 함수를 더 이상 구현하지 않는다
};


//---- <OpenGLCircle.h> ----------------

#include <Circle.h>

class OpenGLCircle : public Circle
{
 public:
   explicit OpenGLCircle( double radius )
      : Circle( radius )
   {}
```

```cpp
   void draw( /*몇몇 인자*/ ) const override;
};


//---- <OpenGLCircle.cpp> ----------------

#include <OpenGLCircle.h>
#include /* OpenGL 그래픽 라이브러리 헤더 */

void OpenGLCircle::draw( /*몇몇 인자*/ ) const
{
   // ... 원을 그리는 논리 구조를 OpenGL로 구현한다
}


//---- <Square.h> ----------------

#include <Shape.h>

class Square : public Shape
{
 public:
   // ... draw() 멤버 함수를 더 이상 구현하지 않는다
};


//---- <OpenGLSquare.h> ----------------

#include <Square.h>

class OpenGLSquare : public Square
{
 public:
   explicit OpenGLSquare( double side )
      : Square( side )
   {}
```

```cpp
    void draw( /*몇몇 인자*/ ) const override;
};


//---- <OpenGLSquare.cpp> ----------------

#include <OpenGLSquare.h>
#include /* OpenGL 그래픽 라이브러리 헤더 */

void OpenGLSquare::draw( /*몇몇 인자*/ ) const
{
    // ... 정사각형을 그리는 논리 구조를 OpenGL로 구현한다
}
```

상속! 물론이다! 단순히 `Circle`과 `Square`에서 파생하고 `draw()` 함수 구현을 상속 계통 더 아래로 옮겨, 그리기를 서로 다른 방식으로 쉽게 구현할 수 있다. 예를 들어 메탈과 벌칸 라이브러리를 지원해야 한다면 `MetalCircle`과 `VulkanCircle`이 있을 수 있다. 갑자기 변경이 쉽다. 그렇지 않은가?

동료들은 여전히 그들의 새로운 해결책에 대해 매우 자랑스러워하지만, 여러분은 이 접근법이 오랫동안 잘 작동하지는 않으리라는 것을 이미 알아차렸다. 단점을 입증하기는 쉽다. 예를 들면 `serialize()` 멤버 함수와 같은 다른 요구 사항을 고려하기만 하면 된다.

```cpp
class Shape
{
 public:
    virtual ~Shape() = default;

    virtual void draw( /*몇몇 인자*/ ) const = 0;
    virtual void serialize( /*몇몇 인자*/ ) const = 0;  ❹
};
```

`serialize()` 멤버 함수(❹)는 도형을 파일이나 데이터베이스에 저장할 수 있는 바이트 시퀀스로 변환해야 한다. 여기서 바이트 시퀀스를 역직렬화해 정확히 같은 도형을 재생성할 수 있다. 그리고 `draw()` 멤버 함수처럼 `serialize()` 멤버 함수도 다양한 방법으로 구현할 수 있다. 예를 들면 protobuf(https://github.com/protocolbuffers/protobuf)나 Boost.serialization(https://www.boost.org/doc/libs/1_78_0/libs/serialization/doc/index.html) 라이브러리를 이용할 수도 있다.

구현 상세를 상속 계통 아래로 옮기는 동일한 전략을 사용하면 꽤 복잡하고 다소 인위적인 상속 계통이 빠르게 만들어진다(그림 5-3 참고). OpenGLProtobufCircle, MetalBoostSerialSquare 등과 같은 클래스 이름을 생각해 보자. 우스꽝스럽지 않은가? 그리고 이를 어떻게 구조화해야 할까? 상속 계통에 다른 계층을 추가해야 할까(Square 분기 참고)? 이런 접근법은 깊고 복잡한 상속 계통으로 빠르게 이어진다. 아니면 상속 계통을 (Circle 분기처럼) 차라리 평평하게 해야 할까? 그리고 구현 상세를 재사용하는 것은 어떤가? 예를 들면, OpenGLProtobufCircle과 OpenGLBoostSerialCircle 클래스 사이에 OpenGL 코드를 어떻게 재사용할 수 있을까?

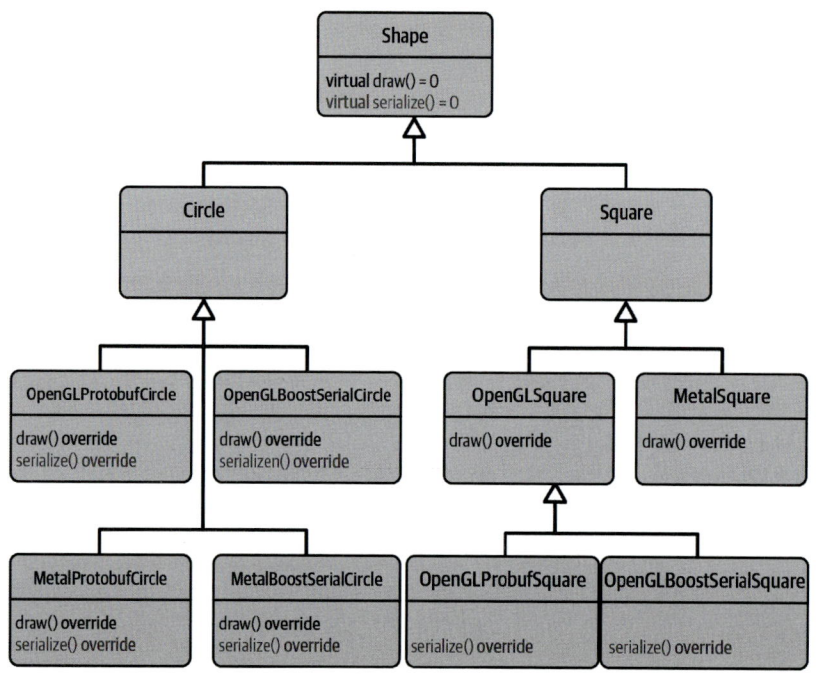

그림 5-3. serialize() 멤버 함수를 추가하면 깊고 복잡한 상속 계통을 만들게 된다.

전략 디자인 패턴 해설

여러분은 동료들이 상속에 너무 매혹됐으며 위기를 벗어나는 것이 자신에게 달려 있다는 것을 깨닫는다. 그들에게 이런 변경을 적절히 디자인하는 방법을 보여주고 그 문제에 대한 적절한 해결책을 제시할 누군가가 필요해 보인다. 두 실용적 프로그래머는 다음처럼 언급했다.[3]

---

3 데이비드 토머스와 앤드류 헌트, 《실용주의 프로그래머》.

상속이 답인 경우는 드물다.

문제는 여전히 SRP 위반이다. 서로 다른 도형을 그릴 방법을 변경할 계획을 세워야 하므로 그리기 관심사를 **변형점**으로 식별해야 한다. 이런 깨달음을 통한 올바른 접근법은 변경을 위해 디자인하고 SRP를 따름으로써 변형점을 추출하는 것이다. 이것이 고전적인 GoF 디자인 패턴 중 하나인 전략 디자인 패턴의 의도다.

전략 디자인 패턴

의도: '알고리듬 군을 정의하고 각각을 캡슐화해 상호 교환이 가능하게 한다. 전략을 사용하면 알고리듬을 사용하는 클라이언트와 독립적으로 알고리듬을 변경할 수 있다.'[4]

파생 클래스에서 가상의 `draw()` 함수를 구현하는 대신 여러분은 도형 그리기를 위해 다른 클래스를 도입한다. 전략 디자인 패턴의 고전적인 객체 지향(OO) 형식의 경우 `DrawStrategy` 기본 클래스를 도입해 이를 해낸다(그림 5-4 참고).

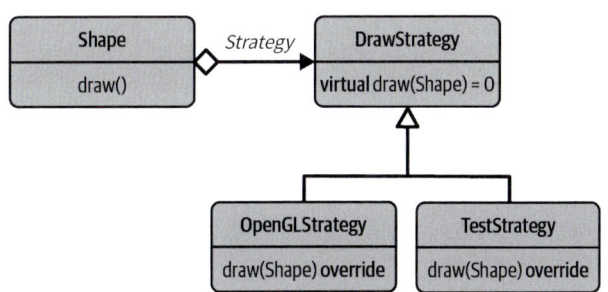

그림 5-4. 전략 디자인 패턴의 UML 표현

그리기 관심사의 격리로 이제 도형 클래스를 수정하지 않고 그리기 구현을 변경할 수 있다. 이는 SRP의 아이디어를 충족한다. 이제 다른 어떤 코드도 수정하지 않고 새 `draw()` 구현을 도입할 수 있다. 이는 개방-폐쇄 원칙(OCP)을 충족한다. 다시 한번 얘기하지만, 이 OO 설정에서 SRP는 OCP를 가능하게 하는 역할을 한다.

다음 코드 조각에서는 `DrawStrategy` 기초 클래스의 순진한 구현을 볼 수 있다.[5]

---

4 에릭 감마 등, 《GoF의 디자인 패턴》.
5 **순진하다**고 말한 것에 특별히 주의하기를 바란다. 코드 예제가 교훈적으로 약간 의심스럽지만, 제대로 된 구현을 보여주기 전에 일반적인 오해를 보여주겠다. 내 희망은 이를 통해 여러분이 흔한 함정에 절대 빠지지 않는 것이다.

```
//---- <DrawStrategy.h> ----------------

class Circle;
class Square;

class DrawStrategy
{
 public:
   virtual ~DrawStrategy() = default;

   virtual void draw( Circle const& circle, /*몇몇 인자*/ ) const = 0;   ❺
   virtual void draw( Square const& square, /*몇몇 인자*/ ) const = 0;   ❻
};
```

DrawStrategy 클래스에는 가상 소멸자 하나와 draw() 순수 가상 함수가 둘 있다. 하나는 원(❺), 다른 하나는 정사각형(❻) 용이다. 이 기초 클래스를 컴파일하려면 Circle과 Square 클래스를 전방 선언해야 한다.

Shape 기초 클래스는 전략 디자인 패턴으로 인해 변경되지 않으며, 여전히 모든 도형에 대한 추상화를 나타내므로 순수 가상 draw() 멤버 함수를 제공한다. 전략은 구현 상세 추출을 목표로 하므로 파생 클래스에만 영향을 미친다.[6]

```
//---- <Shape.h> ----------------

class Shape
{
 public:
   virtual ~Shape() = default;

   virtual void draw( /*some arguments*/ ) const = 0;
   // ... 'serialize()' 멤버 함수 등 다른 함수가 있을 수 있다
};
```

---

[6] 이 책이 구현 상세에 관한 책은 아니지만 훈련 수업 중에 많은 질문의 근원이 되는 구현 상세 중 하나를 강조하겠다. 5의 법칙(Rule of 5)에 대해 들어본 적이 있을 거라 확신한다. 그렇지 않으면 C++ 핵심 지침(http://isocpp.github.io/CppCoreGuidelines/CppCoreGuidelines#Rc-five)을 참고한다. 따라서 가상 소멸자 선언이 이동 연산을 비활성화한다는 것을 알 수 있다. 엄격히 말하면 이는 5의 법칙 위반이다. 하지만 핵심 지침 C.21(http://isocpp.github.io/CppCoreGuidelines/CppCoreGuidelines#Rc-five)에서 설명하는 것처럼, 어떤 데이터 멤버도 없는 기초 클래스에 대해서는 문제가 되지 않는다.

Shape 기초 클래스는 전략으로 인해 바뀌지 않지만, Circle과 Square 클래스는 영향을 받는다.

```cpp
//---- <Circle.h> ----------------

#include <Shape.h>
#include <DrawStrategy.h>
#include <memory>
#include <utility>

class Circle : public Shape
{
 public:
   explicit Circle( double radius, std::unique_ptr<DrawStrategy> drawer )   ❼
      : radius_( radius )
      , drawer_( std::move(drawer) )   ❽
   {
      /* 주어진 side 길이가 유효하며
         주어진 std::unique_ptr 인스턴스가 nullptr이 아닌지 확인한다 */
   }

   void draw( /*몇몇 인자*/ ) const override
   {
      drawer_->draw( *this, /*몇몇 인자*/ );   ❿
   }

   double radius() const { return radius_; }

 private:
   double radius_;
   std::unique_ptr<DrawStrategy> drawer_;   ❾
};


//---- <Square.h> ----------------

#include <Shape.h>
#include <DrawStrategy.h>
#include <memory>
```

```cpp
#include <utility>

class Square : public Shape
{
 public:
   explicit Square( double side, std::unique_ptr<DrawStrategy> drawer )  ❼
      : side_( side )
      , drawer_( std::move(drawer) )          ❽
   {
      /* 주어진 side 길이가 유효하며
         주어진 std::unique_ptr 인스턴스가 nullptr이 아닌지 확인한다 */
   }

   void draw( /*몇몇 인자*/ ) const override
   {
      drawer_->draw( *this, /*몇몇 인자*/ );   ❿
   }

   double side() const { return side_; }

 private:
   double side_;
   std::unique_ptr<DrawStrategy> drawer_;    ❾
};
```

Circle과 Square 모두 이제 생성자에서 DrawStrategy에 대한 unique_ptr을 기대하고 있다(❼). 이를 통해 흔히 **의존성 주입**이라고 하는, 외부에서 그리기 행위를 설정할 수 있다. unique_ptr은 타입이 같은 새 데이터 멤버(❾)로 이동한다(❽). 또한 나중에 그리기 행위를 바꿀 수 있는 상응하는 설정자 함수를 제공할 수도 있다. 이제 draw() 멤버 함수는 그리기 자체를 구현할 필요가 없고 단순히 주어진 DrawStrategy에 대해 draw() 함수를 호출하면 된다(❿).[7]

---

7 이전에 핵심 지침 C.21을 언급한 것처럼 Circle과 Square 클래스 모두 **0의 법칙**을 충족한다는 것도 언급할 가치가 있다. 이는 핵심 지침 C.20(http://isocpp.github.io/CppCoreGuidelines/CppCoreGuidelines#Rc-zero)을 참고한다. 소멸자를 추가하는 습관에 빠지지 않음으로써, 컴파일러가 두 클래스에 대한 모든 특수 멤버 함수를 생성한다. 그리고 걱정하지 않아도 된다. 기초 클래스 소멸자가 가상이므로 해당 소멸자도 여전히 가상이다.

순진한 해결책의 단점 분석

멋지다! 이 구현으로 이제 도형을 그리는 방법에 대한 행위를 지역적으로 격리해 변경할 수 있으며 모두가 새 그리기 행위를 구현할 수 있다. 하지만 지금 당장은 전략 구현에 심각한 결함이 있다. 이 결함을 분석하기 위해 새 도형, 가령 Triangle을 추가해야 한다고 해 보자. '지침15: 타입 또는 연산 추가를 위한 디자인'에서 논의한 것처럼 OOP의 강점은 새 타입을 추가하는 것이므로 이는 쉬워야 한다.

여러분은 이 Triangle을 도입하면서 새 도형을 추가하는 것이 예상만큼 쉽지 않다는 것을 깨닫는다. 먼저, 새 클래스를 작성해야 한다. 이는 예상한 것이며 전혀 문제가 아니다. 하지만 그런 다음에는 삼각형을 그릴 수 있게 DrawStrategy 기초 클래스도 갱신해야 한다. 이는 결국 원과 정사각형에 안 좋은 영향을 미쳐, Circle과 Square 클래스 모두 재컴파일, 재테스트하고 잠재적으로는 재배포해야 할 수도 있다. 더 일반적으로 말하면, **모든** 도형이 이런 식으로 영향을 받으며 여러분에게 문제로 다가온다. Triangle 클래스를 추가하는데, 왜 원과 정사각형을 다시 컴파일해야 할까?

기술적인 이유는 DrawStrategy 기초 클래스를 통해 모든 도형이 암시적으로 서로에 대해 알기 때문이다. 따라서 새 도형을 추가하면 다른 모든 도형에 영향을 미친다. 근본적인 디자인 이유는 인터페이스 분리 원칙(ISP) 위반이다('지침 3: 인터페이스를 분리해 인위적인 결합을 피하라' 참고). 단일 DrawStrategy 기초 클래스를 정의해 원, 정사각형, 삼각형을 인위적으로 함께 결합했다. 이런 결합으로 인해 새 타입을 추가하기가 더 어려워져 OOP의 강점이 제한됐다. 비교해 보면, 도형 그리기를 위한 절차적 해결책에 대해 얘기했을 때와 매우 유사한 상황을 만들었다('지침 15: 타입 또는 연산 추가를 위한 디자인' 참고).

"의도치 않게 비지터 디자인 패턴을 재구현하지 않았나요?" 여러분이 궁금해한다. 무슨 말인지 안다. 정말 DrawStrategy는 비지터와 매우 유사해 보인다. 하지만 안타깝게도 다른 연산을 쉽게 추가할 수 없어 비지터의 의도를 충족하지 않는다. 그렇게 하려면 Shape 상속 계통에 가상 멤버 함수를 간섭적으로 추가해야 한다. "그리고 이건 전략도 아니예요. 타입을 추가할 수 없잖아요. 그렇지 않나요?" 그 말이 맞다. 디자인 관점에서 이는 최악의 상황이다.

전략 디자인 패턴을 제대로 구현하려면 각 도형의 구현 상세를 개별적으로 추출해야 한다. 그리고 도형별로 DrawStrategy 클래스를 하나씩 도입해야 한다.

```
//---- <DrawCircleStrategy.h> ----------------

class Circle;
```

```
class DrawCircleStrategy    ⓫
{
 public:
   virtual ~DrawCircleStrategy() = default;

   virtual void draw( Circle const& circle, /*몇몇 인자*/ ) const = 0;
};


//---- <Circle.h> ----------------

#include <Shape.h>
#include <DrawCircleStrategy.h>
#include <memory>
#include <utility>

class Circle : public Shape
{
 public:
   explicit Circle( double radius, std::unique_ptr<DrawCircleStrategy> drawer )
      : radius_( radius )
      , drawer_( std::move(drawer) )
   {
      /* 주어진 radius가 유효하며
         주어진 'std::unique_ptr'이 nullptr이 아닌지 확인한다 */
   }

   void draw( /*몇몇 인자*/ ) const override
   {
      drawer_->draw( *this, /*몇몇 인자*/ );
   }

   double radius() const { return radius_; }

 private:
   double radius_;
   std::unique_ptr<DrawCircleStrategy> drawer_;
};
```

```
//---- <DrawSquareStrategy.h> ----------------

class Square;

class DrawSquareStrategy     ⑫
{
 public:
   virtual ~DrawSquareStrategy() = default;

   virtual void draw( Square const& square, /*몇몇 인자*/ ) const = 0;
};


//---- <Square.h> ----------------

#include <Shape.h>
#include <DrawSquareStrategy.h>
#include <memory>
#include <utility>

class Square : public Shape
{
 public:
   explicit Square( double side, std::unique_ptr<DrawSquareStrategy> drawer )
      : side_( side )
      , drawer_( std::move(drawer) )
   {
      /* 주어진 side 길이가 유효하며
         주어진 'std::unique_ptr'이 nullptr이 아닌지 확인한다 */
   }

   void draw( /*몇몇 인자*/ ) const override
   {
      drawer_->draw( *this, /*몇몇 인자*/ );
   }
```

```
    double side() const { return side_; }

  private:
    double side_;
    std::unique_ptr<DrawSquareStrategy> drawer_;
};
```

Circle 클래스에 대해서는 DrawCircleStrategy 기초 클래스(❶), Square 클래스는 DrawSquareStrategy 기초 클래스(❷)를 도입해야 한다. 그리고 Triangle 클래스를 추가하면 DrawTriangleStrategy 기초 클래스도 추가해야 한다. 이런 방법으로만 관심사를 적절히 분리하면서 도형 그리기를 위한 새로운 타입과 새 구현을 모두가 추가하게 할 수 있다.

이 기능을 사용하면 원, 정사각형, 결국에는 삼각형도 그리는 새로운 전략 클래스를 쉽게 구현할 수 있다. 예를 들어 DrawCircleStrategy 인터페이스를 구현하는 OpenGLCircleStrategy를 생각해 보자.

```
//---- <OpenGLCircleStrategy.h> ----------------

#include <Circle.h>
#include <DrawCircleStrategy.h>
#include /* OpenGL 그래픽 라이브러리 */

class OpenGLCircleStrategy : public DrawCircleStrategy
{
 public:
    explicit OpenGLCircleStrategy( /* Drawing related arguments */ );

    void draw( Circle const& circle, /*...*/ ) const override;

 private:
    /* 색, 텍스처 등 그리기 관련 데이터 멤버 */
};
```

그림 5-5에서는 Circle 클래스에 대한 의존성 도표를 볼 수 있다. Circle과 DrawCircleStrategy 클래스는 동일한 아키텍처 수준이라는 점에 주의한다. 더 주목할 만한 것은 이들 사이의 순환 의존성이다. 즉, Circle은 DrawCircleStrategy에 의존하며 DrawCircleStrategy 또한 Circle에 의존한다. 하지만 걱정할 건 없다. 언뜻 보기에는 문제처럼 보일 수 있지만, 그렇지 않다. '지침 9: 추상화 소유권에 주의하

라에서 논의한 것처럼, 실제로는 Circle이 DrawCircleStrategy를 소유하며 이를 통해 원하는 의존성 역전을 생성하는 것을 보여주는 필요한 관계다.

"클래스 템플릿을 사용해 서로 다른 그리기 전략 클래스를 구현할 수 있지 않을까요? 비순환 비지터에 사용한 비지터 클래스와 유사한 것을 상상하고 있어요."[8]

```
//---- <DrawStrategy.h> ----------------

template< typename T >
class DrawStrategy
{
 public:
   virtual ~DrawStrategy() = default;
   virtual void draw( T const& ) const = 0;
};
```

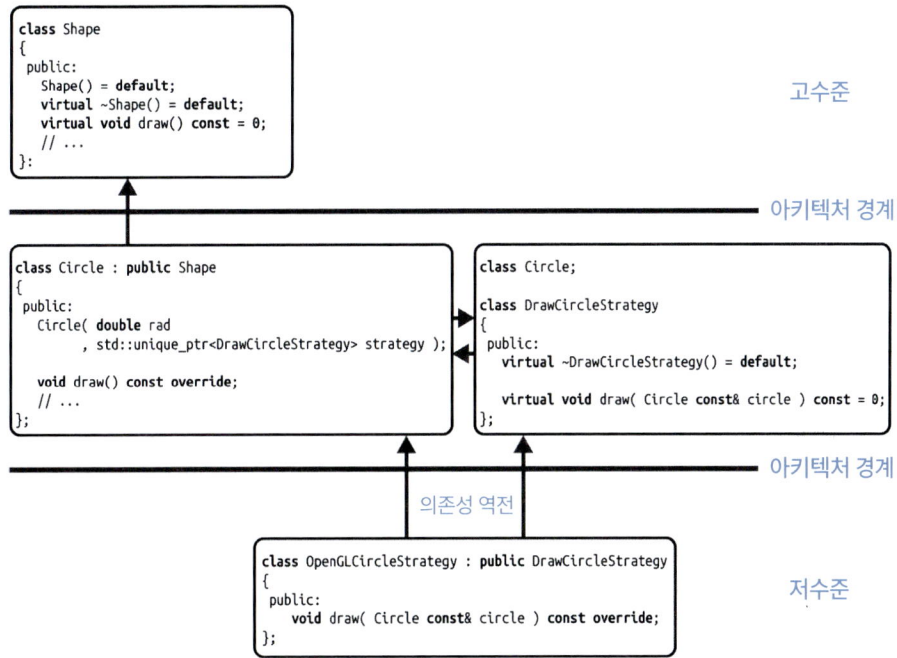

그림 5-5. 전략 디자인 패턴에 대한 의존성 도표

---

8 비순환 비지터 디자인 패턴에 대한 논의는 '지침 18: 비순환 비지터의 성능에 주의하라'를 참고한다.

이는 훌륭한 아이디어이며 정확히 여러분이 해야 할 일이다. 이 클래스 템플릿을 통해 `DrawStrategy`를 더 높은 아키텍처 수준으로 끌어올리고 코드를 재사용하며 DRY 원칙을 따를 수 있다(그림 5-6 참고). 게다가 처음부터 이 접근법을 사용했다면 서로 다른 도형의 타입을 인위적으로 결합하는 함정에 빠지지 않았을 것이다. 정말 마음에 든다!

이것이 그런 전략 클래스를 구현하는 방법이지만, 그렇더라도 이것이 (여전히 동일하게 생성하는) 기초 클래스의 수를 줄이거나 많은 일을 피하도록 해줄 것이라고 기대해서는 안 된다. `DrawStrategy` 구현은 `OpenGLCircleStrategy` 클래스를 구현하는 것이 그 대부분이며, 거의 바뀌지 않는다.

```
//---- <OpenGLCircleStrategy.h> ----------------

#include <Circle.h>
#include <DrawStrategy.h>
#include /* OpenGL 그래픽 라이브러리 */

class OpenGLCircleStrategy : public DrawStrategy<Circle>
{
   // ...
};
```

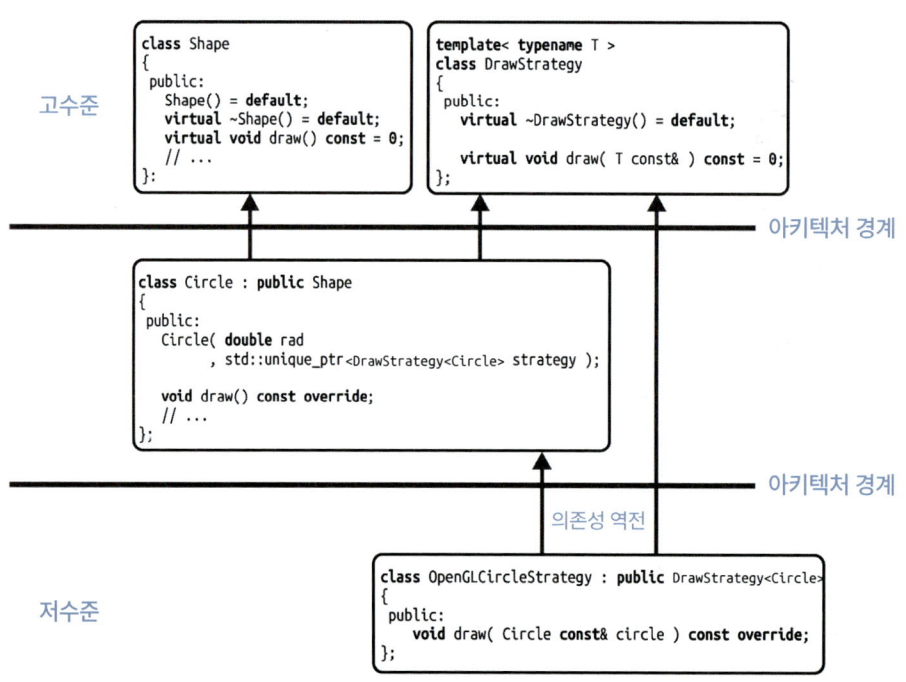

그림 5-6. 전략 디자인 패턴에 대해 갱신한 의존성 도표

OpenGLSquareStrategy에 대해 유사한 구현을 가정하면 이제 모두 합쳐 도형을 다시 그릴 수 있지만, 이번에는 전략 디자인 패턴으로 적절히 분리한다.

```cpp
#include <Circle.h>
#include <Square.h>
#include <OpenGLCircleStrategy.h>
#include <OpenGLSquareStrategy.h>
#include <memory>
#include <vector>

int main()
{
   using Shapes = std::vector<std::unique_ptr<Shape>>;

   Shapes shapes{};

   // 도형 몇 개를 생성한다, 각각은
   //    그에 따른 OpenGL 그리기 전략을 갖춘다
   shapes.emplace_back(
      std::make_unique<Circle>(
         2.3, std::make_unique<OpenGLCircleStrategy>(/*...빨강...*/) ) );
   shapes.emplace_back(
      std::make_unique<Square>(
         1.2, std::make_unique<OpenGLSquareStrategy>(/*...초록...*/) ) );
   shapes.emplace_back(
      std::make_unique<Circle>(
         4.1, std::make_unique<OpenGLCircleStrategy>(/*...파랑...*/) ) );

   // 모든 도형을 그린다
   for( auto const& shape : shapes )
   {
      shape->draw( /*몇몇 인자*/ );
   }
   return EXIT_SUCCESS;
}
```

비지터와 전략 비교

비지터와 전략 디자인 패턴 모두에 대해 배웠으므로 둘의 차이가 무엇인지 궁금할 수 있다. 결국, 구현은 꽤 유사해 보인다. 그러나 구현은 매우 유사할지라도 두 디자인 패턴의 특성은 매우 다르다. 비지터 디자인 패턴으로는 **일반적인** 연산 추가를 **변형점**으로 식별했다. 따라서 일반적으로 연산의 추상화를 생성해 모두가 연산을 추가할 수 있게 했다. 안타까운 부수 효과는 더 이상 새 도형의 타입을 추가하기가 쉽지 않다는 점이었다.

전략 디자인 패턴으로는 **단일** 함수의 구현 상세를 **변형점**으로 식별했다. 이런 구현 상세에 대한 추상화를 도입한 후에도 새로운 도형의 타입을 쉽게 추가할 수 있지만, 새 연산은 쉽게 추가할 수 없다. 연산을 추가하려면 여전히 가상 멤버 함수를 간섭적으로 추가해야 한다. 이런 이유로 전략 디자인 패턴의 의도는 비지터 디자인 패턴의 의도와 반대다.

이 두 디자인 패턴을 결합해 (타입**과** 연산 모두를 추가하기 쉽게 하는) 두 아이디어 모두의 이점을 얻는 것이 유망해 보일 수도 있다. 불행히도 이는 작동하지 않는다. 두 디자인 패턴 중 먼저 적용하는 것이 자유로운 두 축 중 하나를 고정한다.[9] 따라서 이 두 디자인 패턴의 강점과 약점을 기억하고 코드베이스가 어떻게 발전할지 그 기대에 따라 적용해야 한다.

전략 디자인 패턴 단점 분석

지금까지 전략 디자인 패턴의 장점을 살펴봤다. 이는 특정 구현 상세에 대해 추상화를 도입해 그 상태에 대한 의존성을 줄일 수 있다. 그러나 소프트웨어 디자인에서 은 탄환은 없으며 모든 디자인에는 여러 결점이 있다. 전략 디자인 패턴도 예외는 아니며 잠재적인 단점을 고려하는 게 중요하다.

첫째, 특정 연산의 구현 상세를 추출하고 분리하더라도 연산 그 자체는 여전히 구체 타입의 일부다. 이 사실은 여전히 연산을 쉽게 추가할 수 없다는, 앞서 언급한 한계의 증거다. 비지터와 달리 전략은 OOP의 강점을 보존하고 새 타입을 쉽게 추가할 수 있게 한다.

둘째, 변형점을 일찍 식별하는 것이 효과가 있다. 그렇지 않으면 대규모 리팩터링이 필요하다. 물론 만약을 대비해 리팩터링을 피하기 위해 모든 것을 전략으로 앞서 구현해야 한다는 의미는 아니다. 이로 인해 빠르게 과도한 설계로 이어질 수 있다. 그러나 구현 상세가 바뀔 수 있거나 여러 구현이 필요하다는 첫 징후가 나타나면 오히려 필요한 수정을 재빨리 구현해야 한다. 대단하지는 않지만 가장 좋은 조언은 가능한 한 단순하게 유지하라는 것이다('단순하게 해, 멍청아'라는 뜻의 **KISS 원칙**(https://en.wikipedia.org/wiki/KISS_principle)).

---

[9] 동적 다형성에서는 작동하지 않는다고 분명히 언급해야겠다. 정적 다형성에서는 꽤 잘 작동한다. 예를 들면 템플릿과 함수 다중 정의를 생각해 보라.

셋째, 기초 클래스를 사용해 전략을 구현하면 실행 중 추가적인 간접 지정으로 인해 확실히 성능이 떨어진다. 또한 성능은 많은 수동 할당(std::make_unique() 호출), 그 결과로 인한 메모리 단편화, 그리고 수많은 포인터로 인한 다양한 간접 지정에 의해 영향을 받는다. 이런 것은 예상할 수 있으며, 그렇더라도 구현의 유연성과 모두가 새 구현을 추가할 수 있는 기회가 이런 성능 불이익보다 더 클 수 있다. 물론 이는 상황에 따라 다르며 사안별로 결정해야 한다. 템플릿을 사용해 전략을 구현한다면 ('단위 전략 기반 디자인'에 대한 논의 참고) 이런 단점은 문제가 되지 않는다.

마지막으로 중요한 것은, 전략 디자인 패턴의 주요 단점은 단일 전략으로 단일 연산이나 응집성이 있는 소규모 함수를 처리해야 한다는 것이다. 그렇지 않으면 다시 SRP를 위반하게 된다. 여러 연산의 구현 상세를 추출해야 한다면 **의존성 주입**을 통해 설정할 수 있는 여러 전략 기초 클래스와 여러 데이터 멤버가 있어야 한다. 예를 들어 추가적인 serialize() 멤버 함수가 있는 상황을 생각해 보자.

```
//---- <DrawCircleStrategy.h> ----------------

class Circle;

class DrawCircleStrategy
{
 public:
   virtual ~DrawCircleStrategy() = default;

   virtual void draw( Circle const& circle, /*몇몇 인자*/ ) const = 0;
};


//---- <SerializeCircleStrategy.h> ----------------

class Circle;

class SerializeCircleStrategy
{
 public:
   virtual ~SerializeCircleStrategy() = default;

   virtual void serialize( Circle const& circle, /*몇몇 인자*/ ) const = 0;
};
```

```cpp
//---- <Circle.h> ----------------

#include <Shape.h>
#include <DrawCircleStrategy.h>
#include <SerializeCircleStrategy.h>
#include <memory>
#include <utility>

class Circle : public Shape
{
 public:
   explicit Circle( double radius
                  , std::unique_ptr<DrawCircleStrategy> drawer
                  , std::unique_ptr<SerializeCircleStrategy> serializer
                  /* 전략 관련 인자가 더 있을 수 있다 */ )
      : radius_( radius )
      , drawer_( std::move(drawer) )
      , serializer_( std::move(serializer) )
      // ...
   {
      /* 주어진 radius가 유효하며
         주어진 std::unique_ptr이 nullptr이 아닌지 확인한다 */
   }

   void draw( /*몇몇 인자*/ ) const override
   {
      drawer_->draw( *this, /*몇몇 인자*/ );
   }

   void serialize( /*몇몇 인자*/ ) const override
   {
      serializer_->serialize( *this, /*몇몇 인자*/ );
   }

   double radius() const { return radius_; }

 private:
```

```
    double radius_;
    std::unique_ptr<DrawCircleStrategy> drawer_;
    std::unique_ptr<SerializeCircleStrategy> serializer_;
    // ... 전략 관련 데이터 멤버가 더 있을 수 있다
};
```

이는 여러 포인터로 인해 기초 클래스와 더 큰 인스턴스의 매우 안타까운 급증으로 이어지지만, 서로 다른 여러 전략을 편리하게 할당할 수 있도록 클래스를 디자인하는 방법에 관한 문제도 제기한다. 따라서 전략 디자인 패턴이 소수의 구현 상세를 격리해야 하는 상황에서는 가장 강력해 보인다. 많은 연산의 세부 내용을 추출해야 하는 상황을 마주치면 다른 접근법을 고려하는 게 더 나을 수 있다(예를 들면 7장의 외부 다형성 디자인 패턴이나 8장의 타입 소거 디자인 패턴 참고).

단위 전략 기반 디자인

이전 장에서 이미 입증한 것처럼 전략 디자인 패턴은 동적 다형성에 국한되지 않는다. 반대로 템플릿을 사용한 정적 다형성에서 전략의 의도를 완벽하게 구현할 수 있다. 예를 들면, 표준 라이브러리의 다음 두 알고리듬을 생각해 보자.

```
namespace std {

template< typename ForwardIt, typename UnaryPredicate >
constexpr ForwardIt
    partition( ForwardIt first, ForwardIt last, UnaryPredicate p );    ⑬


template< typename RandomIt, typename Compare >
constexpr void
    sort( RandomIt first, RandomIt last, Compare comp );    ⑭

} // namespace std
```

std::partition()과 std::sort() 알고리듬 모두 전략 디자인 패턴을 사용한다. std::partition()의 UnaryPredicate 인자(⑬)와 std::sort()의 Compare 인자(⑭)는 외부에서 행위를 주입하는 수단을 나타낸다. 보다 구체적으로는 두 인자 모두 요소 정렬 방법을 지정할 수 있다. 이런 이유로 두 알고리듬 모두 행위의 특정 부분을 추출하고 그에 대한 추상화를 개념 형태로 제공한다('지침 7: 기초 클래스와 콘셉트 간 유사성을 이해하라' 참고). 이는 전략의 OO 형식과 달리 실행 중 어떤 성능 불이익도 초래하지 않는다.

std::unique_ptr 클래스 템플릿에서 유사한 접근법을 볼 수 있다.

```
namespace std {

template< typename T, typename Deleter = std::default_delete<T> >    ⑮
class unique_ptr;

template< typename T, typename Deleter >    ⑯
class unique_ptr<T[], Deleter>;

} // namespace std
```

기초 템플릿(⑮)과 배열에 대한 특수화(⑯) 모두, 두 번째 템플릿 인자로 Deleter를 명시적으로 지정할 수 있다. 이 인자를 통해 delete, free() 또는 다른 할당 해제 함수를 사용해 자원 해제 여부를 결정할 수 있다. 심지어 std::unique_ptr을 '남용'해 완전히 다른 정리 작업을 수행할 수도 있다.

이런 유연성은 전략 디자인 패턴에 대한 증거이기도 하다. 템플릿 인자를 사용해 클래스에 어떤 정리 행위를 주입할 수도 있다. 이런 전략 형식을 **단위 전략 기반 디자인**이라고도 하며 2001년에 안드레 알렉산드레스쿠(Andrei Alexandrescu)가 소개한 디자인 철학을 기반으로 한다.[10] 아이디어는 같다. 클래스 템플릿의 특정 행위를 추출하고 분리해 변경 용이성(changeability), 확장성, 테스트 용이성, 재사용성을 개선한다. 따라서 단위 전략 기반 디자인은 전략 디자인 패턴의 정적 다형성 형식으로 간주할 수 있다. 그리고 확실하게 표준 라이브러리에서 이 아이디어의 많은 적용 사례가 보여주듯이 이 디자인은 정말 잘 작동한다.

도형 그리기 예제에 단위 전략 기반 디자인을 적용할 수도 있다. 다음 Circle 클래스 구현을 생각해보자.

```
//---- <Circle.h> ----------------

#include <Shape.h>
#include <DrawCircleStrategy.h>
#include <memory>
#include <utility>
```

---

10 안드레 알렉산드레스쿠, 《Modern C++ Design》(인포북, 2003)

```
template< typename DrawCircleStrategy >        ⑰
class Circle : public Shape
{
 public:
   explicit Circle( double radius, DrawCircleStrategy drawer )
      : radius_( radius )
      , drawer_( std::move(drawer) )
   {
      /* 주어진 radius가 유효한지 확인한다 */
   }

   void draw( /*몇몇 인자*/ ) const override
   {
      drawer_( *this, /*몇몇 인자*/ );        ⑱
   }

   double radius() const { return radius_; }

 private:
   double radius_;
   DrawCircleStrategy drawer_;   // 주어진 전략을 상태를 유지하지 않는 것으로
                                 // 추정하면 생략할 수 있다.
};
```

생성자에 DrawCircleStrategy 기초 클래스에 대한 std::unique_ptr을 전달하는 대신 템플릿 인자를 사용해 전략을 지정할 수 있다(⑰). 가장 큰 이점은 더 적은 포인터 간접 지정으로 인한 성능 향상이다. 즉, std::unique_ptr을 통해 호출하는 대신 DrawCircleStrategy에서 제공하는 구체 구현을 직접 호출할 수 있다(⑱). 단점은 실행 중에 특정 Circle 인스턴스의 그리기 전략을 조정하는 유연성을 잃는다는 것이다. 또한 Circle 클래스는 더 이상 단일하지 않으며, 모든 그리기 전략에 대해 한 번씩 Circle을 인스턴스화한다. 마지막으로 중요한 것은, 클래스 템플릿은 일반적으로 헤더 파일에 완전히 상주한다는 것을 명심해야 한다는 것이다. 따라서 소스 파일에서 구현 상세를 숨길 기회를 잃을 수 있다. 늘 그렇듯이 완벽한 해결책은 없으며 '올바른' 해결책의 선택은 실제 상황에 따라 다르다.

요약하면, 전략 디자인 패턴은 디자인 패턴 카탈로그에서 가장 다재다능한 예 중 하나다. 동적뿐만 아니라 정적 다형성 영역의 많은 상황에서 유용하다는 것을 알게 될 것이다. 하지만 모든 문제에 대한 궁극적인 해결책은 아니며, 잠재적인 단점을 알고 있어야 한다.

> **지침 19: 전략을 사용해 작업 수행 방법을 분리하라**
>
> - 상속이 답인 경우는 드물다는 점을 이해한다.
> - 전략 디자인 패턴은 응집성이 있는 함수 집합의 구현 상세를 추출하려는 의도로 적용한다.
> - 연산별로 전략을 하나씩 구현해 인위적인 결합을 피한다.
> - 단위 전략 기반 디자인은 전략 디자인 패턴의 컴파일 시점 형식으로 간주한다.

지침 20: 상속보다 구성을 선호하라

90년대와 2000년대 초반, OOP에 대한 열광이 엄청나게 급등했으나 오늘날 OOP는 수세에 몰렸다. OOP를 반대하고 단점을 부각시키는 목소리가 더욱 강해지고 있다. 이는 C++ 공동체에 국한되지 않으며, 다른 프로그래밍 언어 공동체도 마찬가지다. OOP 전체를 보면 확실히 일부 한계가 있지만, 여기서는 가장 열띤 논쟁을 일으키는 것으로 보이는 한 가지 기능인 상속에 초점을 맞추자. 숀 파렌트(Sean Parent)는 다음처럼 언급했다.[11]

> 상속은 악의 기초 클래스다.

상속이 현실 관계를 본뜨는 매우 자연스럽고 직관적인 방법으로 통하지만, 약속한 것보다 사용하기가 훨씬 더 어려운 것으로 밝혀졌다. '지침 6: 추상화로 기대하는 행위를 따르라'에서 리스코프 치환 원칙(LSP)에 대해 얘기할 때 이미 상속을 사용한 미묘한 실패를 봤다. 그러나 종종 오해하는 상속의 또 다른 측면이 있다.

무엇보다 먼저, 상속을 항상 재사용성을 단순화하는 것으로 설명한다. 다른 클래스를 상속하기만 하면 코드를 쉽게 재사용할 수 있는 것이 명백해 보이므로 이는 직관적인 듯하다. 불행히도 이는 상속이 가져다주는 재사용이 아니다. 상속은 기초 클래스 코드를 재사용하는 게 아니라, 그 기초 클래스를 다형적으로 사용하는 다른 코드에서 재사용하는 것에 관한 것이다. 예를 들어, 약간 확장한 Shape 기초 클래스를 가정하면, 다음 함수는 모든 종류의 도형에 대해 작동하므로 Shape 기초 클래스의 모든 구현에서 재사용할 수 있다.

---

11 숀 파렌트, 'Inheritance Is the Base Class Of Evil'(https://youtu.be/2bLkxj6EVoM), GoingNative, 2013.

```
class Shape
{
 public:
   virtual ~Shape() = default;

   virtual void translate( /*몇몇 인자*/ ) = 0;
   virtual void rotate( /*몇몇 인자*/ ) = 0;

   virtual void draw( /*몇몇 인자*/ ) const = 0;
   virtual void serialize( /*몇몇 인자*/ ) const = 0;

   // ... 다른 멤버 함수가 있을 수 있다 ...
};

void rotateAroundPoint( Shape& shape );           ❶
void mergeShapes( Shape& s1, Shape& s2 );         ❷
void writeToFile( Shape const& shape );           ❸
void sendViaRPC( Shape const& shape );            ❹
// ...
```

네 함수(❶, ❷, ❸, ❹) 모두 Shape 추상화를 기반으로 한다. 이 함수 모두 특정 도형이 아닌 모든 도형의 공통 인터페이스에만 결합된다. 모든 도형은 한 점을 중심으로 회전하고 병합하며, 파일에 기록하고 RPC를 통해 전송할 수 있다. 모든 도형은 이 기능을 '재사용'한다.

이는 코드를 재사용하는 기회를 만드는 추상화를 통해 기능을 표현하는 능력이다. 이 기능은 기초 클래스에 있는 적은 코드에 비해 방대한 코드를 생성할 것으로 예상된다. 따라서 진정한 재사용성은 다형성 타입이 아니라 타입의 다형적 사용으로 만들어진다.[12]

둘째, 상속은 소프트웨어 개체를 분리하는 데 도움이 된다고 한다. 이는 가장 확실한 사실이지만(예를 들면 '지침 9: 추상화 소유권에 주의하라'에서 의존성 역전 법칙(DIP)에 관한 논의를 기억하자), 상속 역시 결합을 만든다는 설명은 흔히 없었다. 여러분은 이전에 그 증거를 본 적이 있다. 비지터 디자인 패턴을 구현하는 동안 상속이 어떤 구현 상세를 강제하는 것을 경험했다. 고전적인 디자인 패턴에서는 필요에 따라, 심지어 응용 프로그램에 최적이 아닐지라도 Visitor 기초 클래스의 순수 가상 함수를 구현해야 한다. 또한 함수 인자나 반환 타입과 관련한 선택권이 많지 않다. 이런 것은 고정돼 있다.[13]

---

12 숀 파렌트에 따르면 다형성 타입은 없으며 유사한 타입의 다형적 사용만 있을 뿐이다. 2017년 NDC 런던 콘퍼런스의 'Better Code: Runtime Polymorphism'(https://youtu.be/QGcVXgEVMJg)을 참고한다. 내 진술은 그 의견을 지지한다.
13 결합을 만드는 상속의 또 다른 예는 허브 서터의 《Exceptional C++》(인포북, 2003)에서 논의한다.

전략 디자인 패턴에 대한 논의 시작 부분에서도 이런 결합을 경험했다. 이 사례에서 상속은 (더) 깊은 상속 계통을 유발하는 구조적 결합을 강제하며, 결과적으로 클래스 이름은 의심스럽고 재사용도 제대로 못하게 된다.

이 시점에서 여러분은 내가 상속에 대한 평판을 완전히 떨어뜨리려 한다는 인상을 받을 수 있다. 음, 솔직히 필요한 만큼만 약간 나쁘게 보이도록 하는 중이다. 분명히 말하면 상속은 나쁘지 않으며 사용하는 것이 잘못된 것도 아니다. 반대로 상속은 매우 강력한 기능이며 제대로 사용하면 놀라운 일을 할 수 있다. 그러나 물론 피터 파커(Peter Parker) 원칙을 기억해야 한다.

> 큰 힘에는 큰 책임이 따른다.
> – 피터 파커, 일명 스파이더맨

문제는 '제대로 사용하면' 부분이다. 상속은 제대로 사용하기 어렵다는 게 입증됐으며(확실히 우리가 믿는 것보다 더 어렵다. 나의 이전 추론을 참고하라) 의도치 않게 오용한다. 또한 많은 개발자가 모든 종류의 문제에 이를 사용하는 습관이 있어 과도하게 사용한다.[14] 이런 남용은 마이클 페더스가 언급한 것처럼 많은 문제의 근원으로 보인다.[15]

> [차이에 의한 프로그래밍][16]은 상속을 남용하면 오히려 문제가 될 수 있다는 것을 OO 공동체의 많은 사람이 알게 된 1990년대에 인기가 떨어졌다.

많은 상황에서 상속은 올바른 접근법도 올바른 도구도 아니다. 대부분 구성을 대신 사용하는 게 더 좋다. 여러분은 이미 이것이 사실이라는 것을 봤으므로 그런 폭로에 놀라지 말아야 한다. 전략 디자인 패턴의 OO 형식이 그렇게 잘 작동하는 이유는 상속이 아니라 구성이기 때문이다. 전략 디자인 패턴을 그렇게 강력하게 만드는 것은 추상화 도입과 해당 데이터 멤버의 집합이지, 서로 다른 전략의 상속 기반 구현이 아니다. 실제로 많은 디자인 패턴이 상속이 아니라 구성에 확고한 기반을 두고 있다는 것을 알게 될 것이다.[17] 이 모두는 상속을 통해 확장할 수 있지만, 그 자체 효과는 구성을 통해 얻을 수 있다.

---

14 그들이 정말 이 습관에 대해 책임이 있을까? 수십 년 동안 이것이 가야 할 길이라 배웠는데 누가 이런 식으로 생각하는 것을 탓할 수 있을까?
15 마이클 C. 페더스, 《레거시 코드 활용 전략》(에이콘출판사, 2018).
16 차이에 의한 프로그래밍은 상속 기반 프로그래밍의 다소 극단적인 형태로, 작은 차이조차 새로운 파생 클래스를 도입해 표현한다. 더 자세한 것은 마이클의 책을 참고하라.
17 예를 들면, '지침 19: 전략을 사용해 작업 수행 방법을 분리하라'에서 전략 디자인 패턴, '지침 25: 추상 통지 메커니즘으로 옵서버를 적용하라'에서 옵서버 디자인 패턴, '지침 24: 어댑터를 사용해 인터페이스를 표준화하라'에서 어댑터 디자인 패턴, '지침 35: 데코레이터를 사용해 사용자 정의를 계층적으로 추가하라'에서 데코레이터 디자인 패턴, '지침 28: 브리지를 구축해 물리적 의존성을 제거하라'에서 브리지 디자인 패턴을 참고하라.

> 서비스에 위임하라: Has-A가 Is-A보다 낫다.
> – 앤드류 헌트와 데이비드 토머스, 《실용주의 프로그래머》

이는 많은 디자인 패턴에 대한 일반적인 요점이다. 이 통찰력은 이 책의 나머지 부분에서 보게 될 디자인 패턴을 이해하는 데 매우 유용하며, 구현 품질을 향상시킬 것이므로 가까이 두기를 제안한다.

지침 20: 상속보다 구성을 선호하라

- 상속은 흔히 남용하며 심지어 때로는 잘못 사용하기도 한다는 것을 이해한다.
- 상속은 강한 결합을 만든다는 것을 명심한다.
- 많은 디자인 패턴이 상속이 아니라 구성에 의해 가능하다는 것을 인식한다.

지침 21: 커맨드를 사용해 수행할 작업을 분리하라

이 지침에 들어가기 전에 실험을 해 보자. 선호하는 이메일 클라이언트를 열고 나(저자)에게 이메일을 작성한다. 그리고 다음 내용을 추가한다. "당신 책이 정말 좋아요! 밤새는 줄 모르고 읽게 되고 모든 문제를 잊게 해줘요." 그래, 좋다. 이제 보내기를 누른다. 잘 했다! 잠시 이메일을 확인할 시간을 주길 바란다… 아니, 아직 안 왔다… 여전히 없다… 다시 해 보자. 다시 보내기를 누른다. 아니, 아무것도 아니다. 흠, 몇몇 서버가 다운된 것 같다. 아니면 단순히 `WriteCommand`, `SendCommand`, `ResendCommand` 등 모든 명령이 실패했거나. 안타깝다. 하지만 이 실패한 실험에도 불구하고 이제 또 다른 GoF 디자인 패턴인 커맨드 디자인 패턴에 대한 꽤 좋은 아이디어를 얻었다.

커맨드 디자인 패턴 해설

커맨드 디자인 패턴은 (대개) 한 번 그리고 (보통) 즉시 실행하는 작업 꾸러미(work package)의 추상화와 분리에 초점을 맞춘다. 이를 위해 다양한 작업 꾸러미의 존재를 **변형점**으로 인식하고 새로운 작업 꾸러미 종류를 쉽게 구현할 수 있게 상응하는 추상화를 도입한다.

커맨드 디자인 패턴

의도: '요청을 객체로 캡슐화해 클라이언트를 다른 요청, 큐 또는 로그 요청 등으로 매개변수화하고 실행 취소할 수 있는 연산을 지원하게 한다.'[18]

---

18 에릭 감마 등, 《GoF의 디자인 패턴》.

그림 5-7에서 GoF 책에서 가져온 원래 UML 공식화를 볼 수 있다.

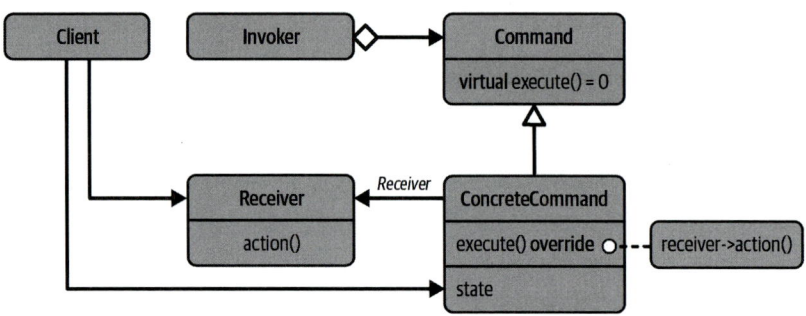

그림 5-7. 커맨드 디자인 패턴의 UML 표현

OO 기반 형식에서 커맨드 패턴은 Command 기초 클래스 형식의 추상화를 도입한다. 이를 통해 누구나 새 ConcreteCommand를 구현할 수 있다. 그 ConcreteCommand는 무엇이든 할 수 있으며 심지어 Receiver에 행동을 수행할 수도 있다. 명령 효과는 특정 Invoker가 추상 기초 클래스를 통해 유발한다.

커맨드 디자인 패턴의 구체적인 예로 다음 계산기 구현을 살펴보자. 첫 번째 코드 조각에서는 주어진 정수에 대한 수학 연산의 추상화를 나타내는 CalculatorCommand 기초 클래스 구현을 볼 수 있다.

```
//---- <CalculatorCommand.h> ----------------

class CalculatorCommand
{
 public:
   virtual ~CalculatorCommand() = default;

   virtual int execute( int i ) const = 0;    ❶
   virtual int undo( int I ) const = 0;       ❷
};
```

CalculatorCommand 클래스는 execute() 순수 가상 함수(❶)와 undo() 순수 가상 함수(❷)를 모두 구현하는 파생 클래스를 기대한다. undo()에 대한 기대는 execute() 함수의 효과를 되돌리는 데 필요한 행동을 구현하는 것이다.

Add와 Subtract 클래스는 모두 계산기에 가능한 명령을 나타내므로 CalculatorCommand 기초 클래스를 구현한다.

```
//---- <Add.h> ----------------

#include <CalculatorCommand.h>

class Add : public CalculatorCommand
{
 public:
    explicit Add( int operand ) : operand_(operand) {}

    int execute( int i ) const override        ❸
    {
       return i + operand_;
    }
    int undo( int i ) const override           ❹
    {
       return i - operand_;
    }

 private:
    int operand_{};
};


//---- <Subtract.h> ----------------

#include <CalculatorCommand.h>

class Subtract : public CalculatorCommand
{
 public:
    explicit Subtract( int operand ) : operand_(operand) {}

    int execute( int i ) const override        ❺
    {
       return i - operand_;
    }
    int undo( int i ) const override           ❻
    {
```

```cpp
      return i + operand_;
   }

 private:
   int operand_{};
};
```

Add는 덧셈 연산을 사용하는 execute() 함수(❸)와 뺄셈 연산을 사용하는 undo() 함수(❹)를 구현한다. Subtract는 그 역을 구현한다(❺와 ❻).

CalculatorCommand 상속 계통 덕분에 Calculator 클래스 자체를 다소 단순하게 유지할 수 있다.

```cpp
//---- <Calculator.h> ----------------

#include <CalculatorCommand.h>
#include <stack>

class Calculator
{
 public:
   void compute( std::unique_ptr<CalculatorCommand> command );   ❼
   void undoLast();       ❽

   int result() const;
   void clear();

 private:
   using CommandStack = std::stack<std::unique_ptr<CalculatorCommand>>;

   int current_{};        ❾
   CommandStack stack_;   ❿
};

//---- <Calculator.cpp> ----------------

#include <Calculator.h>
```

```
void Calculator::compute( std::unique_ptr<CalculatorCommand> command )   ❼
{
   current_ = command->execute( current_ );
   stack_.push( std::move(command) );
}

void Calculator::undoLast()   ❽
{
   if( stack_.empty() ) return;

   auto command = std::move(stack_.top());
   stack_.pop();

   current_ = command->undo(current_);
}

int Calculator::result() const
{
   return current_;
}

void Calculator::clear()
{
   current_ = 0;
   CommandStack{}.swap( stack_ ); // 스택을 지운다
}
```

계산 활동에 필요한 유일한 함수는 compute()(❼)와 undoLast()(❽)이다. compute() 함수는 CalculatorCommand 인스턴스를 전달받고 이를 즉시 실행해 현재 값을 갱신한 후(❾), 스택에 저장한다(❿). undoLast() 함수는 마지막으로 실행한 명령을 스택에서 꺼내고 undo()를 호출해 되돌린다.

main() 함수에서는 모든 조각을 결합한다.

```
//---- <Main.cpp> ----------------

#include <Calculator.h>
#include <Add.h>
#include <Subtract.h>
```

```
#include <cstdlib>

int main()
{
   Calculator calculator{};            ⓫

   auto op1 = std::make_unique<Add>( 3 );          ⓬
   auto op2 = std::make_unique<Add>( 7 );          ⓭
   auto op3 = std::make_unique<Subtract>( 4 );     ⓮
   auto op4 = std::make_unique<Subtract>( 2 );     ⓯

   calculator.compute( std::move(op1) );  // 0 + 3을 계산하고, 3을 저장 후 반환한다
   calculator.compute( std::move(op2) );  // 3 + 7을 계산하고, 10을 저장 후 반환한다
   calculator.compute( std::move(op3) );  // 10 - 4를 계산하고, 6을 저장 후 반환한다
   calculator.compute( std::move(op4) );  // 6 - 2를 계산하고, 4를 저장 후 반환한다

   calculator.undoLast();  // 마지막 명령을 되돌리고,
                           // 6을 저장 후 반환한다

   int const res = calculator.result();  // 최종 결과를 얻는다: 6

   // ...

   return EXIT_SUCCESS;
}
```

먼저 calculator(⓫)와 일련의 연산(⓬, ⓭, ⓮, ⓯)를 생성하고 차례로 적용한다. 그런 다음, 최종 결과를 조회하기 전에 undoLast() 연산을 통해 op4를 되돌린다.

이 디자인은 SOLID 원칙을 매우 훌륭히 따른다.[19] 커맨드 디자인 패턴을 통해 **변형점**을 이미 추출했으므로 SRP를 따른다. 결과적으로 compute()와 undoLast() 모두 가상 함수일 필요가 없다. 또한 SRP는 OCP를 가능하게 하는 역할이며, 어떤 기존 코드도 수정하지 않고 새 연산을 추가할 수 있게 한다. 마지막으로 가장 중요한 것은, Command 기초 클래스에 대한 소유권을 고수준에 적절히 할당하면 이 디자인은 DIP도 준수한다(그림 5-8 참고).

---

19 물론 커맨드 디자인 패턴의 고전적인 형식을 사용하지만, SOLID 원칙을 따른다. 좌절감에 지금 손톱을 물어 뜯고 있거나 단순히 더 나은 방법이 없는지 궁금하다면 양해를 부탁한다. '지침 22: 참조 의미론보다 값 의미론을 선호하라'에서 훨씬 더 멋지고 '현대적인' 해결책을 보여주겠다.

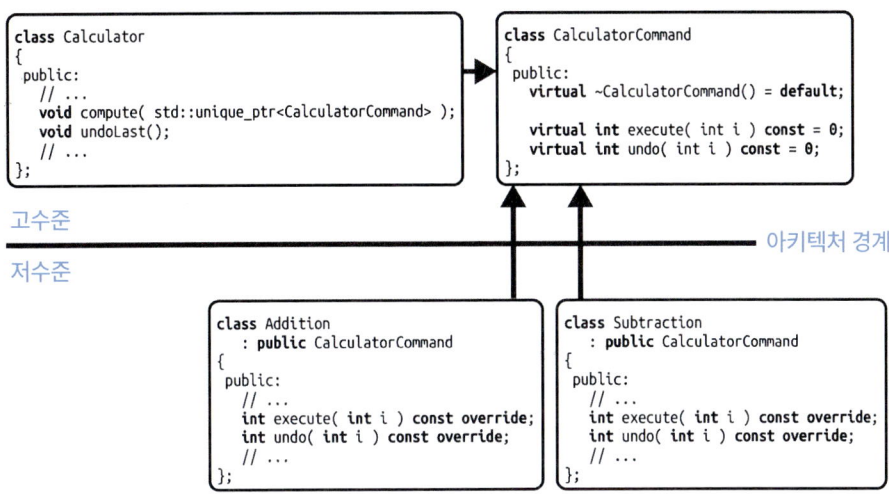

그림 5-8. 커맨드 디자인 패턴에 대한 의존성 도표

고전적인 예제의 범주에 속하는 커맨드 디자인 패턴의 두 번째 예는 스레드 풀(thread pool)이다. 스레드 풀의 목적은 병렬로 실행할 작업을 기다리는 여러 스레드를 유지하는 것이다. 이 아이디어는 다음 ThreadPool 클래스로 구현한다. 이 클래스는 특정 작업을 사용 가능한 특정 수의 스레드로 넘기는 몇 가지 멤버 함수를 제공한다.[20]

```
class Command     ⑰
{ /* 어떤 행동을 수행하고 되돌리는 추상 인터페이스. */ };

class ThreadPool
{
 public:
   explicit ThreadPool( size_t numThreads );

   inline bool     isEmpty() const;
   inline size_t size()    const;
   inline size_t active()  const;
   inline size_t ready()   const;

   void schedule( std::unique_ptr<Command> command );   ⑯
```

---

20 주어진 ThreadPool 클래스는 완전하지 않으며 주로 커맨드 디자인 패턴의 실례를 보이기 위한 것이다. 작동하는 스레드 풀의 전문적인 구현은 앤서니 윌리엄(Anthony William)의 《C++ Concurrency in Action》, 2nd ed. (Manning)을 참고한다.

```
    void wait();

    // ...
};
```

가장 중요한 것은 ThreadPool을 사용하면 schedule() 함수를 통해 작업을 예약할 수 있다는 점이다(⑯). 이는 **어떤** 작업이든 될 수 있다. ThreadPool은 스레드가 수행할 작업에 전혀 관계하지 않는다. Command 기초 클래스를 사용해 예약한 실제 작업과 완전히 분리한다(⑰).

단순히 Command에서 파생하는 것으로 임의의 작업을 공식화할 수 있다.

```cpp
class FormattingCommand : public Command       ⑱
{ /* 디스크를 포맷하는 구현 */ };

class PrintCommand : public Command            ⑲
{ /* 프린터 작업 수행 구현 */ }

int main()
{
    // 초기 작업 스레드가 둘인 스레드 풀을 만든다
    ThreadPool threadpool( 2 );

    // 병행 작업 둘을 예약한다
    threadpool.schedule(
        std::make_unique<FormattingCommand>( /*몇몇 인자*/ ) );
    threadpool.schedule(
        std::make_unique<PrintCommand>( /*몇몇 인자*/ ) );

    // 스레드 풀이 두 명령 모두 완료하기를 기다린다
    threadpool.wait();

    return EXIT_SUCCESS;
}
```

이런 작업의 한 가지 예시는 FormattingCommand이다(⑱). 이 작업은 운영 체제를 통해 디스크를 포맷하는 데 필요한 정보를 얻는다. 또는 프린터 작업을 하도록 하는 모든 데이터를 수신하는 PrintCommand를 상상할 수 있다(⑲).

또한 이 ThreadPool 예에서는 커맨드 디자인 패턴의 효과를 인식할 수 있다. 다양한 작업을 **변형점**으로 식별하고 추출해(다시 얘기하지만 SRP를 따른다) 기존 코드를 수정할 필요 없이 다양한 작업을 구현할 수 있다(OCP를 준수한다).

물론 표준 라이브러리에도 몇 가지 예가 있다. 예를 들면, std::for_each() 알고리듬의 행동([20])에서 커맨드 디자인 패턴을 볼 수 있다.

```
namespace std {

template< typename InputIt, typename UnaryFunction >
constexpr UnaryFunction
   for_each( InputIt first, InputIt last, UnaryFunction f );   [20]

} // namespace std
```

세 번째 인자로 주어진 모든 요소에 대해 이 알고리듬이 **어떤** 작업을 수행할지 지정할 수 있다. 이는 요소 조작에서 출력까지 어떤 행동이든 될 수 있으며, 함수 포인터처럼 간단한 것부터 람다만큼 강력한 것까지 지정할 수 있다.

```
#include <algorithms>
#include <cstdlib>

void multBy10( int& i )
{
   i *= 10;
}

int main()
{
   std::vector<int> v{ 1, 2, 3, 4, 5 };

   // 모든 정수에 10을 곱한다
   std::for_each( begin(v), end(v), multBy10 );

   // 모든 정수를 출력한다
   std::for_each( begin(v), end(v), []( int& i ){
      std::cout << i << '\n';
   } );
```

```
    return EXIT_SUCCESS;
}
```

커맨드 디자인 패턴 대 전략 디자인 패턴

"잠깐만요!" 여러분이 외치는 소리가 들린다. "방금 표준 라이브러리의 알고리듬을 전략 디자인 패턴으로 구현한다고 설명하지 않았나요? 이전 진술과 완전히 모순되지 않나요?" 맞는 말이다. 몇 쪽 전에 std::partition()과 std::sort() 알고리듬을 전략 디자인 패턴으로 구현했다고 설명했다. 그러므로 지금 내가 모순돼 보인다는 것을 인정한다. 하지만 **모든** 알고리듬이 전략을 기반으로 한다고 주장하지는 않았으므로 계속 설명하겠다.

구조적 관점에서 전략과 커맨드 디자인 패턴은 동일하다. 즉, 동적 다형성을 사용하든 정적 다형성을 사용하든 구현 관점에서는 전략과 커맨드 사이에 차이가 없다.[21] 차이는 전적으로 두 디자인 패턴의 의도에 있다. 전략 디자인 패턴은 어떤 일을 **어떻게** 수행할지 지정하는 반면, 커맨드 디자인 패턴은 **무엇**을 수행할지 지정한다. 예를 들어 std::partition()과 std::for_each() 알고리듬을 생각해 보자.

```
namespace std {

template< typename ForwardIt, typename UnaryPredicate >
constexpr ForwardIt
   partition( ForwardIt first, ForwardIt last, UnaryPredicate p );    ㉑

template< typename InputIt, typename UnaryFunction >
constexpr UnaryFunction
   for_each( InputIt first, InputIt last, UnaryFunction f );           ㉒

} // namespace std
```

std::partition() 알고리듬에서는 요소를 선택하는 **방법**만 제어할 수 있는 반면(㉑), std::for_each() 알고리듬에서는 주어진 범위의 각 요소에 **어떤** 연산을 적용할지 제어할 수 있다(㉒). 그리고 도형 예에서는 특정 도형을 그리는 **방법**만 지정할 수 있는 반면, ThreadPool 예에서는 **어떤** 연산을 예약할지 결정하는 책임을 전적으로 맡는다.[22]

---

21 이는 디자인 패턴이 구현 상세에 대한 것이 아니라는 내 진술의 또 다른 예시다. '지침 12: 디자인 패턴에 대한 오해를 주의하라'를 참고한다.
22 완전한 도형 예는 '지침 19: 전략을 사용해 작업 수행 방법을 분리하라'를 참고한다.

적용한 두 디자인 패턴에 대한 두 가지 다른 지표가 있다. 첫째, 객체가 있고 (**의존성 주입**) 행동을 사용해 이를 설정한다면 (높은 가능성으로) 전략 디자인 패턴을 사용하고 있는 것이다. 객체를 설정하는 행동을 사용하지 않는 대신 행동을 직접 수행하면 (높은 가능성으로) 커맨드 디자인 패턴을 사용하고 있는 것이다. Calculator 예에서는 Calculator를 설정하는 행동을 전달하지 않는 대신 행동을 즉시 평가했다. 따라서 커맨드 패턴을 기반으로 구축했다.

다른 방법으로 전략을 사용해 Calculator를 구현할 수도 있다.

```
//---- <CalculatorStrategy.h> ----------------

class CalculatorStrategy
{
 public:
   virtual ~CalculatorStrategy() = default;

   virtual int compute( int i ) const = 0;
};
```

```
//---- <Calculator.h> ----------------

#include <CalculatorStrategy.h>

class Calculator
{
 public:
   void set( std::unique_ptr<CalculatorStrategy> operation );   ㉓
   void compute( int value );         ㉔

   // ...

 private:
   int current_{};
   std::unique_ptr<CalculatorStrategy> operation_;  // 기본값이 필요하다!
};
```

```
//---- <Calculator.cpp> ----------------

#include <Calculator.h>

void set( std::unique_ptr<CalculatorStrategy> operation )     ㉓
{
   operation_ = std::move(operation);
}

void Calculator::compute( int value )     ㉔
{
   current_ = operation_.compute( value );
}
```

이 Calculator 구현에서는 set() 함수를 통해 전략을 주입한다(㉓). compute() 함수는 주입한 전략을 사용해 계산을 수행한다(㉔). 하지만 이 접근법은 합리적인 실행 취소 메커니즘 구현을 더 어렵게 한다는 점에 주의한다.

커맨드를 사용하는지, 아니면 전략을 사용하는지 알기 위한 두 번째 지표는 undo() 연산이다. 여러분이 선택한 행동이 수행한 **것**을 되돌리는 undo() 연산을 제공하고 undo()를 수행하는 데 필요한 모든 것을 캡슐화한다면 아마도 커맨드 디자인 패턴을 다루고 있을 것이다. 여러분이 선택한 행동이 어떤 일을 수행하는 **방법**에 초점을 맞추거나 해당 연산을 되돌릴 정보가 부족해 undo() 연산을 제공하지 않는다면 아마도 전략 디자인 패턴을 다루고 있을 것이다. 하지만 undo() 연산이 없다는 것이 전략의 결정적인 증거는 아니라는 점을 분명히 지적해야겠다. 수행할 **작업**을 지정할 의도라면 여전히 커맨드를 구현하는 것일 수 있다. 예를 들어, std::for_each() 알고리듬은 undo() 연산이 필요하지 않지만, 여전히 Command를 기대한다. Undo() 연산은 커맨드 디자인 패턴을 정의하는 기능이 아닌, 선택적 기능으로 간주해야 한다. 내 생각에 undo()는 커맨드 디자인 패턴의 강점이 아니라 순수한 필요성이다. 즉, 원하는 대로 수행할 수 있는 완전한 자유가 행동에 있다면 그 행동만 해당 연산을 되돌릴 수 있을 것이다(물론 커맨드에 대한 모든 호출에 대해 모든 것의 완전한 복사본을 저장하기를 원하지 않는다고 가정한다).

이 두 패턴 사이에 명확한 구분이 없으며 그 사이에 회색 지대가 있다는 것을 인정한다. 하지만 커맨드인지 전략인지 논쟁하는 과정에서 친구 몇을 잃는 것은 의미없다. 둘 중 어느 것을 사용하고 있는지 합의하는 것보다 더 중요한 것은 구현 상세를 추출하고 관심사를 분리하는 그 능력을 이용하는 것이다. 두 디자인 패턴 모두 변경과 확장을 분리하는 데 도움이 되므로 SRP와 OCP를 따르는 데 도움이 된다. 결국 C++ 표준 라이브러리에 이 두 가지 디자인 패턴의 예가 너무 많은 이유가 바로 이 능력 때문일 수 있다.

커맨드 디자인 패턴 단점 분석

커맨드 디자인 패턴의 장점은 전략 디자인 패턴과 유사하다. 커맨드는 어떤 추상화 형태(예를 들면, 기초 클래스나 개념)를 도입해 구체적인 작업의 구현 상세를 분리하는 것을 돕는다. 이 추상화를 통해 새 작업을 쉽게 추가할 수 있다. 따라서 커맨드는 SRP와 OCP를 모두 만족한다.

하지만 커맨드 디자인 패턴에는 단점도 있다. 그렇지만 전략 디자인 패턴과 비교해 단점 목록은 꽤 짧다. 유일한 실제 단점은 기초 클래스를 통해 커맨드를 구현하면 (고전적인 GoF 형식) 추가적인 간접 지정으로 인해 런타임 성능 비용이 추가된다는 점이다. 다시 얘기하지만, 유연성 향상이 런타임 성능 손실보다 중요한지는 사용자가 결정해야 한다.

요약하면, 전략 디자인 패턴처럼 커맨드 디자인 패턴은 디자인 패턴 카탈로그에서 가장 기본적이고 유용한 것 중 하나다. 정적과 동적 모두를 포함하는 다양한 상황에서 커맨드 구현을 접하게 될 것이다. 따라서 커맨드의 의도, 장점과 단점을 이해하는 것은 많은 경우에 유용하다.

지침 21: 커맨드를 사용해 수행할 작업을 분리하라

- 커맨드 디자인 패턴은 (실행 취소할 수 있는) 행동을 추상화하고 캡슐화하려는 의도로 적용한다.
- 커맨드와 전략 디자인 패턴의 경계는 유동적이라는 점을 인식한다.
- 동적과 정적 적용 사례 모두에 커맨드를 사용한다.

지침 22: 참조 의미론보다 값 의미론을 선호하라

'지침 19: 전략을 사용해 작업 수행 방법을 분리하라'와 '지침 21: 커맨드를 사용해 수행할 작업을 분리하라'에서는 각각 전략과 커맨드 디자인 패턴을 소개했다. 두 사례 모두 고전적인 GoF 형식을 기반으로 예제를 구축했다. 즉, 상속 계통을 통해 동적 다형성을 사용했다. 현대적 감각이 부족한 고전적인 객체 지향 형식으로 인해, 지금쯤 손톱을 물어뜯어 여러분의 네일 미용사(manicurist)가 곤란하게 됐을 거라 상상한다. 그리고 궁금해할지도 모른다. "전략과 커맨드를 구현하는 다른 더 좋은 방법은 없을까요? 더

'현대적'인 접근법은요?" 안심해도 된다. 물론 있다. 이 접근법은 흔히 '모던 C++'로 부르는 철학에 매우 중요해 그 장점을 설명하기 위한 별도의 지침이 반드시 필요하다. 여러분의 네일 미용사도 이 작은 우회로에 대한 이유를 이해할 것이라 확신한다.

GoF 형식의 단점: 참조 의미론

사인방은 자신의 책에 제시한 디자인 패턴을 객체 지향 디자인 패턴으로 소개했다. 그들의 책에서 설명한 디자인 패턴 23개 중 대부분이 상속 계통을 적어도 하나 사용하고 있으며, OO 프로그래밍 영역에 굳게 뿌리내리고 있다. 명백한 두 번째 선택인 템플릿은 GoF 책에서 어떤 역할도 하지 않았다. 이 순수한 OO 형식이 내가 GoF 형식으로 언급하는 것이다. 오늘날 관점에서 그 형식은 C++로 작업을 수행하기에는 오래되고 시대에 뒤떨어진 방식으로 보일 수 있지만, 그 책을 1994년 10월에 출판했다는 것도 감안해야 한다. 그 당시 템플릿은 이미 언어의 일부였을 수 있지만(적어도 《The Annotated Reference Manual(ARM)》에서는 공식적으로 설명했다), 템플릿 관련 관용구는 없었고 C++는 여전히 일반적으로 OO 프로그래밍 언어로 인식됐다.[23] 이런 이유로 C++를 사용하는 일반적인 방법은 주로 상속을 사용하는 것이었다.

오늘날에는 GoF 형식에 여러 단점이 있다는 것을 알고 있다. 가장 중요하며 일반적으로 가장 흔히 언급하는 것 중 하나는 성능이다.[24]

- 가상 함수는 추가 런타임 비용을 증가시키고 컴파일러 최적화 기회를 줄인다.
- 작은 다형성 객체를 많이 할당하면 실행 시간이 추가로 들고 메모리가 단편화돼 최적이 아닌 캐시 사용으로 이어진다.
- 데이터를 배열하는 방식은 흔히 데이터 접근 기법과 관련해 비생산적이다.[25]

성능은 진정으로 GoF 형식의 강력한 측면 중 하나가 아니다. GoF 형식에 있을 수 있는 모든 단점에 대해 완전히 논의하지 않는 대신 특별히 관심을 두는 다른 단점 하나에 초점을 맞추도록 하자. 즉, GoF 형식은 오늘날 **참조 의미론**이라고(때때로 **포인터 의미론**이라고도) 부르는 것에 속한다. 이 형식은 주로 포인터와 참조로 작동해서 그렇게 이름이 붙었다. 참조 의미론이라는 용어의 의미와 왜 그것이 대개 다소

---

[23] 마가렛 A. 엘리스(Margaret A. Ellis)와 비야네 스트롭스트룹(Bjarne Stroustrup), 《The Annotated C++ Reference Manual》(Addison-Wesley, 1990).
[24] 일반적인 C++ 성능 측면과 특히 상속 계통의 성능 관련 문제에 대한 개관은 커트 건서로스(Kurt Guntheroth)의 책, 《C++ 최적화》(한빛미디어, 2019)를 참고한다.
[25] 이에 대해 가능한 해결책은 데이터 지향 디자인 기법을 사용하는 것이다. 리차드 파비안(Richard Fabian)의 《Data-Oriented Design: Software Engineering for Limited Resources and Short Schedules》를 참고한다.

부정적으로 인식되는지를 보여주기 위해 C++20 std::span 클래스 템플릿을 사용한 다음 코드 예제를 살펴보자.

```cpp
#include <cstdlib>
#include <iostream>
#include <span>
#include <vector>

void print( std::span<int> s )                    ❶
{
   std::cout << " (";
   for( int i : s ) {
      std::cout << ' ' << i;
   }
   std::cout << " )\n";
}

int main()
{
   std::vector<int> v{ 1, 2, 3, 4 };              ❷

   std::vector<int> const w{ v };                 ❸
   std::span<int> const s{ v };                   ❹

   w[2] = 99;  // 컴파일 오류!                     ❺
   s[2] = 99;  // 작동한다!                        ❻

   // print( 1 2 99 4 );
   print( s );                  ❼

   v = { 5, 6, 7, 8, 9 };       ❽
   s[2] = 99;  // 작동한다!      ❾

   // print ?
   print( s );                  ❿

   return EXIT_SUCCESS;
}
```

print() 함수(❶)는 std::span의 목적을 보여준다. std::span 클래스 템플릿은 배열에 대한 추상화를 나타낸다. print() 함수는 특정 배열 타입과 결합하지 않고 (내장 배열, std::array, std::vector 등) 모든 배열 타입으로 호출할 수 있다. 동적 범위(dynamic extent)(배열 크기를 나타내는 두 번째 템플릿 인자가 없다)가 있는 std::span 예에서 std::span의 전형적인 구현에는 두 가지 데이터 멤버, 즉 배열의 첫 번째 요소에 대한 포인터와 배열 크기가 있다. 이런 이유로 std::span은 복사하기 쉬운 것으로 간주해 흔히 값으로 전달한다. 그 외에 print()는 단순히 std::span의 요소(이 예에서는 정수)를 순회하고 std::cout을 통해 출력한다.

main() 함수에서는 먼저 std::vector<int> v를 생성하고 즉시 정수 1, 2, 3, 4로 채운다(❷). 그런 다음 v의 복사본으로 또 다른 std::vector w(❸)와 std::span s(❹)를 생성한다. w와 s 모두 const로 한정한다. 그 직후, 색인 2에서 w와 s 모두 수정한다. w를 변경하려는 시도는 w를 const로 선언했기 때문에 담고 있는 요소를 변경할 수 없어 컴파일 오류로 실패한다(❺). 하지만 s를 변경하려는 시도는 잘 작동한다. s를 const로 선언했음에도 컴파일 오류가 발생하지 않는다(❻).

그 이유는 s가 v의 복사본이 아니며 값을 나타내지 않기 때문이다. 그 대신 v에 대한 참조를 나타낸다. 그것은 본질적으로 v의 첫 번째 요소에 대한 포인터 역할을 하므로, const 한정자는 의미상 포인터를 const로 선언한 것과 같은 효과를 지닌다.

```
std::span<int> const s{ v };    // s는 v의 첫 번째 요소에 대한 포인터 역할을 한다
int* const ptr{ v.data() };     // 의미론적 동등한 의미
```

포인터 ptr은 변경할 수 없으며 생명 주기 동안 v의 첫 번째 요소를 참조하지만, 참조한 정수는 쉽게 수정할 수 있다. 정수에 대입하지 못하게 하려면 int에 const 한정자를 추가해야 한다.

```
std::span<int const> const s{v};    // s는 const int에 대한 const 포인터를 나타낸다
int const* const ptr{ v.data() };   // 의미론적 동등한 의미
```

포인터와 std::span의 의미론은 동등하므로 명백히 std::span은 참조 의미론 범주에 속한다. 그리고 여기에는 main() 함수의 나머지 부분에서 보여준 것처럼 여러 추가 위험이 따른다. 다음 단계로 s로 참조하는 요소를 출력한다(❼). 그 대신 std::span이 std::vector를 받아들이는 데 필요한 변환 연산자를 제공하므로 벡터 v를 직접 전달할 수도 있다는 점에 주의한다. print() 함수는 다음처럼 올바르게 출력한다.

(1 2 99 4)

벡터 v에 대입할 수 있으므로(그리고 지금까지 숫자 1에서 4까지는 약간 지루해지기 시작한 듯하므로) 이제 새 숫자 집합을 대입한다(❽). 분명히 5, 6, 7, 8, 9를 선택한 것이 특별히 창의적이지도 재미있지도 않지만, 목적에는 기여할 것이다. 바로 다음에, 다시 s를 통해 두 번째 색인에 기록하고(❾) s로 참조하는 요소를 다시 출력한다(❿). 물론 (5 6 99 8 9)를 출력할 것으로 예상하지만, 불행히도 그렇지 않다. 출력 결과는 다음과 같을 수 있다.[26]

(1 2 99 4)

이 결과가 너무 충격적이라서 어쩌면 흰 머리가 몇 가닥 더 생길지도 모른다.[27] 어쩌면 그저 놀라고 말았을 수도 있다. 또는 네, 물론 미정의 행위죠! 라고 말하며 다 알고 있다는 듯이 미소 지으며 고개를 끄떡일 수도 있다. std::vector v에 새 값을 대입할 때 값만 변경한 것이 아니라 벡터 크기도 변경했다. 값 네 개가 아니라 이제 요소 다섯 개를 저장해야 한다. 이런 이유로 벡터는 (아마도) 재할당을 수행해 그 첫 번째 요소의 주소를 변경했다. 불행히도 std::span은 쪽지를 받지 못해 여전히 이전 첫 번째 요소의 주소를 굳건히 유지하고 있다. 따라서 s를 통해 v에 기록하려고 할 때 v의 현재 배열이 아니라 v의 내부 배열이었던 이미 폐기한 메모리 조각에 기록한다. 고전적인 미정의 행위이자 참조 의미론의 고전적인 문제다.

여러분은 "이봐요, std::span의 평판을 떨어뜨리려는 건가요?"라고 묻는다. 아니다. std::span뿐만 아니라 std::string_view도 나쁘다고 말하려는 게 아니다. 오히려 그것들이 각각 배열과 문자열로부터 놀랍도록 간단하고 비용이 저렴한 추상화를 제공하므로 많이 좋아한다. 하지만 모든 도구에는 장단점이 있다는 것을 기억하자. 나는 이를 사용할 때 모든 비소유(nonowning) 참조 타입은 그것이 참조하는 값의 생명 주기에 세심한 주의를 기울여야 한다는 것을 충분히 인식하고 의식적으로 사용한다. 예를 들면, 둘 다 함수 인자에 매우 유용한 도구라고 생각하지만, 데이터 멤버로는 사용하지 않는 경향이 있다. 생명 주기 문제의 위험이 너무 높다.

참조 의미론: 두 번째 예

"물론 알고 있어요." 여러분이 주장한다. "더 오랫동안 std::span을 저장하지도 않을 거고요. 하지만 여전히 참조와 포인터가 문제인지 확신하지 못하겠어요." 좋다. 첫 번째 예가 충분히 놀랍지 않았다면 두 번째 예가 있다. 이번에는 STL 알고리듬 중 하나인 std::remove()를 사용한다. std::remove 알고리듬

---

26 '출력 결과는 다음과 같을 수 있다.'라는 단어 표현을 주시하라. 사실 출력 결과가 이럴 수도 있지만, 다를 수도 있다. 부주의하게 미정의 행위 영역에 들어갔기 때문에 상황에 따라 다르다. 따라서 이 결과는 확실한 게 아니라 최선의 추측이다.
27 이제 네일 미용사뿐만 아니라 미용사도 할 일이 생겼다.

은 특정 값의 모든 요소를 제거하기 위해 순회하는 범위에 대한 반복자 쌍과 삭제할 값을 나타내는 세 번째 인자 등 인자를 세 개 취한다. 특히 세 번째 인자는 const에 대한 참조로 전달하는 것에 주의한다.

```
template< typename ForwardIt, typename T >
constexpr ForwardIt remove( ForwardIt first, ForwardIt last, T const& value );
```

다음 코드 예를 살펴보자.

```
std::vector<int> vec{ 1, -3, 27, 42, 4, -8, 22, 42, 37, 4, 18, 9 };   ⓫

auto const pos = std::max_element( begin(vec), end(vec) );   ⓬

vec.erase( std::remove( begin(vec), end(vec), *pos ), end(vec) );   ⓭
```

몇 개의 난수로 초기화하는 std::vector v로 시작한다(⓫). 이제 벡터에 저장한 가장 큰 값을 나타내는 모든 요소를 제거하는 데 관심이 있다. 이 예에서는 42가 그 값이며, 벡터에 두 번 저장돼 있다. 삭제를 수행하는 첫 단계는 std::max_element() 알고리듬을 사용해 가장 큰 값을 결정하는 것이다. std::max_element()는 가장 큰 값에 대한 반복자를 반환한다. 범위 내 여러 요소가 가장 큰 요소와 같으면 그런 요소 중 첫 번째에 대한 반복자를 반환한다(⓬).

가장 큰 값을 제거하는 두 번째 단계는 std::remove()를 호출하는 것이다(⓭). begin(vec)과 end(vec)를 사용해 요소 범위를 전달하고 pos 반복자를 역참조해 가장 큰 값을 전달한다. 마지막으로 중요한 것은 erase() 멤버 함수를 호출해 연산을 마치는 것이다. 이를 통해 std::remove() 알고리듬에서 반환한 위치와 벡터 끝 사이 모든 값을 지운다. 이 일련의 연산을 흔히 **erase-remove 관용구**(https://en.wikibooks.org/wiki/More_C%2B%2B_Idioms/Erase-Remove)라고 한다.

벡터에서 42인 값을 둘 모두 제거할 것으로 기대하므로 다음 결과가 예상된다.

(1 -3 27 4 -8 22 37 4 18 9)

불행히도 이 기대는 성립하지 않는다. 대신 이제 벡터는 다음 값을 포함한다.

(1 -3 27 4 -8 22 42 37 18 9)

벡터에 여전히 42가 있지만, 그 대신 이제 4가 누락됐다. 이 잘못된 행위의 근본적 이유는 다시 얘기하지만, 참조 의미론이다. 역참조한 반복자를 remove() 알고리듬에 전달함으로써 그 위치에 저장한 값을 삭제해야 한다는 것을 암시적으로 진술한다. 하지만 첫 번째 42를 제거한 후 그 위치는 값 4를 보유한다. remove() 알고리듬은 값이 4인 모든 요소를 제거한다. 따라서 제거하는 다음 값은 42가 아니라 4가 되는 식이다.[28]

"좋아요, 알았어요! 하지만 그 문제는 이미 지난 일이예요! 오늘날에는 erase-remove 관용구를 더 이상 사용하지 않아요. 마침내 C++20에서는 std::erase() 자유 함수를 제공했어요!" 글쎄, 그 말에 동의하고 싶지만, 불행히도 std::erase() 함수의 존재만 인정할 수 있다.

```
template< typename T, typename Alloc, typename U >
constexpr typename std::vector<T,Alloc>::size_type
    erase( std::vector<T,Alloc>& c, U const& value );
```

std::erase() 함수도 const에 대한 참조를 사용해 삭제할 값을 두 번째 인자로 취한다. 그러므로 방금 설명한 문제가 남아 있다. 이 문제를 해결하는 유일한 방법은 가장 큰 요소를 명시적으로 결정해 std::remove() 알고리듬에 전달하는 것이다(⑭).

```
std::vector<int> vec{ 1, -3, 27, 42, 4, -8, 22, 42, 37, 4, 18, 9 };

auto const pos = std::max_element( begin(vec), end(vec) );
auto const greatest = *pos;          ⑭

vec.erase( std::remove( begin(vec), end(vec), greatest ), end(vec) );
```

"진심으로 더 이상 참조 매개변수를 사용하지 말아야 한다고 제안하는 건가요?" 절대 아니다! 물론 예를 들면 성능상의 이유로 참조 매개변수를 사용해야 한다. 그러나 어떤 경각심을 일으켰기를 바란다. 참조, 특히 포인터가 우리 삶을 훨씬 더 어렵게 만드는 문제를 이제 이해하기를 바란다. 코드를 이해하기가 더 어려우므로 코드에 버그가 생기기도 더 쉽다. 특히 포인터는 훨씬 더 많은 질문을 제기한다. 유효한 포인터일까, 아니면 nullptr일까? 누가 포인터 이면의 자원을 소유하고 생명 주기를 관리하는가? 물론 우리의 도구 상자를 확장하고 원하는 대로 쓸 수 있는 스마트 포인터가 있으므로 생명 주기 문제는 그리 문제가 되지 않는다. 핵심 지침 R.3(http://isocpp.github.io/CppCoreGuidelines/CppCoreGuidelines#Rr-ptr)에서는 다음처럼 명확히 진술한다.

28　흰 머리가 많아질수록 미용사가 할 일도 많아진다.

생포인터(raw pointer)(T*)는 비소유이다.

스마트 포인터가 소유권에 책임을 지고 있다는 사실과 함께 이는 포인터의 의미론을 상당히 정리해준다. 그러나 여전히 스마트 포인터는 엄청나게 가치 있는 도구이며 좋은 이유로 '모던(Modern) C++'의 큰 성과로 칭송함에도 불구하고, 결국은 코드에 대한 추론을 어렵게 하는 참조 의미론에 대한 단순한 수정일 뿐이다. 그렇다. 참조 의미론은 코드를 이해하고 중요한 상세 내용에 관해 추론하는 것을 더 어렵게 하므로 피하고 싶어 한다.

모던 C++ 철학: 값 의미론

"하지만 잠시만요." 여러분이 반대하는 소리가 들린다. "다른 선택은 뭐가 있을까요? 뭘 해야 하죠? 상속 계통은 어떻게 대처해야 하죠? 포인터를 피할 수는 없잖아요?" 이 노선을 따라 무언가를 생각하고 있다면 매우 좋은 소식이 있다. 그렇다. 더 나은 해결책이 있다. 코드를 이해하기 쉽고 추론하기 쉽게 하며 심지어 성능에 긍정적인 영향을 미칠 수도 있다(참조 의미론의 부정적인 성능 측면에 대해서도 얘기했음을 기억한다). 그 해결책은 값 의미론이다.

C++에서 값 의미론은 새로운 것이 아니다. 그 아이디어는 이미 원래 STL의 일부였다. 가장 유명한 STL 컨테이너인 `std::vector`를 생각해 보자.

```
std::vector<int> v1{ 1, 2, 3, 4, 5 };

auto v2{ v1 };              ⑮

assert( v1 == v2 );             ⑯
assert( v1.data() != v2.data() );    ⑰

v2[2] = 99;                 ⑱

assert( v1 != v2 );             ⑲

auto const v3{ v1 };            ⑳

v3[2] = 99;   // 컴파일 오류!
```

정수 5개로 채운 std::vector v1으로 시작한다. 다음 줄에서는 v1의 복사본인 v2를 생성한다(⑮). 벡터 v2는 때로는 **깊은 복사(deep copy)**라고도 하는 실제 복사본으로 자체 메모리와 정수를 담고 있으며 v1의 정수를 참조하지 않는다.[29] 두 벡터를 비교해 단언할 수 있으나(서로 같음을 증명한다. ⑯ 참고), 첫 번째 요소의 주소는 서로 다르다(⑰). 그리고 v2의 한 요소를 변경하면(⑱) 두 벡터는 더 이상 같지 않게 된다(⑲). 그렇다. 두 벡터 모두 자체 배열이 있으며 그 내용을 공유하지 않는다. 즉, 복사 연산을 '최적화'하려 하지 않는다. 예를 들면 기록 시 복사(copy-on-write) 기법 같은 것을 들어봤을 수도 있다. 그리고 이것이 C++11 이전 std::string에 대한 일반적인 구현이라는 것을 알고 있을 수도 있다. 그러나 C++11부터 std::string은 C++ 표준에서 공식화한 요구 사항으로 인해 더 이상 기록 시 복사를 사용할 수 없다. 이유는 이 '최적화'가 다중 스레드 세계에서는 부정적 최적화(pessimization)라는 것이 쉽게 입증되기 때문이다. 따라서 복사 생성이 실제 복사본을 생성한다는 사실을 확신할 수 있다.

마지막으로 중요한 것은, 다른 복사본 v3를 만들고 const로 선언한다는 점이다(⑳). 이제 v3 값을 변경하려고 하면 컴파일 오류가 발생한다. 이는 const 벡터가 요소 추가와 제거를 막을 뿐만 아니라 모든 요소를 const로 간주한다는 것을 보여준다.

의미론적 관점에서 이는 STL의 모든 컨테이너처럼 std::vector를 값으로 간주한다는 뜻이다. 그렇다. int와 같은 값이다. 값을 복사하면 그 값의 일부만 복사하는 게 아니라 전체를 복사한다. 값을 const로 하면 부분적으로 const가 아니라 완전히 const이다. 이것이 값 의미론의 근거다. 그리고 이미 몇 가지 이점을 보았다. 즉, 값은 포인터와 참조보다 추론하기가 더 쉽다. 예를 들어 값을 변경해도 다른 값에 영향을 주지 않는다. 변경은 어딘가 다른 곳이 아닌 지역적으로 발생한다. 이것은 컴파일러가 최적화 노력에 매우 많이 이용하는 이점이다. 또한 값은 소유권을 생각하지 않아도 된다. 값은 자체 내용을 책임지며 스레드 문제를 생각하기도 (훨씬) 더 쉽다. 이는 더 이상 문제가 없다(이는 여러분이 바라는 바다!)는 뜻은 아니지만, 확실히 코드를 이해하기는 더 쉽다. 값은 우리에게 많은 질문을 남기지 않는다.

"좋아요, 코드 명확성(clarity)에 관한 요점은 이해했어요."라고 주장한다. "하지만 성능은 어떤가요? 복사 연산을 처리하는 내내 엄청난 비용이 들지 않나요?" 음, 여러분이 맞다. 복사 연산은 비용이 많이 들 수 있다. 하지만 실제로 일어날 때만 비용이 많이 든다. 실제 코드에서는 종종 복사 생략(copy elision, https://en.cppreference.com/w/cpp/language/copy_elision), 이동 의미론, 그리고 음… 참조로 전달에 의존할 수 있다.[30] 또한 성능 관점에서는 값 의미론이 성능을 향상시킬 수도 있음을 이미 보았

---

[29] '깊은 복사'라는 개념이 벡터 요소의 타입 T에 따라 다르다는 점을 명시적으로 지적해야겠다. T가 깊은 복사를 수행하면 std::vector도 깊은 복사를 수행하지만, T가 얕은 복사(shallow copy)를 수행하면 의미적으로 std::vector 또한 얕은 복사를 수행한다.

[30] 이동 의미론에 대한 최고의 완벽한 입문서는 해당 주제에 관한 니콜라이 요수티스의 책, 《C++ Move Semantics – The Complete Guide》(NicoJosuttis, 2020)가 있다.

다. 물론 '지침 17: 비지터를 구현하는 데 std::variant를 고려하라'의 std::variant 예를 언급하는 중이다. 그 예에서는 std::variant 타입 값을 사용해 포인터로 인한 간접 지정이 더 적고 메모리 배치와 접근 패턴이 훨씬 더 나아져 성능이 크게 향상됐다.

값 의미론: 두 번째 예

두 번째 예를 살펴보자. 이번에는 다음 to_int() 함수를 생각해 보자.[31]

```
int to_int( std::string_view );
```

이 함수는 주어진 문자열의 구문을 분석해(성능을 위해 std::string_view를 사용하고 있다) int로 변환한다. 가장 흥미로운 질문은 이 함수가 오류를 처리하는 방법, 즉 문자열을 int로 변환할 수 없을 때 무엇을 해야 하는가다. 첫 번째 선택지는 0을 반환하는 것이다. 하지만 이 접근법은 0이 to_int() 함수의 유효한 반환이므로 의문스럽다. 즉, 성공과 실패를 구별할 수 없을 것이다.[32] 가능한 다른 접근법은 예외를 던지는 것이다. 예외가 오류 사례를 알리는 C++ 네이티브 도구일 수 있지만, 이 특정 문제에서는 개인 스타일과 취향에 따라 과하게 보일 수도 있다. 또한 많은 C++ 공동체에서 예외를 사용할 수 없다는 것을 알고 있어 그 선택은 해당 함수의 사용성(usability)을 제한할 수 있다.[33]

세 번째 가능성은 시그너처를 조금 바꾸는 것이다.

```
bool to_int( std::string_view s, int& );
```

이제 이 함수는 변경 가능한 int에 대한 참조를 두 번째 매개변수로 취하고 bool을 반환한다. 성공하면 true를 반환하고 전달한 정수를 설정하며, 실패하면 false를 반환하고 int를 그대로 둔다. 이는 합리적인 타협인 듯하지만, 이제는 (모든 잠재적 오용을 포함해) 참조 의미론 영역으로 더욱 벗어났다고 주장하겠다. 동시에 코드 명확성이 떨어졌다. 즉, 결과를 반환하는 가장 자연스러운 방법은 반환 값을 통하는 것이지만, 이제는 결과를 출력 값으로 만들어낸다. 예를 들면, 이는 결과를 const 값에 대입하는 것을 막는다. 그러므로 이를 지금까지 접근법 중 가장 선호하지 않는 것으로 평가하겠다.

네 번째 접근법은 포인터로 반환하는 것이다.

---

[31] 유사한 예와 토론은 패트리스 로이(Patrice Roy)의 CppCon 2016 강연, 'The Exception Situation'(https://youtu.be/Fno6suiXLPs)을 참고한다.
[32] 그렇지만 이는 정확히 std::atoi() 함수(https://en.cppreference.com/w/c/string/byte/atoi)가 취한 접근법이다.
[33] 허브 서터는 표준 제안서 P0709(https://www.open-std.org/jtc1/sc22/wg21/docs/papers/2019/p0709r4.pdf)에서 C++ 개발자 52%가 예외를 사용할 수 없거나 제한적으로 허용한다고 설명한다.

```cpp
std::unique_ptr<int> to_int( std::string_view );
```

의미론적으로 이 접근법은 꽤 매력적이다. 성공하면 int에 대한 유효한 포인터를 반환하고, 실패하면 nullptr을 반환한다. 따라서 이 두 사례를 명확히 구별할 수 있으므로 코드 명확성이 향상된다. 그러나 이런 이점은 동적 메모리 할당 비용과 std::unique_ptr을 사용한 생명 주기 관리 의무로 얻으며 여전히 참조 의미론 영역에 머물고 있다. 그러므로 질문은 다음과 같다. 어떻게 의미론적 이점을 활용하면서 값 의미론을 고수할 수 있을까? 해결책은 std::optional 형식에 있다.[34]

```cpp
std::optional<int> to_int( std::string_view );
```

std::optional(https://en.cppreference.com/w/cpp/utility/optional)은 다른 값을 나타내는 값 타입이며, 이 예에서는 int이다. 따라서 std::optional은 int가 취할 수 있는 모든 값을 취할 수 있다. 하지만 std::optional의 특수성은 감싼 값에 값이 없음을 나타내는 상태를 하나 더 추가하는 것이다. 즉, std::optional은 존재할 수도 그렇지 않을 수도 있는 int이다.

```cpp
#include <charconv>
#include <cstdlib>
#include <optional>
#include <sstream>
#include <string>
#include <string_view>

std::optional<int> to_int( std::string_view sv )
{
   std::optional<int> oi{};
   int i{};

   auto const result = std::from_chars( sv.data(), sv.data() + sv.size(), i );
   if( result.ec != std::errc::invalid_argument ) {
      oi = i;
   }

   return oi;
```

---

[34] 숙련된 C++ 개발자는 C++23의 std::expected라는 매우 유사한 타입으로 우리를 축복할 것이라는 것도 안다. 몇 년 후에는 이것이 to_int() 함수를 작성하는 적절한 방법일 수 있다.

```
}

int main()
{
   std::string value = "42";

   if( auto optional_int = to_int( value ) )
   {
      // ... 성공: 반환한 std::optional은 정수 값을 담고 있다
   }
   else
   {
      // ... 실패: 반환한 std::optional은 값을 담고 있지 않다
   }
}
```

의미론적으로 이는 포인터 접근법과 동등하지만, 동적 메모리 할당 비용을 지불하지 않으며 생명 주기를 관리할 필요가 없다.[35] 이 해결책은 의미론적으로 명확하고 이해하기 쉬우며 효율적이다.

디자인 패턴을 구현하는 데 값 의미론 사용을 선호하라

"그럼 디자인 패턴은 어떤가요?" 여러분이 묻는다. "거의 모든 GoF 패턴이 상속 계통을 기반으로 하므로 참조 의미론을 기반으로 해요. 이건 어떻게 처리하죠?" 훌륭한 질문이다. 또한 다음 지침으로 가는 완벽한 다리를 제공한다. 여기서 간단히 답하면, 값 의미론을 사용해 디자인 패턴을 구현하는 것을 선호하는 것이 좋다. 정말이다! 이런 해결책은 일반적으로 보다 포괄적이고 유지 보수 가능한 코드와 (종종) 더 나은 성능을 만들어 낸다.

> **지침 22: 참조 의미론보다 값 의미론을 선호하라**
>
> - 참조 의미론은 코드를 이해하기 더 어렵게 한다는 것을 인식한다.
> - 값 의미론의 의미론적 명확성을 선호한다.

---

[35] 함수형 프로그래밍 관점에서 std::optional은 **모나드(monad)**(https://en.wikipedia.org/wiki/Monad_(functional_programming))를 나타낸다. 일반적으로 **모나드**와 함수형 프로그래밍에 대한 훨씬 더 가치 있는 정보는 이반 추키츠의 책, 《Functional Programming in C++》에서 찾을 수 있다.

지침 23: 전략과 커맨드는 값 기반 구현을 선호하라

'지침 19: 전략을 사용해 작업 수행 방법을 분리하라'에서는 전략 디자인 패턴을 소개하고, '지침 21: 커맨드를 사용해 수행할 작업을 분리하라'에서는 커맨드 디자인 패턴을 소개했다. 또한 이 두 디자인 패턴이 일상적인 도구 상자에서 필수적인 분리 도구라는 것을 입증했다. 하지만 '지침 22: 참조 의미론보다 값 의미론을 선호하라'에서는 참조 의미론 대신 값 의미론을 사용하는 것이 더 나은 아이디어를 제공했다. 그리고 이는 물론 다음 질문을 제기한다. 전략과 커맨드 디자인 패턴에 그 지혜를 어떻게 적용할 수 있을까? 음, 여기 한 가지 가능한 값 의미론 해결책이 있다. `std::function`의 추상화 힘을 이용하는 것이다.

std::function 소개

`std::function`에 대해 아직 듣지 못했다면 소개하겠다. `std::function`은 함수 호출성 객체(예를 들면 함수 포인터, 함수 객체, 람다)에 대한 추상화를 나타낸다. 유일한 요구 사항은 `std::function`에 대한 유일한 템플릿 매개변수로 전달하는 특정 함수 타입을 함수 호출성 객체가 만족하는 것이다. 다음 코드에서 그 인상을 느낄 수 있다.

```
#include <cstdlib>
#include <functional>

void foo( int i )
{
   std::cout << "foo: " << i << '\n';
}

int main()
{
   // 기본 std::function 인스턴스를 생성한다. 호출하면
   // std::bad_function_call 예외를 발생한다
   std::function<void(int)> f{};          ❶

   f = []( int i ){   // 함수 호출성 객체를 f'에 대입한다    ❷
      std::cout << "lambda: " << i << '\n';
   };
```

```
    f(1);  // 'f'를 정수 '1'로 호출한다       ❸

    auto g = f;  // 'f'를 'g'에 복사한다      ❹

    f = foo;  // 다른 함수 호출성 객체를 'f'에 대입한다   ❺

    f(2);  // 'f'를 정수 '2'로 호출한다       ❻
    g(3);  // 'g'를 정수 '3'으로 호출한다      ❼

    return EXIT_SUCCESS;
}
```

main() 함수에서는 std::function 인스턴스 f를 생성한다(❶). 템플릿 매개변수는 요구하는 함수 타입을 지정한다. 이 예에서는 void(int)이다. "함수 타입은…" 여러분이 말한다. "함수 **포인터** 타입을 의미하는 거 아닌가요?" 글쎄, 이전에 본 적이 거의 없을 수도 있으므로 함수 타입이 무엇인지 설명하고 더 자주 봤을 함수 포인터와의 차이를 비교해 보겠다.

```
using FunctionType        = double(double);
using FunctionPointerType = double(*)(double);
// 또는:
// using FunctionPointerType = FunctionType*;
```

첫 번째 줄에서는 함수 타입을 볼 수 있다. 이 타입은 double을 취하고 double을 반환하는 **모든** 함수를 나타낸다. 이 함수 타입의 예는 std::sin(https://en.cppreference.com/w/cpp/numeric/math/sin), std::cos(https://en.cppreference.com/w/cpp/numeric/math/cos), std::log(https://en.cppreference.com/w/cpp/numeric/math/log) 또는 std::sqrt(https://en.cppreference.com/w/cpp/numeric/math/sqrt)의 해당 다중 정의다. 두 번째 줄에서는 함수 포인터 타입을 볼 수 있다. 포인터 타입을 나타내는 괄호 안 작은 별표에 주의하자. 이 타입은 FunctionType 함수 타입인 함수 **하나**의 주소를 나타낸다. 따라서 함수 타입과 함수 포인터 타입 간의 관계는 int와 int에 대한 포인터 간의 관계와 매우 비슷하다. 즉, int 값은 많지만, int에 대한 포인터는 정확히 int **하나**의 주소를 저장한다.

std::function 예로 돌아가, 처음에는 인스턴스가 비어 있으므로 호출할 수 없다. 그럼더라도 호출하려고 하면 std::function 인스턴스는 std::bad_function_call 예외를 발생한다. 자극하지 않는 게 좋다. 함수 타입 요구 사항을 충족하는 함수 호출성 객체, 예를 들면 (상태를 유지할 수 있는) 람다를 대입해 보자(❷). 이 람다는 int를 취하고 아무것도 반환하지 않는다. 그 대신 설명 출력 메시지를 사용해 호출했음을 출력한다(❸).

```
lambda: 1
```

좋다, 잘 작동했다. 다른 것을 시도해 보자. 이제 f를 사용해 또 다른 std::function 인스턴스 g를 생성한다(❹). 그런 다음 다른 함수 호출성 객체를 f에 대입한다(❺). 이번에는 함수 foo()에 대한 포인터를 대입한다. 다시 얘기하지만, 이 함수 호출성 객체는 int를 취하고 아무것도 반환하지 않는다는 std::function 인스턴스의 요구 사항을 충족한다. 대입 직후 int 2로 f를 호출하면 예상한 다음 출력을 유발한다(❻).

```
foo: 2
```

이는 아마 쉬운 것이었을 것이다. 하지만 다음 함수 호출은 훨씬 더 흥미롭다. 정수 3으로 g를 호출하면(❼), 출력을 통해 std::function이 값 의미론에 굳게 기반을 두고 있는 것을 볼 수 있다.

```
lambda: 3
```

g를 초기화하는 동안 인스턴스 f를 복사했으며 이를 값으로 복사했다. 즉, 이후에 f를 변경할 때 g에 영향을 주는 '얕은 복사'가 아닌, 람다의 복사본을 포함하는 완전한 복사(깊은 복사)를 수행한다.[36] 따라서 f를 변경해도 g에 영향을 주지 않는다. 이것이 값 의미론의 이점이다. 즉, 코드가 쉽고 직관적이며 다른 어느 곳에서 뜻하지 않게 무언가를 망가뜨릴 걱정을 할 필요가 없다.

이 시점에 std::function의 기능이 다소 마법처럼 느껴질 수도 있다. 어떻게 std::function 인스턴스가 람다를 포함해 모든 함수 호출성 객체를 취할 수 있을까? 가능한 모든 타입, 심지어 알 수도 없는 타입, 그리고 이러한 타입에 분명히 공통점이 없음에도 어떻게 저장할 수 있을까? 걱정하지 않아도 된다. 8장에서 std::function 이면에 숨어 있는 마법인 **타입 소거(Type Erasure)**라는 기법을 자세히 소개한다.

도형 그리기 리팩터링

std::function은 '지침 19: 전략을 사용해 작업 수행 방법을 분리하라'에서 도형 그리기 예를 리팩터링하는 데 필요한 모든 것을 제공한다. 이는 단일 함수 호출성 객체의 추상화를 나타내며, 각각 단일 가상

---

[36] 이 예에서 std::function 객체는 깊은 복사를 수행하지만, 일반적으로 말하면 std::function은 복사 의미론('깊은' 또는 '얕은')에 따라 담고 있는 함수 호출성 객체를 복사한다. std::function은 깊은 복사를 강제할 방법이 없다.

함수를 포함하는 DrawCircleStrategy와 DrawSquareStrategy 상속 계통을 대체하는 데 필요한 것과 거의 같다. 이런 이유로 std::function의 추상화 힘에 의존한다.

```cpp
//---- <Shape.h> ----------------

class Shape
{
 public:
   virtual ~Shape() = default;
   virtual void draw( /*몇몇 인자*/ ) const = 0;
};


//---- <Circle.h> ----------------

#include <Shape.h>
#include <functional>
#include <utility>

class Circle : public Shape
{
 public:
   using DrawStrategy = std::function<void(Circle const& /*, ...*/)>;   ❽

   explicit Circle( double radius, DrawStrategy drawer )   ❿
      : radius_( radius )
      , drawer_( std::move(drawer) )   ⓫
   {
      /* 주어진 radius가 유효하며
         주어진 'std::function' 인스턴스가 비어 있지 않은지 확인한다 */
   }

   void draw( /*몇몇 인자*/ ) const override
   {
      drawer_( *this /*, 몇몇 인자*/ );
   }

   double radius() const { return radius_; }
```

```
private:
   double radius_;
   DrawStrategy drawer_;    ⑫
};


//---- <Square.h> ----------------

#include <Shape.h>
#include <functional>
#include <utility>

class Square : public Shape
{
 public:
   using DrawStrategy = std::function<void(Square const& /*, ...*/)>;    ⑨

   explicit Square( double side, DrawStrategy drawer )          ⑩
      : side_( side )
      , drawer_( std::move(drawer) )          ⑪
   {
      /* 주어진 side 길이가 유효하며
         주어진 'std::function' 인스턴스가 비어 있지 않은지 확인한다 */
   }

   void draw( /*몇몇 인자*/ ) const override
   {
      drawer_( *this /*, 몇몇 인자*/ );
   }

   double side() const { return side_; }

 private:
   double side_;
   DrawStrategy drawer_;    ⑫
};
```

먼저 Circle 클래스에서 std::function의 기대하는 타입에 대한 타입 별칭(alias)을 추가한다(❽). 이 std::function 타입은 Circle과 더 있을 수 있는 그리기 관련 인자를 취할 수 있고 아무것도 반환하지 않는 모든 함수 호출성 객체를 나타낸다. 물론 Square 클래스에도 상응하는 타입 별칭을 추가한다(❾). Circle과 Square 두 생성자 모두 이제는 전략 기초 클래스(DrawCircleStrategy 또는 DrawSquareStrategy)에 대한 포인터 대신 std::function 타입 인스턴스를 취한다(❿). 이 인스턴스는 DrawStrategy 타입인(⓬) drawer_ 데이터 멤버로 즉시 이동한다(⓫).

"보세요, 왜 std::function 인스턴스를 값으로 취하죠? 대단히 비효율적이지 않나요? const에 대한 참조로 전달해야 하지 않을까요?" 간단히 말하면, 아니다. 값으로 전달하는 것은 비효율적인 것이 아니라 대안에 대한 우아한 타협이다. 하지만 이것이 놀라운 것일 수도 있다는 것을 인정한다. 이는 분명 주목할 만한 가치가 있는 구현 상세이므로 더 자세히 살펴보자.

const에 대한 참조를 사용하면 **우변 값(rvalue)**을 불필요하게 복사하는 단점이 있다. 우변 값을 전달하면 이 우변 값을 (**좌변 값(lvalue)**) const에 대한 참조와 결합한다. 하지만 이 const에 대한 참조를 데이터 멤버에 전달하면 복사를 한다. 이는 의도한 것이 아니며, 이것이 자연스럽게 이동하기를 원한다. 간단히 설명하면 (std::move를 사용하더라도) const 객체에서는 이동할 수 없기 때문이다. 그러므로 우변 값을 효율적으로 처리하려면 우변 값 참조(DrawStrategy&&)를 사용해 DrawStrategy를 취하는 Circle과 Square 생성자의 다중 정의를 제공해야 한다. 성능을 위해 Circle과 Square 모두에 대해 생성자를 두 개 제공한다.[37]

(좌변 값과 우변 값에 대해 각각 하나씩) 생성자를 두 개 제공하는 접근법이 효과가 있고 효율적이지만, 반드시 우아하다고 할 수는 없다. 또한 아마도 동료들이 그것을 처리해야 하는 수고를 덜어야 할 것이다.[38] 이런 이유로 std::function 구현을 이용한다. std::function은 복사 생성자와 이동 생성자를 모두 제공하므로 효율적으로 이동할 수 있다. std::function을 값으로 전달하면 복사 생성자나 이동 생성자를 호출한다. 좌변 값을 전달하면 복사 생성자를 호출해 그 값을 복사한다. 그런 다음 그 복사본을 데이터 멤버로 이동한다. 전체적으로 복사 한 번과 이동 한 번을 수행해 drawer_ 데이터 멤버를 초기화한다. 우변 값을 전달하면 이동 생성자를 호출해 그 값을 이동한다. 그런 다음 그 결과로 인한 인자 strategy를 drawer_ 데이터 멤버로 이동한다. 전체적으로 이동 연산을 두 번을 수행해 drawer_ 데이터 멤버를 초기화한다. 따라서 이 형식은 훌륭한 타협으로, 우아하고, 효율성에서 거의 차이가 없다.

---

37 이 구현 상세는 니콜라이 요수티스가 CppCon 2017 강연, 'The Nightmare of Move Semantics for Trivial Classes'(https://youtu.be/PNRju6_yn3o)에서 자세히 설명한다.
38 KISS 원칙(https://en.wikipedia.org/wiki/KISS_principle)의 또 다른 예다.

Circle과 Square 클래스를 리팩터링하면 (함수, 함수 객체, 람다 등) 원하는 형식으로 서로 다른 그리기 전략을 구현할 수 있다. 예를 들면, 다음 OpenGLCircleStrategy를 함수 객체로 구현할 수 있다.

```
//---- <OpenGLCircleStrategy.h> ---------------

#include <Circle.h>

class OpenGLCircleStrategy
{
 public:
   explicit OpenGLCircleStrategy( /* 그리기 관련 인자 */ );

   void operator()( Circle const& circle /*, ...*/ ) const;   ⓑ

 private:
   /* 색, 텍스쳐 등 그리기 관련 데이터 멤버 */
};
```

따라야 할 유일한 규칙은 Circle과 더 있을 수 있는 그리기 관련 인자를 취하고 아무것도 반환하지 않는 (즉, void(Circle const& /*, ...*/) 함수 타입을 충족하는) 호출 연산자를 제공하는 것이다(ⓑ).

OpenGLSquareStrategy에 대해 유사한 구현을 가정하면 이제 서로 다른 도형을 생성하고 원하는 그리기 행위로 구성해 그릴 수 있다.

```
#include <Circle.h>
#include <Square.h>
#include <OpenGLCircleStrategy.h>
#include <OpenGLSquareStrategy.h>
#include <memory>
#include <vector>

int main()
{
   using Shapes = std::vector<std::unique_ptr<Shape>>;

   Shapes shapes{};
```

```
// 도형 몇 개를 생성한다, 각각은
//     그에 따른 OpenGL 그리기 전략을 갖춘다
shapes.emplace_back(
    std::make_unique<Circle>( 2.3, OpenGLCircleStrategy(/*...빨강...*/) ) );
shapes.emplace_back(
    std::make_unique<Square>( 1.2, OpenGLSquareStrategy(/*...초록...*/) ) );
shapes.emplace_back(
    std::make_unique<Circle>( 4.1, OpenGLCircleStrategy(/*...파랑...*/) ) );

// 모든 도형을 그린다
for( auto const& shape : shapes )
{
    shape->draw();
}

return EXIT_SUCCESS;
}
```

main() 함수는 전략의 고전적인 구현을 사용하는 원래 구현과 매우 유사하다('지침 19: 전략을 사용해 작업 수행 방법을 분리하라' 참고). 하지만 `std::function`을 사용한 비간섭적이며 기초 클래스가 없는 이 접근법은 결합을 더욱 낮춘다. 이는 이 해결책에 대한 의존성 도표에서 분명해진다(그림 5-9 참고). (자유 함수, 함수 객체, 람다 등) 원하는 모든 형식으로 그리기 기능을 구현할 수 있으며 기초 클래스에 대한 요구 사항을 준수할 필요가 없다. 또한 `std::function`을 사용해 의존성을 자동으로 뒤집었다('지침 9: 추상화 소유권에 주의하라' 참고).

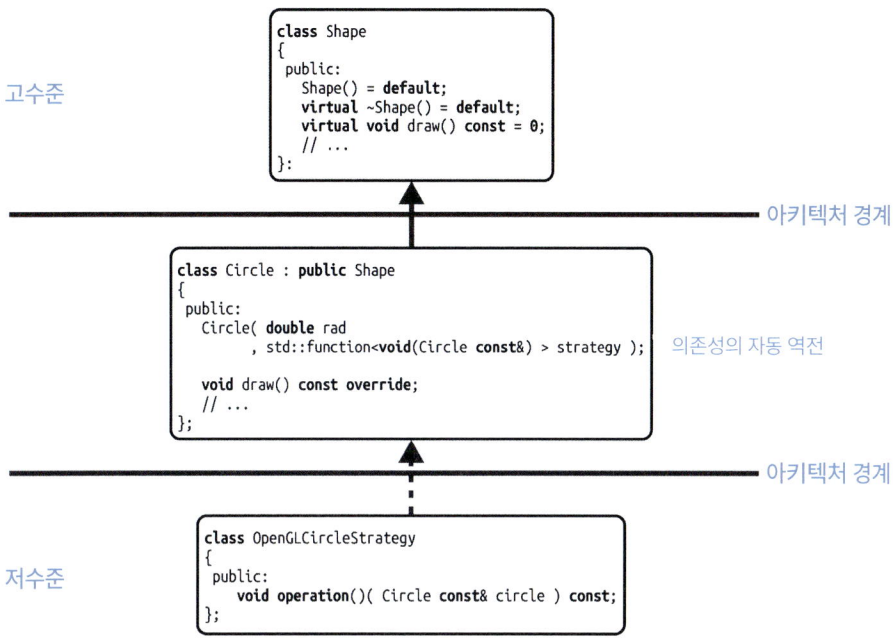

그림 5-9. std::function 해결책에 대한 의존성 도표

성능 벤치마크

"저는 유연성과 자유로움을 좋아해요. 대단해요! 하지만 성능은 어떤가요?" 진정한 C++ 개발자처럼 얘기했다. 물론 성능은 중요하다. 그러나 성능 결과를 보이기 전에 '지침 16: 비지터를 사용해 연산을 확장하라'에서 표 4-2의 수치를 얻는 데도 사용한 벤치마크 시나리오를 다시 상기해 보자. 벤치마크를 위해 (원, 정사각형, 타원, 직사각형) 네 가지 서로 다른 도형을 구현했다. 다시 얘기하지만 무작위로 생성한 도형 10,000개에 이동 연산을 25,000번 실행한다. GCC 11.1과 Clang 11.1을 모두 사용하며 두 컴파일러 모두 -O3과 -DNDEBUG 컴파일 플래그만 추가한다. 사용하는 플랫폼은 8 코어인 인텔 코어 i7 3.8 GHz와 주메모리가 64 GB인 맥OS 빅서(버전 11.4)다.

이 정보를 염두에 두고 있다면 성능 결과를 볼 준비가 된 것이다. 표 5-1에서는 그리기 예의 전략 기반 구현과 std::function을 사용한 해결책에 대한 성능 수치를 볼 수 있다.

표 5-1. 서로 다른 전략 구현에 대한 성능 결과

전략 구현	GCC 11.1	Clang 11.1
객체 지향 해결책	1.5205 s	1.1480 s
`std::function`	2.1782 s	1.4884 s
`std::function` 직접 구현	1.6354 s	1.4465 s
고전적인 전략	1.6372 s	1.4046 s

참고로 첫 번째 줄에서는 '지침 15: 타입 또는 연산 추가를 위한 디자인'에서 객체 지향 해결책의 성능을 볼 수 있다. 보다시피 이 해결책의 성능이 최고지만, 예상치 못한 일은 아니다. 전략 디자인 패턴은 실제 구현이 어떻든 추가 비용이 발생하므로 성능 저하를 예상할 수 있다.

그런데 예상하지 못한 것은 `std::function` 구현이 성능상 추가 비용을 발생시킨다는 점이다(심지어 GCC는 상당하다). 하지만 이 접근법을 마음속 쓰레기통에 던져 버리기 전에 잠시 세 번째 줄을 고려해보자. 이는 8장에서 설명할 기법인 타입 소거를 사용해 `std::function`을 직접 구현한 결과다. 이 구현은 더 나은, 실제로 전략 디자인 패턴의 고전적인 구현(네 번째 줄 참고)만큼 좋은 (또는 Clang은 거의 비슷한) 성능을 보여준다. 이 결과는 해당 문제가 값 의미론이 아니라 `std::function`의 특정 구현 상세라는 것을 보여준다.[39] 요약하면, 값 의미론 접근법은 성능면에서 고전적인 접근법보다 나쁘지 않으며, 오히려 앞서 본 것처럼 코드의 많은 중요한 측면을 개선한다.

std::function 해결책 단점 분석

전반적으로 전략 디자인 패턴을 `std::function`으로 구현하면 많은 이점이 있다. 첫째, 포인터와 (예를 들면 `std::unique_ptr`을 사용해) 그와 연관된 생명 주기를 처리할 필요가 없고 참조 의미론을 사용한 일반 문제를 겪지 않으므로 코드가 더 깔끔하고 가독성이 좋아진다('지침 22: 참조 의미론보다 값 의미론을 선호하라' 참고). 둘째, 느슨한 결합을 촉진한다. 정말로 매우 느슨한 결합이다. 이런 맥락에서 `std::function`은 컴파일 방화벽(compilation firewall)처럼 작동해 서로 다른 전략 구현의 구현 상세로부터 여러분을 보호하는 동시에, 서로 다른 전략 해결책을 구현하는 방법에 대해 개발자에게 엄청난 유연성을 제공한다.

---

39 `std::function` 구현의 성능 결함 이유에 대한 논의는 이 책의 범위와 목적을 벗어난다. 그럼에도 코드에서 성능이 중요한 부분에 대해서는 이 상세 내용을 염두에 두기 바란다.

이러한 장점에도 불구하고 단점이 없는 해결책은 없다. 심지어 `std::function` 접근법은 그 자체의 약점도 있다. 표준 구현에 의존할 때 잠재적인 성능상 약점은 이미 지적했다. 이 영향을 최소화하는 해결책이 있지만(8장 참고) 이는 여전히 코드 베이스에서 고려할 사항이다.

디자인과 관련한 문제도 있다. `std::function`은 단일 가상 함수만 대체할 수 있다. 여러 가상 함수를 추상화해야 하거나(전략 디자인 패턴을 사용해 여러 관심사를 구성하려고 할 때 일어날 수 있다) 커맨드 디자인 패턴에서 `undo()` 함수가 필요할 때 여러 `std::function` 인스턴스를 사용해야 한다. 이는 여러 데이터 멤버로 인해 클래스 크기가 커질 뿐만 아니라 여러 `std::function` 인스턴스 전달을 우아하게 처리하는 방법에 대한 문제로 인해 인터페이스 부담을 초래한다. 이런 이유로 `std::function` 접근법은 단일 또는 매우 적은 수의 가상 함수를 대체하는 데 가장 적합하다. 그렇지만 여러 가상 함수에 대해 값 기반 접근법을 사용할 수 없다는 뜻은 아니다. 이런 상황을 마주치면 `std::function`에 사용한 기법을 여러분이 만든 타입에 직접 적용해 그 접근법을 일반화하는 것을 고려한다. 그 방법은 8장에서 설명한다.

이런 단점에도 불구하고 값 의미론 접근법은 전략 디자인 패턴을 위한 훌륭한 선택임을 알 수 있다. 커맨드 디자인 패턴에 대해서도 마찬가지이다. 따라서 최신 C++를 향한 필수 단계로 이 지침을 명심한다.

지침 23: 전략과 커맨드는 값 기반 구현을 선호하라

- `std::function`을 사용해 전략 또는 커맨드 디자인 패턴을 구현하는 것을 고려한다.
- `std::function`의 성능상 약점을 고려한다.
- 타입 소거는 전략과 커맨드에 대한 값 의미론 접근법의 일반화라는 것을 인식한다.

06

어댑터 디자인 패턴, 옵서버 디자인 패턴, CRTP 디자인 패턴

이 장에서는 반드시 알아야 할 디자인 패턴 세 가지, 즉 GoF 디자인 패턴인 어댑터(Adapter)와 **옵서버 (Observer)** 두 가지와 **묘하게 되풀이되는 템플릿 패턴**(Curiously Recurring Template Pattern, CRTP) 디자인 패턴으로 관심을 돌려본다.

'지침 24: 어댑터를 사용해 인터페이스를 표준화하라'에서는 인터페이스를 조정해 호환되지 않는 것을 서로 잘 맞게 하는 것에 대해 얘기한다. 이를 위해 상속 계통과 일반화 프로그래밍 모두에서 어댑터 디자인 패턴과 그 적용 사례를 보여준다. 또한 객체, 클래스, 함수 어댑터를 포함해 서로 다른 어댑터를 개관한다.

'지침 25: 추상 통지 메커니즘으로 옵서버를 적용하라'에서는 상태 변경을 관찰하고 이에 대해 통지받는 방법을 다룬다. 이런 맥락에서 가장 유명하고 가장 흔히 사용하는 디자인 패턴 중 하나인 옵서버 디자인 패턴을 소개한다. 고전적인 GoF식 옵서버와 옵서버를 최신 C++에서 구현하는 방법에 대해서도 얘기한다.

'지침 26: CRTP를 사용해 정적 타입 범주를 도입하라'에서는 CRTP로 관심을 돌린다. CRTP를 사용해 관련 타입의 군(family) 간 컴파일 시점 관계를 정의하는 방법과 CRTP 기초 클래스를 적절히 구현하는 방법을 보여준다.

'지침 27: 정적 믹스인(Mixin) 클래스에 CRTP를 사용하라'에서는 CRTP를 사용해 컴파일 시점 믹스인 클래스를 생성하는 법을 보여주며 CRTP 이야기를 이어간다. 또한 추상화를 생성하는 데 사용하는 의미론적 상속(semantic inheritance)과 기술적 우아함과 편의성만을 위한 구현 상세로 사용하는 기술적 상속(technical inheritance) 간 차이도 살펴본다.

지침 24: 어댑터를 사용해 인터페이스를 표준화하라

'지침 3: 인터페이스를 분리해 인위적인 결합을 피하라'에서 Document 예를 구현했으며, 인터페이스 분리 원칙(ISP)을 제대로 따랐으므로 그 방식에 상당히 만족한다고 가정해 보자.

```
class JSONExportable
{
 public:
   // ...
   virtual ~JSONExportable() = default;

   virtual void exportToJSON( /*...*/ ) const = 0;
   // ...
};

class Serializable
{
 public:
   // ...
   virtual ~Serializable() = default;

   virtual void serialize( ByteStream& bs /*, ...*/ ) const = 0;
   // ...
};

class Document
   : public JSONExportable
   , public Serializable
{
 public:
   // ...
};
```

그러나 언젠가는 페이지(Pages) 문서 형식을 도입해야 한다.[1] 물론 이미 사용 중인 워드 문서와 유사하지만, 안타깝게도 페이지 형식의 상세 내용에 대해서는 잘 모른다. 설상가상으로 할 일이 너무 많아 그 형식에 익숙해질 만큼 시간이 많지 않다. 다행히 그 형식을 꽤 괜찮게 구현한 오픈 소스인 OpenPages 클래스를 알고 있다.

```
class OpenPages
{
 public:
   // ...
   void convertToBytes( /*...*/ );
};

void exportToJSONFormat( OpenPages const& pages /*, ...*/ );
```

긍정적인 관점으로 보면 이 클래스는 문서 내용을 직렬화하는 convertToBytes() 멤버 함수와 페이지 문서를 JSON 형식으로 변환하는 exportToJSONFormat() 자유 함수 등 목적에 필요한 모든 것을 제공한다. 하지만 불행히도 인터페이스 기대에 맞지 않다. 즉, 여러분은 convertToBytes() 멤버 함수 대신 serialize() 멤버 함수를 기대한다. 그리고 exportToJSONFormat() 자유 함수 대신 exportToJSON() 멤버 함수를 기대한다. 물론 궁극적으로 서드 파티 클래스는 Document 기초 클래스를 상속하지 않으므로 그 클래스를 기존 상속 계통에 쉽게 통합할 수 없다. 하지만 이 문제에 대한 해결책이 있다. 어댑터 디자인 패턴을 사용하여 이음매 없는(seamless) 통합을 하는 것이다.

어댑터 디자인 패턴 해설

어댑터 디자인 패턴은 또 다른 고전적인 GoF 디자인 패턴 중 하나다. 인터페이스를 표준화하고 기능을 기존 상속 계통에 비간섭적으로 추가하도록 돕는 데 중점을 둔다.

어댑터 디자인 패턴

의도: '클래스 인터페이스를 클라이언트가 기대하는 다른 인터페이스로 변환한다. 어댑터를 사용하면 호환되지 않는 인터페이스 때문에 함께 작동할 수 없는 클래스를 함께 작동하게 한다.'[2]

---

1 페이지 형식은 마이크로소프트의 워드 형식에 대응하는 애플의 문서 형식이다.
2 에릭 감마 등, 《GoF의 디자인 패턴》.

그림 6-1에서는 어댑터 시나리오에 대한 UML 도표를 볼 수 있다. 이미 Document 클래스가 있으며 (잠시 JSONExportable과 Serializable 인터페이스는 무시하자) 몇 가지 서로 다른 문서를 이미 구현했다 (예를 들면 Word 클래스). 이 상속 계통에 새로 추가한 것은 Pages 클래스다.

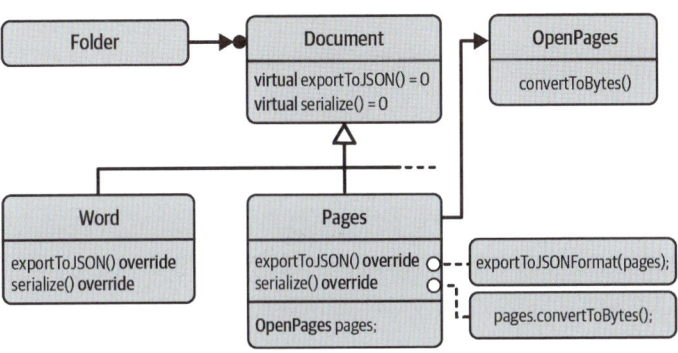

그림 6-1. 어댑터 디자인 패턴의 UML 표현

Pages 클래스는 OpenPages 서드 파티 클래스에 대한 래퍼 역할을 한다.

```
class Pages : public Document
{
 public:
   // ...
   void exportToJSON( /*...*/ ) const override
   {
      exportToJSONFormat(pages /*, ...*/);    ❶
   }

   void serialize( ByteStream& bs /*, ...*/ ) const override
   {
      pages.convertToBytes(/*...*/);    ❷
   }
   // ...

 private:
   OpenPages pages;    // 객체 어댑터 예
};
```

Pages는 해당 OpenPages 함수로 호출을 전달함으로써 Document 인터페이스를 구현한다. exportToJSON()에 대한 호출은 exportToJSONFormat() 자유 함수로(❶), serialization()에 대한 호출은 convertToBytes() 멤버 함수(❷)로 전달한다.

Pages 클래스를 사용해 서드 파티 구현을 기존 상속 계통에 쉽게 통합할 수 있다. 정말 **매우** 쉽게, 어떤 식으로든 수정하지 않고 통합할 수 있다. 어댑터 디자인 패턴의 이런 비간섭적 특성을 가장 큰 강점 중 하나로 생각해야 한다. 즉, 누구나 어댑터를 추가해 인터페이스를 다른 기존 인터페이스에 맞출 수 있다.

이런 맥락에서 Pages 클래스는 OpenPages 클래스의 실제 구현 상세를 추상화하는 역할을 한다. 따라서 어댑터 디자인 패턴은 구현 상세에서 인터페이스의 관심사를 분리한다. 이는 단일 책임 원칙(SRP)을 훌륭하게 충족하며 개방-폐쇄 원칙(OCP)의 의도와 잘 어울린다('지침 2: 변경을 위한 디자인'과 '지침 5: 확장을 위한 디자인' 참고).

어떤 면에서 Pages 어댑터는 간접 지정으로 작동하며 한 함수 집합을 다른 집합으로 사상한다. 한 함수를 정확히 다른 함수로 사상할 필요는 없다. 반대로, 기대하는 함수 집합을 매우 유연하게 사용 가능한 함수 집합으로 사상할 수 있다. 따라서 어댑터가 반드시 1 대 1 관계를 나타내지는 않으며 1 대 N 관계도 지원할 수 있다.[3]

객체 어댑터 대 클래스 어댑터

Pages 클래스는 소위 **객체 어댑터**(object adapter)의 예다. 이 용어는 감싼 타입의 인스턴스를 저장한다는 사실을 나타낸다. 또는 감싼 타입이 상속 계통에 속하면 이 상속 계통의 기초 클래스에 대한 포인터를 저장할 수 있다. 이렇게 하면 상속 계통에 속한 모든 타입에 대해 객체 어댑터를 사용할 수 있어 객체 어댑터의 유연성이 크게 향상된다.

반대로 소위 **클래스 어댑터**(class adapter)를 구현하는 선택지도 있다.

```
class Pages : public Document
             , private OpenPages  // 클래스 어댑터 예        ❸
{
 public:
   // ...
   void exportToJSON( /*...*/ ) const override
   {
```

---

[3] 디자인 패턴 전문가라면 1 대 N 어댑터가 퍼사드 디자인 패턴과 어느 정도 유사하다는 것을 알 수도 있을 것이다. 더 자세한 사항은 GoF 책을 참고한다.

```
        exportToJSONFormat(*this, /*...*/);
    }

    void serialize( ByteStream& bs, /*...*/ ) const override
    {
        this->convertToBytes(/*...*/);
    }
    // ...
};
```

조정한 타입(adapted type)의 인스턴스를 저장하는 대신 (가능하면 비공개로) 상속하고 그에 맞춰 기대하는 인터페이스를 구현한다(❸). 하지만 '지침 20: 상속보다 구성을 선호하라'에서 논의한 것처럼 구성을 기반으로 구축하는 것이 더 좋다. 일반적으로 객체 어댑터가 클래스 어댑터보다 훨씬 더 유연하므로 이를 활용하는 게 좋다. 다만 클래스 어댑터를 선호하게 되는 이유가 몇 가지 있다.

- 가상 함수를 재정의해야 할 때
- protected 멤버 함수에 접근해야 할 때
- 조정한 타입을 다른 기초 클래스보다 **먼저** 생성해야 할 때
- 공통 가상 기초 클래스를 공유하거나 가상 기초 클래스의 생성자를 재정의해야 할 때
- **공백 기초 클래스 최적화**(Empty Base Optimization, EBO)(https://en.cppreference.com/w/cpp/language/ebo)에서 **상당한** 이점을 끌어낼 수 있을 때[4]

그 외 대부분 사례에서는 객체 어댑터를 선호할 것이다.

"이 디자인 패턴이 좋아요. 강력하거든요. 그런데 코드에 디자인 패턴의 이름을 사용해 의도를 전달할 것을 권장한 것이 막 기억났어요. 클래스를 PagesAdapter라고 해야 하지 않을까요?" 훌륭한 지적이다. 그리고 패턴 이름이 코드를 이해하는 데 도움이 된다고 주장한 '지침 14: 디자인 패턴 이름을 사용해 의도를 전달하라'를 기억해줘서 기쁘다. 이 사례에서는 두 명명 규칙을 모두 사용할 수 있다는 것을 인정한다. PagesAdapter라는 이름이 어댑터 디자인 패턴을 기반으로 구축했다는 것을 즉시 전달하므로 그 이점을 잘 알 수 있지만, 이 클래스가 어댑터를 나타낸다는 사실을 전달할 필요는 없다고 생각한다. 이 상황에

---

4 C++20에서는 [[no_unique_address]] 속성을 데이터 멤버에 적용해 유사한 효과를 낼 수 있다. 데이터 멤버가 비어 있으면 그 자체로 어떤 저장 공간도 차지하지 않을 수 있다.

서 어댑터는 구현 상세처럼 느껴진다. 즉, Pages 클래스가 모든 상세 내용을 구현하지 않으며 이를 위해 OpenPages 클래스를 사용한다는 것을 알 필요가 없다. 이것이 '그 이름을 사용하는 것을 생각해 보라'고 하는 이유다. 상황에 따라 결정해야 한다.

표준 라이브러리의 예

어댑터 디자인 패턴의 유용한 적용 사례 한 가지는 서로 다른 컨테이너의 인터페이스를 표준화하는 것이다. 다음 Stack 기초 클래스를 생각해 보자.

```cpp
//---- <Stack.h> ----------------

template< typename T >
class Stack
{
 public:
   virtual ~Stack() = default;
   virtual T& top() = 0;                         ❹
   virtual bool empty() const = 0;               ❺
   virtual size_t size() const = 0;              ❻
   virtual void push( T const& value ) = 0;      ❼
   virtual void pop() = 0;                       ❽
};
```

Stack 클래스는 스택의 가장 위 요소에 접근(❹), 스택이 비었는지 확인(❺), 스택 크기 조회(❻), 스택에 요소 넣기(❼), 그리고 스택의 가장 위 요소 제거(❽)에 필요한 인터페이스를 제공한다. 이제 이 기초 클래스를 std::vector 같은 다양한 데이터 구조에 대해 서로 다른 어댑터를 구현하는 데 사용할 수 있다.

```cpp
//---- <VectorStack.h> ----------------

#include <Stack.h>

template< typename T >
class VectorStack : public Stack<T>
{
 public:
   T& top() override { return vec_.back(); }
   bool empty() const override { return vec_.empty(); }
```

```cpp
    size_t size() const override { return vec_.size(); }
    void push( T const& value ) override { vec_.push_back(value); }
    void pop() override { vec_.pop_back(); }

  private:
    std::vector<T> vec_;
};
```

여러분은 걱정하며 얘기한다. "진심으로 추상 기초 클래스로 스택을 구현할 것을 제안하는 건가요? 성능에 미칠 영향은 걱정하지 않나요? 멤버 함수를 사용할 때마다 가상 함수 호출에 비용을 지불해야 해요!" 물론 그것을 제안하는 건 아니다. 분명히 여러분이 옳으며 완전히 동의한다. C++ 관점에서 이런 컨테이너는 이상하고 매우 비효율적으로 느껴진다. 효율성 때문에 동일한 아이디어를 일반적으로는 클래스 템플릿을 통해 실현한다. 이는 std::stack, std::queue, std::priority_queue 등 컨테이너 어댑터라고 하는 세 가지 STL 클래스 형태로 C++ 표준 라이브러리에서 취하는 접근법이다.

```cpp
template< typename T
        , typename Container = std::deque<T> >
class stack;

template< typename T
        , typename Container = std::deque<T> >
class queue;

template< typename T
        , typename Container = std::vector<T>
        , typename Compare = std::less<typename Container::value_type> >
class priority_queue;
```

이 세 가지 클래스 템플릿은 주어진 Container 타입의 인터페이스를 특별한 목적에 맞게 조정한다. 예를 들면 std::stack 클래스 템플릿의 목적은 컨테이너의 인터페이스를 top(), empty(), size(), push(), emplace(), pop(), swap() 스택 연산에 맞게 조정하는 것이다.[5] 기본적으로 std::vector, std::list, std::deque 등 세 가지 순차 컨테이너를 사용할 수 있다. 다른 컨테이너에 대해서는 std::stack 클래스 템플릿을 특수화할 수 있다.

---

[5] 이 맥락에서 특히 흥미로운 점은 std::stack이 반복자를 통해 요소를 순회하는 것을 허용하지 않는다는 것이다. 일반적인 스택처럼 가장 위 요소에만 접근할 수 있다.

"훨씬 더 익숙한 느낌이에요." 당신이 안도하는 게 눈에 보인다. 다시 말하지만, 전적으로 동의한다. 또한 표준 라이브러리 접근법이 컨테이너의 목적에 더 적합한 해결책이라고 생각한다. 하지만 두 접근법을 비교하는 것은 여전히 흥미롭다. Stack 기초 클래스와 std::stack 클래스 템플릿 사이에는 기술적 차이가 많지만, 이 두 접근법의 목적과 의미론은 놀랄 만큼 유사하다. 둘 다 어떤 데이터 구조라도 주어진 스택 인터페이스에 맞출 수 있다. 그리고 둘 다 변형점 역할을 하며 기존 코드를 수정하지 않고 비간섭적으로 새 어댑터를 추가할 수 있다.

어댑터와 전략 비교

"세 STL 클래스는 어댑터의 의도를 충족하는 듯하지만, 전략 디자인 패턴에서 행위를 구성하는 방식과 같은 것 아닌가요? 이는 std::unique_ptr과 그 삭제자와 유사하지 않나요?"라고 묻는다. 그 말이 맞다. 구조적 관점에서 전략과 어댑터 디자인 패턴은 매우 유사하다. 그러나 '지침 11: 디자인 패턴의 목적을 이해하라'에서 설명한 것처럼 디자인 패턴의 구조는 유사하거나 심지어 동일할 수 있지만, 의도는 다르다. 이 맥락에서 Container 매개변수는 행위의 단일 측면뿐만 아니라 행위 대부분 또는 심지어 전체를 지정한다. 클래스 템플릿은 주어진 타입의 기능을 감싸는 래퍼 역할을 할 뿐이며, 주로 인터페이스를 맞춘다. 따라서 어댑터의 주요 초점은 인터페이스를 표준화하고 호환되지 않는 기능을 기존 규칙 집합에 통합하는 것이다. 반면에 전략 디자인 패턴의 주요 초점은 기대하는 인터페이스를 기반으로 구축하고 그 인터페이스를 제공해 행위를 외부에서 구성할 수 있게 하는 것이다. 또한 어댑터는 언제든 행위를 재구성할 필요가 없다.

함수 어댑터

어댑터 디자인 패턴의 추가 예는 표준 라이브러리의 begin()과 end() 자유 함수다. "정말인가요?" 놀라며 묻는다. "자유 함수가 어댑터 디자인 패턴의 예라고 주장하는 건가요? 어댑터는 클래스를 위한 것 아닌가요?" 글쎄, 꼭 그런 것은 아니다. begin()과 end() 자유 함수의 목적은 어떤 타입이든 그 반복자 인터페이스를 기대하는 STL 반복자 인터페이스로 맞추는 것이다. 따라서 사용 가능한 함수 집합을 기대하는 함수 집합으로 사상하며 다른 어댑터와 같은 목적을 수행한다. 주요 차이점은 상속(런타임 다형성)이나 템플릿(컴파일 시점 다형성)을 기반으로 하는 객체 어댑터나 클래스 어댑터와 달리, begin()과 end()는 그 힘을 C++의 두 번째 주요 컴파일 시점 다형성 메커니즘인 함수 다중 정의에서 끌어낸다는 것이다. 그래도 어떤 추상화 형태가 작용한다.

 모든 추상화는 요구 사항 집합을 나타내므로 리스코프 치환 원칙(LSP)을 따라야 한다. 이는 다중 정의 집합에 대해서도 마찬가지다. '지침 8: 다중 정의 집합의 의미론적 요구 사항을 이해하라'를 참고한다.

다음 함수 템플릿을 생각해 보자.

```cpp
template< typename Range >
void traverseRange( Range const& range )
{
   for( auto&& element : range ) {
      // ...
   }
}
```

traverseRange() 함수에서는 범위 기반 for 루프에 주어진 범위에 포함한 모든 요소를 반복한다. 순회는 컴파일러가 begin()과 end() 자유 함수로 획득한 반복자를 통해 일어난다. 따라서 앞의 for 루프는 다음 for 형식과 동등하다.

```cpp
template< typename Range >
void traverseRange( Range const& range )
{
   {
      using std::begin;
      using std::end;

      auto first( begin(range) );
      auto last ( end(range) );
      for( ; first!=last; ++first ) {
         auto&& element = *first;
         // ...
      }
   }
}
```

분명히 범위 기반 for 루프가 사용하기에 훨씬 더 편하다. 하지만 물밑에서는 컴파일러가 begin()과 end() 자유 함수를 기반으로 코드를 생성한다. 시작 부분에 있는 두 using 선언에 주목하자. 목적은 주어진 범위 타입에 대해 **인자 의존 검색(ADL)**(https://en.cppreference.com/w/cpp/language/adl)을 할 수 있게 하는 것이다. ADL은 여러 begin()과 end() 함수가 사용자별 네임스페이스에 상주하는 다중 정의라고 하더라도 '올바른' 것을 호출할 수 있게 하는 메커니즘이다. 즉, 모든 타입에 대해 begin()과 end()를 다중 정의하고 기대한 인터페이스를 서로 다른 특별한 목적의 함수 집합에 사상할 수 있는 기회가 있다는 뜻이다.

이런 **함수 어댑터**를 2004년에 매튜 윌슨(Matthew Wilson)은 **끼움쇠(shim)**라고 불렀다.[6] 이 기법의 가치 있는 특성 중 하나는 완전히 비간섭적이라는 것이다. 즉, 모든 타입, 심지어 서드 파티 라이브러리에서 제공하는 타입과 같이 절대 조정할 수 없는 타입에도 자유 함수를 추가할 수 있다. 이런 이유로 끼움쇠로 작성한 일반화 코드는 거의 모든 타입을 기대한 인터페이스에 맞출 수 있는 엄청난 힘을 제공한다. 따라서 끼움쇠 또는 함수 어댑터를 일반화 프로그래밍의 기간(基幹, backbone)으로 상상할 수 있다.

어댑터 디자인 패턴의 단점 분석

어댑터 디자인 패턴의 가치에도 불구하고 이 디자인 패턴에는 분명히 지적해야 할 문제가 한 가지 있다. 에릭 프리먼(Eric Freeman)과 엘리자베스 롭슨(Elisabeth Robson)에게서 가져온 다음 예를 생각해 보자.[7]

```
//---- <Duck.h> ----------------

class Duck
{
 public:
   virtual ~Duck() = default;
   virtual void quack() = 0;
   virtual void fly() = 0;
};


//---- <MallardDuck.h> ----------------

#include <Duck.h>
```

---

6 매튜 윌슨, 《Imperfect C++: Practical Solutions for Real-Life Programming》(Addison-Wesley, 2004).
7 에릭 프리먼과 엘리자베스 롭슨, 《헤드퍼스트 디자인패턴》(한빛미디어, 2022).

```cpp
class MallardDuck : public Duck
{
 public:
   void quack() override { /*...*/ }
   void fly() override { /*...*/ }
};
```

두 순수 가상 함수 quack()과 fly()를 도입하는 Duck 추상 클래스로 시작한다. 이는 충분히 예상되는 자연스러운 Duck 클래스 인터페이스로 보이며, 물론 오리는 매우 독특한 소리를 내고 꽤 잘 날 수 있다는 어떤 기대를 불러일으킨다. MallarDuck 클래스 같은 많은 종류의 Duck이 이 인터페이스를 구현한다. 이제 어떤 이유로 칠면조도 처리해야 한다.

```cpp
//---- <Turkey.h> ----------------

class Turkey
{
 public:
   virtual ~Turkey() = default;
   virtual void gobble() = 0;   // 칠면조는 꽥꽥거리지 않고 고르륵거린다!
   virtual void fly() = 0;      // 칠면조는 (짧은 거리를) 날 수 있다
};


//---- <WildTurkey.h> ----------------

class WildTurkey : public Turkey
{
 public:
   void gobble() override { /*...*/ }
   void fly() override { /*...*/ }
};
```

칠면조는 Turkey 추상 클래스로 나타내며, 물론 WildTurkey 같은 다양한 특정 Turkey로 구현한다. 설상가상으로 어떤 이유인지 오리와 칠면조를 함께 사용해야 한다고 하자.[8] 가능한 방법 한 가지는 칠면조

---

8 물론 집에서는 이런 것을 시도하면 안 된다는 것을 잘 알고 있겠지만, 이것이 월요일 아침에 내리는 그런 이상한 경영진 의사 결정 중 하나라 가정하자.

를 오리로 가장하는 것이다. 결국 칠면조는 오리와 꽤 비슷하다. 음, 좋다. 칠면조는 꽥꽥거리지 않고 고르륵거릴 수 있으며(전형적인 칠면조 소리) 날 수도 있다(장거리는 아니지만 아무튼 날 수 있다). 따라서 TurkeyAdapter로 칠면조를 오리에 맞출 수 있다.

```cpp
//---- <TurkeyAdapter.h> ----------------

#include <memory>

class TurkeyAdapter : public Duck
{
 public:
   explicit TurkeyAdapter( std::unique_ptr<Turkey> turkey )
      : turkey_{ std::move(turkey) }
   {}

   void quack() override { turkey_->gobble(); }
   void fly() override { turkey_->fly(); }

 private:
   std::unique_ptr<Turkey> turkey_;   // 이것이 객체 어댑터 예다
};
```

이는 오리 타입 정의(duck typing)의 재미있는 해석이지만, 이 예에서 낯선 것을 기존 상속 계통에 통합하는 것이 아주 쉽다는 것을 잘 볼 수 있다. Turkey는 우리가 그러기를 원해도 결국 Duck이 아니다. 나는 quack()과 fly() 함수 모두 LSP를 위반할 수 있다고 주장한다. 두 함수 모두 기대하는 것을 실제로 하지 않는다(적어도 고르륵거리지 않고 꽥꽥거리는 생물을 원하며 오리처럼 정말로 날 수 있는 무언가를 원한다고 확신한다). 물론 특정 맥락에 따라 다르지만, 어댑터 디자인 패턴을 사용하면 함께 속하지 않는 것을 매우 쉽게 결합할 수 있다는 점은 부인할 수 없다. 따라서 이 디자인 패턴을 적용할 때 기대 행위를 고려하고 LSP 위반을 확인하는 것이 매우 중요하다.

```cpp
#include <MallardDuck.h>
#include <WildTurkey.h>
#include <TurkeyAdapter.h>
#include <memory>
#include <vector>
```

```cpp
using DuckChoir = std::vector<std::unique_ptr<Duck>>;

void give_concert( DuckChoir const& duck_choir )
{
   for( auto const& duck : duck_choir ) {
      duck->quack();
   }
}

int main()
{
   DuckChoir duck_choir{};

   // 세계 최고의 오리를 합창단으로 고용하자
   duck_choir.push_back( std::make_unique<MallardDuck>() );
   duck_choir.push_back( std::make_unique<MallardDuck>() );
   duck_choir.push_back( std::make_unique<MallardDuck>() );

   // 불행히도 변장한 칠면조도 고용한다
   auto turkey = std::make_unique<WildTurkey>();
   auto turkey_in_disguise = std::make_unique<TurkeyAdapter>( std::move(turkey) );
   duck_choir.push_back( std::move(turkey_in_disguise) );

   // 음악회는 음악적 재앙이 될 것이다...
   give_concert( duck_choir );

   return EXIT_SUCCESS;
}
```

요약하면, 어댑터 디자인 패턴은 서로 다른 기능을 결합하고 함께 작동할 수 있게 하는 가장 가치 있는 디자인 패턴 중 하나로 간주할 수 있다. 일상 업무에서 가치 있는 도구가 될 것이라 약속한다. 그렇더라도 사과와 오렌지(또는 심지어 비슷하지만 같지 않은 오렌지와 자몽)를 결합하려는 영웅적인 노력으로 어댑터의 힘을 남용하지 말아야 한다. 항상 LSP에서 기대하는 것을 인식해야 한다.

> **지침 24: 어댑터를 사용해 인터페이스를 표준화하라**
>
> - 어댑터 디자인 패턴은 호환되지 않는 조각이 함께 작동할 수 있게 인터페이스를 조정하는 의도로 적용한다.
> - 어댑터는 동적과 정적 다형성 모두에 유용하다는 것을 인식한다.
> - 객체 어댑터, 클래스 어댑터, 함수 어댑터를 구별한다.
> - 어댑터와 전략 디자인 패턴 간 차이를 이해한다.
> - 어댑터 디자인 패턴을 사용할 때는 LSP 위반에 주의를 기울인다.

지침 25: 추상 통지 메커니즘으로 옵서버를 적용하라

이전에 옵서버에 관해 들어봤을 것이다. "아, 네, 물론 들어 봤어요. 이른바 소셜 미디어 플랫폼이 하는 것 아닌가요?"라고 묻는다. 음, 생각한 것과 정확히 같지는 않지만, 이런 플랫폼을 옵서버라고 부를 수 있다고 생각한다. 그리고 심지어 디자인 패턴은 아니지만, 그것이 하는 일에 패턴도 있다. 하지만 나는 사실 가장 인기 있는 GoF 디자인 패턴 중 하나인 옵서버 디자인 패턴을 생각하고 있다. 아직 그 아이디어에 익숙하지는 않더라도 실생활에서 도움이 되는 옵서버를 경험했을 가능성이 높다. 예를 들어, 일부 메시지 앱에서는 새 문자 메시지를 읽으면 문자 메시지 발신자에게 즉시 알린다. 즉, 그 메시지를 '배달함'이 아니라 '읽음'으로 표시한다. 이 작은 서비스는 본질적으로 실생활 옵서버의 일이다. 새 메시지 상태가 바뀌는 즉시 발신자에게 통보해 상태 변경에 응답할 기회를 제공하는 것이다.

옵서버 디자인 패턴 해설

소프트웨어의 많은 상황에서는 새 작업을 작업 대기열에 추가하거나 어떤 설정 객체의 설정이 바뀌거나 결과를 선택할 준비가 되는 등 어떤 상태 변경이 발생하는 즉시 피드백을 받는 것이 바람직하다. 하지만 동시에 주제(subject)(변경이 일어나는 관찰 대상 개체)와 관찰자(observer)(상태 변경을 기반으로 통지받는 콜백) 사이에 명시적인 의존성을 도입하는 것은 매우 바람직하지 않다. 반대로 주제는 잠재적으로 다양한 관찰자를 의식하지 않아야 한다. 모든 직접적인 의존성은 소프트웨어를 변경하고 확장하기 더 어렵게 한다는 단순한 이유 때문이다. 주제와 잠재적으로 많은 관찰자 사이를 이렇게 분리하는 것이 옵서버 디자인 패턴의 의도다.

 **옵서버 디자인 패턴**

의도: '객체 간 일대다 의존성을 정의해 한 객체가 상태를 변경하면 해당하는 모든 종속자(dependent)에 통지하고 자동으로 갱신하게 한다.'[9]

모든 디자인 패턴과 마찬가지로 옵서버 디자인 패턴은 한 가지 관심사를 **변형점**(변경하거나 변경할 것으로 예상하는 관심사)으로 식별하고 추상화 형태로 추출한다. 따라서 소프트웨어 개체를 분리하는 데 도움이 된다. 옵서버 사례에서는 새 관찰자를 도입할 필요성, 즉 일대다 의존성을 확장할 필요성을 변형점으로 인식한다. 그림 6-2에서 볼 수 있듯이, 이 변형점을 Observer 기초 클래스 형태로 구현한다.

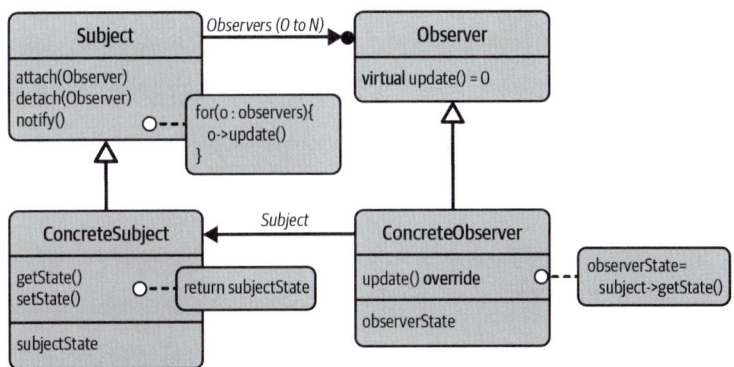

그림 6-2. 옵서버 디자인 패턴의 UML 표현

Observer 클래스는 가능한 모든 관찰자 구현에 대한 추상화를 나타낸다. 이런 관찰자는 ConcreteSubject 클래스로 나타낸 특정 주제에 연결된다. 관찰자와 해당 주제 간 결합을 줄이거나 다른 관찰자에 attach(), detach() 하기 위한 모든 공통 서비스를 제공해 단순히 코드 중복을 줄이기 위해 Subject 추상화를 사용할 수 있다. 이 Subject는 연결한 모든 관찰자에게 상태 변경을 notify()하고 해당 update() 기능을 유발할 수도 있다.

"Observer 기초 클래스 도입은 SRP의 또 다른 예 아닌가요?"라고 묻는다. 100% 맞다. Observer 클래스를 추출하고 변형점을 추출하는 것이 SRP 활동이다('지침 2: 변경을 위한 디자인' 참고). 다시 말하지만, SRP는 OCP를 가능하게 하는 역할을 한다. 즉, Observer 추상화를 도입해 누구나 기존 코드를 수정할 필요 없이 새로운 관찰자(예를 들면 ConcreteObserver)를 추가할 수 있다. Observer 기초 클래스의 소유권에 주의를 기울이고 Observer 클래스가 아키텍처 고수준에 있도록 하면 의존성 역전 원칙(DIP)도 충족한다.

---

9 에릭 감마 등, 《GoF의 디자인 패턴》

전통적인 옵서버 구현

"좋아요, 알겠어요. 이런 디자인 원칙이 활약하는 것을 다시 보게 돼 반갑지만, 구체적인 옵서버 예를 보고 싶어요." 이해한다. 그럼 구체적인 구현을 살펴보자. 하지만 코드를 살펴보기 전에 다음 예의 한계를 분명히 얘기해야겠다. 여러분은 이미 옵서버에 익숙할 수도 있으므로 관찰자를 연결하고 분리하는 순서를 처리하는 방법, 관찰자를 여러 번 연결하는 방법, 특히 병행 환경(concurrent environment)에서 관찰자를 사용하는 방법 등 옵서버의 난해한 구현 상세의 많은 부분에 대해 도움과 더 깊은 조언을 찾고 있을 수도 있다. 솔직히 이런 질문에 대한 답을 제공하려는 의도가 아니라는 점을 미리 밝혀야겠다. 그 논의는 우리를 구현 상세 영역으로 빠르게 빨아들이는 벌집을 건드리는 것과 같다. 실망할 수도 있지만, 내 의도는 주로 소프트웨어 디자인 수준에 머무르는 것이다.[10]

이전 디자인 패턴과 마찬가지로 옵서버 디자인 패턴의 고전적인 구현으로 시작한다. 중심 요소는 Observer 기초 클래스다.

```
//---- <Observer.h> ----------------

class Observer
{
 public:
   virtual ~Observer() = default;

   virtual void update( /*...*/ ) = 0;      ❶
};
```

이 클래스의 가장 중요한 구현 상세는 관찰자가 어떤 상태 변경을 통지할 때마다 호출하는 update() 순수 가상 함수다(❶).[11] update() 함수를 정의하는 방법에는 세 가지 대안이 있으며, 이는 합리적인 구현과 디자인 유연성을 제공한다. 첫 번째 대안은 하나 또는 심지어 여러 update() 함수를 통해 갱신 상태를 보내는 것이다.

---

[10] 옵서버 구현 상세라는 덤불 속을 탐험하지는 않지만, 옵서버를 구현하는 방법에 대한 몇 가지 참고 자료를 제공할 수는 있다. 많은 구현 측면에 대한 좋은 개관은 빅터 시우라(Victor Ciura)의 CppCon 2021 강연 'Spooky Action at a Distance'(https://youtu.be/nuEAppQunm0)이다. 옵서버 패턴의 병행성(concurrency) 문제를 처리하는 방법에 대한 매우 자세한 논의는 토니 반 에르드(Tony Van Eerd)의 C++Now 2016 강연 'Thread-Safe Observer Pattern – You're Doing It Wrong'(https://youtu.be/RVvVQply6zc)에서 찾을 수 있다.

[11] 비가상 인터페이스(NVI)(https://en.wikibooks.org/wiki/More_C%2B%2B_Idioms/Non-Virtual_Interface) 관용구 또는 템플릿 메서드 디자인 패턴을 알고 있다면 이 가상 함수를 클래스의 private 구역으로 옮기고 이를 위한 공개 비가상 래퍼 함수를 제공해도 좋다. NVI에 대한 더 많은 정보는 허브 서터의 Guru of the Week 블로그(http://www.gotw.ca)나 《C++ Users Journal》 2001년 9월, 19(9), 'Virtuality'(http://www.gotw.ca/publications/mill18.htm) 기사에서 찾을 수 있다.

```
class Observer
{
 public:
   // ...
   virtual void update1( /*갱신 상태를 나타내는 인자*/ ) = 0;
   virtual void update2( /*갱신 상태를 나타내는 인자*/ ) = 0;
   // ...
};
```

이런 옵서버 형식을 흔히 **푸시 옵서버(push observer)**라고 한다. 이 형식에서는 관찰자가 필요한 모든 정보를 주제로부터 받으므로 주제로부터 어떤 정보도 직접 가져올 필요가 없다. 이는 주제에 대한 결합을 현저히 줄이고 여러 주제에 대해 Observer 클래스를 재사용할 수 있는 기회를 만들어준다. 게다가 각 상태 변경에 대해 별도의 다중 정의를 사용할 수 있는 선택지도 있다. 앞의 코드 조각에는 가능한 상태 변경 두 가지에 대해 각각 하나씩 update() 함수가 있다. 그리고 어떤 상태가 바뀌었는지 항상 분명하므로 관찰자는 어떤 상태 변경에 대해서도 '검색'할 필요가 없어 효율적이다.

여러분이 얘기한다. "실례지만, 이건 ISP 위반 아닌가요? update() 함수를 여러 기초 클래스로 나눠 관심사를 분리해야 하지 않나요?" 좋은 질문이다! 분명히 인위적인 결합을 조심해야 한다. 아주 좋다!

그리고 여러분이 옳다. 여러 update() 함수가 있는 Observer를 더 작은 Observer 클래스로 나눌 수 있다.

```
class Observer1
{
 public:
   // ...
   virtual void update1( /*갱신 상태를 나타내는 인자*/ ) = 0;
   // ...
};

class Observer2
{
 public:
   // ...
   virtual void update2( /*갱신 상태를 나타내는 인자*/ ) = 0;
   // ...
};
```

이론적으로 이 접근법은 특정 주제에 대한 결합을 줄이고 다른 주제에 대한 관찰자를 더 쉽게 재사용하는 데 도움이 될 수 있다. 또한 관찰자마다 서로 다른 상태 변경에 관심이 있을 수 있으므로 도움이 될 수 있으며, 따라서 가능한 모든 상태 변경을 인위적으로 결합하는 것은 ISP를 위반하는 것일 수 있다. 물론 많은 불필요한 상태 변경 통지를 피할 수 있으면 효율성이 향상될 수도 있다.

불행히도 특정 주제가 서로 다른 관찰자를 구분할 가능성은 없다. 첫째로 (주제를 다루기에는 불편한) 서로 다른 포인터를 저장해야 하고, 둘째로 서로 다른 상태 변경이 특정 방식으로 연결될 수 있기 때문이다. 이런 경우 주제는 관찰자가 가능한 **모든** 상태 변경에 관심이 있을 것으로 기대할 것이다. 이런 관점에서 여러 update() 함수를 기초 클래스 하나로 결합하는 것이 합리적일 수 있다. 어느 쪽이든, 구체 관찰자는 모든 상태 변경을 처리해야 할 가능성이 매우 높다. 여러 update() 함수 중 극히 일부만 흥미롭더라도 모두 처리해야 하는 것이 귀찮을 수 있다는 것을 안다. 그렇더라도 (만약 있다면) 어떤 기대 행위를 따르지 않아 실수로 리스코프 치환 원칙을 위반하지 않도록 한다.

푸시 옵서버에는 잠재적 단점이 몇 가지 더 있다. 첫째, 관찰자에게 필요 여부에 관계없이 **항상 모든** 정보를 제공한다. 따라서 이런 보내기 형식(push style)은 관찰자가 대부분의 시간 동안 정보를 필요로 할 때만 잘 작동한다. 둘째, 보내기는 관찰자에 전달하는 인자 수와 종류에 의존성을 만든다. 이런 인자에 어떤 변경이 생기면 파생한 관찰자 클래스에 많은 후속 변경을 해야 한다.

이런 단점 중 일부는 두 번째 Observer 대안으로 해결할 수 있다. 주제에 대한 참조만 관찰자에 전달하는 것이 가능하다.[12]

```cpp
class Observer
{
 public:
   // ...
   virtual void update( Subject const& subject ) = 0;
   // ...
};
```

관찰자에 전달하는 특정 정보가 부족하므로 Observer 기초 클래스에서 파생한 클래스는 스스로 주제에서 새 정보를 가져와야 한다. 이런 이유로 이런 옵서버 형식을 흔히 **풀 옵서버(pull observer)**라고 한다. 장점은 인자 수와 종류에 대한 의존성이 줄어든다는 것이다. 파생 관찰자는 변경 상태뿐만 아니라 모

---

[12] 또는 관찰자 스스로 주제를 기억할 수도 있다.

든 정보를 자유롭게 조회할 수 있다. 반면에 이 디자인은 Observer에서 파생한 클래스와 주제 사이에 강력하고 직접적인 의존성을 만든다. 따라서 주제에 일어난 모든 변경은 관찰자에 쉽게 반영된다. 게다가 관찰자는 여러 상세 내용이 바뀌면 그 상태 변경을 '검색'해야 할 수도 있다. 이는 불필요하게 비효율적일 수 있다.

변경 상태로 단일 정보만 고려하면 성능상 약점이 제약이 되지 않을 수도 있다. 그래도 소프트웨어는 변경된다는 점을 기억하기를 바란다. 주제가 성장할 수 있고 이와 함께 서로 다른 변경에 대해 통지하려고 할 수 있다. 그 과정에서 관찰자를 조정하는 것은 많은 추가 작업을 초래할 것이다. 이런 관점에서 **푸시 옵서버**가 더 나은 선택인 듯하다.

다행히 이전의 많은 단점을 제거한 세 번째 대안이 있으며, 이것이 우리가 선택한 접근법이다. 주제에 대한 참조를 전달하는 것 외에 주제의 어떤 특성이 바뀌었는지에 대한 정보를 제공하는 꼬리표(tag)를 전달한다.

```
//---- <Observer.h> ----------------

class Observer
{
 public:
   virtual ~Observer() = default;

   virtual void update( Subject const& subject
                      , /*주제별 타입*/ property ) = 0;
};
```

꼬리표는 관찰자가 어떤 상태 변경에 관심이 있는지 스스로 결정하는 데 도움이 될 수 있다. 이는 일반적으로 가능한 모든 상태 변경을 나열하는 주제별 열거형으로 나타낸다. 불행히도 이는 특정 주제에 대한 Observer 클래스의 결합도를 증가시킨다.

"Observer 기초 클래스를 클래스 템플릿으로 구현해 특정 Subject에 대한 의존성을 제거할 수 있지 않을까요? 다음 코드 조각을 살펴보세요."

```
//---- <Observer.h> ----------------

template< typename Subject, typename StateTag >    ❷
class Observer
```

```cpp
{
 public:
   virtual ~Observer() = default;

   virtual void update( Subject const& subject, StateTag property ) = 0;
};
```

훌륭한 제안이다. Observer 클래스를 클래스 템플릿 형식으로 정의해(❷) Observer를 더 높은 아키텍처 수준으로 쉽게 끌어올릴 수 있다. 이 형식에서는 해당 클래스가 어떤 특정 주제에도 의존하지 않으므로 일대다 관계를 정의하려는 다양한 주제에서 재사용할 수 있다. 하지만 그 효과가 Observer 클래스에 국한되므로 이런 개선에 너무 많은 기대는 하지 말아야 한다. 구체 주제는 이 관찰자 클래스의 구체 인스턴스화를 기대하며, 결과적으로 Observer의 구체적인 구현 내용은 여전히 주제에 강하게 의존할 것이다.

그 이유를 더 잘 이해하기 위해 가능한 주제 구현을 살펴보자. 여러분이 소셜 미디어에 대해 처음 언급했으니 나는 사람에 대한 옵서버를 구현할 것을 제안한다. 좋다. 이 예는 도덕적으로 의심스러울 수 있지만, 그 목적에 부합할 것이므로 그대로 사용한다. 적어도 이에 대한 책임이 누구에게 있는지 우리는 알고 있다.

다음 Person 클래스는 관찰 대상인 사람을 나타낸다.

```cpp
//---- <Person.h> ----------------

#include <Observer.h>
#include <string>
#include <set>

class Person
{
 public:
   enum StateChange
   {
      forenameChanged,
      surnameChanged,
      addressChanged
   };

   using PersonObserver = Observer<Person,StateChange>;   ❺
```

```cpp
  explicit Person( std::string forename, std::string surname )
     : forename_{ std::move(forename) }
     , surname_{ std::move(surname) }
  {}

  bool attach( PersonObserver* observer );           ❻
  bool detach( PersonObserver* observer );           ❼

  void notify( StateChange property );               ❽

  void forename( std::string newForename );          ❾
  void surname ( std::string newSurname );
  void address ( std::string newAddress );

  std::string const& forename() const { return forename_; }
  std::string const& surname () const { return surname_; }
  std::string const& address () const { return address_; }

 private:
  std::string forename_;              ❸
  std::string surname_;
  std::string address_;

  std::set<PersonObserver*> observers_;              ❹
};
```

이 예에서 Person은 단지 세 가지 데이터 멤버 forename_, surname_, address_의 집합일 뿐이다(❸)(이는 사람을 다소 단순하게 표현한 것이다). 또한 사람은 등록한 관찰자의 std::set을 보유한다(❹). 관찰자는 PersonObserver 인스턴스에 대한 포인터로 등록된다는 점에 주의하자(❺). 이는 다음 두 가지 이유로 흥미롭다. 첫째, 이는 Observer 템플릿 클래스의 목적을 보여준다. 즉, Person 클래스는 그 템플릿 클래스에서 관찰자를 인스턴스화한다. 둘째, 객체의 주소가 고유하므로 포인터는 이런 맥락에서 매우 유용하다. 따라서 관찰자에 대한 고유 식별자로 주소를 사용하는 것이 일반적이다.

"이건 std::unique_ptr이나 std::shared_ptr이어야 하지 않나요?"라고 묻는다. 아니다. 이 상황에서는 그렇지 않다. 포인터는 단지 등록한 관찰자에 대한 핸들 역할을 할 뿐, 관찰자를 소유해서는 안 된다. 따라서 이 상황에서 스마트 포인터를 소유하는 것은 잘못된 도구가 될 것이다. 합리적인 유일한 선택은 허상 포인터(dangling pointer)를 확인할 수 있는 `std::weak_ptr`이다. 그러나 `std::weak_ptr`은 `std::set`의 키로 (심지어 사용자 정의 비교자를 사용하더라도) 적합하지 않다. 그래도 `std::weak_ptr`을 사용할 방법이 있지만, 생포인터(raw pointer)를 고수할 것이다. 그렇지만 최신 C++의 이점을 포기하는 것은 아니므로 걱정하지 않아도 된다. 이 상황에서는 생포인터를 사용하는 것이 완벽하게 유효하다. 이는 C++ 핵심 지침 F.7(https://isocpp.github.io/CppCoreGuidelines/CppCoreGuidelines#Rf-smart)에서도 설명하고 있다.

> 일반적인 용도로는 스마트 포인터 대신 T* 나 T& 인자를 취하라.

사람의 상태 변경에 대해 통지를 받고 싶으면 언제든지 `attach()` 멤버 함수를 통해 관찰자를 등록할 수 있다(❻). 그리고 더 이상 통지를 받고 싶지 않으면 언제든지 `detach()` 멤버 함수를 통해 관찰자를 등록 취소할 수 있다(❼). 이 두 함수는 옵서버 디자인 패턴의 필수 요소이며 이 디자인 패턴의 적용을 명확히 나타낸다.

```cpp
bool Person::attach( PersonObserver* observer )
{
    auto [pos,success] = observers_.insert( observer );
    return success;
}

bool Person::detach( PersonObserver* observer )
{
    return ( observers_.erase( observer ) > 0U );
}
```

`attach()`와 `detach()`를 적합하다고 생각하는 대로 완전히 자유롭게 구현할 수 있다. 이 예에서는 `std::set`을 사용해 관찰자를 단 한 번 등록할 수 있다. 관찰자를 두 번 등록하려고 하면 함수에서 `false`를 반환한다. 등록하지 않은 관찰자를 등록 취소하려고 해도 같은 일이 일어난다. 이 예에서 다중 등록을 허용하지 않기로 한 결정은 나의 선택이라는 점에 주의한다. 다른 시나리오에서는 중복 등록을 허용하는 것이 바람직하거나 심지어 필요할 수도 있다. 어느 쪽이든 주제의 행위와 인터페이스는 모든 사례에서 일관성이 있어야 한다.

옵서버 디자인 패턴의 다른 핵심 함수는 `notify()` 멤버 함수다(❽). 어떤 상태 변경이 일어날 때마다 이 함수를 호출해 그 변경에 대해 등록한 모든 관찰자에게 통지한다.

```
void Person::notify( StateChange property )
{
   for( auto iter=begin(observers_); iter!=end(observers_); )
   {
      auto const pos = iter++;
      (*pos)->update(*this,property);
   }
}
```

"notify() 함수 구현은 왜 이렇게 복잡하죠? 범위 기반 for 루프면 충분하지 않나요?" 그 말이 맞다. 여기서 어떤 일이 일어나고 있는지 설명해야겠다. 주어진 공식은 반복 중에 detach() 연산을 감지할 수 있게 한다. 예를 들어 update() 함수를 호출하는 동안 관찰자가 스스로 분리하기로 결정하면 이런 일이 일어날 수 있다. 그러나 이 공식은 완벽하지 않다. 불행히도 attach() 연산에 대처할 수 없다. 그리고 병행성에 대해서는 물을 생각도 하지 말아야 한다! 이는 관찰자의 구현 상세가 왜 그렇게 난해한지에 대한 한 가지 예일 뿐이다.

notify() 함수는 설정자 함수 세 가지 모두에서 호출한다(❾). 세 함수 모두에서 변경된 특성을 나타내기 위해 항상 서로 다른 꼬리표를 전달하는 것에 주의한다. 이 꼬리표는 Observer 기초 클래스에서 파생한 클래스에서 변경의 본질을 밝히는 데 사용할 수 있다.

```
void Person::forename( std::string newForename )
{
   forename_ = std::move(newForename);
   notify( forenameChanged );
}

void Person::surname( std::string newSurname )
{
   surname_ = std::move(newSurname);
   notify( surnameChanged );
}

void Person::address( std::string newAddress )
{
   address_ = std::move(newAddress);
   notify( addressChanged );
}
```

이런 메커니즘을 사용하면 이제 OCP를 완전히 따르는 새로운 관찰자를 작성할 수 있다. 예를 들면, NameObserver와 AddressObserver를 구현하기로 결정할 수 있다.

```cpp
//---- <NameObserver.h> ----------------

#include <Observer.h>
#include <Person.h>

class NameObserver : public Observer<Person,Person::StateChange>
{
 public:
    void update( Person const& person, Person::StateChange property ) override;
};


//---- <NameObserver.cpp> ----------------

#include <NameObserver.h>

void NameObserver::update( Person const& person, Person::StateChange property )
{
    if( property == Person::forenameChanged ||
        property == Person::surnameChanged )
    {
       // ... 변경된 이름에 응답한다
    }
}

//---- <AddressObserver.h> ----------------

#include <Observer.h>
#include <Person.h>

class AddressObserver : public Observer<Person,Person::StateChange>
{
 public:
    void update( Person const& person, Person::StateChange property ) override;
};
```

```cpp
//---- <AddressObserver.cpp> ----------------

#include <AddressObserver.h>

void AddressObserver::update( Person const& person, Person::StateChange property )
{
   if( property == Person::addressChanged ) {
      // ... 변경된 주소에 응답한다
   }
}
```

이 두 가지 관찰자를 갖추면 이제 사람의 이름이나 주소가 바뀔 때마다 통지를 받을 수 있다.

```cpp
#include <AddressObserver.h>
#include <NameObserver.h>
#include <Person.h>
#include <cstdlib>

int main()
{
   NameObserver nameObserver;
   AddressObserver addressObserver;

   Person homer( "Homer"     , "Simpson" );
   Person marge( "Marge"     , "Simpson" );
   Person monty( "Montgomery", "Burns"   );

   // 관찰자를 연결한다
   homer.attach( &nameObserver );
   marge.attach( &addressObserver );
   monty.attach( &addressObserver );

   // Homer Simpson에 대한 정보를 갱신한다
   homer.forename( "Homer Jay" );  // 중간 이름을 추가한다

   // Marge Simpson에 대한 정보를 갱신한다
   marge.address( "712 Red Bark Lane, Henderson, Clark County, Nevada 89011" );
```

```cpp
    // Montgomery Burns에 대한 정보를 갱신한다
    monty.address( "Springfield Nuclear Power Plant" );

    // 관찰자를 분리한다
    homer.detach( &nameObserver );

    return EXIT_SUCCESS;
}
```

많은 구현 상세를 살펴봤으니, 이제 다시 더 큰 그림을 살펴보자. 그림 6-3에서는 이 옵서버 예제에 대한 의존성 도표를 볼 수 있다.

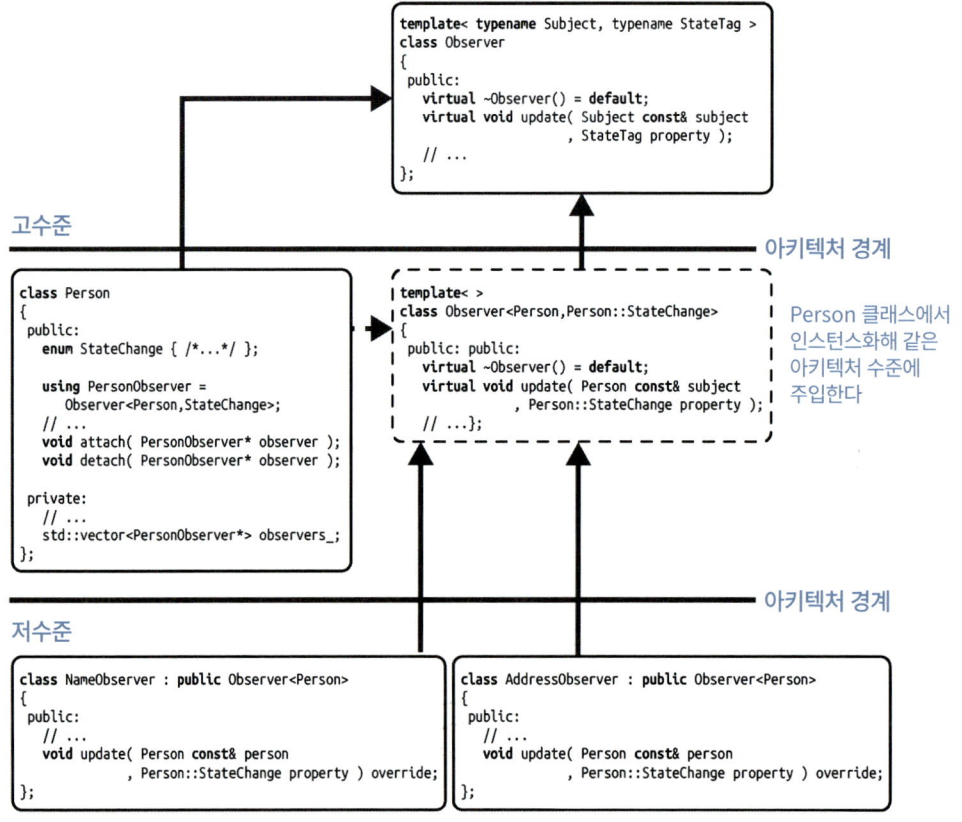

그림 6-3. 옵서버 디자인 패턴에 대한 의존성 도표

Observer 클래스를 클래스 템플릿 형식으로 구현하기로 결정했으므로 Observer 클래스는 아키텍처 최상위 수준에 상주한다. 이렇게 하면 Observer 클래스를, 예를 들면 Person 클래스 등 다목적으로 재사용할 수 있다. Person 클래스는 자체 Observer<Person, Person::StateChange> 타입을 선언하고 이를 통해 그 코드를 자체 아키텍처 수준에 주입한다. 예를 들어 NameObserver와 AddressObserver 등 구체 사람 관찰자는 이후 이 선언을 기반으로 구축할 수 있다.

값 의미론을 기반으로 한 옵서버 구현

"고전적인 구현으로 시작한 이유는 이해하지만, 값 의미론을 선호하라고 주장했으므로 값 의미론 세계에서 관찰자는 어떻게 보일까요?" 이는 다음 단계로 살펴보기에 매우 합당한, 훌륭한 질문이다. '지침 22: 참조 의미론보다 값 의미론을 선호하라'에서 설명한 것처럼 참조 의미론 영역을 피해야 할 이유는 많다. 하지만 고전적인 구현에서 완전히 벗어나지는 않을 것이다. 관찰자를 등록하고 등록 취소하려면 항상 관찰자에 대한 고유 식별자가 필요하며 관찰자의 고유한 주소는 이 문제를 해결하는 가장 쉽고 편리한 방법일 뿐이다. 따라서 등록한 관찰자를 참조하기 위해 포인터를 계속 사용한다. 그러나 std::function은 상속 계통을 피하는 우아한 방법이다.

```
//---- <Observer.h> ----------------

#include <functional>

template< typename Subject, typename StateTag >
class Observer
{
 public:
   using OnUpdate = std::function<void(Subject const&,StateTag)>;         ❿

   // 가상 소멸자가 필요하지 않다

   explicit Observer( OnUpdate onUpdate )     ⓫
      : onUpdate_{ std::move(onUpdate) }
   {
      // 무효한/빈 std::function 인스턴스에 응답할 수 있다
   }

   // 비가상 update 함수
```

```
   void update( Subject const& subject, StateTag property )
   {
      onUpdate_( subject, property );         ⓭
   }

 private:
   OnUpdate onUpdate_;    ⓬
};
```

Observer 클래스를 기초 클래스로 구현해 파생 클래스가 update() 함수를 매우 특정한 방식으로 상속하고 구현하도록 하는 대신 관심사를 분리하고 구성을 기반으로 구축한다('지침 20: 상속보다 구성을 선호하라' 참고). 먼저 Observer 클래스는 update() 함수가 기대하는 시그니처를 위한 std::function 타입에 대해 OnUpdate라는 타입 별칭을 제공한다(⓾). 생성자를 통해 std::function 인스턴스를 전달하고 (⓫) 이를 데이터 멤버 onUpdate_로 이동한다(⓬). 이제 update() 함수의 임무는 인자를 포함해 그 호출을 onUpdate_에 전달하는 것이다(⓭).

std::function으로 얻은 유연성은 갱신한 main() 함수로 쉽게 볼 수 있다.

```
#include <Observer.h>
#include <Person.h>
#include <cstdlib>

void propertyChanged( Person const& person, Person::StateChange property )
{
   if( property == Person::forenameChanged ||
       property == Person::surnameChanged )
   {
      // ... 변경된 이름에 응답한다
   }
}

int main()
{
   using PersonObserver = Observer<Person,Person::StateChange>;

   PersonObserver nameObserver( propertyChanged );
```

```cpp
    PersonObserver addressObserver(
        [/*갈무리한 상태*/]( Person const& person, Person::StateChange property ){
            if( property == Person::addressChanged )
            {
                // ... 변경된 주소에 응답한다
            }
        } );

    Person homer(  "Homer"     , "Simpson" );
    Person marge(  "Marge"     , "Simpson" );
    Person monty(  "Montgomery", "Burns"   );

    // 관찰자를 연결한다
    homer.attach( &nameObserver );
    marge.attach( &addressObserver );
    monty.attach( &addressObserver );

    // ...
    return EXIT_SUCCESS;
}
```

덜 간섭적인 접근법을 선택하고 `std::function`으로 분리한 덕분에 `update()` 함수를 구현하는 방법의 선택은 전적으로 (상태 비유지, 상태 유지 등) 관찰자의 구현자에 달려있다. `nameObserver`에 대해서는 `propertyChanged()` 자유 함수를 기반으로 구축한다. 이 함수 자체는 클래스와 결합하지 않고 여러 경우에 재사용할 수도 있으므로 강하게 분리돼 있다. 반면에 `addressObserver`는 람다를 선택하며, 이는 어떤 상태를 갈무리할 수 있다. 어느 쪽이든 이 두 가지가 따라야 할 유일한 규칙은 요구하는 `std::function` 타입의 필요 시그니처를 충족하는 것이다.

"왜 여전히 Observer 클래스가 필요하죠? 그냥 `std::function`을 직접 사용할 수는 없나요?" 확실히 그렇게 보인다. 기능 관점에서 Observer 클래스는 그 자체로 아무것도 추가하지 않는다. 하지만 `std::function`은 값 의미론의 진정한 자식이므로 `std::function` 객체를 복사하거나 이동하는 경향이 있다. 하지만 특히 상태를 유지하는 관찰자를 사용한다면 관찰자의 복사본을 호출하기를 원하지 않을 것이며, 이런 상황에서는 바람직하지 않다. 그리고 기술적으로 가능하더라도 `std::function`에 대한 포인터를 전달하는 것은 그렇게 일반적이지 않다. 따라서 Observer 클래스는 `std::function`에 대한 어댑터 형태로 여전히 가치가 있을 수 있다('지침 24: 어댑터를 사용해 인터페이스를 표준화하라' 참고).

옵서버 디자인 패턴의 단점 분석

"기대한 값 의미론 해결책은 딱히 아니지만, 그래도 맘에 들어요!" 글쎄, 그렇게 생각한다니 기쁘다. 사실 값 의미론의 장점은 옵서버 디자인 패턴의 이점(예를 들면 이벤트를 해당 이벤트에 대해 취한 행동과 분리하고 새 관찰자를 쉽게 추가하는 능력)과 결합하여 정말 잘 작동한다. 불행히도 완벽한 디자인은 없으며, 모든 디자인에는 단점도 있다.

먼저, 시연한 `std::function` 접근법은 단일 update() 함수를 사용한 **풀 옵서버**에서만 잘 작동한다는 점을 분명히 설명해야겠다. `std::function`은 단 하나의 함수 호출성 객체만 대응할 수 있으므로 여러 update() 함수가 필요한 모든 접근법은 단일 `std::function`으로 처리할 수 있다. 따라서 `std::function`은 update() 함수가 여럿이거나 그 수가 늘어날 수 있는(기억하자. 코드는 바뀌는 경향이 있다!) **푸시 옵서버**에는 일반적으로 해당하지 않는 방식이다. 하지만 `std::function`의 접근법을 일반화할 수 있다. 필요 시 선택할 디자인 패턴은 타입 소거다(8장 참고).

두 번째 (사소한) 단점은 이미 봤듯이 순수 값 기반 구현이 없다는 점이다. 유연성을 얻기 위해 update() 기능을 `std::function`으로 구현할 수 있지만, 여전히 생포인터를 사용해 옵서버를 연결하고 분리한다. 이는 설명하기 쉽고, 포인터를 고유 식별자로 사용하는 것의 장점은 묵인하기에는 너무 좋다. 또한 상태를 유지하는 옵서버에 대해서는 개체의 복사본을 다루고 싶어 하지 않는다. 그렇더라도 이렇게 하려면 물론 `nullptr`을 확인해야 하고(추가 노력이 필요하다) 그 포인터로 나타내는 간접 지정에 대해 항상 비용을 지불해야 한다.[13] 개인적으로는 이 접근법의 많은 장점 때문에 이는 사소한 점으로 평가한다.

훨씬 더 큰 단점은 **옵서버**의 잠재적인 구현 문제다. 특히 관찰자를 여러 번 등록할 수 있으면 등록과 등록 취소 순서가 매우 중요할 수 있다. 또한 다중 스레드 환경에서 관찰자를 스레드 안전하게 등록과 등록 취소하고 이벤트를 처리하는 것은 매우 중요한 주제다. 예를 들어 신뢰할 수 없는 관찰자가 부적절하게 행동하면 콜백 중에 서버를 멈출 수 있으며, 임의의 계산에 대해 시간 제한을 구현하는 것이 **매우** 중요하다. 하지만 이 주제는 이 책의 범위를 많이 벗어난다.

그러나 이 책의 범위에 포함되는 것은 관찰자를 남용하면 복잡한 상호작용 네트워크로 빠르고 쉽게 이어질 수 있다는 위험이 있다는 것이다. 정말 조심하지 않으면 실수로 콜백 무한 루프를 도입할 수 있다! 이런 이유로 개발자들은 때때로 옵서버 사용에 대해 우려하고 이런 상호 연결로 인해 단 하나의 통지가 거대한 전역 응답을 초래할 수 있다는 점을 두려워한다. 물론 이런 위험이 존재하지만, 적절한 디자인이라면 이로 인해 심각한 영향을 받지 않아야 한다. 즉, 적절한 아키텍처가 있고 옵서버를 적절히 구현했다면

---

13 지침 지원 라이브러리(Guideline Support Library, GSL)(https://github.com/Microsoft/GSL)의 `gsl::not_null<T>`를 기반으로 구축할 수도 있다.

모든 일련의 통지는 항상 아키텍처 저수준을 향해 방향 비순환 그래프(DAG)를 따라 실행돼야 한다. 물론 이것이 좋은 소프트웨어 디자인의 아름다움이다.

요약하면, 상태 변경 통지를 위한 해결책을 제공할 의도로 옵서버 디자인 패턴은 가장 유명하고 가장 흔히 사용하는 디자인 패턴 중 하나임을 알 수 있다. 잠재적으로 난해한 구현 상세를 제외하면 분명 모든 개발자의 도구 상자에 있어야 할 디자인 패턴 중 하나다.

지침 25: 추상 통지 메커니즘으로 옵서버를 적용하라

- 옵서버 디자인 패턴은 주제와 관찰자 사이에 일대다 관계를 생성할 의도로 적용한다.
- 푸시 옵서버와 풀 옵서버 사이 이율배반적 관계를 이해한다.
- 값 의미론 기반 옵서버 구현의 장점을 활용한다.

지침 26: CRTP를 사용해 정적 타입 범주를 도입하라

C++는 정말 많은 것을 제공한다. RAII, ADL, CTAD, SFINAE, NTTP, IFNDR, SIOF 등 많은 기능, 많은 구문적 호기심, 그리고 놀라우면서도 전혀 발음할 수 없으며 (초보자에게는) 분명 수수께끼 같은 수많은 두문자어가 있다. 와, 재미있다! 이런 수수께끼 같은 두문자어 중 하나가 바로 **묘하게 되풀이되는 템플릿 패턴**의 줄임말인 CRTP이다.[14] 이름을 이해할 수 없어 머리를 긁적여도 걱정할 필요는 없다. C++에서 흔히 그렇듯이 이 이름은 임의로 선택했지만, 한 번도 재고하거나 변경하지 않은 채 유지됐다. 제임스 코플리엔(James Coplien)은 이 패턴이 묘하게도 다양한 C++ 코드베이스에서 되풀이되는 것을 깨달은 후 《C++ Report》 1995년 2월 호에서 명명했다.[15] 그리고 이상하게도 이 패턴은 상속을 기반으로 하고 (잠재적으로는) 추상화 역할을 하지만, 다른 많은 전통적인 디자인 패턴에서 볼 수 있는 일반적인 성능상 결점을 보이지 않는다. 이런 이유로 디자인 패턴 도구 상자에 추가할 가치가 있거나 **호기심을 일으킬 수** 있으므로 분명히 살펴볼 만한 가치가 있다.

---

14 다른 것이 어떤 뜻인지 궁금하다면 다음과 같다. RAII(Resource Acquisition Is Initialization): 자원 획득은 곧 초기화(C++의 가장 가치 있는 아이디어라고 주장하지만, 동시에 공식적으로는 최악의 두문자어다. 그야말로 아무런 의미가 없다), ADL(Argument Dependent Lookup): 인자 의존 검색, CTAD(Class Template Argument Deduction): 클래스 템플릿 인자 추론, SFINAE(Substitution Failure Is Not An Error): 치환 실패는 오류가 아님, NTTP(Non-Type Template Parameter): 타입이 아닌 템플릿 매개변수, IFNDR(Ill-Formed, No Diagnostic Required): 구문에 어긋나지만 진단이 필요하지 않음, SIOF(Static Initialization Order Fiasco): 정적 초기화 순서 실패. (거의) 모든 C++ 두문자어에 대한 개관은 아서 오드와이어(Arthur O'Dwyer)의 블로그(https://quuxplusone.github.io/blog/2019/08/02/the-tough-guide-to-cpp-acronyms/)를 참고한다.

15 《C++ Report》가 나오던 때는 정말 영광스러운 시절이었다! 하지만 여러분은 결코 원래의 《C++ Report》를 읽을 기회가 없는 불쌍한 영혼 중 한 명일 수 있다. 그중 하나라면, 이것이 1989년부터 2002년까지 SIGS 출판 그룹에서 발행한 격월간 컴퓨터 잡지였다는 것을 알아야 한다. 요즘은 원래의 《C++ Report》를 구하기는 어렵지만, 스탠리 립먼이 편집한 책 《C++ Gems: Programming Pearls from the C++ Report》(Cambridge University Press)에 많은 기사가 수록돼 있다. 이 책에는 제임스 코플리엔의 기사 'Curiously Recurring Template Patterns'가 포함돼 있다.

CRTP에 대한 동기

C++에서 성능은 매우 중요하다. 사실 너무 중요해서 몇몇 맥락에서는 가상 함수 사용으로 인한 성능 추가 비용을 노골적으로 용납할 수 없는 것으로 간주한다. 따라서 컴퓨터 게임의 특정 부분이나 고빈도 거래 같이 성능에 민감한 상황에서는 가상 함수를 사용하지 않는다. 고성능 컴퓨팅(HPC)도 마찬가지다. HPC에서는 계산 커널(compute kernel)의 가장 안쪽 루프처럼 성능이 가장 중요한 부분에서는 조건이나 간접 지정(가상 함수 포함)을 금지한다. 이런 것을 사용하면 성능 추가 비용이 너무 많이 발생한다.

이것이 어떻게 그리고 왜 중요한지 예를 들기 위해 선형 대수(LA) 라이브러리에서 다음 `DynamicVector` 클래스 템플릿을 생각해 보자.

```cpp
//---- <DynamicVector.h> ----------------

#include <numeric>
#include <iosfwd>
#include <iterator>
#include <vector>
// ...

template< typename T >
class DynamicVector
{
 public:
   using value_type     = T;                                           ❷
   using iterator       = typename std::vector<T>::iterator;
   using const_iterator = typename std::vector<T>::const_iterator;

   // ... 생성자와 특수 멤버 함수

   size_t size() const;                                                ❸

   T&      operator[]( size_t index );                                 ❹
   T const& operator[]( size_t index ) const;

   iterator       begin();                                             ❺
   const_iterator begin() const;
   iterator       end();
   const_iterator end() const;
```

```
   // ... 많은 수치 함수

 private:
   std::vector<T> values_;        ❶
   // ...
};

template< typename T >
std::ostream& operator<<( std::ostream& os, DynamicVector<T> const& vector )      ❻
{
   os << "(";
   for( auto const& element : vector ) {
      os << " " << element;
   }
   os << " )";

   return os;
}

template< typename T >
auto l2norm( DynamicVector<T> const& vector )      ❼
{
   using std::begin, std::end;
   return std::sqrt( std::inner_product( begin(vector), end(vector)
                                       , begin(vector), T{} ) );
}

// ... 더 많이 있다
```

그 이름에도 불구하고 DynamicVector는 컨테이너가 아니라 LA 계산을 위한 수치 벡터다. 이름에서 Dynamic 부분은, 이 예에서는 std::vector 형식으로 T 타입 요소를 동적 할당한다는 뜻이다(❶). 이런 이유로 (확실히 요소가 수백만 개 범위인) 대규모 LA 문제에 적합하다. 이 클래스를 많은 수치 연산과 함께 적재할 수 있지만, 인터페이스 관점에서는 정말 컨테이너라고 부르고 싶을지도 모른다. 즉, 일반적인 중첩 타입(value_type, iterator, const_iterator)(❷), 현재 요소 수를 조회하는 size() 함수(❸), (비-const와 const 벡터별로 각각 하나씩) 색인으로 개별 요소에 접근하는 첨자 연산(❹), 요소를 반복하는 begin()과 end() 함수(❺)를 제공하기 때문이다. 멤버 함수 외에도 출력 연산자(❻), 그리고 적어도 한 가지 LA 연산을 보이기 위해 벡터의 유클리드 노름(Euclidean norm)(https://en.wikipedia.org/wiki/Norm_(mathematics)#Euclidean_norm)(이산 벡터에 대한 L2 노름을 근사하므로 흔히 **L2 노름**이라고도 한다)을 계산하는 함수도 제공한다(❼).

DynamicVector가 유일한 벡터 클래스는 아니다. LA 라이브러리에서는 다음과 같은 StaticVector 클래스도 찾을 수 있다.

```
//---- <StaticVector.h> ----------------

#include <array>
#include <numeric>
#include <iosfwd>
#include <iterator>
// ...

template< typename T, size_t Size >
class StaticVector
{
 public:
   using value_type = T;           ❽
   using iterator = typename std::array<T,Size>::iterator;
   using const_iterator = typename std::array<T,Size>::const_iterator;

   // ... 생성자와 특수 멤버 함수

   size_t size() const;         ❾

   T&      operator[]( size_t index );         ❿
   T const& operator[]( size_t index ) const;

   iterator       begin();              ⓫
   const_iterator begin() const;
   iterator       end();
   const_iterator end() const;

   // ... 많은 수치 함수
```

```
  private:
    std::array<T,Size> values_;      ⑭
    // ...
};

template< typename T, size_t Size >
std::ostream& operator<<( std::ostream& os,     ⑫
                          StaticVector<T,Size> const& vector )
{
   os << "(";
   for( auto const& element : vector ) {
      os << " " << element;
   }
   os << " )";

   return os;
}

template< typename T, size_t Size >
auto l2norm( StaticVector<T,Size> const& vector )     ⑬
{
   using std::begin, std::end;
   return std::sqrt( std::inner_product( begin(vector), end(vector)
                                       , begin(vector), T{} ) );
}
```

"DynamicVector 클래스와 거의 같지 않나요?" 여러분이 궁금해한다. 그렇다. 이 두 클래스는 정말 매우 유사하다. StaticVector 클래스는 value_type, iterator, const_iterator 등 중첩 타입(⑧)과 size() 멤버 함수(⑨), 첨자 연산자(⑩), begin()과 end() 함수(⑪) 등 DynamicVector와 동일한 인터페이스를 제공한다. 또한 출력 연산자(⑫)와 l2norm() 자유 함수(⑬)도 있다. 하지만 두 벡터 클래스 사이에는 성능과 관련된 중요한 차이가 있다. 이름에 있는 Static이 암시하듯이 StaticVector는 요소를 동적으로 할당하지 않는다. 대신 클래스 내 버퍼, 예를 들면 std::array를 사용해 요소를 저장한다(⑭). 따라서 DynamicVector와 달리 StaticVector의 전체 기능은 2D나 3D 벡터 같이 작고 고정된 요소 수에 최적화돼 있다.

"좋아요. 이것이 성능에 중요하다는 것은 알겠는데, 여전히 코드 중복이 많지 않나요?" 이번에도 역시 맞는 말이다. 두 벡터 클래스와 연관된 출력 연산자를 자세히 살펴보면 이 두 함수의 구현이 동일하다는 것을 알 수 있다. 이는 아주 바람직하지 않다. 예를 들어 벡터 구성 방식 등 무언가 변경된다면 (변경은 소프트웨어 개발에서 **하나의** 상수이며 예상해야 한다는 것을 기억하자. '지침 2: 변경을 위한 디자인' 참고) 딱 한 곳이 아닌 많은 곳을 바꿔야 한다. 이는 반복하지 말 것(DRY) 원칙의 위반이다. 즉, 많은 곳 중 하나를 갱신하는 것을 잊거나 놓치기 쉬워 불일치나 심지어 버그를 만든다.

"하지만 조금 더 일반적인 함수 템플릿으로 이 중복을 쉽게 해결할 수 있지 않나요? 예를 들면, 모든 밀집 벡터(dense vector)에 대해 다음 출력 연산자를 상상할 수 있어요."

```
template< typename DenseVector >
std::ostream& operator<<( std::ostream& os, DenseVector const& vector )
{
    // ... 이전과 같다
}
```

비록 이것이 충분한 해결책인 듯해도 풀 리퀘스트(pull request)에서 이 코드를 수락하지는 않을 것이다. 이 함수 템플릿이 더 일반적인 것은 사실이지만 '약간' 더 일반적이라고 할 수는 없으며, 여러분이 제안한 것은 작성할 수 있는 가장 일반적인 출력 연산자다. 함수 템플릿 이름은 (`DynamicVector`와 `StaticVector` 포함) 밀집 벡터용으로만 작성한 것을 암시하지만, 실제 이 함수 템플릿은 `DynamicVector`, `StaticVector`, `std::vector`, `std::string` 그리고 `int`와 `double` 같은 기초 타입 등 모든 타입을 허용한다. 그야말로 어떤 요구 사항이나 제약도 지정하지 않는다. 이런 이유로 핵심 지침 T.10(http://isocpp.github.io/CppCoreGuidelines/CppCoreGuidelines#Rt-concepts)을 위반한다.[16]

> 모든 템플릿 인자에 대해 콘셉트를 명시하라.

이 출력 연산자는 모든 밀집 벡터와 순차 컨테이너에서 작동하지만, 기대한 인터페이스를 제공하지 않는 모든 타입에서는 컴파일 오류가 발생한다. 설상가상으로 암시적 요구 사항과 기대를 미묘하게 위반할 수도 있으며 이와 함께 LSP를 위반할 수 있다('지침 6: 추상화로 기대하는 행위를 따르라' 참고). 물론 이를

---

16 C++20 콘셉트를 아직 사용할 수 없다면 `std::enable_if`가 대체 공식을 제공한다. 핵심 지침 T.48(http://isocpp.github.io/CppCoreGuidelines/CppCoreGuidelines#Rt-concept-def): '컴파일러가 콘셉트를 지원하지 않으면 `enable_if`로 위조하라'를 참고한다. 또한 선호하는 C++ 템플릿 참고서도 참고한다.

의식적으로 하는 것은 아니며 실수일 것이다. 이 출력 연산자는 모든 타입에 대해 완벽하게 일치하며 심지어 기대하지 않은 때도 사용할 수 있기 때문이다. 따라서 이 함수 템플릿을 출력 연산자 다중 정의 집합에 추가한 것은 매우 유감스러운 일이다. 우리에게 필요한 것은 완전히 새로운 타입 집합, 새로운 타입 범주다.

"기초 클래스가 이런 용도 아닌가요? 모든 밀집 벡터에 기대하는 인터페이스를 정의하는 DenseVector 기초 클래스를 공식화할 수 없을까요? 다음 DenseVector 기초 클래스 개요를 생각해 보세요."

```cpp
template< typename T > // 요소 타입
class DenseVector
{
 public:
   virtual ~DenseVector() = default;

   virtual size_t size() const = 0;

   virtual T&       operator[]( size_t index ) = 0;
   virtual T const& operator[]( size_t index ) const = 0;

   // ...
};

template< typename T >
std::ostream& operator<<( std::ostream& os, DenseVector<T> const& vector )
{
   // ... 이전과 같다
}
```

"이것은 작동할 거예요, 그렇죠? std::vector<T>::iterator와 std::array<T>::iterator 같은 서로 다른 반복자 타입을 추상화하는 방법을 몰라서 begin()과 end() 함수를 어떻게 선언해야 할지 잘 모르겠어요." 나 역시 이것이 문제가 될 수 있다는 느낌이 들며 빠른 해결책 역시 없다는 것도 인정한다. 하지만 이 기초 클래스를 사용해 모든 멤버 함수를 가상 멤버 함수로 바꿀 수 있다는 점이 훨씬 더 우려된다. 여기에는 begin()과 end() 함수를 포함하지만, 가장 중요한 것은 첨자 연산자 둘이다. 벡터의 요소에 접근할 때마다 이제는 가상 함수를 호출해야 하므로 그 결과는 어마어마하다. 모든 단일 접근마다 호출해야 한다니! 따라서 이 기초 클래스를 이용한다면 고성능과는 작별해야 할 수 있다.

그렇더라도 기초 클래스로 추상화를 구축하는 일반적인 아이디어는 좋다. 단지 다르게 해야 한다. CRTP에서 바로 이것을 더 자세히 살펴봐야 한다.

CRTP 디자인 패턴 해설

CRTP 디자인 패턴은 기초 클래스를 사용해 추상화를 생성하는 평범한 아이디어를 기반으로 구축한다. 하지만 가상 함수를 통해 기초와 파생 클래스 간 런타임 관계를 구성하는 대신 컴파일 시점 관계를 생성한다.

CRTP 디자인 패턴

의도: '연관된 타입의 군(Family)에 대한 컴파일 시점 추상화를 정의한다.'

DenseVector 기초 클래스와 DynamicVector 파생 클래스 간 컴파일 시점 관계는 기초 클래스를 클래스 템플릿으로 개선해 생성한다.

```
//---- <DenseVector.h> ----------------

template< typename Derived >        ⓯
struct DenseVector
{
   // ...
   size_t size() const { return static_cast<Derived const&>(*this).size(); }   ⓱
   // ...
};




//---- <DynamicVector.h> ----------------

template< typename T >
class DynamicVector : public DenseVector<DynamicVector<T>>        ⓰
{
 public:
   // ...
   size_t size() const;        ⓲
   // ...
};
```

CRTP에 대해 흥미로운 세부 내용은 DenseVector 기초 클래스의 새로운 템플릿 매개변수가 연관된 파생 클래스의 타입을 나타낸다는 것이다(⓯). 예를 들면 DynamicVector 등 파생 클래스가 기초 클래스를 인스턴스화하기 위해 그 자신의 타입을 제공할 것을 기대한다(⓰).

"와, 잠시만요, 가능하긴 해요?" 여러분이 묻는다. 가능하다. 템플릿을 인스턴스화하는 데 완전한 타입 정의가 필요하지는 않다. 불완전한 타입을 사용히는 것으로 충분하다. 컴파일러가 class DynamicVector 선언을 본 이후이므로 그런 불완전한 타입을 사용할 수 있다. 본질적으로 이 구문은 전방 선언으로 작동한다. 따라서 DynamicVector 클래스는 DenseVector 기초 클래스에 대한 템플릿 인자로 정말 그 자신을 사용할 수 있다.

물론 기초 클래스의 템플릿 매개변수를 (예를 들면 단순히 T 등으로) 원하는 대로 명명할 수 있지만, '지침 14: 디자인 패턴 이름을 사용해 의도를 전달하라'에서 논의한 것처럼 디자인 패턴 이름이나 패턴에 흔히 사용하는 이름을 사용하는 것이 의도를 전달하는 데 도움이 된다. 이런 이유로 그 매개변수를 CRTP로 명명할 수 있는데, 이는 패턴을 잘 전달하지만 안타깝게도 발의자에게만 잘 전달한다. 다른 모든 이는 두문자어 때문에 당황할 것이다. 따라서 템플릿 매개변수는 파생 클래스 타입을 나타낸다는 그 목적을 완벽히 표현하고 의도를 전달하는 Derived라고 흔히 칭한다.

이 템플릿 매개변수를 통해 기초 클래스는 이제 파생 타입의 실제 타입을 인식한다. 여전히 모든 밀집 벡터에 대한 추상화와 공통 인터페이스를 나타내지만, 이제는 파생 타입의 구체 구현에 접근하고 호출할 수 있다. 예를 들어 size() 멤버 함수에서는 다음과 같은 일이 일어난다(⓱). DenseVector는 static_cast를 사용해 자신을 파생 클래스에 대한 참조로 변환하고 그에 대해 size() 함수를 호출한다. 언뜻 보기에는 (size() 함수 내에서 size() 함수를 호출하는) 재귀 함수 호출처럼 보일 수 있지만, 실제는 파생 클래스의 size() 멤버 함수 호출이다(⓲).

"이것이 당신이 얘기하던 컴파일 시점 관계예요. 기초 클래스는 구체 파생 타입과 구현 상세의 추상화를 나타내지만, 여전히 구현 상세가 있는 곳을 정확히 알아요. 그러므로 정말 어떤 가상 함수도 필요하지 않아요." 맞다. CRTP를 사용하면 이제 공통 인터페이스를 구축하고 모든 호출을 단순히 static_cast를 수행해 파생 클래스에 전달할 수 있다. 그리고 이렇게 해도 성능에 불이익이 없다. 실제 기초 클래스 함수는 인라인화할 가능성이 높으며, DenseVector가 유일하거나 첫 번째 기초 클래스일 때 static_cast는 심지어 단일 어셈블리 명령조차 만들지 않는다. 단지 해당 객체를 파생 타입의 객체로 취급하라고 컴파일러에 알릴 뿐이다.

하지만 깔끔한 CRTP 기초 클래스를 제공하기 위해 몇 가지 상세 내용을 갱신해야 한다.

```
//---- <DenseVector.h> ----------------

template< typename Derived >
struct DenseVector
{
 protected:
   ~DenseVector() = default;          ⓘ

 public:
   Derived&       derived()       { return static_cast<Derived&>( *this ); }        ⓴
   Derived const& derived() const { return static_cast<Derived const&>( *this ); }

   size_t size() const { return derived().size(); }

   // ...
};
```

가상 함수는 모두 피하고 싶으므로 가상 소멸자에도 관심이 없다. 따라서 소멸자를 클래스의 **protected** 구역에 비가상 함수로 구현한다(ⓘ). 이는 핵심 지침 C.35(https://isocpp.github.io/CppCoreGuidelines/CppCoreGuidelines#Rc-dtor-virtual)를 완벽히 따른다.

> 기초 클래스 소멸자는 공개이면서 가상이거나 보호이면서 비가상이어야 한다.

하지만 이 소멸자 정의는 컴파일러가 두 이동 연산을 생성하지 못하게 한다는 점을 기억해야 한다. CRTP 기초 클래스는 일반적으로 비어 있어 이동할 것이 없으므로 문제가 되지 않는다. 그렇더라도 5의 법칙(https://isocpp.github.io/CppCoreGuidelines/CppCoreGuidelines#Rc-five)을 항상 염두에 둬야 한다.

또한 기초 클래스의 모든 단일 멤버 함수에서 static_cast를 사용하는 것은 피해야 한다. 올바른 방법이라 해도 모든 캐스트는 의심스럽게 생각해야 하고 최소화해야 한다.[17] 이런 이유로 캐스트를 수행하고 다른 멤버 함수에서 사용할 수 있는 derived() 멤버 함수 둘을 추가한다(⓴). 이렇게 하면 코드가 더 깔끔해 보이고 DRY 원칙을 따를 뿐만 아니라 훨씬 덜 의심스러워 보인다.

---

17 (static_cast, reinterpret_cast, const_cast, dynamic_cast 그리고 특히 오래된 C 형식 캐스트 등) 모든 캐스트를 성인용 기능으로 간주한다. 즉, 행동에 모든 책임을 지며 컴파일러는 이에 따른다. 따라서 캐스트 연산자 호출을 줄이는 게 매우 바람직하다(핵심 지침 ES.48(https://isocpp.github.io/CppCoreGuidelines/CppCoreGuidelines#Res-casts): 'Avoid casts'도 참고).

derived() 함수를 갖췄으니 이제 계속해서 첨자 연산자와 begin(), end() 함수를 정의할 수 있다.

```cpp
template< typename Derived >
struct DenseVector
{
   // ...

   ??? operator[]( size_t index )       { return derived()[index]; }
   ??? operator[]( size_t index ) const { return derived()[index]; }

   ??? begin()         { return derived().begin(); }
   ??? begin() const   { return derived().begin(); }
   ??? end()           { return derived().end(); }
   ??? end() const     { return derived().end(); }

   // ...
};
```

하지만 이런 함수는 size() 멤버 함수만큼 간단하지 않다. 특히 반환 타입은 Derived 클래스 구현에 따라 다르므로 지정하기가 조금 더 어렵다. "글쎄, 그렇게 어렵지는 않을 거예요." 여러분이 얘기한다. "파생 타입에서 value_type, iterator, const_iterator 같은 몇 가지 중첩 타입을 제공하는 이유가 이 때문 아닌가요?" 사실 다음처럼 정확히 요청하는 게 직관적인 듯하다.

```cpp
template< typename Derived >
struct DenseVector
{
   // ...

   using value_type     = typename Derived::value_type;        ㉑
   using iterator       = typename Derived::iterator;
   using const_iterator = typename Derived::const_iterator;

   value_type&       operator[]( size_t index )       { return derived()[index]; }
   value_type const& operator[]( size_t index ) const { return derived()[index]; }

   iterator       begin()       { return derived().begin(); }
   const_iterator begin() const { return derived().begin(); }
```

```
    iterator        end()          { return derived().end(); }
    const_iterator  end()    const { return derived().end(); }

    // ...
};
```

우리는 파생 클래스에서 `value_type`, `iterator`, `const_iterator` 타입을 조회하고(`typename` 키워드를 잊지 말자) 이를 사용해 반환 타입을 지정한다(㉑). 쉽지 않은가? 여러분은 이것이 쉽지 않다는 쪽에 걸 것이다. 이를 시도하면 Clang 컴파일러는 정말 이상하고 당황스러운 오류 메시지를 표시한다.

```
CRTP.cpp:29:41: error: no type named 'value_type' in 'DynamicVector<int>'
    using value_type = typename Derived::value_type;
```

"`DynamicVector<int>`에 `value_type`이 없다니 이상해요." 문득 떠오르는 첫 번째 생각은 뭔가 잘못했다는 것이다. 오타가 분명하다. 당연하다! 그래서 코드로 돌아가 철자를 확인한다. 하지만 모든 게 정상인 것으로 밝혀진다. 오타는 없다. `DynamicVector` 클래스를 다시 확인한다. `value_type` 중첩 멤버가 있다. 그리고 모든 것이 `public`이다. 오류 메시지가 전혀 말이 되지 않는다. 모든 것을 다시 검토하고 30분 후 결론을 내린다. "컴파일러에 버그가 있어요!"

아니다. 컴파일러에는 버그가 없다. Clang이나 다른 어떤 컴파일러에도 없다. GCC는 여전히 조금 이해할 수 없지만, 조금 더 분명한 오류 메시지를 제공한다.[18]

```
CRTP.cpp:29:10: error: invalid use of incomplete type 'class DynamicVector<int>'
  29 |     using value_type = typename Derived::value_type;
```

Clang 컴파일러가 맞다. `DynamicVector` 클래스에는 `value_type`이 없다. 아직은! 중첩 타입을 조회할 때 `DynamicVector` 클래스 정의를 본 적이 없으므로 `DynamicVector`는 여전히 불완전 타입이다. 컴파일러는 `DynamicVector` 클래스 정의에 앞서 `DenseVector` 기초 클래스를 인스턴스화하기 때문이다. 결국 구문상 기초 클래스를 해당 클래스 본문에 앞서 지정한다.

---

[18] 이는 여러분의 코드베이스를 (Clang, GCC, MSVC 등) 여러 주요 컴파일러로 컴파일할 수 있는 것이 이득이라는 것을 보여주는 훌륭한 예다. 서로 다른 오류 메시지가 문제의 근원을 찾는 데 도움이 될 수 있다. 컴파일러를 단 하나만 사용하는 것은 위험하다고 생각해야 한다!

```
template< typename T >
class DynamicVector : public DenseVector<DynamicVector<T>>
// ...
```

결과적으로 파생 클래스의 중첩 타입을 CRTP 클래스의 반환 타입으로 사용할 방법이 없다. 사실 파생 클래스가 불완전 타입인 한 아무것도 사용할 수 없다. "하지만 파생 클래스의 멤버 함수를 호출할 수 있는 이유는 뭐죠? 같은 문제가 생기지 않나요?" 다행히 이는 작동한다(그렇지 않으면 CRTP 패턴이 전혀 작동하지 않는다). 하지만 멤버 함수를 요청할 때만, 즉 실제로 호출할 때만 인스턴스화한다는 클래스 템플릿의 특수한 특성 때문에 작동한다. 일반적으로 실제 호출은 파생 클래스 정의를 사용할 수 있을 때만 일어나므로 정의가 누락돼도 문제없다. 이 시점에 파생 클래스는 더 이상 불완전 타입이 아니다.

"좋아요, 알겠어요. 하지만 첨자 연산자와 begin(), end() 함수의 반환 타입을 어떻게 지정하죠?" 가장 편리한 방법은 반환 타입 추론을 사용하는 것이다. 이는 decltype(auto) 반환 타입을 사용할 완벽한 기회다.

```
template< typename Derived >
struct DenseVector
{
  // ...

  decltype(auto) operator[]( size_t index )       { return derived()[index]; }
  decltype(auto) operator[]( size_t index ) const { return derived()[index]; }

  decltype(auto) begin()        { return derived().begin(); }
  decltype(auto) begin() const  { return derived().begin(); }
  decltype(auto) end()          { return derived().end(); }
  decltype(auto) end()   const  { return derived().end(); }
};
```

"auto만으로 충분하지 않을까요? 예를 들면, 반환 타입을 다음처럼 정의할 수 있어요."

```
template< typename Derived >
struct DenseVector
{
    // ... 참고: 이는 항상 작동하지 않지만, decltype(auto)는 항상 작동한다
```

```
    auto&         operator[]( size_t index )       { return derived()[index]; }
    auto const&   operator[]( size_t index ) const { return derived()[index]; }

    auto begin()         { return derived().begin(); }
    auto begin() const   { return derived().begin(); }
    auto end()           { return derived().end(); }
    auto end()   const   { return derived().end(); }
};
```

이 예에서는 이것으로 충분할 것이다. 하지만 계속 강조하듯이 코드는 바뀐다. 결국에는 그 값을 저장하고 그 값에 대한 참조를 반환하는 게 아닌, 값을 만들어 내고 값을 반환하는 다른 파생 벡터 클래스가 있을 수 있다. 이는 쉽게 생각할 수 있다. 예를 들면, 벡터에서 영 요소(zero element)(https://en.wikipedia.org/wiki/Zero_element)를 나타내는 ZeroVector 클래스를 생각해 보자. 그런 벡터는 자신의 모든 요소를 저장하지 않을 것이다. 이는 낭비이기 때문이다. 대신 요소에 접근할 때마다 영인 값을 반환하는 빈 클래스로 구현할 것이다. 그런 경우 auto& 반환 타입은 올바르지 않다. (바라건대) 컴파일러는 이에 대해 경고할 것이다. 하지만 파생 클래스가 반환하는 것을 **정확히** 반환해 전체 문제를 피할 수 있다. 그리고 이런 반환 타입은 decltype(auto) 반환으로 나타낸다.

CRTP 디자인 패턴 단점 분석

"와, 이 CRTP 디자인 패턴은 놀라워요. 평소보다 약간 더 복잡한 구현 상세만 제외하면 가상 함수로 인한 모든 성능 문제에 대한 해결책 아닌가요? 그리고 이것이 모든 상속 관련 문제에 대한 열쇠이자 성배 아닐까요?" 그 열광적인 모습을 이해할 수 있다! 언뜻 보기에는 분명 CRTP가 모든 상속 계통을 위한 궁극적인 해결책으로 보인다. 안타깝게도 이는 착각이다. 모든 디자인 패턴에는 이점과 함께 불행히도 결점도 있다는 것을 기억하자. 그리고 CRTP 디자인 패턴에도 몇 가지 꽤 제한적인 결점이 있다.

첫째로 가장 제한적인 결점 중 하나는 공통 기초 클래스가 없다는 것이다. 그 영향의 심각성을 강조하기 위해 반복하겠다. 공통 기초 클래스가 **없다**! 사실상 모든 단일 파생 클래스에는 서로 다른 기초 클래스가 있다. 예를 들면, DynamicVector<T> 클래스에는 DenseVector<DynamicVector<T>> 기초 클래스가 있고, StaticVector<T,Size> 클래스에는 DenseVector<StaticVector<T,Size>> 기초 클래스가 있다(그림 6-4 참고). 따라서 공통 기초 클래스, 예를 들어 모음에 서로 다른 타입을 저장하는 데 사용할 수 있는 공통 추상화가 필요할 때마다 CRTP 디자인 패턴은 올바른 선택이 **아니다**.

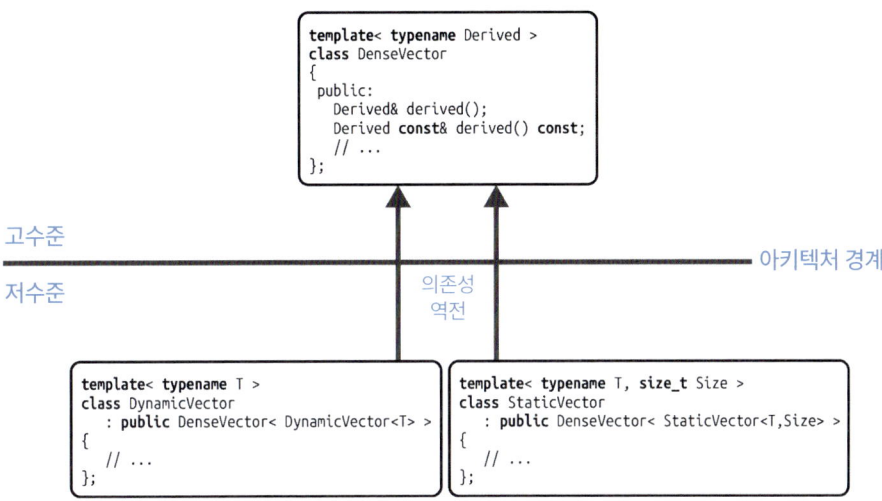

그림 6-4. CRTP 디자인 패턴에 대한 의존성 도표

"와, 이것이 정말 한계가 될 수 있겠어요. 하지만 CRTP 기초 클래스를 공통 기초 클래스에서 파생할 수 없을까요?"라고 주장한다. 아니, 정말 안 된다. 가상 함수를 다시 도입해야 하기 때문이다. "좋아요, 알겠어요. std::variant를 사용해 공통 기초 클래스를 시뮬레이션하는 건 어떤가요?" 그건 선택지다. 하지만 std::variant가 **비지터** 디자인 패턴을 나타낸다는 것을 기억하자('지침 16: 비지터를 사용해 연산을 확장하라' 참고). 그리고 std::variant는 모든 잠재적 대안을 알아야 하므로 새 타입을 추가하는 자유를 제한한다. 보다시피 마음에 들지 않더라도 정말 CRTP가 모든 상속 계통을 대체하는 것은 **아니다**.

둘째, 잠재적으로 매우 제한적인 결점은 CRTP 기초 클래스와 접촉하는 모든 것이 템플릿 자체가 된다는 것이다. 특히 이런 기초 클래스와 함께 작동하는 모든 함수에서 그렇다. 예를 들어, 개선한 출력 연산자와 l2norm() 함수를 생각해 보자.

```
template< typename Derived >
std::ostream& operator<<( std::ostream& os, DenseVector<Derived> const& vector );

template< typename Derived >
auto l2norm( DenseVector<Derived> const& vector );
```

이 두 함수는 DenseVector CRTP 클래스에서 파생한 모든 클래스에서 작동해야 한다. 물론 파생 클래스의 구체 타입에 의존해서는 안 된다. 따라서 이 두 함수는 Derived 타입을 추론해야 하는 함수 템플릿이어야 한다. 선형 대수 라이브러리 맥락에서는 거의 모든 기능을 어쨌든 템플릿으로 구현하기 때문에 일반적으로 문제가 안 되지만, 다른 맥락에서는 큰 문제일 수 있다. 많은 코드를 템플릿으로 바꾸고 그 정의를 헤더 파일로 이동해 사실상 소스 파일의 캡슐화를 희생하는 것은 매우 바람직하지 않을 수 있다. 그렇다, 이는 정말 심각한 결점일 수 있다.

셋째, CRTP는 간접적인 디자인 패턴이다. 파생 클래스는 CRTP 기초 클래스를 상속해 명시적으로 참여해야 한다. 자체 코드에서 이는 문제가 아닐 수 있지만, 외부 코드에 기초 클래스를 쉽게 추가할 수는 없다. 이런 상황에서는 어댑터 디자인 패턴에 의존해야 한다('지침 24: 어댑터를 사용해 인터페이스를 표준화하라' 참고). 따라서 CRTP는 (std::variant로 구현한 비지터 디자인 패턴, 어댑터 디자인 패턴 등) 비간섭 디자인 패턴의 유연성을 제공하지 않는다.

마지막으로 중요한 것은, CRTP는 런타임 다형성을 제공하지 않으며 컴파일 시점 다형성만 제공한다는 점이다. 따라서 이 패턴은 정적 타입 추상화가 필요할 때만 의미가 있다. 그렇지 않으면, 다시 얘기하지만 모든 상속 계통을 대체하지 않는다.

CRTP의 미래: CRTP와 C++20 콘셉트 간 차이

"알겠어요, 그 말이 맞아요. CRTP는 순수 컴파일 시점 다형성이에요. 하지만 궁금한 게 생겼는데, CRTP 대신 C++20 콘셉트를 기반으로 구축할 수 있지 않을까요? 다음 코드를 생각해 보세요. 콘셉트를 사용해 타입 집합에 대한 요구 사항을 정의하고 함수와 연산자를 기대한 인터페이스를 제공하는 타입으로만 제한할 수 있어요."[19]

```
template< typename T >
concept DenseVector =
   requires ( T t, size_t index ) {
      t.size();
      t[index];
      { t.begin() } -> std::same_as<typename T::iterator>;
      { t.end() } -> std::same_as<typename T::iterator>;
   } &&
   requires ( T const t, size_t index ) {
      t[index];
      { t.begin() } -> std::same_as<typename T::const_iterator>;
      { t.end() } -> std::same_as<typename T::const_iterator>;
```

---

[19] C++20 콘셉트의 아이디어나 구문에 익숙하지 않다면 Leanpub(https://leanpub.com/cppconcepts)에서 출간한 산도르 다르고(Sándor Dargó)의 《C++ Concepts》로 빠르고 고통 없이 입문할 수 있다.

```cpp
    };

    template< DenseVector VectorT >
    std::ostream& operator<<( std::ostream& os, VectorT const& vector )
    {
        // ... 이전과 같다
    }
```

여러분이 전적으로 옳다. 매우 합리적인 대안이라는 데 동의한다. 사실 C++20 콘셉트는 CRTP와 꽤 비슷하지만, 더 쉽고 비간섭적인 대안을 제시한다. 특히 비간섭적이라는 점에서 C++20 콘셉트를 이용할 수 있고 정적 타입 집합을 개념에 따라 정의할 수 있으면 CRTP보다 개념을 선호하는 게 좋다.

그래도 이 해결책에 완전히 만족하지 못한다. 출력 연산자의 이런 공식화는 함수 템플릿을 기대하는 인터페이스를 제공하는 타입으로만 효과적으로 제한할 뿐 밀집 벡터 타입 집합으로 완전히 제한하지 않는다. 여전히 std::vector와 std::string을 전달할 수 있다(std::string에는 출력 연산자가 이미 std 네임스페이스에 있다). 따라서 이 개념은 충분히 구체적이지 않다. 하지만 이런 상황에 빠지더라도 걱정하지 않아도 된다. 꼬리표 클래스(tag class)를 사용한 해결책이 있다.

```cpp
    struct DenseVectorTag {};                    ㉒

    template< typename T >
    concept DenseVector =
        // ... (이전과 같은) 밀집 벡터에 대한 모든 요구 사항 정의
        && std::is_base_of_v<DenseVectorTag,T>;

    template< typename T >
    class DynamicVector : private DenseVectorTag      ㉓
    {
        // ...
    };
```

DenseVectorTag 클래스를 (가급적 비공개로) 상속함으로써(㉒), DynamicVector 같은 클래스가 특정 타입 집합에 속하는지 식별할 수 있다(㉓). 따라서 해당 타입 집합에 명시적으로 참여하는 타입만 허용하도록 함수와 연산자 템플릿을 효과적으로 제한할 수 있다. 하지만 불행히도 문제가 있다. 이 접근법은 더이

상 비간섭적이지 않다는 것이다. 이 한계를 극복하기 위해 사용자 정의 특성 클래스(trait class)에 의한 컴파일 시점 간접 지정을 도입한다. 즉, SRP를 적용하고 관심사를 분리한다.

```
struct DenseVectorTag {};

template< typename T >
struct IsDenseVector          ㉔
   : public std::is_base_of<DenseVectorTag,T>
{};

template< typename T >
constexpr bool IsDenseVector_v = IsDenseVector<T>::value;     ㉕

template< typename T >
concept DenseVector =
   // ... (이전과 같은) 밀집 벡터에 대한 모든 요구 사항 정의
   && IsDenseVector_v<T>;   ㉖

template< typename T >
class DynamicVector : private DenseVectorTag       ㉗
{
   // ...
};

template< typename T, size_t Size >
class StaticVector
{
   // ...
};

template< typename T, size_t Size >
struct IsDenseVector< StaticVector<T,Size> >   ㉘
   : public std::true_type
{};
```

IsDenseVector 클래스 템플릿은 해당 변수 템플릿과 마찬가지로 주어진 타입이 밀집 벡터 타입 집합에 속하는지 여부를 나타낸다(㉔와 ㉕). 주어진 타입을 직접 조회하는 대신 DenseVector 개념은 IsDenseVector 타입 특성 정보를 통해 간접적으로 묻는다(㉖). 이를 통해 클래스를 DenseVectorTag에서

간섭적으로 파생하거나(㉒) IsDenseVector 타입 특성 정보를 비간섭적으로 특수화할 기회를 얻을 수 있다(㉓). 이 형식에서 콘셉트 접근법은 고전적인 CRTP 접근법을 완전히 대체한다.

요약하면, CRTP는 관련 타입의 군 사이에 컴파일 시점 관계를 정의하는 데 엄청난 디자인 패턴이다. 가장 흥미로운 점은 상속 계통에서 생길 수 있는 모든 성능 문제를 해결한다는 것이다. 하지만 CRTP에는 공통 기초 클래스 부재, 템플릿 코드의 빠른 확산, 컴파일 시점 다형성에 대한 제약 등 몇 가지 잠재적으로 제한적인 결점이 있다. C++20에서는 더 쉽고 비간섭적인 대안을 제공하는 콘셉트로 CRTP를 대체할 것을 고려하자. 하지만 C++20 콘셉트를 이용할 수 없으며 CRTP가 적합하다면 이 역시 엄청난 가치를 보여줄 것이다.

지침 26: CRTP를 사용해 정적 타입 범주를 도입하라

- CRTP 디자인 패턴을 적용해 관련 타입의 군에 대한 컴파일 시점 추상화를 정의한다.
- CRTP 기초 클래스는 파생 클래스 접근이 제한된다는 것을 인식한다.
- CRTP 디자인 패턴의 제약, 특히 공통 기초 클래스가 없다는 점을 명심한다.
- 가능하면 CRTP 디자인 패턴보다 C++20 콘셉트를 선호한다.

지침 27: 정적 믹스인 클래스에 CRTP를 사용하라

'지침 26: CRTP를 사용해 정적 타입 범주를 도입하라'에서는 CRTP 디자인 패턴을 소개했다. 또한 C++20 콘셉트의 출현으로 CRTP가 더 이상 쓸모 없는 구식이라는 인상을 줬을 수도 있다. 글쎄, 흥미롭게도 그렇지 않다. 적어도 완전히는 아니다. 아직 완전한 이야기를 들려주지 않았기 때문이다. CRTP는 단지 디자인 패턴으로서가 아니라 **구현 패턴**으로서 여전히 가치가 있을 수 있다. 그럼 구현 패턴의 영역으로 우회해 설명하겠다.

강타입(Strong type)의 동기

명명한 고유 타입을 생성하기 위해 다른 타입을 감싸는 래퍼를 나타내는 다음 StrongType 클래스 템플릿을 생각해 보자.[20]

---

[20] StrongType 구현은 조나단 보카라(Jonathan Boccara)의 Fluent C++ 블로그(https://www.fluentcpp.com)와 관련 NamedType 라이브러리(https://github.com/joboccara/NamedType)에서 영감을 받았다. 사용 가능한 강타입 라이브러리는 몇 가지 더 있다. 조나단 뮐러(Jonathan Müller)의 type_safe 라이브러리(https://github.com/foonathan/type_safe), 비욘 팔러(Björn Fahller)의 strong_type 라이브러리(https://github.com/rollbear/strong_type), 앤서니 윌리엄(Anthony William)의 strong_typedef 라이브러리(https://github.com/anthonywilliams/strong_typedef) 등을 사용할 수 있다.

```
//---- <StrongType.h> ----------------

#include <utility>

template< typename T, typename Tag >
struct StrongType
{
 public:
   using value_type = T;

   explicit StrongType( T const& value ) : value_( value ) {}

   T&      get()       { return value_; }
   T const& get() const { return value_; }

 private:
   T value_;
};
```

예를 들어 이 클래스는 Meter, Kilometer, Surname을 정의하는 데 사용할 수 있다.[21]

```
//---- <Distances.h> ----------------

#include <StrongType.h>

template< typename T >
using Meter = StrongType<T,struct MeterTag>;

template< typename T >
using Kilometer = StrongType<T,struct KilometerTag>;

// ...
```

```
//---- <Person.h> ----------------
```

---

[21] 유일하게 기술적으로 특이한 점은 꼬리표 클래스를 템플릿 매개변수 목록에 바로 선언하는 것이다. 이는 작동하며 별개의 강타입을 인스턴스화하기 위해 고유한 타입을 생성하는 데 분명히 도움이 된다.

```cpp
#include <StrongType.h>

using Surname = StrongType<std::string,struct SurnameTag>;

// ...
```

Meter와 Kilometer에 별칭 템플릿을 사용하면, 예를 들어 거리를 나타내는 데 long이나 double을 선택할 수 있다. 하지만 이런 타입은 기초 타입이나 Surname 사례에서 std::string과 같은 표준 라이브러리 타입을 기반으로 구축하더라도, 예를 들면 덧셈과 같은 산술 연산에서 (우연히) 결합할 수 없는 의미론적 의미를 지닌 별개의 타입(강타입)을 나타낸다.

```cpp
//---- <Main.cpp> ----------------

#include <Distances.h>
#include <cstdlib>

int main()
{
   auto const m1 = Meter<long>{ 120L };
   auto const m2 = Meter<long>{  50L };
   auto const km = Kilometer<long>{ 30L };
   auto const surname1 = Surname{ "Stroustrup" };
   auto const surname2 = Surname{ "Iglberger" };
   // ...

   m1 + km;               // 올바르게 컴파일하지 못한다!              ❶
   surname1 + surname2;   // 또한 올바르게 컴파일하지 못한다!          ❷
   m1 + m2;               // 불편하게도 이 역시 컴파일하지 못한다.     ❸

   return EXIT_SUCCESS;
}
```

Meter와 Kilometer 모두 long으로 나타내지만, Meter와 Kilometer를 직접 더할 수는 없다(❶). 이 점이 멋지다. 실수로 버그가 기어 들어올 어떤 여지도 남기지 않는다. 또한 std::string은 문자열 연결을 위한 덧셈 연산자를 제공하지만, 두 Surnames를 더할 수도 없다(❷). 하지만 이 역시 멋지다. 강타입은 바탕 타입(underlying type)의 원하지 않는 연산을 효과적으로 제한하기 때문이다. 불행히도 이 '기능'은 두 Meter 인스턴스 덧셈도 막는다(❸). 하지만 이 연산은 바람직하다. 직관적이며 자연스럽고 연산 결과가 다시 Meter 타입이어서 물리적으로 정확하기 때문이다. 이 연산이 작동하도록 Meter 타입에 대한 덧셈 연산자를 구현할 수 있다. 그러나 분명 이 덧셈 연산자가 유일한 것은 아니다. Kilometer, Mile, Foot 등 다른 모든 강타입에 대해서도 필요하다. 이 모든 구현이 동일하게 보일 것이므로 DRY 원칙을 위반할 것이다. 따라서 덧셈 연산자로 StrongType 클래스 템플릿을 확장하는 것이 합리적일 듯하다.

```
template< typename T, typename Tag >
StrongType<T,Tag>
   operator+( StrongType<T,Tag> const& a, StrongType<T,Tag> const& b )
{
   return StrongType<T,Tag>( a.get() + b.get() );
}
```

이 덧셈 연산자의 공식으로 인해 서로 다른 두 StrongType 인스턴스를 더할 수는 없지만(예를 들면 Meter와 Kilometer), 동일한 StrongType 인스턴스를 더할 수는 있다. "아, 하지만 문제가 있어요. 이제 두 Meter나 두 Kilometer를 더할 수 있지만, 두 Surname도 더할 수 있어요. 이건 원하지 않아요!" 그 말이 맞다. 이는 바람직하지 않다. 대신 필요한 것은 StrongType의 특정 인스턴스에 의도적으로 연산을 추가하는 것이다. 이때 CRTP가 필요하다.

구현 패턴으로 CRTP 사용

StrongType 클래스에 연산을 직접 준비하는 대신 원하는 연산을 '주입'하는 기초 클래스인 **믹스인** 클래스를 통해 연산을 제공한다. 이런 믹스인 클래스는 CRTP로 구현한다. 예를 들어 덧셈 연산을 나타내는 Addable 클래스 템플릿을 생각해 보자.

```
//---- <Addable.h> ----------------

template< typename Derived >
struct Addable
{
   friend Derived& operator+=( Derived& lhs, Derived const& rhs ) {   ❹
      lhs.get() += rhs.get();
      return lhs;
   }
```

```
      friend Derived operator+( Derived const& lhs, Derived const& rhs ) { ❺
         return Derived{ lhs.get() + rhs.get() };
      }
   };
```

템플릿 매개변수 이름을 통해 다음을 알 수 있다. **Addable**은 CRTP 기초 클래스다. **Addable**은 숨겨진 프렌드(https://www.justsoftwaresolutions.co.uk/cplusplus/hidden-friends.html)로 구현한 덧셈 대입 연산자(❹)와 덧셈 연산자(❺) 두 함수만 제공한다. 두 연산자 모두 지정한 **Derived** 타입에 대해 정의하며 포함하는 네임스페이스에 주입된다.[22] 따라서 이 CRTP 기초 클래스에서 파생한 모든 클래스는 덧셈 연산자 둘을 무료로 '상속'한다.

```
   //---- <StrongType.h> ----------------

   #include <stdlib>
   #include <utility>

   template< typename T, typename Tag >
   struct StrongType : private Addable< StrongType<T,Tag> >
   { /* ... */ };



   //---- <Distances.h> ----------------

   #include <StrongType.h>

   template< typename T >
   using Meter = StrongType<T,struct MeterTag>;

   // ...



   //---- <Main.cpp> ----------------

   #include <Distances.h>
```

---

22 수년 전, 특히 90년대 말에는 이런 네임스페이스 주입을 존 J. 바톤(John J. Barton)과 리 R. 낵먼(Lee R. Nackman)의 이름을 따 **바톤–낵먼(Barton–Nackman) 트릭**이라 불렀다. 《C++ Report》 1995년 3월 호에서, 당시 함수 템플릿을 다중 정의할 수 없는 한계에 대한 임시 해결책으로 네임스페이스 주입을 사용했다. 놀랍게도 오늘날 이 기법은 **숨겨진 프렌드 관용구**로 르네상스를 맞고 있다.

```
#include <cstdlib>

int main()
{
   auto const m1 = Meter<long>{ 100 };
   auto const m2 = Meter<long>{  50 };

   auto const m3 = m1 + m2;   // 컴파일 후 결과는 150미터가 된다
   // ...

   return EXIT_SUCCESS;
}
```

"믹스인 클래스의 목적은 이해하지만, 이 형식에서는 덧셈이 필요하지 않아도 **모든 StrongType** 인스턴스가 덧셈 연산자를 상속해요, 그렇죠?" 정말 그렇다. 그러므로 아직 끝난 게 아니다. 하고 싶은 것은 그 연산이 필요한 StrongType 인스턴스에 믹스인 클래스를 선택적으로 추가하는 것이다. 우리가 선택한 해결책은 믹스인을 선택적 템플릿 인자 형식으로 제공하는 것이다. 이를 위해 StrongType 클래스 템플릿을 가변인자(variadic) 템플릿 템플릿 매개변수 묶음을 사용해 확장한다.[23]

```
//---- <StrongType.h> ----------------

#include <utility>

template< typename T, typename Tag, template<typename> class... Skills >
struct StrongType
   : private Skills< StrongType<T,Tag,Skills...> >...          ❾
{ /* ... */ };
```

이 확장을 사용하면 각 단일 강타입에 대해 원하는 기능을 개별로 지정할 수 있다. 예를 들어 Printable과 Swappable 두 추가 기능을 생각해 보자.

```
//---- <Printable.h> ----------------

template< typename Derived >
```

---

[23] 조나단 보카라의 블로그(https://www.fluentcpp.com/2017/05/23/strong-types-inheriting-functionalities-from-underlying)에서는 이런 선택적인 가변 인자를 적절히 **기능(skills)**이라 부른다. 이것이 매우 마음에 들어서 이 명명 규칙을 채택한다.

```
struct Printable
{
    friend std::ostream& operator<<( std::ostream& os, const Derived& d )
    {
        os << d.get();
        return os;
    }
};


//---- <Swappable.h> ----------------

template< typename Derived >
struct Swappable
{
    friend void swap( Derived& lhs, Derived& rhs )
    {
        using std::swap;   // ADL을 활성화한다
        swap( lhs.get(), rhs.get() );
    }
};
```

Addable 기능과 함께 이제는 우리에게 필요하고 원하는 기능을 갖춘 강타입을 조립할 수 있다.

```
//---- <Distances.h> ----------------

#include <IntegralArithmetic.h>
#include <Printable.h>
#include <StrongType.h>
#include <Swappable.h>

template< typename T >
using Meter =
    StrongType<T,struct MeterTag,Addable,Printable,Swappable>;      ❻


template< typename T >
using Kilometer =
    StrongType<T,struct KilometerTag,Addable,Printable,Swappable>;  ❼
```

```
// ...

//---- <Person.h> ----------------

#include <StrongType.h>
#include <string>

using Surname =
   StrongType<std::string,struct SurnameTag,Printable,Swappable>;        ❽

// ...
```

Meter와 Kilometer 모두 더하고 출력하며 교환할 수 있지만(❻, ❼ 참고), Surname은 출력하고 교환할 수 있으나 더하지 못한다(즉, Addable 믹스인을 받지 않으므로 그로부터 파생하지 않는다)(❽).

"대단하네요. 이런 맥락에서 CRTP 믹스인 클래스의 목적은 이해해요. 하지만 이 CRTP 예는 이전 예와 어떻게 다르죠?" 매우 좋은 질문이다. 맞다, 구현 상세는 매우 유사하다. 하지만 몇 가지 뚜렷한 차이가 있다. CRTP 기초 클래스는 virtual이나 protected 소멸자를 제공하지 않는다는 점에 주의한다. 따라서 이전 예제와 대조적으로 다형적 기초 클래스로 디자인하지 않았다. 또한 이 예에서는 CRTP 기초 클래스를 public이 아닌 private 기초 클래스로 사용하는 것으로 충분하며 심지어 더 낫다(❾).

따라서 이런 맥락에서 CRTP 기초 클래스는 추상화가 아니라 구현 상세만을 나타낸다. 그러므로 CRTP는 디자인 패턴의 특성을 충족하지 않으며 디자인 패턴의 역할을 하지 않는다. 패턴이라는 점에는 여전히 의심의 여지가 없지만, 이 사례에서는 단지 구현 패턴의 역할을 할 뿐이다.

CRTP 예의 구현에서 주요 차이점은 상속을 사용하는 방식이다. CRTP 디자인 패턴에서는 LSP에 따라 상속을 추상화로 사용한다. 즉, 기초 클래스는 요구 사항을 나타내며, 따라서 파생 클래스의 사용 가능하며 기대하는 행위를 나타낸다. 사용자 코드는 기초 클래스에 대한 포인터나 참조를 통해 연산에 직접 접근하므로 virtual이나 protected 소멸자를 제공해야 한다. 이런 식으로 구현하면 CRTP는 소프트웨어 디자인의 진정한 요소인 디자인 패턴이 된다.

대조적으로 CRTP 구현 패턴에서는 기술적 우아함과 편의를 위해 상속을 사용한다. 기초 클래스는 구현 상세가 되며 호출하는 코드에서 알 거나 사용할 필요가 없다. 따라서 virtual이나 protected 소멸자가 필요 없다. 이런 식으로 구현하면 CRTP는 구현 상세 수준에 머무르므로 구현 패턴이다. 하지만 이 형식에서 CRTP는 C++20 콘셉트와 경쟁하지 않는다. 그와 반대로 이 형식에서 CRTP는 정적 믹스인 기능을 제공하는 유일한 기법이므로 절대적이다. 이런 이유로 CRTP는 오늘날에도 여전히 사용하고 있으며 모든 C++ 개발자의 도구 상자에 추가할 가치가 있다.

요약하면, CRTP는 더 이상 쓸모 없는 것은 아니지만, 그 가치가 바뀌었다. C++20에서 CRTP는 콘셉트로 대체돼 디자인 패턴의 자리에서 물러나고 있다. 하지만 믹스인 클래스를 위한 구현 패턴으로서 여전히 가치가 있다.

지침 27: 정적 믹스인 클래스에 CRTP를 사용하라

- CRTP를 디자인 패턴으로 사용하는 것과 구현 패턴으로 사용하는 것의 차이를 인식한다.
- 추상화를 나타내는 CRTP 기초 클래스는 디자인 패턴 역할을 한다는 점을 이해한다.
- 추상화를 나타내지 않는 CRTP 기초 클래스는 구현 패턴 역할을 한다는 점을 이해한다.

07

브리지 디자인 패턴,
프로토타입 디자인 패턴,
외부 다형성 디자인 패턴

이 장에서는 두 가지 고전적인 GoF 디자인 패턴인 브리지 디자인 패턴과 프로토타입 디자인 패턴에 초점을 맞춘다. 아울러 **외부 다형성** 디자인 패턴도 학습한다. 언뜻 보기에는 이런 선택이 디자인 패턴 중에 유명한 것 또는 거의 무작위로 선택한 것처럼 보일 수도 있다. 하지만 다음 두 가지 이유로 이 디자인 패턴을 선택했다. 첫째, 경험상 이 세 가지는 디자인 패턴 카탈로그에서 가장 유용하다. 이런 이유로 그 의도, 장점과 단점에 대해 꽤 잘 알아야 한다. 똑같이 중요한 둘째 이유는 8장에서 모두 중요한 역할을 하기 때문이다.

'지침 28: 브리지를 구축해 물리적 의존성을 제거하라'에서는 브리지 디자인 패턴과 이의 가장 간단한 형태인 **핌플 관용구(Pimpl idiom)**를 알아본다. 가장 중요한 것은 인터페이스를 구현 상세와 분리해 물리적 결합을 줄이기 위해 브리지를 어떻게 사용할 수 있는지 보인다.

'지침 29: 브리지 성능 이득과 손실을 인식하라'에서는 브리지의 성능 영향을 자세히 살펴본다. 브리지를 사용하지 않은 구현, 브리지 기반 구현, 그리고 브리지를 '부분적'으로 사용한 구현에 대해 벤치마크를 실행한다.

'지침 30: 추상 복사 연산에는 프로토타입을 적용하라'에서는 복제 기술을 소개한다. 즉, 복사 연산, 특히 추상 복사 연산에 대해 얘기한다. 이런 의도를 위해 선택한 패턴은 프로토타입 디자인 패턴이다.

'지침 31: 비간섭 런타임 다형성에는 외부 다형성을 사용하라'에서는 클래스에서 함수의 구현 상세를 추출해 관심사를 분리하는 여정을 계속한다. 하지만 의존성을 더욱 줄이기 위해 이 관심사 분리를 완전히 새로운 수준으로 가져간다. 즉, 외부 다형성 디자인 패턴을 사용해 가상 함수의 구현 상세뿐만 아니라 완전한 함수 그 자체도 추출한다.

지침 28: 브리지를 구축해 물리적 의존성을 제거하라

사전에 따르면, **다리(bridge)**라는 용어는 시간, 장소, 연결 또는 전이 수단을 나타낸다. 여러분에게 다리라는 용어가 어떤 의미인지 물으면 유사한 정의를 내릴 것이라 확신한다. 여러분은 두 가지를 연결해 서로 더 가깝게 하는 것을 은연중에 생각하고 있을 수 있다. 예를 들면 강으로 나뉜 도시를 생각할 수 있다. 다리는 도시 양측을 연결해 서로 더 가깝게 하고 사람들의 시간을 많이 절약해 줄 것이다. 전자 장치도 생각할 수 있는데, 여기서 브리지는 회로에서 독립적인 두 부분을 연결하는 역할을 한다. 음악에도 브리지가 있으며, 실세계에는 브리지가 사물을 연결하는 데 도움이 되는 더 많은 예가 있다. **브리지**라는 용어는 직관적으로 친밀감과 근접성의 증가를 암시한다. 당연히 브리지 디자인 패턴은 정반대인 것을 다룬다. 즉, 함께 작동해야 하지만 서로에 대해 너무 많은 상세 내용을 알아서는 안 되는 두 기능이 적당한 거리를 유지하며 물리적 의존성을 줄일 수 있게 지원하며 분리를 돕는다.

동기 부여 사례

내 생각을 설명하기 위해 다음 `ElectricCar` 클래스를 생각해 보자.

```
//---- <ElectricEngine.h> ----------------

class ElectricEngine
{
 public:
   void start();
   void stop();

 private:
   // ...
};



//---- <ElectricCar.h> ----------------
```

```cpp
#include <ElectricEngine.h>
// ...

class ElectricCar
{
 public:
   ElectricCar( /*어쩌면 몇몇 엔진 인자*/ );

   void drive();
   // ...

 private:
   ElectricEngine engine_;            ❶

   // ... (바퀴, 구동렬 등) 차 전용 데이터 멤버가 더 있다
};


//---- <ElectricCar.cpp> ----------------

#include <ElectricCar.h>

ElectricCar::ElectricCar( /*어쩌면 몇몇 엔진 인자*/ )
   : engine_{ /*엔진 인자*/ }
   // ... 다른 데이터 멤버 초기화
{}

// ...
```

이름에서 알 수 있듯이 ElectricCar 클래스는 ElectricEngine을 장착하고 있다(❶). 실제 이런 차가 꽤 매력적일 수 있지만, 현재 구현 상세는 engine_ 데이터 멤버 때문에 <ElectricCar.h> 헤더 파일이 <ElectricEngine.h> 헤더를 포함해야 하므로 우려된다. 컴파일러가 ElectricCar 인스턴스 크기를 결정하려면 ElectricEngine 클래스 정의를 알아야 하는데, <ElectricEngine.h> 헤더를 포함하면 전이적인 물리적 결합이 쉽게 발생한다. 즉, <ElectricCar.h> 헤더를 포함하는 모든 파일은 <ElectricEngine.h> 헤더에 물리적으로 의존한다. 따라서 이 헤더에서 무언가가 바뀔 때마다 ElectricCar 클래스와 잠재적으로 더 많은 클래스가 영향을 받는다. 다시 컴파일하고 다시 테스트해야 할 수 있으며 최악에는 심지어 다시 배포해야 할 수도 있다. **휴우**…

게다가 이 디자인은 모든 구현 상세를 모두에게 드러내고 있다. "무슨 뜻이죠? 구현 상세를 숨기고 캡슐화하는 것이 클래스 private 구역의 요점 아닌가요?" 그것이 private일 수는 있지만, private 레이블은 단지 접근 레이블일 뿐이며 가시성 레이블이 **아니다**. 따라서 클래스 정의 내 모든 것(바로 **모든 것**이다)을 ElectricCar 클래스 정의를 보는 모두가 볼 수 있다. 즉, 해당 클래스의 구현 상세를 아무도 모르게 변경할 수 없다. 특히 ABI 안정성을 제공해야 할 때, 즉 메모리상에서 클래스 표현이 반드시 변경되지 않아야 할 때 문제가 될 수 있다.[1]

조금 더 나은 접근법은 ElectricEngine에 대한 포인터만 저장하는 것이다(❷).[2]

```
//---- <ElectricCar.h> ----------------

#include <memory>
// ...
struct ElectricEngine;   // 전방 선언

class ElectricCar
{
 public:
   ElectricCar( /*어쩌면 몇몇 엔진 인자*/ );

   void drive();
   // ...

 private:
   std::unique_ptr<ElectricEngine> engine_;   ❷

   // ... (바퀴, 구동렬 등) 차 전용 데이터 멤버가 더 있다
};


//---- <ElectricCar.cpp> ----------------
```

---

[1] ABI 안정성은 특히 C++20 발표 직전에 C++ 공동체에서 중요하며 자주 토론되는 주제다. 이것에 흥미가 있다면 양측 모두의 인상을 얻을 수 있게 타이터스 윈터스(Titus Winters)(https://cppcast.com/abi-stability)와 마샬 클로우(Marshall Clow)(https://cppcast.com/titus-winters-abi)의 CppCast 인터뷰를 추천한다.

[2] std::unique_ptr은 복사할 수 없다는 것을 기억하자. 따라서 ElectricEngine을 std::unique_ptr<ElectricEngine>으로 전환하면 클래스를 복사할 수 없게 된다. 복사 의미론을 보존하려면 복사 연산을 직접 구현해야 한다. 이때 복사 연산이 이동 연산을 비활성화한다는 것을 기억하자. 즉, 5의 법칙(http://isocpp.github.io/CppCoreGuidelines/CppCoreGuidelines#Rc-five)을 고수하는 것을 선호한다.

```cpp
#include <ElectricCar.h>
#include <ElectricEngine.h>         ❸

ElectricCar::ElectricCar( /*어쩌면 몇몇 엔진 인자*/ )
   : engine_{ std::make_unique<ElectricEngine>( /*엔진 인자*/ ) }
   // ... 다른 데이터 멤버 초기화
{}

// ... 'ElectricEngine'에 대한 포인터를 사용하는
//     다른 'ElectricCar' 멤버 함수.
```

이 사례에서는 ElectricEngine 클래스에 대한 전방 선언만 제공하는 것으로 충분하다. 컴파일러가 ElectricCar 인스턴스 크기를 결정하는 데 그 클래스 정의를 알 필요가 없기 때문이다. 또한 <ElectricEngine.h> 헤더가 소스 파일로 이동해 물리적 의존성도 사라졌다(❸). 이런 이유로 의존성 관점에서 이 해결책이 훨씬 더 낫다. 여전히 남아 있는 것은 구현 상세의 가시성이다. 여전히 ElectricEngine을 기반으로 ElectricCar를 구축했다는 것을 모두가 알 수 있으므로 여전히 모두가 이런 구현 상세에 암시적으로 의존한다. 그 결과로, 새 PowerEngine으로 개선하는 등 이런 상세 내용에 어떤 변경을 하면 <ElectricCar.h> 헤더 파일과 함께 작동하는 모든 클래스에 영향을 준다. "그런데 그건 나쁘죠?" 정말 그렇다. 변경을 예상할 수 있기 때문이다('지침 2: 변경을 위한 디자인' 참고). 이런 의존성을 제거하고 언제든 아무도 모르게 구현 상세를 쉽게 변경할 수 있는 호사를 누리려면 추상화를 도입해야 한다. 고전적인 추상화 형식은 추상 클래스를 도입하는 것이다.

```cpp
//---- <Engine.h> ----------------

class Engine      ❹
{
 public:
   virtual ~Engine() = default;
   virtual void start() = 0;
   virtual void stop() = 0;
   // ... 엔진 전용 함수가 더 있다

 private:
   // ...
};
```

```cpp
//---- <ElectricCar.h> ----------------

#include <Engine.h>
#include <memory>

class ElectricCar
{
 public:
   void drive();
   // ...

 private:
   std::unique_ptr<Engine> engine_;        ❺

   // ... (바퀴, 구동렬 등) 차 전용 데이터 멤버가 더 있다
};


//---- <ElectricEngine.h> ----------------

#include <Engine.h>

class ElectricEngine : public Engine
{
 public:
   void start() override;
   void stop() override;

 private:
   // ...
};


//---- <ElectricCar.cpp> ----------------

#include <ElectricCar.h>
#include <ElectricEngine.h>
```

```
ElectricCar::ElectricCar( /*어쩌면 몇몇 엔진 인자*/ )
   : engine_{ std::make_unique<ElectricEngine>( /*엔진 인자*/ ) }     ⑥
   // ... 다른 데이터 멤버 초기화
{}

// ... 주로 'Engine' 추상화를 사용하지만 잠재적으로
//     'ElectricEngine'도 명시적으로 처리할 수 있는
//     다른 'ElectricCar' 멤버 함수.
```

Engine 기초 클래스가 준비되면(④) 이 추상화를 사용해 ElectricCar 클래스를 구현할 수 있다(⑤). 사용하는 엔진의 실제 타입을 아무도 알 필요가 없으며, 엔진을 개선하는 시기도 알 필요가 없다. 이 구현을 사용하면 소스 파일만 수정해 언제든 구현 상세를 쉽게 변경할 수 있다(⑥). 따라서 여기서는 이 접근법으로 ElectricEngine 구현에 대한 의존성을 진정으로 최소화했으며, 이 상세 내용에 대한 지식을 우리만의 은밀한 구현 상세가 되도록 했다. 그리고 이를 통해 브리지를 자체적으로 구축했다.

서두에서 언급했듯이 직관과 반대로 이 브리지는 ElectricCar와 Engine 클래스를 더 가깝게 하기 위한 것이 아니다. 오히려 관심사를 분리하고 결합을 느슨하게 한다. 이름 짓는 것이 어렵다는 것을 보여주는 다른 예는 케이트 그레고리의 CppCon 강연(https://youtu.be/MBRoCdtZOYg)에서 볼 수 있다.

브리지 디자인 패턴 해설

브리지 디자인 패턴은 1994년에 소개된 고전적인 GoF 디자인 패턴 중 또 다른 하나다. 브리지의 목적은 구현 상세 일부를 추상화 뒤로 캡슐화해 물리적 의존성을 최소화하는 것이다. C++에서는 쉽게 변경할 수 있게 하는 컴파일 방화벽 역할을 한다.

브리지 디자인 패턴
의도: '추상화를 그 구현과 분리해 그 둘이 독립적으로 달라질 수 있게 한다.'[3]

이런 의도의 공식화에서 사인방은 '추상화'와 '구현'에 대해 이야기한다. 앞의 예에서 ElectricCar 클래스는 '추상화'를 나타내며 Engine 클래스는 '구현'을 나타낸다(그림 7-1 참고). 이 둘은 독립적으로 변경

---
3 에릭 감마 등, 《GoF의 디자인 패턴》.

할 수 있어야 한다. 즉, 어느 한쪽을 변경해도 다른 쪽에는 영향을 주지 않아야 한다. 쉬운 변경을 가로막는 장애물은 ElectricCar 클래스와 그 엔진 간의 물리적 의존성이다. 따라서 아이디어는 이런 의존성을 추출하고 분리하는 것이다. Engine 추상화 형태로 이를 분리하고 관심사를 분리하며 SRP를 충족함으로써 원하는 방식으로 엔진을 변경, 조정 또는 개선할 수 있는 유연성을 얻는다('지침 2: 변경을 위한 디자인' 참고). ElectricCar 클래스에서 그 변경을 더 이상 볼 수 없다. 결과적으로 이제는 '추상화'를 의식하지 않고 새 엔진을 쉽게 추가할 수 있다. 이는 OCP의 아이디어를 따른다('지침 5: 확장을 위한 디자인' 참고).

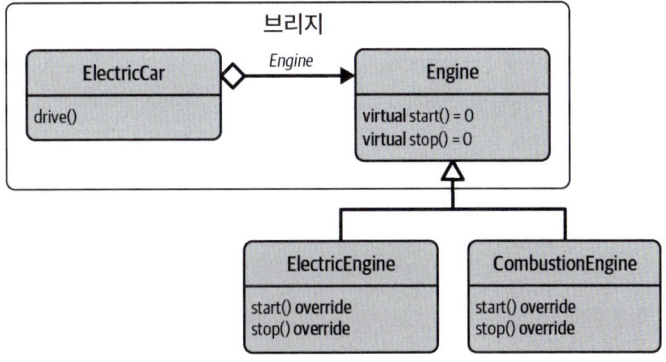

그림 7-1. 기본 브리지 디자인 패턴의 UML 표현

이를 통해 변경을 쉽게 적용하고 브리지의 아이디어를 구현할 수 있지만, 중복을 더 분리하고 줄이기 위해 취할 수 있는 단계가 하나 더 있다. 전기차뿐만 아니라 연소 기관을 사용하는 차에도 관심이 있다고 하자. 그러므로 구현하려는 모든 차에 대해 엔진 상세 내용을 동일한 방식으로 분리, 즉 동일한 브리지를 도입하는 데 관심이 있다. 중복을 줄이고 DRY 원칙을 따르기 위해 브리지 관련 구현 상세를 Car 기초 클래스로 추출할 수 있다(그림 7-2 참고).

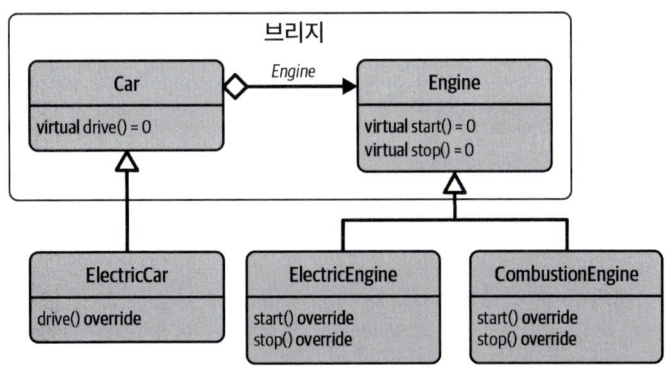

그림 7-2. 전체 브리지 디자인 패턴의 UML 표현

Car 기초 클래스는 브리지를 연관된 Engine에 캡슐화한다.

```
//---- <Car.h> ----------------

#include <Engine.h>
#include <memory>
#include <utility>

class Car
{
 protected:
   explicit Car( std::unique_ptr<Engine> engine )    ❼
      : pimpl_( std::move(engine) )
   {}

 public:
   virtual ~Car() = default;
   virtual void drive() = 0;
   // ... 차 전용 함수가 더 있다

 protected:
   Engine*       getEngine()       { return pimpl_.get(); }    ❾
   Engine const* getEngine() const { return pimpl_.get(); }

 private:
   std::unique_ptr<Engine> pimpl_; // Pointer-to-implementation (pimpl)    ❽

   // ... (바퀴, 구동렬 등) 차 전용 데이터 멤버가 더 있다
};
```

Car 클래스의 추가로 '추상화'와 '구현' 모두 쉽게 확장할 수 있으며 독립적으로 달라질 수 있다. 이 브리지 관계에서 Engine 기초 클래스는 여전히 '구현'을 나타내지만, Car 클래스는 이제 '추상화' 역할을 한다. Car 클래스에서 먼저 주목할 만한 세부 내용은 protected 생성자다(❼). 이 선택은 파생 클래스만 엔진을 지정할 수 있게 한다. 생성자는 Engine에 대한 std::unique_ptr을 취하고 이를 pimpl_ 데이터 멤버로 이동한다(❽). 이 포인터 데이터 멤버는 모든 Car에 대한 구현을 가리키는 포인터(pointer-to-implementation)이며, 흔히 **핌플(pimpl)**이라고 한다. 이 **불투명 포인터(opaque pointer)**는 캡슐

화한 구현 상세에 대한 브리지를 나타내며 본질적으로 브리지 디자인 패턴 전체를 나타낸다. 이런 이유로 코드에서 **핌플**이라는 이름을 사용해 의도를 나타내는 것은 좋은 생각이다('지침 14: 디자인 패턴 이름을 사용해 의도를 전달하라'를 기억하자).

`pimpl_`을 파생 클래스에서 사용해야 하는데도 `private` 구역에 선언했다는 점에 주의한다. 이 선택은 핵심 지침 C.133(https://isocpp.github.io/CppCoreGuidelines/CppCoreGuidelines#Rh-protected)이 이유다.

protected 데이터를 피하라

사실 경험적으로 `protected` 데이터 멤버는 `public` 데이터 멤버보다 나은 점이 거의 없다. 따라서 핌플에 대한 접근을 허용하기 위해 `Car` 클래스는 `protected getEngine()` 멤버 함수를 대신 제공한다(❾).

이에 따라 `ElectricCar` 클래스를 다음처럼 조정한다.

```
//---- <ElectricCar.h> ----------------

#include <Engine.h>
#include <memory>

class ElectricCar : public Car        ❿
{
 public:
  explicit ElectricCar( /*어쩌면 몇몇 엔진 인자*/ );

    void drive() override;
    // ...
};


//---- <ElectricCar.cpp> ----------------

#include <ElectricCar.h>
#include <ElectricEngine.h>

ElectricCar::ElectricCar( /*어쩌면 몇몇 엔진 인자*/ )
   : Car( std::make_unique<ElectricEngine>( /*엔진 인자*/ ) )   ⓫
```

```
    {}

    // ...
```

이제 ElectricCar 클래스는 브리지 자체를 구현하기보다 Car 기초 클래스를 상속한다(⓾). 이 상속 관계는 Engine을 지정해 Car 기초 클래스를 초기화해야 하는 요구 사항을 도입한다. 이 작업은 ElectricCar 생성자에서 수행한다(⓾).

핌플 관용구

C와 C++ 모두에서 수십 년간 매우 흔하게 성공적으로 사용한 훨씬 더 단순한 형태의 브리지 디자인 패턴이 있다. 예로 다음 Person 클래스를 생각해 보자.

```cpp
class Person
{
 public:
    // ...
    int year_of_birth() const;
    // ... 더 많은 접근 함수

 private:
    std::string forename_;
    std::string surname_;
    std::string address_;
    std::string city_;
    std::string country_;
    std::string zip_;
    int year_of_birth_;
    // ... 더 많은 데이터 멤버가 있을 수 있다
};
```

사람은 forename, surname, 완전한 우편 주소, year_of_birth, 그 외 더 많은 데이터 멤버로 구성된다. 향후에는 휴대 전화 번호, 트위터 계정, 다음 소셜 미디어 유행을 위한 계정 정보 등 더 많은 데이터 멤버를 추가해야 할 수 있다. 즉, 시간이 지남에 따라 Person 클래스를 확장하거나 변경해야 하며, 심지어 자주 그렇게 해야 할 수도 있다. Person이 바뀔 때마다 사용자는 자신의 코드를 다시 컴파일해야 하므로 많은 불편을 겪을 수 있다. Person 인스턴스 크기가 바뀔 것이므로 ABI 안정성은 말할 것도 없다!

07 _ 브리지 디자인 패턴, 프로토타입 디자인 패턴, 외부 다형성 디자인 패턴

Person 구현 상세에 대한 모든 변경을 숨기고 ABI 안정성을 얻기 위해 브리지 디자인 패턴을 사용할 수 있다. 하지만 이 특별한 사례에서는 추상화를 기초 클래스 형태로 제공할 필요가 없다. Person 구현이 정확히 하나만 있기 때문이다. 따라서 Impl이라는 private 중첩 클래스를 도입하기만 하면 된다(❷).

```cpp
//---- <Person.h> ----------------

#include <memory>

class Person
{
 public:
   // ...

 private:
   struct Impl;         ❷
   std::unique_ptr<Impl> const pimpl_;   ❸
};


//---- <Person.cpp> ----------------

#include <Person.h>
#include <string>

struct Person::Impl      ❹
{
   std::string forename;
   std::string surname;
   std::string address;
   std::string city;
   std::string country;
   std::string zip;
   int year_of_birth;
   // ... 더 많은 데이터 멤버가 있을 수 있다
};
```

Impl 중첩 클래스의 유일한 과제는 Person의 구현 상세를 캡슐화하는 것이다. 따라서 Person 클래스에 남아 있는 유일한 데이터 멤버는 Impl 인스턴스에 대한 std::unique_ptr이다(❸). 다른 모든 데이터 멤

버와 있을 수도 있는 몇몇 비-virtual 도우미 함수는 Person 클래스에서 Impl 클래스로 이동한다. Impl 클래스는 Person 클래스에서 선언만 할 뿐 정의는 하지 않는다는 점에 주의한다. 대신 해당 소스 파일에서 정의한다(⓮). 이로 인해 데이터 멤버 추가나 제거, 데이터 멤버의 타입 변경 등 모든 상세 내용과 그 상세 내용에 적용하는 모든 변경을 Person 사용자에게 숨긴다.

이 Person 구현은 브리지 패턴을 가장 단순한 형태로 사용한다. 즉, 이 지역적, 비다형성 형태 브리지를 **핌플 관용구**(https://en.cppreference.com/w/cpp/language/pimpl)라고 한다. 이로 인해 브리지 디자인 패턴의 분리 이점은 모두 그대로이며, 그 단순함에도 불구하고 Person 클래스 구현이 조금 더 복잡해진다.

```
//---- <Person.h> ----------------

#include <memory>

class Person
{
 public:
   // ...
   Person();              ⓯
   ~Person();             ⓰

   Person( Person const& other );              ⓱
   Person& operator=( Person const& other );   ⓲

   Person( Person&& other );              ⓳
   Person& operator=( Person&& other );   ⓴

   int year_of_birth() const;   ㉑
   // ... 더 많은 접근 함수

 private:
   struct Impl;
   std::unique_ptr<Impl> const pimpl_;
};

//---- <Person.cpp> ----------------
```

```cpp
#include <Person.h>
#include <string>

struct Person::Impl
{
   // ...
};

Person::Person()                                    ⓯
   : pimpl_{ std::make_unique<Impl>() }
{}

Person::~Person() = default;                        ⓰

Person::Person( Person const& other )               ⓱
   : pimpl_{ std::make_unique<Impl>(*other.pimpl_) }
{}

Person& Person::operator=( Person const& other )    ⓲
{
   *pimpl_ = *other.pimpl_;
   return *this;
}

Person::Person( Person&& other )                    ⓳
   : pimpl_{ std::make_unique<Impl>(std::move(*other.pimpl_)) }
{}

Person& Person::operator=( Person&& other )         ⓴
{
   *pimpl_ = std::move(*other.pimpl_);
   return *this;
}

int Person::year_of_birth() const                   ㉑
{
   return pimpl_->year_of_birth;
```

```
    }

    // ... 더 많은 Person 멤버 함수
```

Person 생성자는 `std::make_unique()`로 `pimpl_` 데이터 멤버를 초기화한다(⑮). 물론 여기에는 동적 메모리 할당이 포함되는데, 이는 동적 메모리를 다시 정리해야 한다는 뜻이다. "그것이 `std::unique_ptr`을 사용하는 이유예요." 맞다. 하지만 놀랍게도 그 목적으로 `std::unique_ptr`을 사용하더라도 여전히 소멸자를 직접 처리해야 한다(⑯).

"도대체 왜 해야 하죠? 정리할 필요가 없는 게 `std::unique_ptr`의 요점 아닌가요?" 글쎄, 여전히 해야 한다. 설명하면, 소멸자를 작성하지 않으면 컴파일러가 소멸자를 생성할 의무가 있다. 불행히도 컴파일러는 `<Person.h>` 헤더 파일에 소멸자를 생성한다. Person 소멸자는 `std::unique_ptr` 데이터 멤버의 소멸자 인스턴스화를 유발하고, 이는 차례로 Impl 클래스 소멸자의 정의를 요구한다. 하지만 Impl의 정의는 헤더 파일에서 사용할 수 없다. 오히려 소스 파일에서 정의해야 하며 그렇지 않으면 브리지의 목적을 무산시킬 수 있다. 따라서 불완전 타입인 Impl에 대해 오류를 내보낸다. 다행히 이 문제를 해결하기 위해 `std::unique_ptr`을 포기할 필요는 없다(사실 포기하지 **말아야** 한다). 이 문제의 해결은 다소 간단하다. Person 소멸자 정의를 소스 파일로 이동하기만 하면 된다. 즉, 클래스 정의에서 소멸자를 선언하고 소스 파일에서 `=default`를 통해 정의하면 된다.

`std::unique_ptr`은 복사할 수 없으므로 Person 클래스의 복사 의미론을 보존하기 위해 복사 생성자를 구현해야 한다(⑰). 복사 대입 연산자도 마찬가지다(⑱). 이 연산자는 모든 Person 인스턴스에서 `pimpl_`이 **항상** 유효하다는 가정하에 구현한다는 점에 주의한다. 이 가정은 이동 생성자의 구현도 설명한다. 즉, 단순히 `std::unique_ptr`을 이동하는 대신 `std::make_unique()`를 사용해 잠재적으로 실패하거나 예외를 던질 수 있는 동적 메모리 할당을 수행한다. 이런 이유로 `noexcept`로 선언하지 **않는다**(⑲).[4] 또한 이 가정은 `pimpl_` 데이터 멤버를 `const`로 선언한 이유도 설명한다. 일단 초기화하면 포인터는 이동 대입 연산자를 포함해 심지어 이동 연산에서도 더 이상 바뀌지 않는다(⑳).

마지막으로 주목할 만한 상세 내용은 `year_of_birth()` 멤버 함수 정의가 소스 파일에 있다는 점이다(㉑). 이 간단한 획득자 함수가 훌륭한 `inline` 후보임에도 불구하고 그 정의를 소스 파일로 옮겨야 한다. 그 이유는 헤더 파일에서 Impl은 불완전 타입(https://eel.is/c++draft/basic.types.general)이기 때문이

---

[4] 일반적으로 이동 연산은 `noexcept`일 것을 기대한다. 이는 핵심 지침 C.66(http://isocpp.github.io/CppCoreGuidelines/CppCoreGuidelines#Rc-move-noexcept)에서도 설명한다. 하지만 예를 들어 `std::unique_ptr` 데이터 멤버가 절대 `nullptr`이 아니라는 가정하에서는 가끔 이것이 가능하지 않을 수 있다.

다. 즉, 헤더 파일 내에서는 (데이터와 함수 모두를 포함해) 어떤 멤버에도 접근할 수 없다. 이는 소스 파일에서만 가능하거나 일반적으로는 컴파일러가 Impl의 정의를 알게 되는 즉시 가능하다.

브리지와 전략의 비교

"질문이 있어요." 여러분이 얘기한다. "브리지와 전략 디자인 패턴이 매우 비슷해 보여요. 디자인 패턴이 때로는 구조적으로 매우 유사하며 유일한 차이는 그 의도라고 했는데 이 둘의 차이는 정확히 무엇인가요?"[5] 여러분의 질문을 이해한다. 이 둘의 유사성은 정말로 좀 헷갈린다. 하지만 그 둘을 구별하는 데 사용할 수 있는 것이 있다. 즉, 해당 데이터 멤버를 초기화하는 방법이 어떤 패턴을 사용하고 있는지에 대한 강력한 지표다.

클래스가 어떤 구현 상세를 알고 싶어 하지 않고 그런 이유로 (예를 들면 생성자나 설정자 함수를 통해) 외부에서 상세 내용을 전달해 행위를 구성할 수 있는 기회를 제공한다면 전략 디자인 패턴을 다루고 있을 가능성이 높다. 행위의 유연한 구성, 즉 **논리적** 의존성 감소가 주요 초점이므로 전략은 **행위(behavioral) 디자인 패턴** 범주에 속한다. 예를 들어 다음 코드 조각에서 Database 클래스 생성자는 명백한 징후다.

```cpp
class DatabaseEngine
{
 public:
   virtual ~DatabaseEngine() = default;
   // ... 많은 데이터베이스 전용 함수
};

class Database
{
 public:
   explicit Database( std::unique_ptr<DatabaseEngine> engine );
   // ... 많은 데이터베이스 전용 함수

 private:
   std::unique_ptr<DatabaseEngine> engine_;
};
```

---

[5] 디자인 패턴의 구조적 유사성에 대한 설명은 '지침 11: 디자인 패턴의 목적을 이해하라'를 참고한다.

```
// 데이터베이스는 어떤 구현 상세도 모르며 생성자를 통해
// 외부에서 이를 요청한다 -> 전략 디자인 패턴
Database::Database( std::unique_ptr<DatabaseEngine> engine )   ❷
  : engine_{ std::move(engine) }
{}
```

DatabaseEngine의 실제 타입을 외부에서 전달하므로(❷) 이는 전략 디자인 패턴의 좋은 예가 된다.

그림 7-3에서는 이 예제에 대한 의존성 도표를 볼 수 있다. 가장 중요한 것은 Database 클래스가 DatabaseEngine 추상화와 같은 아키텍처 수준에 있으므로 다른 클래스가 (예를 들면 Concrete DatabaseEngine 형식으로) 그 행위를 구현할 기회를 얻는다는 점이다. Database는 그 추상화에만 의존하므로 다른 어떤 특정 구현에도 의존성이 없다.

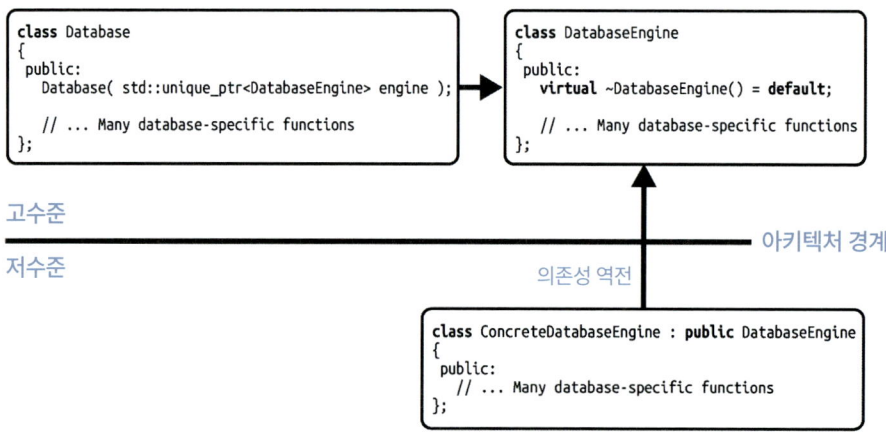

그림 7-3. 전략 디자인 패턴에 대한 의존성 도표

하지만 클래스가 구현 상세를 알고 있으나 주로 이런 상세 내용에 대한 **물리적** 의존성을 줄이기를 원한다면 브리지 디자인 패턴을 다루고 있을 가능성이 매우 높다. 그런 경우 클래스는 외부에서 포인터를 설정할 기회를 전혀 제공하지 않는다. 즉, 포인터는 구현 상세이며 내부적으로 설정한다. 브리지 디자인 패턴은 주로 논리적 의존성이 아닌 구현 상세의 물리적 의존성에 초점을 맞추므로 **구조(structural) 디자인 패턴** 범주에 속한다. 예로 다음 코드 조각을 생각해 보자.

```
class Database
{
 public:
```

```
    explicit Database();
    // ...

  private:
    std::unique_ptr<DatabaseEngine> pimpl_;
};

// 데이터베이스는 필요한 구현 상세에 대해 알지만 너무 강하게
// 의존하길 원하지 않는다 -> 브리지 디자인 패턴
Database::Database()
  : pimpl_{ std::make_unique<ConcreteDatabaseEngine>( /*몇몇 인자*/ ) }   ㉓
{}
```

다시 얘기하지만, 브리지 디자인 패턴 적용 사례에 대한 명백한 징후가 있다. 외부에서 엔진을 받는 대신 Database 클래스 생성자가 ConcreteDatabaseEngine을 인식하고 이를 내부적으로 설정한다(㉓).

그림 7-4에서는 Database 예제의 브리지 구현에 대한 의존성 도표를 볼 수 있다. 특히 Database 클래스는 ConcreteDatabaseEngine 클래스와 같은 아키텍처 수준이며, 다른 클래스가 다른 구현을 제공할 어떤 여지도 남기지 않는다. 이는 전략 디자인 패턴과 달리 브리지는 특정 구현에 논리적으로 결합돼 있지만, DatabaseEngine 추상화를 통해서만 물리적으로 결합돼 있다는 것을 보여준다.

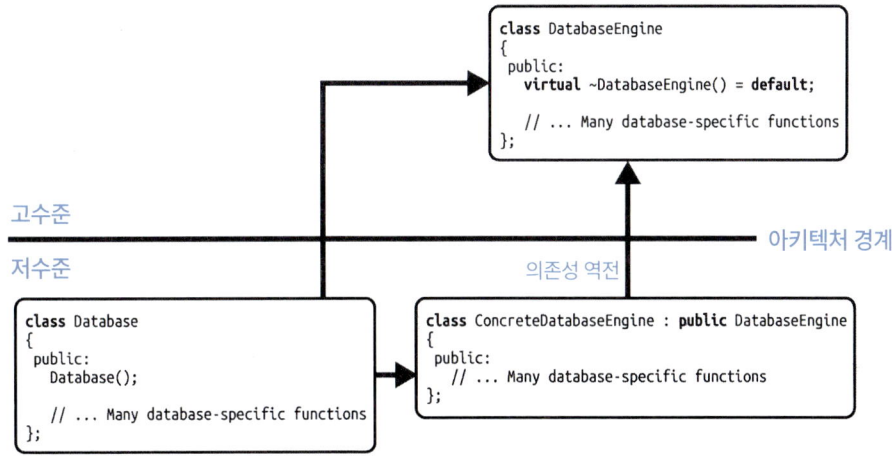

그림 7-4. 브리지 디자인 패턴에 대한 의존성 도표

브리지 디자인 패턴 단점 분석

"브리지 디자인 패턴이 공동체에서 그렇게 인기 있는 이유를 완전히 알겠어요. 결합을 끊는 특성이 정말 훌륭해요!"라고 외친다. "하지만 모든 패턴에는 장단점이 있다고 계속 말씀하셨잖아요. 성능 불이익이 있을 것 같은데요?" 좋다. 기억하듯이 항상 어떤 단점이 있다. 브리지 디자인 패턴이 매우 유용하다는 것을 입증하기는 했지만, 물론 단점이 없을 수는 없다. 그리고 성능상 추가 비용이 약간 있다고 여러분이 가정하는 것도 맞다.

추가 비용 다섯 종류 중 첫 번째는 브리지가 추가적인 간접 지정, 즉 구현 상세에 대한 모든 접근 비용을 더 비싸게 하는 핌플 포인터를 도입한다는 사실로 인한 것이다. 하지만 이 포인터로 인한 성능 불이익이 얼마나 큰지는 '지침 29: 브리지 성능 이득과 손실을 인식하라'에서 따로 논의한다. 성능 추가 비용의 근원은 그뿐만 아니라 더 있다. 추상화 사용 여부에 따라 가상 함수 호출에 대한 추가 비용도 지불해야 할 수 있다. 게다가 데이터 멤버에 접근하는 가장 간단한 함수일지라도 인라인화하지 못해 더 많은 비용을 지불해야 한다. 물론 브리지로 구현한 클래스의 새 인스턴스를 생성할 때마다 추가적인 동적 메모리 할당에 대해 비용을 지불해야 한다.[6] 마지막으로 중요한 것은 핌플 포인터 도입으로 인한 메모리 추가 비용도 고려해야 한다는 점이다. 물리적 의존성을 분리하고 구현 상세를 숨기는 것은 무료가 아니며 상당한 추가 비용을 초래한다. 그렇더라도 이것이 일반적으로 브리지 해결책을 폐기할 이유가 돼서는 안 된다. 항상 상황에 따라 다르다. 예를 들어 바탕 구현이 시스템 호출 같이 느리고 비용이 비싼 작업을 수행한다면 이런 추가 비용을 전혀 측정할 수 없을 수도 있다. 즉, 브리지 사용 여부는 사례별로 결정하고 성능 벤치마크로 뒷받침해야 한다.

더욱이 여러분은 구현 상세를 보고 코드 복잡도가 증가한 것을 알아챘다. 코드는 단순성과 가독성이 미덕이므로 이를 단점으로 간주해야 한다. 이것이 사용자 코드가 아닌 클래스 내부에만 영향을 미치는 것도 사실이다. 하지만 그렇더라도 (예를 들어, 소스 파일에 소멸자를 정의해야 하는 등) 상세 내용 중 일부는 경험이 적은 개발자에게 혼란을 일으킬 수 있다.

요약하면, 브리지 디자인 패턴은 물리적 의존성을 줄이는 데 있어 가장 가치 있고 가장 일반적으로 사용하는 해결책 중 하나다. 그렇더라도 브리지로 인한 추가 비용과 복잡도를 인식해야 한다.

---

[6] 이런 동적 할당이 심각한 장애가 되거나 브리지를 사용하지 않는 이유가 된다면 클래스 내 메모리를 기반으로 하는 빠른 핌플(Fast-Pimpl) 관용구를 살펴볼 수 있다. 이를 위해 허브 서터의 첫 번째 책인 《Exceptional C++》(인포북, 2003)를 참고할 수 있다.

지침 28: 브리지를 구축해 물리적 의존성을 제거하라

- 데이터 멤버나 포함으로 인한 물리적 의존성을 인식한다.
- 브리지 디자인 패턴은 구현 상세에서 물리적 의존성을 분리하려는 의도로 적용한다.
- 브리지를 사용한다는 것을 전달하는 데 핌플 데이터 멤버 사용을 선호한다.
- 브리지 디자인 패턴의 강점과 약점을 이해한다.
- 물리적 의존성을 줄이는 것(브리지)과 논리적 의존성을 줄이는 것(전략)의 차이를 깨닫는다.

지침 29: 브리지 성능 이득과 손실을 인식하라

'지침 28: 브리지를 구축해 물리적 의존성을 제거하라'에서는 브리지 디자인 패턴을 자세히 살펴봤다. 브리지의 디자인과 결합을 끊는 면이 긍정적인 인상을 남겼다고 생각하지만, 이 패턴을 사용하면 성능 불이익이 생길 수 있다는 점을 인식해야 한다. "네, 그게 걱정이에요. 성능이 중요한데 브리지는 성능상 추가 비용이 엄청나게 클 것 같아요." 이는 꽤 일반적인 전망이다. 성능이 중요하므로 정말 브리지를 사용할 때 예상해야 하는 추가 비용이 얼마인지 여러분에게 알려줘야겠다. 또한 코드 성능을 개선하기 위해 브리지를 현명하게 사용하는 방법도 여러분에게 보여줘야 한다. 믿기 어려운가? 그럼 방법을 보여주겠다.

브리지 성능 영향

'지침 28: 브리지를 구축해 물리적 의존성을 제거하라'에서 논의한 것처럼 브리지 구현 성능은 간접 지정을 통한 접근, 가상 함수 호출, 인라인화, 동적 메모리 할당 등 많은 요소에 영향을 받는다. 이런 요소와 엄청나게 많은 가능한 조합 때문에 브리지 성능에 얼마나 많은 비용을 지불해야 하는지에 대한 확실한 답은 없다. 그래도 보여주고 싶은 것은, 간접 지정을 통한 접근으로 인한 성능 불이익이 정말 있지만 그렇더라도 브리지를 사용해 실제로 성능을 향상시킬 수 있다는 것이다.

먼저 벤치마크에 대한 아이디어를 제공하는 것으로 시작한다. 포인터 간접 지정에 비용이 얼마나 드는지 의견을 형성하기 위해 다음의 두 가지 `Person` 클래스 구현을 비교해 보자.

```
#include <string>

//---- <Person1.h> ----------------
```

```cpp
class Person1
{
 public:
   // ...
 private:
   std::string forename_;
   std::string surname_;
   std::string address_;
   std::string city_;
   std::string country_;
   std::string zip_;
   int year_of_birth_;
};
```

Person1 구조체는 브리지로 구현하지 **않은** 타입을 나타낸다. 7개 모든 데이터 멤버(std::string 6개와 int 하나)는 구조체 자체의 직접적인 부분이다. 64비트 컴퓨터를 가정할 때 Person1 인스턴스 하나의 전체 크기는 Clang 11.1에서는 152바이트, GCC 11.1에서는 200바이트다.[7]

반면 Person2 구조체는 핌플 관용구로 구현했다.

```cpp
//---- <Person2.h> ----------------

#include <memory>

class Person2
{
 public:
   explicit Person2( /*...다양한 사람 인자...*/ );
   ~Person2();
   // ...

 private:
   struct Impl;
```

---

[7] Person1 크기 차이는 컴파일러마다 std::string 구현 크기가 서로 다른 것으로 쉽게 설명할 수 있다. 컴파일러 공급사는 서로 다른 사용 사례에 대해 std::string을 최적화하므로 Clang 11.1에서는 단일 std::string이 24바이트, GCC 11.1에서는 32바이트를 차지한다. 따라서 Person1 인스턴스 하나의 전체 크기는 Clang 11.1에서는 152바이트(24바이트 std::string 6개와 4바이트 int 하나, 그리고 패딩 4바이트), GCC 11.1에서는 200바이트(32바이트 std::string 6개와 4바이트 int 하나, 그리고 패딩 4바이트)다.

```cpp
    std::unique_ptr<Impl> pimpl_;
};


//---- <Person2.cpp> ----------------

#include <Person2.h>
#include <string>

struct Person2::Impl
{
    std::string forename;
    std::string surname;
    std::string address;
    std::string city;
    std::string country;
    std::string zip;
    int year_of_birth;
};

Person2::Person2( /*...다양한 사람 인자...*/ )
    : pimpl{ std::make_unique<Impl>( /*...다양한 사람 인자...*/ ) }
{}

Person2::~Person2() = default;
```

7개 데이터 멤버 모두 중첩 `Impl` 구조체로 이동했으며 `pimpl` 포인터를 통해서만 접근할 수 있다. 중첩 `Impl` 구조체 전체 크기는 Person1과 동일하지만, Person2 구조체 크기는 8바이트에 불과하다(다시 얘기하지만, 64비트 컴퓨터를 가정한다).

 브리지 디자인을 통해 타입 크기를 줄일 수 있으며 때로는 훨씬 더 크게 줄일 수 있다. 이는 예를 들어 그 타입을 std::variant에서 대안으로 사용하려고 할 때 매우 가치 있음이 드러날 수 있다('지침 17: 비지터를 구현하는 데 std::variant를 고려하라' 참고).

이번에는 벤치마크의 개요를 설명하겠다. 두 Person 구현 각각에 대해 25,000명의 `std::vector` 둘을 생성한다. 이 요소 수는 바탕 CPU의 내부 캐시 크기를 초과해 작동하게 한다(즉, Clang 11.1에서는 총

3.2MB, GCC 11.1에서는 총 4.2MB를 사용한다). 이 모든 사람에는 임의의 이름과 주소, 1957년과 2004년 사이 출생 연도를 지정한다(이 책을 쓰는 시점을 기준으로 조직 내 직원의 합리적인 연령 범위를 나타냈다). 그런 다음 두 사람 벡터 모두를 5천 번 순회하고, 매번 `std::min_element()`로 가장 나이가 많은 사람을 결정한다. 벤치마크의 반복적인 특성으로 인해 그 결과는 상당히 재미없을 것이다. 1백 번 반복하면 너무 지루해서 볼 수 없을 것이다. 유일하게 중요한 것은 데이터 멤버에 직접 접근하는 것(Person1)과 간접 접근하는 것(Person2) 사이의 성능 차이를 보는 것이다. 표 7-1에서는 Person1 구현의 성능으로 정규화한 성능 결과를 볼 수 있다.

표 7-1. 서로 다른 Person 구현에 대한 성능 결과 (정규화한 성능)

Person 구현	GCC 11.1	Clang 11.1
Person1 (핌플 사용하지 않음)	1.0	1.0
Person2 (완전한 핌플 관용구)	1.1099	1.1312

이 특정 벤치마크에서 브리지 구현은 GCC가 11.0%, Clang이 13.1%로 상당한 성능 불이익이 생긴다는 것이 분명하다. 이는 많아 보인다! 하지만 이 수치를 너무 심각하게 받아들이지 않아야 한다. 분명 이 결과는 실제 요소 수, 데이터 멤버의 실제 수와 타입, 실행 중인 시스템, 벤치마크에서 수행하는 실제 계산 등에 따라 크게 달라진다. 이러한 세부 내용 중 하나라도 바꾸면 수치도 바뀐다. 따라서 이 수치는 데이터 멤버에 간접 접근하는 것으로 인한 추가 비용이 어느 정도(잠재적으로는 더 많이) 있을 수 있다는 것을 보여줄 뿐이다.

부분 브리지로 성능 향상시키기

"좋아요, 그러나 이는 예상한 결과죠? 여기서 무엇을 배워야 하죠?" 글쎄, 이 벤치마크는 꽤 구체적이며 모든 질문에 답할 수 없다는 점을 인정한다. 하지만 실제로 브리지를 사용해 성능을 향상시킬 기회를 제공한다. Person1 구현을 더 자세히 살펴보면 주어진 벤치마크에서 달성할 수 있는 성능이 매우 제한적이란 것을 알 수 있을지 모른다. Person1 전체 크기가 각각 152바이트(Clang 11.1)나 200바이트(GCC 11.1)인데, 전체 데이터 구조체 중 단 4바이트, 즉 단일 `int`만 사용한다. 이는 다소 낭비적이고 비효율적임을 입증한다. 즉, 캐시 기반 아키텍처에서 메모리는 항상 캐시 라인만큼 적재하므로 메모리에서 적재하는 데이터 중 상당수는 실제로 전혀 사용하지 않는다. 사실 메모리에서 적재하는 거의 **모든** 데이터를 전혀 사용하지 않는다. 캐시 라인 길이를 64바이트로 가정하면 적재한 데이터 중 약 6%만 사용한다. 따라서 모든 사람의 출생 연도를 기반으로 가장 나이 많은 사람을 결정하는 것은 계산에 의존하는 작업인 듯하지만, 사실은 완전히 메모리에 의존한다. 컴퓨터는 단순히 데이터를 충분히 빠르게 전달할 수 없어서 정수 연산 장치는 대부분 시간 동안 유휴 상태가 될 것이기 때문이다.

이 설정은 브리지로 성능을 향상시킬 수 있는 기회를 제공한다. (forename, surname, year_of_birth 같이) 자주 사용하는 데이터와 (예를 들면 우편 주소 같이) 자주 사용하지 않는 데이터를 구분할 수 있다고 가정해 보자. 이 구분을 기반으로 이제 데이터 멤버를 적절히 정렬해 자주 사용하는 모든 데이터 멤버를 Person 클래스에 직접 저장한다. 자주 사용하지 않는 모든 데이터 멤버는 Impl 구조체에 저장한다. 이는 Person3 구현으로 이어진다.

```cpp
//---- <Person3.h> ----------------

#include <memory>
#include <string>

class Person3
{
 public:
   explicit Person3( /*...다양한 사람 인자...*/ );
   ~Person3();
   // ...

 private:
   std::string forename_;
   std::string surname_;
   int year_of_birth_;

   struct Impl;
   std::unique_ptr<Impl> pimpl_;
};

//---- <Person3.cpp> ----------------

#include <Person3.h>

struct Person3::Impl
{
   std::string address;
```

```cpp
    std::string city;
    std::string country;
    std::string zip;
};

Person3::Person3( /*...다양한 사람 인자...*/ )
   : forename_{ /*...*/ }
   , surname_{ /*...*/ }
   , year_of_birth_{ /*...*/ }
   , pimpl_{ std::make_unique<Impl>( /*...주소 관련 인자...*/ ) }
{}

Person3::~Person3() = default;
```

Person3 인스턴스의 전체 크기는 Clang 11.1에서 64바이트(24바이트 `std::string` 둘, 정수 하나, 포인터 하나, 정렬 제한으로 인한 패딩 바이트 넷), GCC 11.1에서는 80바이트(32바이트 `std::string` 둘, 정수 하나, 포인터 하나, 패딩 몇 개)다. 따라서 Person3 인스턴스는 Person1 인스턴스 크기의 약 절반이다. 이 크기 차이는 측정할 수 있으며, 표 7-2에서 Person3을 포함한 모든 Person 구현에 대한 성능 결과를 볼 수 있다. 다시 얘기하지만, 이 결과는 Person1 구현의 성능으로 정규화했다.

표 7-2. 서로 다른 Person 구현에 대한 성능 결과 (정규화한 성능)

Person 구현	GCC 10.3	Clang 12.0
Person1 (핌플 사용하지 않음)	1.0	1.0
Person2 (완전한 핌플 관용구)	1.1099	1.1312
Person3 (부분 핌플 관용구)	0.8597	0.9353

Person1 구현과 비교해 Person3 성능은 GCC 11.1에서 14%, Clang 11.1에서 6.5% 향상됐다. 앞서 말한 것처럼 이는 오직 Person3 구현 크기를 줄였기 때문이다. "와, 예상하지 못한 결과예요. 브리지가 항상 성능이 나쁜 것은 아니라는 것을 알았어요." 정말 그렇다. 물론 특정 설정에 따라 언제나 다르지만, 자주 사용하는 데이터 멤버와 그렇지 않은 것을 구분하고 '부분' 브리지를 구현해 데이터 구조 크기를 줄이면 성능에 매우 긍정적인 영향을 줄 수 있다.[8]

---

[8] 여전히 최적 성능과 **멀다**는 것을 알 것이다. 최적 성능으로 나아가기 위해, 데이터 사용 방법에 기반해 데이터를 정렬할 수 있다. 이 벤치마크에서는 모든 사람의 모든 `year_of_birth` 값을 큰 정수 벡터 하나에 저장하는 것을 의미한다. 이런 데이터 정렬은 우리를 **데이터 지향 디자인**(data-oriented design)으로 나아가게 한다. 이 패러다임에 대한 더 많은 정보는 해당 주제에 대한 리차드 파비안의 책, 《Data-Oriented Design: Software Engineering for Limited Resources and Short Schedules》를 참고한다.

"성능 이득이 엄청나요. 훌륭하기는 한데 브리지의 의도에 반하는 것 아닌가요?" 사실 구현 상세를 숨기는 것과 성능을 위해 데이터 멤버를 '인라인화' 하는 것 사이에 이분법(dichotomy)이 있다는 것을 알 것이다. 항상 그렇듯이 상황에 따라 다르다. 즉, 어느 측면을 선호할지는 사례에 따라 결정해야 한다. 또한 두 극단 사이에 여러 해결책이 있다는 것도 알았으면 한다. 즉, 브리지 뒤에 **모든** 데이터 멤버를 숨길 필요는 없다. 결국 주어진 문제에 대한 최적의 해결책을 찾는 것은 여러분이다.

요약하면, 일반적으로 브리지는 성능 불이익이 생길 가능성이 높지만, 적절한 상황에서는 부분 브리지를 구현하면 성능에 매우 긍정적인 영향을 줄 수 있다. 하지만 이는 성능에 영향을 주는 많은 측면 중 하나일 뿐이다. 따라서 브리지가 성능 병목 지점이 되는지 또는 부분 브리지로 성능 문제를 해결하는지 항상 확인해야 한다. 이를 확인하는 가장 좋은 방법은 가능한 한 많은 실제 코드와 실제 데이터를 기반으로 하는 전형적인 벤치마크를 하는 것이다.

지침 29: 브리지 성능 이득과 손실을 인식하라

- 브리지는 성능에 부정적인 영향을 줄 수 있다는 점을 기억한다.
- 부분 브리지는 자주 사용하는 데이터와 자주 사용하지 않는 데이터를 분리할 때 성능에 긍정적인 영향을 줄 수 있다는 점을 인식한다.
- 항상 전형적인 벤치마크로 성능 병목 지점이나 향상을 확인하며 직감에 의존하지 않도록 한다.

지침 30: 추상 복사 연산에는 프로토타입을 적용하라

멋진 이탈리아 식당에 앉아 메뉴를 살펴보고 있는 자신을 상상해 보자. 세상에! 훌륭한 음식이 정말 많다. 라자냐가 맛있어 보인다. 하지만 제공하는 피자도 놀랍다. 선택하기가 너무 어렵다… 하지만 종업원이 정말 맛있어 보이는 음식을 들고 지나갈 때 여러분은 생각을 멈춘다. 안타깝게도 그 음식은 여러분 테이블이 아닌 다른 테이블을 위한 것이다. 와, 냄새가… 이 순간, 여러분은 더 이상 무엇을 먹을지 고민할 필요가 없다는 것을 알게 된다. 그게 무엇이든 똑같은 것을 원하며 주문한다. "저분들이 먹는 게 뭐든 그걸로 할게요."

코드에서도 같은 문제가 발생할 수 있다. C++ 용어로, 종업원에게 요청한 것은 다른 사람 요리의 복사본이다. 객체를 복사하는 것, 즉 인스턴스의 정확한 복제본을 생성하는 것은 C++에서 근본적으로 중요한 작업이다. 너무 중요해 클래스에는 이른바 **특수 멤버 함수** 중 두 가지인 복사 생성자와 복사 대입 연산자가 기본적으로 준비돼 있다.[9] 하지만 요리의 복사본을 요청할 때 여러분은 불행히도 그 요리가 어떤 것인지 모른다. C++ 용어로는 기초 클래스에 대한 포인터(말하자면 Dish*)만 있을 뿐이다. 불행히도 복사 생성자나 복사 대입 연산자를 사용하며 Dish*를 통해 복사를 시도하면 일반적으로 작동하지 않는다. 그래도 여러분은 정확한 복사본을 원한다. 이 문제에 대한 해결책은 또 다른 고전적인 GoF 디자인 패턴인 프로토타입 디자인 패턴이다.

양을 이용한 예: 동물 복사

다음 Animal 기초 클래스를 예로 생각해 보자.

```cpp
//---- <Animal.h> ----------------

class Animal
{
 public:
   virtual ~Animal() = default;
   virtual void makeSound() const = 0;
   // ... 동물 전용 함수가 더 있다
};
```

Animal이 기초 클래스임을 나타내는 가상 소멸자를 제외하면 이 클래스는 귀여운 동물 소리를 출력하는 makeSound() 함수만 제공한다. 그런 동물의 예시 중 하나가 Sheep 클래스다.

```cpp
//---- <Sheep.h> ----------------

#include <Animal.h>
#include <string>

class Sheep : public Animal
{
 public:
   explicit Sheep( std::string name ) : name_{ std::move(name) } {}
```

---

[9] 컴파일러가 이 두 가지 복사 연산을 생성하는 규칙은 이 책의 범위를 벗어나지만 간단히 요약하면, **모든** 클래스에 이 두 연산이 있으며 항상 존재한다는 뜻이다. 이 두 연산은 컴파일러에서 생성되거나 (잠재적으로 클래스의 private 구역에 또는 =delete를 사용해) 명시적으로 선언 또는 심지어 정의하거나 암시적으로 삭제된다. 이 함수를 삭제한다고 해서 사라지는 것은 아니며, =delete는 정의 역할을 한다는 점에 주의한다. 이 두 함수는 **언제나** 클래스의 일부이므로 **언제나** 다중 정의 해석에 참여한다.

```
   void makeSound() const override;
   // ... 동물 전용 함수가 더 있다

 private:
   std::string name_;
};


//---- <Sheep.cpp> ----------------

#include <Sheep.h>
#include <iostream>

void Sheep::makeSound() const
{
   std::cout << "baa\n";
}
```

이제 main() 함수에서 양을 생성하고 그것이 소리를 내게 할 수 있다.

```
#include <Sheep.h>
#include <cstdlib>
#include <memory>

int main()
{
   // 세상에 하나뿐인 돌리를 생성한다
   std::unique_ptr<Animal> const dolly = std::make_unique<Sheep>( "Dolly" );

   // 돌리의 야수 같은 소리를 유발한다
   dolly->makeSound();

   return EXIT_SUCCESS;
}
```

돌리(Dolly), 멋지지 않은가? 그리고 너무 귀엽다! 사실 너무 즐거워서 다른 돌리도 원한다. 하지만 우리에게는 기초 클래스에 대한 포인터인 Animal*만 있을 뿐이다. Sheep 복사 생성자나 복사 대입 연산자를 통해 복사할 수 없다. (기술적으로) Sheep을 다루고 있다는 것조차 모르기 때문이다. 이는 (개, 고양이, 양 등) 어떤 동물이라도 될 수 있다. Sheep에서 Animal 부분만 복사하고 싶지는 않다. 그것은 **잘림(slicing)**이라고 하는 것이기 때문이다.

이런! 방금 이것이 프로토타입 디자인 패턴을 설명하는 데 특히 안 좋은 예일 수 있다는 것을 깨달았다. 동물 자르기. 어감도 좋지 않다. 그러니 빨리 넘어가자. 어디까지 얘기했더라? 아, 돌리의 복사본을 원하지만 가지고 있는 것은 Animal*뿐이다. 여기서 프로토타입 디자인 패턴이 개입한다.

프로토타입 디자인 패턴 해설

프로토타입 디자인 패턴은 사인방이 수집한 생성(creational) 디자인 패턴 다섯 가지 중 하나다. 이는 추상적인 개체의 복사본을 생성하는 추상적인 방법을 제공하는 데 초점을 맞춘다.

프로토타입 디자인 패턴

의도: '원형의 인스턴스를 사용해 생성할 객체를 지정하고 이 원형을 복사해 새 객체를 생성한다.'[10]

그림 7-5에서는 GoF 책에서 가져온 원래 UML 공식화를 볼 수 있다.

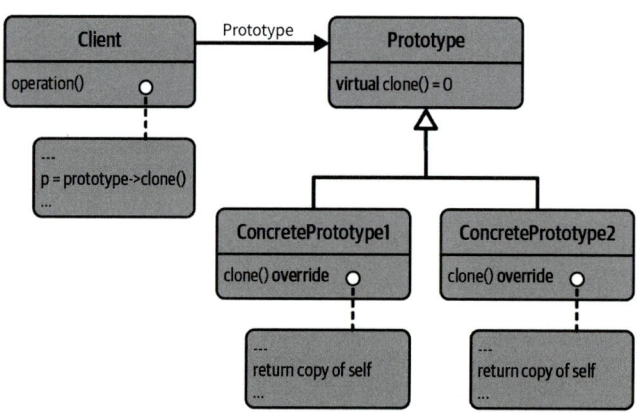

그림 7-5. **프로토타입 디자인 패턴의 UML 표현**

프로토타입 디자인 패턴은 일반적으로 기초 클래스 내 clone() 가상 함수로 구현한다. 갱신한 Animal 기초 클래스를 살펴보자.

---

10 에릭 감마 등, 《GoF의 디자인 패턴》.

```
//---- <Animal.h> ----------------

class Animal
{
 public:
   virtual ~Animal() = default;
   virtual void makeSound() const = 0;
   virtual std::unique_ptr<Animal> clone() const = 0;   // 프로토타입 디자인 패턴
};
```

이 clone() 함수를 통해 (Dog, Cat, Sheep 등) 특정 동물 타입에 대해 몰라도 누구나 주어진 (원형) 동물의 추상 복사본을 요청할 수 있다. Animal 기초 클래스가 아키텍처 고수준에 적절히 배치돼 있으면 DIP를 따른다(그림 7-6 참고).

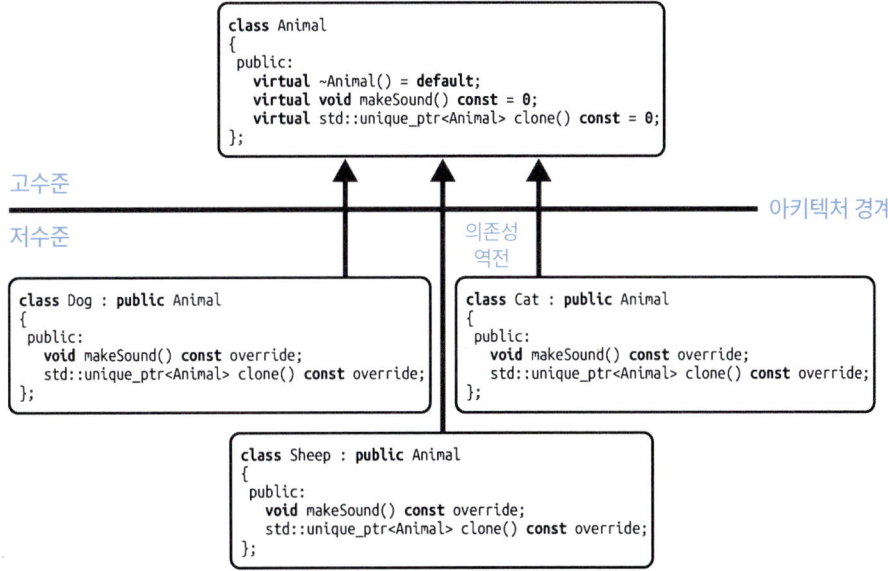

그림 7-6. 프로토타입 디자인 패턴에 대한 의존성 도표

clone() 함수는 순수 가상 함수로 선언했으므로 구현하려면 파생 클래스가 필요하다. 하지만 파생 클래스는 이 함수를 단순히 맘대로 구현할 수 없으며 자신의 정확한 복사본을 반환하게 해야 한다(그 외 다른 결과는 LSP를 위반한다. '지침 6: 추상화로 기대하는 행위를 따르라' 참고). 이 복사본은 일반적으로 new를 이용해 동적으로 생성하고 기초 클래스에 대한 포인터로 반환한다. 물론 이렇게 하면 포인터를 생성

할 뿐만 아니라 그 복사본을 다시 명시적으로 delete해야 한다. 모던 C++에서 직접 정리하는 것은 매우 나쁜 사례로 간주하므로 이 포인터를 Animal에 대한 std::unique_ptr로 반환한다.[11]

이에 따라 Sheep 클래스를 다음처럼 갱신한다.

```cpp
//---- <Sheep.h> ----------------

#include <Animal.h>

class Sheep : public Animal
{
 public:
   explicit Sheep( std::string name ) : name_{ std::move(name) } {}

   void makeSound() const override;
   std::unique_ptr<Animal> clone() const override; // 프로토타입 디자인 패턴

 private:
   std::string name_;
};


//---- <Sheep.cpp> ----------------

#include <Sheep.h>
#include <iostream>

void Sheep::makeSound() const
{
   std::cout << "baa\n";
}

std::unique_ptr<Animal> Sheep::clone() const
{
```

---

11 핵심 지침 R.3(http://isocpp.github.io/CppCoreGuidelines/CppCoreGuidelines#Rr-ptr)에서는 생포인터(T*)가 비소유라는 것을 분명히 명시하고 있다. 이런 관점에서, 기초 클래스에 대한 생포인터를 반환하는 것은 잘못일 수 있다. 하지만 이는 더 이상 공변 반환 타입(covariant return type) 언어 기능을 직접 이용할 수 없다는 뜻이다. 이것이 바람직하거나 필요할 때 일반적인 해결책은 템플릿 메서드 디자인 패턴을 따르며, clone() 함수를 생포인터를 반환하는 private virtual 함수와 이 private 함수를 호출하며 std::unique_ptr을 반환하는 public 비-virtual 함수로 나누는 것이다.

```
    return std::make_unique<Sheep>(*this); // 양을 복사 생성한다
}
```

Sheep 클래스는 이제 clone() 함수를 구현하고 Sheep의 정확한 복사본을 반환해야 한다. 자체 clone() 함수 내에서 std::make_unique() 함수와 자체 복사 생성자를 활용하며, 이는 향후 Sheep 클래스가 바뀌더라도 항상 올바로 처리할 것을 가정한다. 이런 접근법은 불필요한 중복을 피하는 데 도움이 되므로 DRY 원칙을 따른다('지침 2: 변경을 위한 디자인' 참고).

Sheep 클래스는 자체 복사 생성자와 복사 대입 연산자를 삭제하거나 숨기지 않는다는 점에 주의한다. 따라서 양이 있으면 이 특수 멤버 함수로 여전히 양을 복사할 수 있다. clone()은 단지 virtual 복사 방법, 즉 복사본을 생성하는 방법을 하나 더 추가할 뿐이므로 전혀 문제가 없다.

clone() 함수가 준비됐으므로 이제 돌리의 정확한 복사본을 만들 수 있다. 그리고 1996년에 첫 번째 돌리를 복제했을 때보다 훨씬 더 쉽게 할 수 있다.

```
#include <Sheep.h>
#include <cstdlib>
#include <memory>

int main()
{
    std::unique_ptr<Animal> dolly = std::make_unique<Sheep>( "Dolly" );
    std::unique_ptr<Animal> dollyClone = dolly->clone();

    dolly->makeSound();        // 첫 번째 돌리의 짐승 소리를 유발한다
    dollyClone->makeSound();   // 복제본은 돌리와 똑같은 소리를 낸다

    return EXIT_SUCCESS;
}
```

프로토타입과 std::variant 비교

프로토타입 디자인 패턴은 정말 고전적이고 매우 OO 중심적인 디자인 패턴이며, 1994년에 발표한 이후 virtual 복사를 제공하기 위해 **항상 선택하는** 해결책이다. 이 때문에 clone()이라는 함수 이름은 거의 프로토타입 디자인 패턴을 식별하는 키워드로 간주할 수 있다.

특정한 사용 사례 때문에 (생포인터 대신 std::unique_ptr을 사용하도록 약간 갱신한 것 외에) '최신' 구현은 없다. 다른 디자인 패턴과 비교하면 값 의미론 해결책도 없다. 값이 있을 때 가장 자연스럽고 직관적인 해결책은 두 복사 연산(복사 생성자와 복사 대입 연산자)을 기반으로 구축하는 것이다.

"값 의미론 해결책이 없는 게 확실한가요? std:variant를 사용한 다음 예를 생각해 보죠."

```cpp
#include <cstdlib>
#include <variant>

class Dog {};
class Cat {};
class Sheep {};

int main()
{
   std::variant<Dog,Cat,Sheep> animal1{ /* ... */ };

   auto animal2 = animal1;   // 동물 복사본을 생성한다

   return EXIT_SUCCESS;
}
```

"이 사례에서는 추상 복사 연산을 수행하지 않나요? 그리고 복사 연산자에서 이 복사 연산을 수행하지 않나요? 그러면 clone() 함수가 없는 프로토타입 디자인 패턴의 예 아닌가요?" 아니다. 설득력 있는 주장처럼 들리지만, 프로토타입 디자인 패턴 예가 아니다. 두 가지 예 사이에는 매우 중요한 차이가 있다. 여러분의 예에는 (비지터 디자인 패턴의 전형적인) 타입의 닫힌 집합이 있다. std::variant animal1은 개, 고양이, 양 외 다른 것은 담지 않는다. 그러므로 복사 생성자를 사용해 복사를 명시적으로 수행할 수 있다. 나의 예에서는 타입의 열린 집합이 있다. 즉, 어떤 동물을 복사해야 하는지 단서가 조금도 없다. 개, 고양이, 또는 양일 수도 있지만, 코끼리, 얼룩말, 나무늘보일 수도 있다. 무엇이든 가능하다. 따라서 복사 생성자를 기반으로 구축할 수 없으며, 가상 clone() 함수로만 복사할 수 있다.

프로토타입 디자인 패턴 단점 분석

프로토타입 디자인 패턴에 대한 값 의미론 해결책은 없지만, 이는 참조 의미론 영역에서 온 길들인 야수로 언제든 본성을 드러내며 우리를 위협할 수 있다. 따라서 프로토타입 디자인 패턴을 적용해야 할 때마다 이에 따른 몇 가지 결점을 감수해야 한다.

첫 번째 단점은 거의 틀림없이 포인터로 인한 간접 지정에 따른 부정적인 성능 영향이다. 하지만 상속 계통이 있을 때만 복제가 필요하므로 이를 프로토타입 자체 결점으로 간주하는 것은 불공평하다. 오히려 그 문제의 기본 설정에 따른 결과다. 또한 포인터와 이와 관련 간접 지정을 사용하지 않는 다른 구현은 상상하기 어려우므로 그것이 프로토타입 디자인 패턴의 본질적 특성인 듯하다.

두 번째 잠재적 단점은 매우 자주 이 패턴을 동적 메모리로 구현한다는 점이다. 할당 자체와 이로 인해 발생할 수 있는 단편화된 메모리는 성능을 더욱 떨어뜨린다. 하지만 동적 메모리가 필수 조건은 아니며 특정 맥락에서는 클래스 내 메모리를 기반으로도 구축할 수 있다는 것을 '지침 33: 타입 소거의 최적화 잠재력을 인식하라'에서 볼 것이다. 그렇더라도 이 최적화는 몇 가지 특수한 상황에만 적용하며 대부분은 동적 메모리를 기반으로 구축한다.

추상 복사 연산을 수행하는 능력과 비교해 몇 가지 문제는 쉽게 받아들일 수 있다. 하지만 '지침 22: 참조 의미론보다 값 의미론을 선호하라'에서 논의한 것처럼 Animal 상속 계통을 값 의미론 해결책으로 대체해 참조 의미론 기반 프로토타입 디자인 패턴을 적용하지 않을 수 있다면 그 상속 계통은 더 간단하고 이해하기 쉬워질 것이다. 그렇더라도 추상 복사본을 생성해야 할 때마다 해당하는 `clone()` 함수가 있는 프로토타입 디자인 패턴을 선택하는 것은 올바른 결정이다.

지침 30: 추상 복사 연산에는 프로토타입을 적용하라

- 프로토타입 디자인 패턴은 추상 개체의 복사본을 생성할 의도로 적용한다.
- 값 타입에 대한 두 가지 복사 연산을 기반으로 구축하는 것을 선호한다.
- 포인터 간접 지정과 메모리 할당으로 인한 성능상 결점을 명심한다.

지침 31: 비간섭 런타임 다형성에는 외부 다형성을 사용하라

'지침 2: 변경을 위한 디자인'에서는 관심사 분리 디자인 원칙의 엄청난 이점을 봤다. '지침 19: 전략을 사용해 작업 수행 방법을 분리하라'에서는 이 능력을 사용해 전략 디자인 패턴으로 도형 집합에서 그리기 구현 상세를 추출했다. 하지만 이를 통해 의존성을 상당히 줄이고 '지침 23: 전략과 커맨드는 값 기반 구현을 선호하라'에서 `std::function`을 사용해 해결책을 현대화했음에도 불구하고 몇 가지 단점이 남았다. 특히 도형 클래스는 여전히 `draw()` 연산 처리를 강제했으며, 결합 때문이라고 해도 구현 상세를 다루는 것은 바람직하지 않다. 게다가 가장 중요한 것은 전략 접근법이 여러 다형성 연산을 추출하는 데는 다소 비실용적이라는 점이다. 결합을 더욱 줄이고 도형에서 다형성 연산을 추출하기 위해 이제 이 여행을 계속하며 관심사 분리 원칙을 완전히 새롭고 잠재적으로 생소한 수준, 즉 다형성 행위를 전체적으로 분리하는 수준으로 나아가려 한다. 이를 위해 외부 다형성 디자인 패턴을 적용한다.

외부 다형성 디자인 패턴 해설

'지침 23: 전략과 커맨드는 값 기반 구현을 선호하라'에 나온 도형 그리기 예제와 `Circle` 클래스의 최신 버전으로 돌아가 보자.

```
//---- <Shape.h> ----------------

class Shape
{
 public:
   virtual ~Shape() = default;

   virtual void draw( /*몇몇 인자*/ ) const = 0;    ❶
};


//---- <Circle.h> ----------------

#include <Shape.h>
#include <memory>
#include <functional>
#include <utility>

class Circle : public Shape
{
 public:
   using DrawStrategy = std::function<void(Circle const& /*, ...*/)>;    ❷

   explicit Circle( double radius, DrawStrategy drawer )
      : radius_( radius )
      , drawer_( std::move(drawer) )
   {
      /* 주어진 radius가 유효하며
         주어진 'std::function' 인스턴스가 비어 있지 않은지 확인한다 */
```

```
      }

      void draw( /*몇몇 인자*/ ) const override         ❸
      {
         drawer_( *this, /*몇몇 인자*/ );
      }

      double radius() const { return radius_; }

   private:
      double radius_;
      DrawStrategy drawer_;
};
```

전략 디자인 패턴으로 draw() 멤버 함수의 구현 상세에 대한 초기의 강한 결합을 극복했다(❶). 또한 std::function을 기반으로 한 값 의미론 해결책도 찾았다(❷). 하지만 draw() 멤버 함수는 여전히 Shape 기초 클래스에서 파생한 모든 클래스의 공용 인터페이스의 일부이며 모든 도형은 이를 구현할 의무를 상속한다(❸). 이는 분명한 결함이다. 거의 틀림없이 그리기 기능은 도형과 별도의 관심사로 분리해야 하며, 일반적으로 도형은 자신을 그릴 수 있다는 사실을 의식하지 못해야 한다.[12] 이미 구현 상세를 추출했다는 사실은 이 주장을 상당히 강화한다.

"그러면 draw() 멤버 함수만 추출하면 되겠죠?"라고 여러분이 주장한다. 맞다. 불행히도 언뜻 보기에는 어려워 보인다. '지침 15: 타입 또는 연산 추가를 위한 디자인'을 기억하길 바란다. 그 내용에서는 주로 타입을 추가하려 할 때 객체 지향 해결책을 선호하는 게 좋다는 결론에 다다랐다. 이 관점에서는 모든 도형의 사용 가능한 연산, 즉 요구 사항 목록을 나타내는 가상 draw() 함수와 Shape 기초 클래스에서 막힌 것 같다.

하지만 해결책이 있다. 꽤 놀라운 것으로, 외부 다형성 디자인 패턴을 사용해 완전한 다형성 행위를 추출할 수 있다. 이 패턴은 1996년에 크리스 클리랜드(Chris Cleeland), 더글라스 C. 슈미트(Douglas C. Schmidt), 티모시 H. 해리슨(Timothy H. Harrison)이 논문에서 소개했다.[13] 그 의도는 비다형성 타입(가상 함수가 하나도 없는 타입)을 다형적으로 처리할 수 있게 하는 것이다.

---

12 서로 다른 문서 종류에 대한 유사한 예는 '지침 2: 변경을 위한 디자인'을 참고한다.
13 크리스 클리랜드, 더글라스 C. 슈미트, 티모시 H. 해리슨, 'External Polymorphism – An Object Structural Pattern for Transparently Extending C++ Concrete Data Type,' 1996년 9월 4~6일 동안 일리노이 주 앨러튼 파크에서 열린 제3회 Pattern Languages of Programming Conference 논문집.

 **외부 다형성 디자인 패턴**

의도: '상속에 의한 관계가 없거나 가상 메서드가 없는 C++ 클래스를 다형적으로 처리할 수 있게 한다. 이러한 관련 없는 클래스는 이를 사용하는 소프트웨어에서 공통된 방법으로 처리할 수 있다.'

그림 7-7에서는 이 디자인 패턴이 그 목표를 달성하는 방법에 대한 첫 인상을 보여준다. 가장 먼저 눈에 띄는 세부 내용 중 하나는 Shape 기초 클래스가 더 이상 없다는 점이다. 외부 다형성 디자인 패턴에서는 (Circle, Square 등) 서로 다른 도형을 보통의 비다형성 타입으로 가정한다. 또한 도형은 그리기에 대해 아무것도 모를 것을 기대한다. 도형이 Shape 기초 클래스를 상속할 것을 요구하는 대신, 이 디자인 패턴은 ShapeConcept와 ShapeModel 클래스 형태로 상속 계통을 별도로 도입한다. 이 외부 상속 계통은 도형에 기대하는 모든 연산과 요구 사항을 도입해 도형에 대한 다형성 행위를 도입한다.

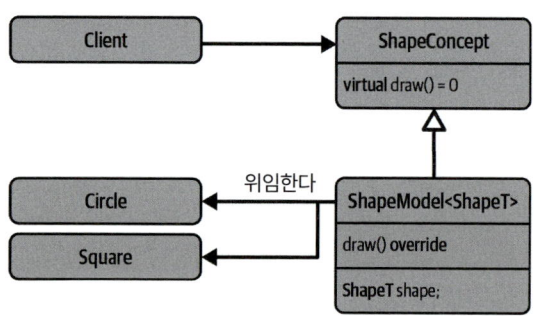

그림 7-7. 외부 다형성 디자인 패턴의 UML 표현

이 간단한 예에서 다형성 행위는 draw() 함수로만 구성된다. 하지만 요구 사항 집합은 물론 더 커질 수 있다(예를 들면 rotate(), serialize() 등). 이 가상 함수 집합은 추상 ShapeConcept 클래스로 옮겨졌으며 이제 이전 Shape 기초 클래스를 대신한다. 주요 차이점은 구체 도형이 ShapeConcept에 대해 알 필요가 없으며, 특히 이를 상속할 것을 기대하지 않는다는 것이다. 따라서 도형은 가상 함수 집합에서 완전히 분리된다. ShapeConcept을 상속하는 유일한 클래스는 ShapeModel 클래스 템플릿이다. 이 클래스는 (Circle, Square 등) 특정 도형에 대해 인스턴스화하며 그 도형에 대한 래퍼 역할을 한다. 하지만 ShapeModel은 가상 함수의 논리 구조를 직접 구현하지 않으며 원하는 구현에 그 요청을 위임한다.

"와, 대단해요! 이 외부 상속 계통이 가상 함수 전체 집합을 추출하고 이를 통해 도형의 전체 다형성 행위를 추출한다는 것을 알겠어요." 바로 그거다. 다시 얘기하지만, 이는 관심사 분리와 SRP의 예다. 이 경우 전체 다형성 행위를 **변형점**으로 식별하고 도형에서 추출한다. 또다시 얘기하지만, SRP는 OCP를 가능하게 하는 역할을 한다. 즉, ShapeModel 클래스 템플릿을 사용해 어떤 새로운 비다형성 도형 타입이라도 ShapeConcept 상속 계통에 쉽게 추가할 수 있다. 이는 새로운 타입이 요구하는 모든 연산을 충족하는 한 작동한다.

"정말 인상적이에요. 하지만 요구하는 모든 연산을 충족한다는 게 무슨 말인지 잘 모르겠어요. 자세히 설명해 주시겠어요?" 물론이다! 구체적인 코드 예시를 보면 이점이 명확해질 것이다. 그럼 도형 예시의 그리기 전체를 외부 다형성 디자인 패턴으로 리팩터링해 보자.

도형 그리기 다시 보기

Circle과 Square 클래스로 시작하자.

```cpp
//---- <Circle.h> ----------------

class Circle
{
 public:
   explicit Circle( double radius )
      : radius_( radius )
   {
      /* 주어진 radius가 유효한지 확인한다 */
   }

   double radius() const { return radius_; }
   /* 몇몇 획득자와 원 전용 편의 함수가 더 있다 */

 private:
   double radius_;
   /* 몇몇 데이터 멤버가 더 있다 */
};


//---- <Square.h> ----------------

class Square
{
 public:
```

```cpp
  explicit Square( double side )
     : side_( side )
  {
     /* 주어진 side 길이가 유효한지 확인한다 */
  }

  double side() const { return side_; }
  /* 몇몇 획득자와 정사각형 전용 편의 함수가 더 있다 */

 private:
  double side_;
  /* 몇몇 데이터 멤버가 더 있다 */
};
```

두 클래스 모두 기본 기하 개체로 축소됐다. 둘 모두 완전히 비다형적이다. 즉, 더 이상 기초 클래스가 없으며 가상 함수도 하나 없다. 하지만 더 중요한 것은, 두 클래스가 그리기, 회전, 직렬화 등 인위적 의존성을 도입할 수 있는 모든 연산을 전혀 의식하지 못한다는 점이다.

대신 이 모든 기능을 ShapeConcept 기초 클래스에 도입하고 ShapeModel 클래스 템플릿에서 구현한다.[14]

```cpp
//---- <Shape.h> ----------------

#include <functional>
#include <stdexcept>
#include <utility>

class ShapeConcept
{
 public:
  virtual ~ShapeConcept() = default;

  virtual void draw() const = 0;   ❹

  // ... 더 많은 다형성 연산이 있을 수 있다
};
```

---

[14] Concept와 Model이라는 이름은 외부 다형성이 주요한 역할을 하는 타입 소거 디자인 패턴의 공통 용어를 기반으로 선택했다. 8장을 참고한다.

```
template< typename ShapeT >
class ShapeModel : public ShapeConcept        ❺
{
 public:
   using DrawStrategy = std::function<void(ShapeT const&)>;    ❼

   explicit ShapeModel( ShapeT shape, DrawStrategy drawer )
      : shape_{ std::move(shape) }
      , drawer_{ std::move(drawer) }
   {
      /* 주어진 'std::function'이 비어 있지 않은지 확인한다 */
   }

   void draw() const override { drawer_(shape_); }    ❾
   // ... 더 많은 다형성 연산이 있을 수 있다

 private:
   ShapeT shape_;           ❻
   DrawStrategy drawer_;    ❽
};
```

ShapeConcept 클래스는 draw() 순수 가상 멤버 함수를 도입한다(❹). 이 예에서는 이 가상 함수 하나가 도형에 대한 전체 요구 사항 집합을 나타낸다. 이 집합은 작지만, ShapeConcept 클래스는 LSP 의미에서 고전적인 추상화를 나타낸다('지침 6: 추상화로 기대하는 행위를 따르라' 참고). 이 추상화는 ShapeModel 클래스 템플릿 내에서 구현한다(❺). 주목할 만한 점은 ShapeModel의 인스턴스가 ShapeConcept를 상속하는 유일한 클래스라는 것이다. 즉, 이 관계에 참여할 것으로 기대하는 다른 클래스는 없다. ShapeModel 클래스 템플릿은 원하는 모든 도형 타입에 대해 인스턴스화한다. 즉, ShapeT 템플릿 매개변수는 Circle, Square 등과 같은 타입을 대신한다. ShapeModel이 해당 타입의 인스턴스를 저장한다는 점에 주의한다(❻)(상속이 아닌 구성이다. '지침 20: 상속보다 구성을 선호하라'를 기억하자). 이는 요구하는 다형성 행위(이 예에서는 draw() 함수)로 특정 도형 타입을 증강하는 래퍼 역할을 한다.

ShapeModel은 ShapeConcept 추상화를 구현하므로 draw() 함수에 대한 구현을 제공해야 한다. 하지만 draw() 상세 내용 자체를 구현하는 것은 ShapeModel의 책임이 아니다. 그 대신, 그리기 요청을 실제 구현으로 전달해야 한다. 이를 위해 전략 디자인 패턴과 std::function의 추상화 능력을 다시 이용할 수 있다(❼). 이 선택은 함수 호출성 객체 내부에 저장할 수 있는 그리기의 구현 상세와 (색, 텍스처, 투명도 등) 필요한 모든 그리기 데이터 둘 다 멋지게 분리한다. 따라서 ShapeModel은 DrawStrategy 인스턴스를 저장하고(❽) draw() 함수를 호출할 때마다 해당 전략을 사용한다(❾).

하지만 전략 디자인 패턴과 std::function이 유일한 선택지는 아니다. ShapeModel 클래스 템플릿 내에서 생각한 대로 그리기를 구현할 수 있는 완전한 유연성이 있다. 즉, ShapeModel::draw() 함수 내에서 특정 도형 타입에 대한 실제 요구 사항을 정의한다. 예를 들면, ShapeT 도형의 멤버 함수(이름이 draw()일 필요는 없다!)에 전달하거나 해당 도형의 자유 함수에 전달할 수도 있다. ShapeModel이나 ShapeConcept 추상화 어느 쪽이든 인위적인 요구 사항을 부과하지 않게만 하면 된다. 어느 쪽이든 ShapeModel을 인스턴스화하는 데 사용한 타입은 모두 해당 코드를 컴파일할 수 있게 이런 요구 사항을 반드시 충족해야 한다.

디자인 관점에서, 멤버 함수를 기반으로 구축하면 주어진 타입에 더욱 제한적인 요구 사항을 도입하므로 더 강한 결합이 생긴다. 그러나 자유 함수를 기반으로 구축하면 전략 디자인 패턴을 사용하는 것과 유사하게 의존성을 뒤집을 수 있다('지침 9: 추상화 소유권에 주의하라' 참고). 자유 함수 접근법을 선호한다면 '지침 8: 다중 정의 집합의 의미론적 요구 사항을 이해하라'를 기억하자.

"ShapeModel은 초기 Circle과 Square 클래스의 일반화 아닌가요? std::function 인스턴스도 담고 있던 것 말이에요." 훌륭한 깨달음이다. 정말 ShapeModel은 초기 도형 클래스의 템플릿 버전이라고 할 수 있다. 이런 이유로 이는 전략 행위를 도입하는 데 필요한 반복적인 코드를 줄이는 데 도움이 되며 DRY 원칙과 관련해 구현을 개선한다('지침 2: 변경을 위한 디자인' 참고). 하지만 여러분은 더 많은 것을 얻을 수 있다. 예를 들면, ShapeModel이 이미 클래스 템플릿이므로 현재 런타임 전략 구현을 컴파일 시점 전략 구현(즉, 단위 전략 기반 디자인. '지침 19: 전략을 사용해 작업 수행 방법을 분리하라' 참고)으로 쉽게 전환할 수 있다.

```
template< typename ShapeT
        , typename DrawStrategy >    ❿
class ShapeModel : public ShapeConcept
{
 public:
   explicit ShapeModel( ShapeT shape, DrawStrategy drawer )
      : shape_{ std::move(shape) }
      , drawer_{ std::move(drawer) }
   {}
```

```cpp
    void draw() const override { drawer_(shape_); }

 private:
    ShapeT shape_;
    DrawStrategy drawer_;
};
```

std::function을 기반으로 구축하는 대신 ShapeModel 클래스 템플릿에 그리기 전략을 나타내는 추가 템플릿 매개변수를 전달할 수 있다(⑩). 이 템플릿 매개변수는 기본 값을 가질 수도 있다.

```cpp
struct DefaultDrawer
{
    template< typename T >
    void operator()( T const& obj ) const {
        draw(obj);
    }
};

template< typename ShapeT
        , typename DrawStrategy = DefaultDrawer >
class ShapeModel : public ShapeConcept
{
 public:
    explicit ShapeModel( ShapeT shape, DrawStrategy drawer = DefaultDrawer{} )
        // ... 이전과 같다
};
```

단위 전략 기반 디자인을 Circle과 Square 클래스에 직접 적용하는 것과 비교해, 컴파일 시점 접근법은 이 맥락에서 이점만 있고 단점은 없다. 첫째, (std::function의 예상된 성능 단점인) 런타임 간접 지정이 더 적어 성능에 이득이 있다. 둘째, 그리기 행위를 구성하기 위해 Circle, Square, 그리고 템플릿 인자가 있는 다른 모든 도형 클래스를 인위적으로 증강하지 않는다. 이제는 그리기 행위를 증강하는 래퍼에 대해서만 하면 되며 이를 정확히 한곳에서만 한다(다시 얘기하지만, 이는 DRY 원칙을 매우 멋지게 따른다). 셋째, 일반 클래스를 클래스 템플릿으로 전환해 추가 코드를 헤더 파일에 넣도록 강제하지 않는다. 이미 클래스 템플릿인 날씬한 ShapeModel 클래스만 헤더 파일에 있으면 된다. 따라서 추가적인 의존성을 생성하지 않을 수 있다.

"와, 이 디자인 패턴은 점점 더 좋아지네요. 정말 상속과 템플릿의 매우 매력적인 조합이에요!" 전적으로 동의한다. 이는 런타임과 컴파일 시점 다형성을 결합한 예다. 즉, ShapeConcept 기초 클래스는 가능한 모든 타입에 대한 추상화를 제공하는 반면, 파생한 ShapeModel 클래스 템플릿은 도형별 코드에 대한 코드 생성을 제공한다. 하지만 가장 인상적인 것은, 이 조합이 의존성을 줄이는 데 큰 이점이 있다는 것이다.

외부 다형성 디자인 패턴 구현에 대한 의존성 도표를 볼 수 있는 그림 7-8을 살펴보자. 아키텍처 최상위 수준에 도형의 추상화를 나타내는 ShapeConcept와 ShapeModel 클래스가 있다. Circle과 Square는 이 추상화를 구현할 수 있지만, 여전히 상속 관계, 구성 등 아무것도 없이 완전히 독립적이다. 특정 도형에 대한 ShapeModel 클래스 템플릿의 인스턴스화와 특정 DrawStrategy 구현만이 모든 관심사를 하나로 묶는다. 하지만 분명히 이 모두는 아키텍처 최하위에서 일어난다는 점에 주의한다. 즉, 모든 의존성이 알려진 곳에서 템플릿 코드를 생성해 아키텍처의 올바른 수준에 '주입'한다. 따라서 모든 의존성 연결이 거의 자동으로 DIP를 따르며 더 높은 수준을 향해 가는, 진정으로 적절한 아키텍처다.

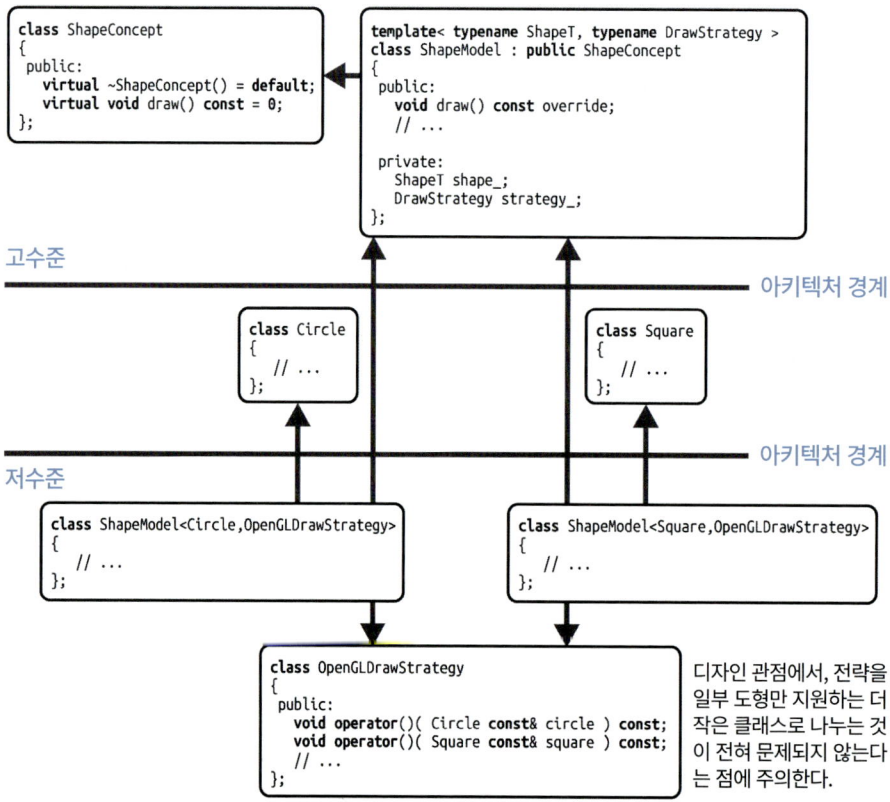

그림 7-8. 외부 다형성 디자인 패턴에 대한 의존성 도표

이 기능이 준비됐으므로 이제 원하는 어떤 그리기 행위라도 자유롭게 구현할 수 있다. 예를 들면 다시 OpenGL을 자유롭게 사용할 수 있다.

```
//---- <OpenGLDrawStrategy.h> ----------------

#include <Circle>
#include <Square>
#include /* OpenGL 그래픽 라이브러리 헤더 */

class OpenGLDrawStrategy
{
 public:
   explicit OpenGLDrawStrategy( /* 그리기 관련 인자 */ );

   void operator()( Circle const& circle ) const;     ⑪
   void operator()( Square const& square ) const;     ⑫

 private:
   /* 색, 텍스처 등 그리기 관련 데이터 멤버 ... */
};
```

`OpenGLDrawStrategy`는 어떤 기초 클래스도 상속할 필요가 없으므로 생각대로 자유롭게 구현할 수 있다. 원한다면 원을 그리는 구현과 정사각형을 그리는 구현을 한 클래스에 결합할 수도 있다. 이러한 기능을 기초 클래스에 결합한, '지침 19: 전략을 사용해 작업 수행 방법을 분리하라'에서 경험한 것과 유사하게 이는 어떤 인위적인 의존성도 생성하지 않는다.

 한 클래스에 원 그리기와 정사각형 그리기를 결합하는 것은 해당 클래스가 두 전략 기초 클래스를 상속하는 것과 같다. 해당 아키텍처 수준에서는 어떤 인위적인 의존성도 생성하지 않으며 단지 구현 상세일 뿐이다.

따라야 할 유일한 규칙은 `Circle`(⑪)과 `Square`(⑫)에 대한 함수 호출 연산자를 제공하는 것뿐이다. 이는 `ShapeModel` 클래스 템플릿에서 정의한 호출 규칙이기 때문이다.

`main()` 함수에서는 모든 상세 내용을 하나로 합한다.

```cpp
#include <Circle.h>
#include <Square.h>
#include <Shape.h>
#include <OpenGLDrawStrategy.h>
#include <memory>
#include <vector>

int main()
{
   using Shapes = std::vector<std::unique_ptr<ShapeConcept>>;   ⓭

   using CircleModel = ShapeModel<Circle,OpenGLDrawStrategy>;   ⓮
   using SquareModel = ShapeModel<Square,OpenGLDrawStrategy>;   ⓯

   Shapes shapes{};

   // 도형 몇 개를 생성한다, 각각은
   //   그에 따른 OpenGL 그리기 전략을 갖춘다
   shapes.emplace_back(
      std::make_unique<CircleModel>(
         Circle{2.3}, OpenGLDrawStrategy(/*...빨강...*/) ) );
   shapes.emplace_back(
      std::make_unique<SquareModel>(
         Square{1.2}, OpenGLDrawStrategy(/*...초록...*/) ) );
   shapes.emplace_back(
      std::make_unique<CircleModel>(
         Circle{4.1}, OpenGLDrawStrategy(/*...파랑...*/) ) );

   // 모든 도형을 그린다
   for( auto const& shape : shapes )
   {
      shape->draw();
   }

   return EXIT_SUCCESS;
}
```

다시 얘기하지만, 도형 세 가지를 추가하기 전에 빈 도형 벡터(이번에는 ShapeConcept의 `std::unique_ptr` 벡터)(⑬)를 먼저 생성한다. `std::make_unique()` 호출에서는 (가독성 향상을 위해 CircleModel(⑭)과 SquareModel(⑮)로 한) Circle과 Square에 대한 ShapeModel 클래스를 인스턴스화하고 필요한 상세 내용(구체 도형과 그에 해당하는 OpenGLDrawStrategy)을 전달한다. 그런 후 원하는 방식으로 모든 도형을 그릴 수 있다.

전체적으로 이 접근법은 멋진 이점을 많이 제공한다.

- 관심사를 분리하고 도형 타입에서 다형성 타입을 추출하므로 그래픽 라이브러리 등에 대한 모든 의존성을 제거한다. 이는 매우 느슨한 결합을 생성하며 SRP를 멋지게 따른다.
- 도형 타입이 더 단순해지고 비다형적이 된다.
- 새로운 도형을 쉽게 추가할 수 있다. 더 이상 Shape 기초 클래스를 간섭적으로 상속하거나 어댑터('지침 24: 어댑터를 사용해 인터페이스를 표준화하라' 참고)를 생성할 필요가 없으므로 심지어 서드 파티 타입일 수도 있다. 따라서 OCP를 완벽하게 준수한다.
- 일반적인 상속 관련 반복 코드를 상당히 줄이고 정확히 한곳에서 구현해 DRY 원칙을 매우 멋지게 따른다.
- ShapeConcept와 ShapeModel 클래스는 한 세트이고 추상화를 함께 형성하므로 DIP를 따르는 것이 훨씬 더 쉽다.
- 사용 가능한 클래스 템플릿을 이용해 간접 지정 횟수를 줄여 성능을 향상시킬 수 있다.

외부 다형성 디자인 패턴의 가장 인상적인 이점으로 생각하는 장점이 한 가지 더 있다. 어떤 타입이든 비간섭적으로 다형성 행위를 갖추게 할 수 있다. 정말로 **어떤** 타입이든, 심지어 int만큼 간단한 것조차도. 이를 보이기 위해 다음 코드 조각을 살펴보자. ShapeModel은 DefaultDrawer를 갖추고 있다고 가정하며, DefaultDrawer는 감싸고 있는 타입이 `draw()` 자유 함수를 제공할 것으로 기대한다.

```
int draw( int i )           ⑯
{
   // ... 예를 들면 명령행에 출력해 int를 그린다
}

int main()
{
   auto shape = std::make_unique<ShapeModel<int>>( 42 );      ⑰
   
   shape->draw();  // 정수를 그린다         ⑱
```

```
    return EXIT_SUCCESS;
}
```

먼저 int에 대한 draw() 자유 함수를 제공한다(⓰). main() 함수에서는 이제 int에 대한 ShapeModel을 인스턴스화 한다(⓱). draw() 자유 함수를 제공해 int가 모든 요구 사항을 만족하므로 이 줄은 컴파일된다. 따라서 다음줄에서 정수를 '그릴' 수 있다(⓲).

"정말로 이런 것을 하길 원하나요?" 인상을 찌푸리며 묻는다. 아니다. 집에서 이런 걸 하기를 바라지 않는다. 이는 권장하지 않으며 기술적 시연으로 생각하기를 바란다. 그렇더라도 이는 인상적이다. 우리는 방금 비간섭적으로 int에 다형성 행위를 갖추도록 했다. 정말 인상적이다!

외부 다형성과 어댑터 비교

"방금 어댑터 디자인 패턴을 언급하니 외부 다형성 디자인 패턴과 매우 유사한 것 같아요. 둘 사이 차이는 무엇이죠?" 훌륭한 지적이다. 여러분은 클리랜드, 슈미트, 해리슨의 원래 논문에서도 다루는 문제를 다루고 있다. 이 두 디자인 패턴은 정말 꽤 유사하지만, 매우 뚜렷한 차이가 있다. 어댑터 디자인 패턴이 인터페이스 표준화에 초점을 맞추고 타입이나 함수를 기존 인터페이스에 맞추는 반면, 외부 다형성 디자인 패턴은 관련 비다형성 타입 집합에서 추상화를 위한 새로운 외부 상속 계통을 생성한다. 그래서 무언가를 기존 인터페이스에 맞춘다면 (매우 높은 확률로) 어댑터 디자인 패턴을 적용한다. 하지만 기존 타입 집합을 다형적으로 처리하기 위해 새 추상화를 생성한다면 (높은 확률로) 외부 다형성 디자인 패턴을 적용할 것이다.

외부 다형성 디자인 패턴 단점 분석

"외부 다형성 디자인 패턴을 많이 좋아하는 듯한데 맞나요?"라며 궁금해한다. 그렇다. 정말 이 디자인 패턴에 감탄했다. 내가 보기에 이 디자인 패턴은 결합을 느슨하게 하기 위한 핵심이며 더 널리 알려지지 않아 아쉽다. 아마도 이는 많은 개발자가 관심사 분리를 완전히 받아들이지 않았고 모든 것을 클래스 몇 개에만 넣는 경향이 있기 때문일 것이다. 그렇지만 나의 열정에도 불구하고 외부 다형성에 대한 모든 것이 완벽하다는 인상을 만들고 싶지는 않다. 앞서 여러 차례 설명했듯이 모든 디자인에는 장점과 단점이 있다. 외부 다형성 디자인 패턴도 마찬가지다.

하지만 단 한 가지 중대한 단점이 있다. 외부 다형성 디자인 패턴은 깔끔하며 단순한 해결책이라는 기대를 실제로 충족하지 못하며, 값 의미론 기반 해결책에 대한 기대도 분명 충족하지 못한다. 포인터를 줄이는 데 도움이 되지 않으며 수동 할당 횟수를 줄이지도 않고 상속 계통 수를 낮추지도 않으며 사용자 코드를 단순화하는 데도 도움이 되지 않는다. 반대로 ShapeModel 클래스를 명시적으로 인스턴스화해야 하므로 사용자 코드는 약간 더 복잡하다고 평가해야 한다. 하지만 이를 심각한 결함이라 생각하거나 "어떻게든 자동화해야 해요"같은 생각을 한다면 매우 좋은 소식이 있다. '지침 32: 상속 계통을 타입 소거로 대체할 것을 고려하라'에서 이 문제를 우아하게 해결할 최신 C++ 해결책을 살펴본다.

이 외에 주의사항으로 잊지 말고 고려해야 할 두 가지 사항이 있다. 첫 번째로 명심해야 할 것은 외부 다형성을 적용한다고 해서 적절한 추상화에 대해 생각하지 않아도 되는 것은 아니다. ShapeConcept 기초 클래스는 다른 어떤 기초 클래스만큼 ISP에 많은 영향을 받는다. 예를 들면 '지침 3: 인터페이스를 분리해 인위적인 결합을 피하라'의 Document 예제에 외부 다형성을 쉽게 적용할 수 있다.

```cpp
class DocumentConcept
{
 public:
   // ...
   virtual ~Document() = default;

   virtual void exportToJSON( /*...*/ ) const = 0;
   virtual void serialize( ByteStream& bs, /*...*/ ) const = 0;
   // ...
};

template< typename DocumentT >
class DocumentModel : public DocumentConcept
{
 public:
   // ...
   void exportToJSON( /*...*/ ) const override;
   void serialize( ByteStream& bs, /*...*/ ) const override;
   // ...

 private:
   DocumentT document_;
};
```

DocumentConcept 클래스는 ShapeConcept 기초 클래스 역할을 수행하는 반면, DocumentModel 클래스 템플릿은 ShapeModel 클래스 템플릿 역할을 수행한다. 그러나 이 외부화한 상속 계통은 원래 상속 계통과 같은 문제를 보여준다. 즉, exportToJSON() 기능만 필요로 하는 모든 코드에 ByteStream에 대한 인위적 의존성을 도입한다.

```cpp
void exportDocument( DocumentConcept const& doc )
{
   // ...
   doc.exportToJSON( /* 필요한 인자를 전달한다 */ );
   // ...
}
```

올바른 접근법은 인터페이스를 JSON 내보내기와 직렬화라는 두 독립적인 측면으로 관심사를 분리하는 것이다.

```cpp
class JSONExportable
{
 public:
   // ...
   virtual ~JSONExportable() = default;

   virtual void exportToJSON( /*...*/ ) const = 0;
   // ...
};

class Serializable
{
 public:
   // ...
   virtual ~Serializable() = default;

   virtual void serialize( ByteStream& bs /*, ...*/ ) const = 0;
   // ...
};

template< typename DocumentT >
class DocumentModel
```

```
      : public JSONExportable
      , public Serializable
{
 public:
   // ...
   void exportToJSON( /*...*/ ) const override;
   void serialize( ByteStream& bs /*, ...*/ ) const override;
   // ...

 private:
   DocumentT document_;
};
```

이제 오로지 JSON 내보내기에만 관심 있는 함수는 그 기능을 구체적으로 요청할 수 있다.

```
void exportDocument( JSONExportable const& exportable )
{
   // ...
   exportable.exportToJSON( /* 필요한 인자를 전달한다 */ );
   // ...
}
```

둘째, 어댑터 디자인 패턴처럼 외부 다형성도 의미론적 기대를 충족하지 않는 타입을 매우 쉽게 감쌀 수 있다는 점을 인식한다. '지침 24: 어댑터를 사용해 인터페이스를 표준화하라'에서 칠면조가 오리인 척한 오리 타입 정의 예제와 유사하게 int도 도형인 척했다. 요구 사항을 충족하기 위해 해야 할 일은 `draw()` 자유 함수를 제공하는 것뿐이었다. 아마도 너무 쉬울 수도 있다. 그러므로 (Circle, Square 등) ShapeModel 클래스 템플릿을 인스턴스화하는 데 사용한 클래스는 **반드시** LSP를 따라야 한다는 점을 염두에 둬야 한다. 결국 ShapeModel 클래스는 단지 래퍼 역할을 할 뿐이며, ShapeConcept 클래스에서 정의한 요구 사항을 구체 도형에 전달한다. 따라서 구체 도형은 기대 행위를 적절히 구현할 책임이 있다('지침 6: 추상화로 기대하는 행위를 따르라' 참고). 그 기대를 완전히 충족하지 못하면 (잠재적으로 미묘한) 잘못된 행위로 이어질 수 있다. 불행히도 이러한 요구 사항은 외부화되어 있으므로 기대 행위를 전달하기가 조금 더 어렵다.

하지만 `int` 예에서는 솔직히 우리의 잘못일 수도 있다. 어쩌면 ShapeConcept 기초 클래스는 실제로 도형의 추상화를 나타내지 않을 수도 있다. 도형은 단지 그리기 이상이라고 주장하는 것이 합리적이다. 아마도 추상화를 Drawable로 명명해야 했고, 그랬다면 LSP를 만족했을 것이다. 어쩌면 아닐 수도 있다. 그래서 결국 모든 것은 추상화의 선택으로 귀결된다. 이는 다시 2장 제목인 '추상화 구축 기술'로 돌아가게 한다. 쉽지 않지만, 이러한 예를 통해 이것이 중요하다는 것을 알 수 있다. 매우 중요하다. 그것이 소프트웨어 디자인의 본질일 수도 있다.

요약하면, 외부 다형성 디자인 패턴이 단순 또는 값 기반 해결책에서 여러분의 기대를 만족시키지 못하더라도 소프트웨어 개체를 분리하는 데 매우 중요한 단계로 간주해야 한다. 의존성을 줄이는 관점에서 이 디자인 패턴은 느슨한 결합을 위한 핵심 요소로 보이며, 관심사 분리의 힘을 보여주는 놀라운 예다. 또한 이 디자인 패턴을 사용해 가상 함수 등 다형성 행위를 비간섭적으로 갖추게 할 수 있어 int 같은 단순한 값 타입을 비롯해 **어떤** 타입이든 다형적으로 행동할 수 있다는 통찰력도 준다. 이러한 인식은 완전히 새롭고 흥미로운 디자인 공간을 열어주며, 관련 내용은 다음 장에서 계속해 살펴본다.

지침 31: 비간섭 런타임 다형성에는 외부 다형성을 사용하라

- 외부 다형성 디자인 패턴은 비다형성 타입을 다형적으로 처리할 의도로 적용한다.
- 느슨한 결합을 달성하기 위한 핵심 요소로 외부 다형성 디자인 패턴을 고려한다.
- 외부화한 상속 계통의 디자인 유연성을 이용한다.
- 외부 다형성과 어댑터의 차이를 이해한다.
- 간섭 해결책보다 비간섭 해결책을 선호한다.

08

타입 소거 디자인 패턴

관심사 분리와 값 의미론은 이 책에서 지금까지 몇 번 언급했던 근본적인 핵심 내용 두 가지다. 이 장에서는 이 두 가지가 가장 흥미로운 최신 C++ 디자인 패턴 중 하나인 타입 소거로 아름답게 결합돼 있다. 이 패턴은 가장 중요한 것 중 하나로 생각할 수 있으므로 이 장에서는 타입 소거의 모든 측면에 대해 매우 철저하고 깊이 있게 소개한다. 물론 여기에는 모든 디자인적 측면과 구현 상세에 대한 많은 세부 내용을 포함한다.

'지침 32: 상속 계통을 타입 소거로 대체할 것을 고려하라'에서는 타입 소거를 소개하고 이 디자인 패턴이 의존성 감소와 값 의미론의 훌륭한 조합인 이유를 설명한다. 또한 기본적인 소유형 타입 소거 구현을 자세히 설명한다.

'지침 33: 타입 소거의 최적화 잠재력을 인식하라'는 예외다. 이 책에서는 주로 의존성과 디자인 측면에 초점을 맞추고 있음에도 불구하고 이 지침에서는 전적으로 성능과 관련된 구현 상세에 초점을 맞춘다. **소규모 버퍼 최적화(Small Buffer Optimization, SBO)**를 적용하는 방법과 타입 소거 구현의 속도를 높이기 위해 수동 가상 디스패치를 구현하는 방법을 보여준다.

'지침 34: 소유형 타입 소거 래퍼의 설정 비용을 인식하라'에서는 소유형 타입 소거 구현의 설정 비용을 조사한다. 값 의미론에 연관된 비용이 있으며 때로는 흔쾌히 지불하지 않을 수도 있다는 것을 알게 될 것이다. 이런 이유로 과감히 참조 의미론 영역으로 나아가 비소유형 타입 소거 형태를 구현한다.

지침 32: 상속 계통을 타입 소거로 대체할 것을 고려하라

이 책 전반에 걸쳐 반복하는 조언이 몇 가지 있다.

- 의존성을 최소화하라.
- 관심사를 분리하라.
- 상속보다 구성을 선호하라.
- 비간섭적 해결책을 선호하라.
- 참조 의미론보다 값 의미론을 선호하라.

단독으로 사용하면 이 모두가 코드 품질에 매우 긍정적인 영향을 미친다. 하지만 이 지침을 함께 사용하면 훨씬 더 좋다는 것을 알 수 있다. 이는 '지침 31: 비간섭 런타임 다형성에는 외부 다형성을 사용하라'의 외부 다형성 디자인 패턴에 대한 논의에서 경험했다. 다형성 행위를 추출하는 것은 매우 강력한 것으로 밝혀졌으며, 결합을 전례 없는 수준으로 느슨하게 했다. 그럼에도 불구하고 실망스럽게도 외부 다형성을 시연한 구현은 매우 현대적인 문제 해결 방법이라는 인상을 주지 못했다. 값 의미론을 선호하라는 조언을 따르는 대신, 해당 구현은 많은 포인터, 많은 수동 할당과 수동 생명 주기 관리 등 참조 의미론을 기반으로 확고하게 구축했다.[1] 따라서 여러분이 기다리는 누락된 세부 내용은 외부 다형성 디자인 패턴의 값 의미론 기반 구현이다. 그리고 더 이상 기다리게 하지 않겠다. 그 결과로 나온 해결책이 흔히 **타입 소거**라 하는 것이다.[2]

타입 소거의 역사

자세한 소개를 하기 전에 타입 소거의 역사에 대해 간단히 얘기하겠다. "어서요." 여러분이 주장한다. "정말 필요한가요? 이것이 어떻게 작동하는지 보고 싶어 죽겠어요." 음, 짧게 마칠 것을 약속한다. 하지만 두 가지 이유로 이것이 이 논의에 필요한 상세 내용이라 생각한다. 첫째, 가장 경험 많은 C++ 전문가 집단을 제외하고 우리 공동체가 이 기법을 너무 오랫동안 간과하고 무시했다는 것을 보이기 위해서다. 둘째, 이 기법이 발명자에게 합당한 공로를 부여하기 위해서다.

---

1 `std::unique_ptr`을 직접 사용하는 것을 수동 생명 주기 관리로 간주한다. 하지만 물론 RAII를 이용하지 않는다면 훨씬 더 나쁠 수도 있다.
2 타입 소거라는 용어는 서로 다른 프로그래밍 언어와 다양한 상황에서 사용하므로 의미가 매우 다양하다. 심지어 C++ 공동체 내에서도 이 용어를 `void*`, 기초 클래스에 대한 포인터, `std::variant`를 나타내는 등 다양한 용도로 사용하는 것을 들었을 수도 있다. 소프트웨어 디자인 맥락에서 이는 매우 안타까운 문제라고 생각하며, 이 지침 마지막에서 이 문제를 다룬다.

타입 소거 디자인 패턴은 이 기법의 최초이자 가장 유명한 발표 중 하나에서 기인한 것으로 많이 여긴다. GoingNative 2013 콘퍼런스에서 숀 파렌트(Sean Parent)는 'Inheritance Is the Base Class of Evil.'[3]이라는 강연을 통해 포토샵 개발 경험을 정리하고 상속 기반 구현의 위험과 단점에 대해 얘기했다. 그러나 그는 상속 문제의 해결책도 제시했는데, 후에 그것이 타입 소거로 알려지게 됐다.

숀의 강연이 첫 번째 녹화 자료였고, 그래서 그것이 타입 소거에 대해 가장 잘 알려진 자료이기는 하지만, 이 기법은 그보다 훨씬 전부터 사용했다. 예를 들면, 타입 소거는 **Boost** 라이브러리(https://www.boost.org) 여러 곳에서 사용했으며 더글라스 그레고르가 `boost::function`(https://www.boost.org/doc/libs/1_78_0/doc/html/function.html)에 사용한 것이 한 예다. 내가 아는 한, 이 기법은 《C++ Report》 2000년 7~8월 호에 케블린 헤니(Kevlin Henny)가 발표한 논문에서 처음 논의됐다.[4] 이 논문에서 케블린은 오늘날 C++17 `std::any`로 알려진 코드 예제로 타입 소거를 시연했다. 가장 중요한 것은 그가 여러 디자인 패턴을 우아하게 결합해 관련 없는 비다형성 타입의 모음을 중심으로 값 의미론 기반 구현을 최초로 구성했다는 것이다.

그 이후로 많은 일반 타입(common type)이 다양한 적용 사례에 값 타입을 제공하기 위해 이 기법을 채택했다. 이런 타입 중 일부는 표준 라이브러리에서도 찾을 수 있다. 예를 들면, 함수 호출성 객체의 값 기반 추상화를 나타내는 `std::function`은 이미 앞에서 봤다.[5] 거의 모든 것에 대해 추상 컨테이너 같은 값을 나타내지만(그 이름이 여기서 유래했다), 어떤 기능도 노출하지 않는 `std::any`도 이미 언급했다.

```
#include <any>
#include <cstdlib>
#include <string>
using namespace std::string_literals;

int main()
{
   std::any a;            // 빈 'any'를 생성한다
   a = 1;                 // 'any'에 'int'를 저장한다
   a = "some string"s;    // 'int'를 'std::string'으로 대체한다

   // 값을 다시 얻는 것 외에 'any'로 할 수 있는 것이 없다
```

---

[3] 숀 파렌트, 'Inheriance Is the Base Class of Evil,' GoingNative 2013, YouTube(https://youtu.be/blhUE5uUFOA).
[4] 케블린 헤니, 'Valued Conversions,' 《C++ Report》, 2000년 7~8월 호, CiteSeer(https://citeseerx.ist.psu.edu/document?repid=rep1&type=pdf&doi=4610004b383e5c4f2dffbea0019c85847e18fff4)
[5] `std::function`에 대한 소개는 '지침 23: 전략과 커맨드는 값 기반 구현을 선호하라'를 참고한다.

```
    std::string s = std::any_cast<std::string>( a );

    return EXIT_SUCCESS;
}
```

그런 다음 할당한 삭제자를 저장하는 데 타입 소거를 사용하는 `std::shared_ptr`이 있다.

```
#include <cstdlib>
#include <memory>

int main()
{
    {
        // 사용자 정의 삭제자로 'std::shared_ptr'을 생성한다
        //    삭제자는 이 타입의 일부가 아닌 것에 주의한다!
        std::shared_ptr<int> s{ new int{42}, [](int* ptr){ delete ptr; } };
    }
    // 'std::shared_ptr'는 사용자 정의 삭제자로 'int'를 삭제하며,
    //    유효 범위 끝 부분에서 소멸한다.

    return EXIT_SUCCESS;
}
```

"`std::unique_ptr`처럼 삭제자에 대한 두 번째 템플릿 매개변수를 제공하는 게 더 간단해 보여요. 왜 같은 방식으로 `std::shared_ptr`을 구현하지 않죠?" 음, `std::shared_ptr`과 `std::unique_ptr`의 디자인이 다른 데는 매우 좋은 이유가 있다. `std::unique_ptr`의 철학은 생포인터를 최대한 간단한 래퍼로만 표현하는 것이다. 즉, 생포인터만큼 빠르고 생포인터와 크기가 같아야 한다. 이런 이유로 관리 포인터(managed pointer)와 함께 삭제자를 저장하는 것은 바람직하지 않다. 결과적으로 `std::unique_ptr`은 상태 비유지 삭제자에 대해 어떤 크기에 대한 비용도 피할 수 있게 디자인했다. 하지만 안타깝게도 이 두 번째 템플릿 매개변수를 쉽게 간과해 인위적인 제약을 초래한다.

```
// 이 함수는 기본 삭제자를 사용하는 unique_ptr만 사용하므로
//    인위적으로 제한된다
template< typename T >
void func1( std::unique_ptr<T> ptr );
```

```
// 이 함수는 자원을 정리하는 방식을 신경 쓰지 않으므로
//    정말 일반적이다
template< typename T, typename D >
void func2( std::unique_ptr<T,D> ptr );
```

std::shared_ptr 디자인에서는 이런 결합을 피한다. std::shared_ptr은 (참조 횟수, 약한 참조 횟수 등을 포함하는) 이른바 제어 블록에 더 많은 데이터 항목을 저장해야 하므로, 타입 소거를 사용해 삭제자의 타입을 문자 그대로 삭제하며 가능한 모든 의존성을 제거할 수 있다.

타입 소거 디자인 패턴 해설

"와, 정말 흥미롭네요. 타입 소거를 정말 배우고 싶게 만드네요." 좋다, 그럼 시작하자. 하지만 어떤 마법이나 혁신적인 새 아이디어를 기대하지 않기를 바란다. 타입 소거는 다른 디자인 패턴 세 가지를 매우 영리하고 우아하게 조합한 복합 디자인 패턴에 지나지 않는다. 그 디자인 패턴 세 가지는 외부 다형성(결합을 끊는 효과와 타입 소거의 비간섭 특성을 달성하기 위한 핵심 요소. '지침 31: 비간섭 런타임 다형성에는 외부 다형성을 사용하라' 참고), 브리지(값 의미론 기반 구현을 생성하기 위한 핵심. '지침 28: 브리지를 구축해 물리적 의존성을 제거하라' 참고), (선택적으로) 프로토타입(결괏값의 복사 의미론을 처리하는 데 필요. '지침 30: 추상 복사 연산에는 프로토타입을 적용하라' 참고)이다. 이 디자인 패턴 세 가지는 타입 소거의 핵심을 형성하지만, 물론 특정 맥락에 맞춰 서로 다른 해석과 구현이 존재한다는 것을 명심하라. 이 디자인 패턴 세 가지를 결합하는 요점은 느슨하게 결합한 비간섭 추상화를 나타내는 래퍼 타입을 생성하는 것이다.

타입 소거 복합 디자인 패턴

의도: '서로 관련이 없고 잠재적으로 비다형성이지만, 동일한 의미론적 행위를 지닌 타입의 확장 가능한 집합에 대해 값 기반, 비간섭 추상화를 제공한다.'

이 공식화의 목적은 가능한 한 짧고 필요한 만큼 정확하게 하는 것이다. 하지만 이 의도의 모든 상세 내용에는 의미가 있다. 따라서 자세히 설명하는 게 도움이 될 수 있다.

값 기반

타입 소거의 의도는 복사와 이동이 가능하며 가장 중요하게는 쉽게 추론할 수 있는 값 타입을 생성하는 것이다. 하지만 그런 값 타입은 일반(https://en.cppreference.com/w/cpp/concepts/regular) 값 타입과 품질이 같지 않으며 몇몇 한계가 있다. 특히 타입 소거는 단항 연산에 가장 잘 작동하며, 이항 연산에는 한계가 있다.

비간섭

타입 소거의 의도는 외부 다형성 디자인 패턴의 예제 집합을 기반으로 외부의 비간섭 추상화를 생성하는 것이다. 그 추상화가 기대하는 행위를 제공하는 모든 타입은 어떤 수정도 적용할 필요 없이 자동으로 지원한다.

서로 관련이 없고, 타입의 확장이 가능한 집합

타입 소거는 확고하게 객체 지향 원칙을 기반으로 하므로 타입을 쉽게 추가할 수 있다. 하지만 이런 타입은 어떤 식으로도 연결돼서는 안 된다. 어떤 기초 클래스를 통해 공통 행위를 공유할 필요가 없는 대신, 이 타입 집합에 어떤 간섭적인 조치 없이도 적합한 모든 타입을 추가할 수 있어야 한다.

잠재적으로 비다형성

외부 다형성 디자인 패턴에서 시연한 것처럼 타입은 상속으로 그 집합에 포함되지 않아도 된다. 또한 자체적으로 가상 기능을 제공하지 않아도 되지만, 다형성 행위와 분리돼야 한다. 그러나 기초 클래스나 가상 함수가 있는 타입을 제외하지 않는다.

동일한 의미론적 행위

목표는 가능한 모든 타입에 추상화를 제공하는 것이 아니라, LSP에 따라 (동일한 구문을 포함해) 동일한 연산을 제공하며 몇몇 기대 행위를 준수하는 타입 집합에 대해 의미론적 추상화를 제공하는 것이다('지침 6: 추상화로 기대하는 행위를 따르라' 참고). 가능하면 기대하는 기능을 제공하지 않는 모든 타입에 대해 컴파일 시점 오류를 생성해야 한다.

이 의도의 공식화를 염두에 두고 타입 소거의 의존성 도표를 살펴보자(그림 8-1 참고). 외부 다형성 디자인 패턴의 고유한 구조가 이 패턴 구조를 지배하므로 도표가 매우 친숙해 보일 것이다(그림 7-8 참고). 가장 중요한 차이이자 추가 사항은 아키텍처 최상위 수준에 있는 Shape 클래스다. 이 클래스는 외부 다형성에서 도입한 외부 상속 계통을 감싸는 래퍼 역할을 한다. 주로 이 외부 상속 계통을 더 이상 직접 사용하지는 않겠지만, ShapeModel이 구체 타입을 저장 또는 '소유'하고 있다는 사실을 반영하기 위해 클래스 템플릿 이름을 OwningShapeModel로 조정했다.

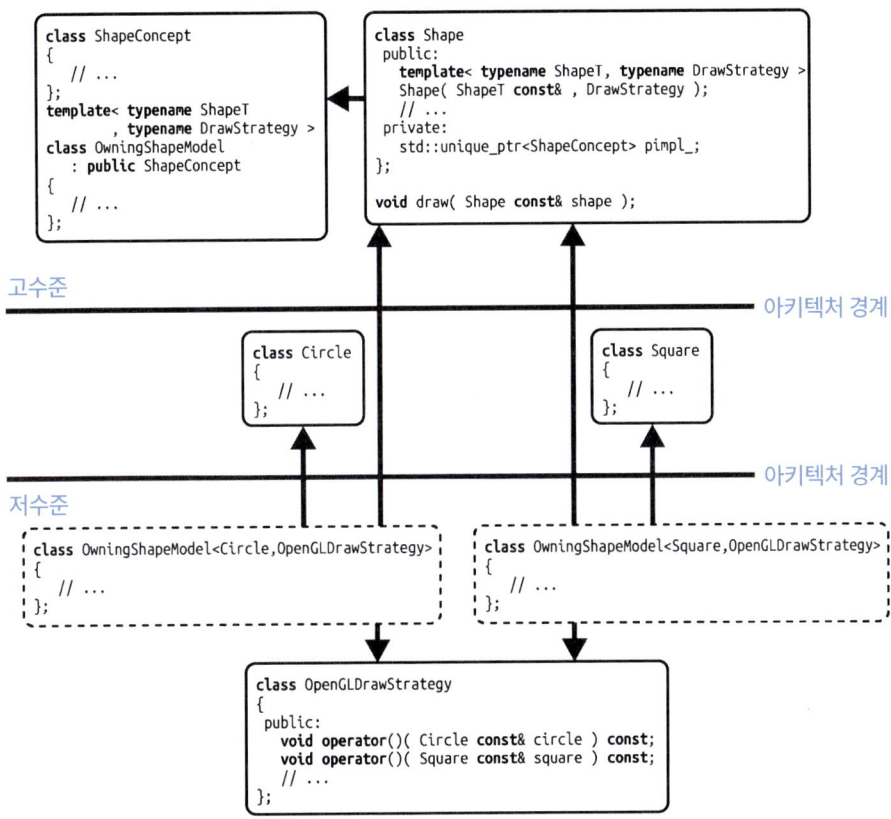

그림 8-1. 타입 소거 디자인 패턴의 의존성 도표

소유형 타입 소거 구현

이제 타입 소거 구조를 염두에 두고 구현 상세를 살펴보자. 이전에 모든 구성 요소가 작동하는 것을 보기는 했지만, 구현 상세는 특히 초보자가 이해하기 쉽지 않으므로 용기 있는 이를 위한 것이다. 알고 있는 가장 간단한 타입 소거를 선택했는데도 그렇다. 그러므로 모든 것을 합리적인 수준으로 유지하고 구현 상세 영역으로 너무 깊이 들어가지 않도록 노력하겠다. 무엇보다도 작은 성능 차이를 더 끌어내려고 하지 않겠다는 뜻이다. 예를 들면 **전달 참조(forwarding reference)**를 사용하지 않거나 동적 메모리 할당을 피할 것이다. 또한 가독성과 코드 명확성을 우선할 것이다. 이 점에 여러분이 실망할 수도 있지만, 많은 골치 아픈 일을 덜어줄 것이라 생각한다. 하지만 구현 상세와 최적화 선택지에 대해 더 깊이 알아보고 싶다면 '지침 33: 타입 소거의 최적화 잠재력을 인식하라'를 살펴볼 것을 권한다.

다시 `Circle`과 `Square` 클래스로 시작한다.

```cpp
//---- <Circle.h> ----------------

class Circle
{
 public:
   explicit Circle( double radius )
      : radius_( radius )
   {}

   double radius() const { return radius_; }
   /* 몇몇 획득자와 원 전용 편의 함수가 더 있다 */

 private:
   double radius_;
   /* 몇몇 데이터 멤버가 더 있다 */
};


//---- <Square.h> ----------------

class Square
{
 public:
   explicit Square( double side )
      : side_( side )
   {}

   double side() const { return side_; }
   /* 몇몇 획득자와 정사각형 전용 편의 함수가 더 있다 */

 private:
   double side_;
   /* 몇몇 데이터 멤버가 더 있다 */
};
```

이 두 클래스는 외부 다형성에서 마지막으로 논의했을 때 이후로 바뀌지 않았다. 하지만 이 둘은 완전히 관련이 없고 서로에 대해 모르며 가장 중요하게는 비다형, 즉 어떤 기초 클래스도 상속하지 않으며 자체적으로 가상 함수를 도입하지 않는다는 점을 다시 강조하는 것이 좋겠다.

또한 이전에 ShapeConcept와 OwningShapeModel 클래스를 본 적이 있는데, 후자는 ShapeModel이라는 이름이었다.

```cpp
//---- <Shape.h> ----------------

#include <memory>
#include <utility>

namespace detail {

class ShapeConcept                 ❶
{
 public:
   virtual ~ShapeConcept() = default;
   virtual void draw() const = 0;   ❷
   virtual std::unique_ptr<ShapeConcept> clone() const = 0;   ❸
};

template< typename ShapeT
        , typename DrawStrategy >
class OwningShapeModel : public ShapeConcept        ❹
{
 public:
   explicit OwningShapeModel( ShapeT shape, DrawStrategy drawer )   ❺
      : shape_{ std::move(shape) }
      , drawer_{ std::move(drawer) }
   {}

   void draw() const override { drawer_(shape_); }   ❽

   std::unique_ptr<ShapeConcept> clone() const override
   {
      return std::make_unique<OwningShapeModel>( *this );   ❾
   }

 private:
   ShapeT shape_;              ❻
   DrawStrategy drawer_;       ❼
```

```
};

} // namespace detail
```

이름이 바뀐 것 외에 몇 가지 중요한 차이가 있다. 예를 들면 두 클래스 모두 detail 네임스페이스로 이동했다. 네임스페이스 이름은 이제 이 두 클래스가 더 이상 직접 사용하기 위한 것이 아니라 구현 상세가 됐음을 나타낸다.[6] ShapeConcept 클래스(❶)는 여전히 draw() 순수 가상 함수를 도입해 도형을 그리기 위한 요구 사항을 나타낸다(❷). 게다가 이제 ShapeConcept는 clone() 순수 가상 함수도 도입한다(❸). "이게 뭔지 알아요. 프로토타입 디자인 패턴이에요!" 여러분이 외친다. 맞다. clone()이라는 이름은 프로토타입과 매우 강하게 연결돼 있으며, 이 디자인 패턴을 강력하게 나타내는 암시다(하지만 보장하지 않는다). 이 함수 이름을 선택한 것은 매우 합리적이고 표준적이지만, 함수 이름으로 clone()과 draw()를 선택한 것은 우리 자신이라는 점을 명확히 해야겠다. 즉, 이 이름은 이제 구현 상세이며 ShapeT 타입에서 요구하는 이름과는 어떤 관계도 **없다**. 이름을 do_draw()와 do_clone()으로 할 수도 있지만, ShapeT 타입에 어떤 영향도 미치지 않는다. ShapeT 타입에 대한 실제 요구 사항은 draw()와 clone() 함수의 **구현**에서 정의한다.

다시 얘기하지만, ShapeConcept는 외부 상속 계통에 대한 기초 클래스이므로 draw() 함수, clone() 함수, 소멸자는 모든 도형에 대한 요구 사항 집합을 나타낸다. 즉, 모든 도형이 복사될 수 있고 소멸될 수 있는 그리기 행위를 반드시 제공해야 한다. 이 세 함수는 이 예에 대한 요구 사항 선택일 뿐이라는 점에 주의한다. 특히 복사 가능성은 타입 소거의 모든 구현에 대한 일반적인 요구 사항은 아니다.

또한, OwningShapeModel 클래스(❹)는 ShapeConcept 클래스의 유일한 구현을 나타낸다. 이전과 마찬가지로 OwningShapeModel은 생성자에서 구체 도형 타입과 그리기 전략을 취하고(❺) 이를 사용해 두 데이터 멤버를 초기화한다(❻과 ❼). OwningShapeModel은 ShapeConcept를 상속하므로 순수 가상 함수 둘을 구현해야 한다. draw() 함수는 주어진 그리기 전략을 적용해 구현하고(❽) clone() 함수는 해당 OwningShapeModel의 정확한 복사본을 반환하도록 구현한다(❾).

"아, 안돼! 동적 메모리 할당인 std::make_unique()야. 그러면 내 코드에서 사용할 수 없어!"라고 지금 생각하고 있다면 걱정하지 않아도 된다. std::make_unique()는 단지 구현 상세이며 예제를 단순히 유지하기 위한 선택일 뿐이다. '지침 33: 타입 소거의 최적화 잠재력을 인식하라'에서 SBO를 이용해 동적 메모리를 피하는 법을 알아본다.

---

[6] 네임스페이스에 ShapeConcept와 OwningShapeModel을 배치하는 것은 순전히 이 예제 구현의 구현 상세다. 그럴더라도 '지침 34: 소유형 타입 소거 래퍼의 설정 비용을 인식하라'에서 보겠지만, 이 선택은 꽤 쓸모 있다. 또는 이 두 클래스를 중첩 클래스로 구현할 수 있다. 이에 대한 예는 '지침 33: 타입 소거의 최적화 잠재력을 인식하라'에서 볼 수 있다.

"지금까지는 그다지 대단하지 않아 보여요. 외부 다형성 디자인 패턴 구현을 간신히 벗어났어요."
그 비판을 충분히 이해한다. 하지만 외부 다형성을 타입 소거로 바꾸는 것에서 단 한 걸음, 참조 의미론에서 값 의미론으로 전환하는 것에서 단 한 걸음 더 가면 된다. 필요한 것은 `ShapeConcept`와 `OwningShapeModel`에서 도입한 외부 상속 계통을 감싼 래퍼인 값 타입이 전부다. 이는 `OwningShapeModel` 클래스 템플릿 인스턴스화, 포인터 관리, 할당 수행, 생명 주기 처리 등 수동으로 수행하기를 원치 않는 모든 상세 내용을 처리한다. 이 래퍼는 `Shape` 클래스 형태로 주어진다.

```cpp
//---- <Shape.h> ----------------

// ...

class Shape
{
 public:
   template< typename ShapeT
           , typename DrawStrategy >
   Shape( ShapeT shape, DrawStrategy drawer )        ❿
   {
      using Model = detail::OwningShapeModel<ShapeT,DrawStrategy>;   ⓫
      pimpl_ = std::make_unique<Model>( std::move(shape)             ⓬
                                      , std::move(drawer) );
   }

   // ...

 private:
   // ...

   std::unique_ptr<detail::ShapeConcept> pimpl_;                     ⓭
};
```

`Shape` 클래스에 대한 첫 번째이자 아마도 가장 중요한 상세 내용은 템플릿 생성자다(❿). 이 생성자는 첫 번째 인자로 (ShapeT라고 하는) 모든 도형을, 두 번째 인자로 원하는 `DrawStrategy`를 취한다. 해당 `detail::OwningShapeModel` 클래스 템플릿 인스턴스화를 단순화하기 위해 간편한 타입 별칭을 사용하는 것이 도움이 된다(⓫). 이 별칭은 `std::make_unique()`로 필요한 모델을 인스턴스화하는 데 사용한다 (⓬). 도형과 그리기 전략 모두 새 모델에 전달한다.

새로 생성한 모델은 Shape 클래스의 한 데이터 멤버인 pimpl_을 초기화하는 데 사용한다(⓭). "이것도 알아보겠어요, 브리지예요!" 여러분이 기쁘게 알린다. 이번에도 맞다. 이는 브리지 디자인 패턴을 적용한 것이다. 생성 과정에서는 실제 주어진 ShapeT와 DrawStrategy 타입에 기반해 구체 OwningShapeModel을 생성하지만, 이를 ShapeConcept에 대한 포인터로 저장한다. 이렇게 해서 구현 상세에 대한 브리지, 즉 실제 도형 타입에 대한 브리지를 생성한다. 하지만 pimpl_ 초기화 후, 즉 생성자를 마친 후 Shape는 실제 타입을 기억하지 않는다. Shape는 템플릿 매개변수나 저장하고 있는 구체 타입을 드러내는 어떤 멤버 함수도 없으며 주어진 타입을 기억하는 데이터 멤버도 없다. ShapeConcept 기초 클래스에 대한 포인터만 있을 뿐이다. 따라서 실제 도형 타입에 대한 기억은 지워졌다. 이런 이유로 이 디자인 패턴 이름이 타입 소거다.

Shape 클래스에서 빠진 유일한 것은 실제 값 타입에 요구하는 기능인 복사와 이동 연산이다. 다행히 std::unique_ptr을 적용했기에 우리는 꽤 제한적으로만 수고하면 된다. 컴파일러가 생성한 소멸자와 두 이동 연산이 작동하므로 복사 연산 둘만 처리하면 된다.

```
//---- <Shape.h> ----------------

// ...

class Shape
{
 public:
   // ...

   Shape( Shape const& other )    ⓮
     : pimpl_( other.pimpl_->clone() )
   {}

   Shape& operator=( Shape const& other )    ⓯
   {
      // 복사 교환 관용구
      Shape copy( other );
      pimpl_.swap( copy.pimpl_ );
      return *this;
   }

   ~Shape() = default;
```

```
      Shape( Shape&& ) = default;
      Shape& operator=( Shape&& ) = default;

   private:
      friend void draw( Shape const& shape )     ⓰
      {
         shape.pimpl_->draw();
      }

      // ...
};
```

복사 생성자(⓮)는 구현하기 매우 어려울 수 있다. other Shape에 저장한 구체 도형 타입을 모르기 때문이다. 하지만 ShapeConcept 기초 클래스에 clone() 함수를 제공함으로써 구체 타입에 대한 모든 것을 알 필요 없이 정확한 복사본을 요청할 수 있다. 복사 대입 연산자(⓯)를 구현하는 가장 짧고 고통스럽지 않으며 편리한 방법은 **복사 교환(Copy-and-Swap) 관용구**(https://en.wikibooks.org/wiki/More_C%2B%2B_Idioms/Copy-and-swap)를 기반으로 구축하는 것이다.

게다가 Shape 클래스는 draw()라는 이른바 숨겨진 friend(https://www.justsoftwaresolutions.co.uk/cplusplus/hidden-friends.html)를 제공한다(⓰). 이 friend 함수는 자유 함수지만, Shape 클래스 본체 내에서 정의하므로 **숨겨진 프렌드**라고 한다. friend이므로 private 데이터 멤버에 모두 접근할 수 있으며, 이를 포함하는 네임스페이스에도 주입된다.

"friend는 나쁘다고 하지 않았나요?" 인정한다. '지침 4: 테스트 용이성을 위한 디자인'에서 그렇게 얘기했다. 하지만 숨겨진 friend는 괜찮다는 것도 분명히 언급했다. 이 사례에서 draw() 함수는 Shape 클래스의 필수 부분이며 분명 (거의 가족의 일부인) 실제 friend다. "하지만 그러면 멤버 함수가 돼야 하지 않나요?" 여러분이 주장한다. 사실 그것이 타당한 대안이다. 이것이 더 좋다면 그렇게 한다. 이 사례에서는 draw() 연산을 추출해 의존성을 줄이는 것이 목표 중 하나였으므로 자유 함수를 사용하는 것을 선호한다. 또한 이 목표는 Shape 구현에도 반영해야 한다. 하지만 이 함수는 pimpl_ 데이터 멤버에 접근할 수 있어야 하므로 draw() 함수의 다중 정의 집합을 증가시키지 않기 위해 숨겨진 friend로 구현했다.

이제 됐다. 이게 전부다. 새 기능이 얼마나 아름답게 작동하는지 살펴보자.

```
//---- <Main.cpp> ----------------

#include <Circle.h>
```

```cpp
#include <Square.h>
#include <Shape.h>
#include <cstdlib>

int main()
{
   // 구체 도형 타입의 한 가지 대표로 원을 생성한다
   Circle circle{ 3.14 };

   // 람다 형식으로 그리기 전략을 생성한다
   auto drawer = []( Circle const& c ){ /*...*/ };

   // 도형과 그리기 전략을 'Shape' 추상화에서 결합한다
   // 이 생성자 호출은 주어진 'Circle'과 람다 타입에 대해
   // 'detail::OwningShapeModel'을 인스턴스화한다
   Shape shape1( circle, drawer );

   // 도형을 그린다
   draw( shape1 );         ⓱

   // 복사 생성자로 도형의 복사본을 생성한다
   Shape shape2( shape1 );

   // 복사본을 그리면 동일한 출력 결과가 나온다
   draw( shape2 );         ⓲

   return EXIT_SUCCESS;
}
```

먼저 Circle과 관련 그리기 전략에 대한 추상화로 shape1을 생성한다. 이는 쉽게 느껴지지 않는가? 수동으로 할당하거나 포인터를 다룰 필요도 없다. draw() 함수를 이용해 이 Shape를 그릴 수 있다(⓱). 그 다음 바로 도형 복사본을 만든다. 포인터 복사가 아니라 실제 복사, 즉 '깊은 복사'다. draw() 함수로 이 복사본을 그리면 동일한 결과가 나온다(⓲). 다시 얘기하지만, 기분이 좋다. 값 타입의 복사 연산(이 사례에서는 복사 생성자)에 의존할 수 있으며, clone()을 직접 만들 필요 없다.

꽤 놀랍지 않은가? 그리고 외부 다형성을 수동으로 사용하는 것보다 분명 훨씬 더 낫다. 이 모든 구현 상세를 본 후에 바로 이해하기는 좀 어려울 수 있다는 것을 인정하지만, 구현 상세의 정글을 헤쳐가다 보면

더 이상 포인터를 다룰 필요가 없고 수동 할당도 없으며 더 이상 상속 계통도 다룰 필요가 없는 이 접근법의 아름다움을 깨닫기를 희망한다. 이 모든 상세 내용은 존재하지만, 모든 증거는 Shape 클래스 내에 잘 캡슐화돼 있다. 그럼에도 불구하고 결합을 끊는 이점을 전혀 잃지 않는다. 즉, 여러분은 여전히 새 타입을 쉽게 추가할 수 있고, 구체 도형 타입은 여전히 그리기 행위를 의식하지 못하며 Shape 생성자를 통해 원하는 기능에만 연결한다.

"이걸 더 쉽게 할 수는 없을까요? 다음과 같은 main() 함수를 상상해 봤어요."라고 묻는다.

```
//---- <YourMain.cpp> ----------------

int main()
{
   // 구체 도형 타입의 한 가지 대표로 원을 생성한다
   Circle circle{ 3.14 };

   // circle을 어떤 그리기 기능에 결합한다
   auto drawingCircle = [=]() { myCircleDrawer(circle); };

   // 그리기 행위를 갖춘 circle을 타입 소거한다
   Shape shape( drawingCircle );

   // 도형을 그린다
   draw( shape );

   // ...

   return EXIT_SUCCESS;
}
```

좋은 아이디어다. 하지만 기억하라. 타입 소거 래퍼의 모든 구현 상세, 타입과 그 연산 구현을 합치는 방법은 여러분 책임이다. 이 형태가 더 좋다면 그렇게 하라! 하지만 Shape 예에서는 단순성과 코드 간결성을 위해 의도적으로 외부 의존성(그리기)이 있는 단일 기능만을 사용했다는 점을 잊지 말자. 도형 직렬화 같은 의존성을 도입하는 함수가 더 있을 수 있다. 이때는 (예를 들면 draw(), serialize() 등) 여러 멤버 함수가 필요하므로 람다 접근법이 작동하지 않는다. 그러므로 궁극적으로는 상황에 따라 다르다. 즉, 타입 소거 래퍼가 어떤 추상화를 나타내느냐 따라 다르다. 하지만 어떤 구현을 선호하든 서로 다른 기능 사이에 인위적 의존성 그리고/또는 코드 중복을 도입하지 않도록 해야 한다. 다시 말해 '지침 2: 변경을 위한 디자인'을 기억한다! 이것이 전략 디자인 패턴에 기반한 해결책을 선호하는 이유지만, 이를 진정한 유일한 해결책이라고 생각해서는 안 된다. 반대로 타입 소거의 느슨한 결합의 잠재력을 완전히 이용하려고 노력해야 한다.

타입 소거 디자인 패턴 단점 분석

특히 디자인 관점에서 타입 소거의 아름다움과 많은 이점에도 불구하고 이 디자인 패턴에 문제가 없는 척하지는 않겠다. 아니, 잠재적 단점을 알리지 않는 것은 공평하지 않다.

먼저, 아마도 가장 명백한 결점은 구현 복잡성일 것이다. 앞서 언급했듯이 분명히 구현 상세를 합리적인 수준으로 유지했으며 이를 통해 아이디어를 얻는 데 도움이 되었기를 바란다. 또한 타입 소거의 기본 구현을 약 30줄 내의 코드로 실현해 **그렇게** 어렵지 않다는 인상을 줬기를 바란다. 그럼에도 불구하고 너무 복잡하다고 느낄 수 있다. 또한 기본 구현을 넘어 성능, 예외 안정성 등을 고려하기 시작하는 즉시 정말 구현 상세는 매우 급속히 난해해진다. 이때 가장 안전하고 편리한 선택지는 이 모든 상세 내용을 직접 처리하는 대신 서드 파티 라이브러리를 사용하는 것이다. 사용할 수 있는 라이브러리에는 루이스 디온(Louis Dionne)의 **dyno** 라이브러리(https://github.com/ldionne/dyno), 에두아르도 마드리드(Eduardo Madrid)의 **zoo** 라이브러리(https://github.com/thecppzoo/zoo), 가슈페르 아주만(Gašper Ažman)의 **erasure** 라이브러리(https://github.com/atomgalaxy/liberasure), 스티븐 와타나베(Steven Watanabe)의 **Boost Type Erasure** 라이브러리(https://www.boost.org/doc/libs/1_78_0/doc/html/boost_typeerasure.html) 등이 있다.

타입 소거 의도 설명에서 두 번째 단점을 언급했는데, 이는 훨씬 더 중요하고 제한적이다. 지금 복사와 이동할 수 있는 값을 다루고 있지만, 이항 연산에 타입 소거를 사용하는 것은 간단하지 않다. 예를 들면 이러한 값에 상등 비교를 하는 것은 일반 값에서 기대하는 것만큼 쉽지 않다.

```
int main()
{
  // ...

  if( shape1 == shape2 ) { /*...*/ }   // 컴파일하지 못한다!

  return EXIT_SUCCESS;
}
```

그 이유는 결국 Shape가 구체 도형 타입의 추상화일 뿐이며, 기초 클래스에 대한 포인터만 저장하기 때문이다. 외부 다형성을 직접 사용해도 정확히 동일한 문제를 상대할 것이므로 이는 분명 타입 소거의 새로운 문제는 아니며 심지어 실제 단점으로 생각하지 않을 수도 있다. 그렇더라도 상등 비교가 기초 클래스에 대한 포인터를 다룰 때는 기대한 연산이 아니지만, 값에 대해서는 일반적으로 기대하는 연산이다.

두 타입 소거 래퍼 비교하기

"이건 그저 Shape 인터페이스에 필요한 기능을 노출하기만 하면 되는 문제 아닌가요?"라며 궁금해한다. "예를 들면, 단순히 도형의 public 인터페이스에 area() 함수를 추가해 두 항목을 비교할 수 있어요."

```cpp
bool operator==( Shape const& lhs, Shape const& rhs )
{
   return lhs.area() == rhs.area();
}
```

"이건 쉬워요. 그런데 뭘 놓친 거죠?" 여러분이 필요로 하는 전부는 두 객체가 상등이고 일부 공개 특성이 상등이면 이 연산자가 작동한다는 것일 수 있다는 점에 동의한다. 일반적으로 답은 '상황에 따라 다르다'여야 한다. 이 특정한 사례에서는 Shape 클래스가 나타내는 추상화의 의미론에 따라 다르다. 문제는 두 Shape가 언제 상등인가 하는 것이다. Circle과 Square가 있는 다음 예제를 생각해 보자.

```cpp
#include <Circle.h>
#include <Square.h>
#include <cstdlib>

int main()
{
   Shape shape1( Circle{3.14} );
   Shape shape2( Square{2.71} );

   if( shape1 == shape2 ) { /*...*/ }

   return EXIT_SUCCESS;
}
```

이 Shape 둘은 언제 상등일까? 넓이가 같으면 상등일까, 아니면 추상화 이면의 인스턴스가 상등일 때, 즉 두 Shape 모두 타입과 특성이 같을 때일까? 상황에 따라 다르다. 마찬가지로 두 Person은 언제 상등인지 질문할 수 있다. 이름이 같으면 상등일까, 아니면 모든 특성이 같아야 상등일까? 원하는 의미론에 따라 다르다. 그리고 첫 번째 비교는 쉬운 반면, 두 번째 비교는 그렇지 않다. 일반적으로는 두 번째 상황이 원하는 의미론일 가능성이 훨씬 더 높다고 가정하므로 상등 비교와 더 일반적으로는 이항 연산에 타입 소거를 사용하는 것이 간단하지 않다고 주장한다.

하지만 상등 비교가 불가능하다는 것은 아니라는 점에 주의하라. 기술적으로 작동하게 할 수는 있지만, 상당히 지저분한 해결책이 된다. 따라서 누구에게도 이 아이디어를 내가 알려준 것이라고 절대 말하지 않겠다고 약속해야 한다. "더 궁금하게 만드네요."라며 충동적으로 미소 짓는다. 좋다. 다음을 보자.

```cpp
//---- <Shape.h> ----------------

// ...

namespace detail {

class ShapeConcept
{
 public:
   // ...
   virtual bool isEqual( ShapeConcept const* c ) const = 0;
};

template< typename ShapeT
        , typename DrawStrategy >
class OwningShapeModel : public ShapeConcept
{
 public:
   // ...

   bool isEqual( ShapeConcept const* c ) const override
   {
      using Model = OwningShapeModel<ShapeT,DrawStrategy>;
      auto const* model = dynamic_cast<Model const*>( c );  ⑲
      return ( model && shape_ == model->shape_ );
   }
```

```cpp
   private:
      // ...
};

} // namespace detail


class Shape
{
   // ...

 private:
   friend bool operator==( Shape const& lhs, Shape const& rhs )
   {
      return lhs.pimpl_->isEqual( rhs.pimpl_.get() );
   }

   friend bool operator!=( Shape const& lhs, Shape const& rhs )
   {
      return !( lhs == rhs );
   }

   // ...
};


//---- <Circle.h> ----------------

class Circle
{
   // ...
};

bool operator==( Circle const& lhs, Circle const& rhs )
{
   return lhs.radius() == rhs.radius();
}
```

```
//---- <Square.h> ----------------

class Square
{
   // ...
};

bool operator==( Square const& lhs, Square const& rhs )
{
   return lhs.side() == rhs.side();
}
```

상등 비교가 작동하도록 하기 위해 dynamic_cast를 사용할 수 있다(⑲). 하지만 이 상등 비교 구현에는 심각한 단점이 두 가지 있다. 첫째, '지침 18: 비순환 비지터의 성능에 주의하라'에서 본 것처럼 dynamic_cast는 확실히 빠른 연산으로 간주하지 않는다. 이런 이유로, 비교할 때마다 상당한 런타임 비용을 지불해야 한다. 둘째, 이 구현에서는 두 Shape가 동일한 DrawStrategy를 갖추고 있을 때만 성공적으로 비교할 수 있다. 이것이 어떤 맥락에서는 합리적일 수 있지만, 다른 맥락에서는 안타까운 제약으로 간주될 수도 있다. 내가 알고 있는 유일한 해결책은 그리기 전략을 저장하기 위해 std::function으로 돌아가는 것이지만, 이는 또 다른 성능 불이익을 일으킨다.[7] 요약하면, 상황에 따라 상등 비교를 할 수 있지만, 일반적으로 이는 쉽지도, 비용이 저렴하지도 않다. 이는 앞서 타입 소거가 이항 연산을 지원하지 않는다고 한 것에 대한 증거다.

타입 소거 래퍼의 인터페이스 분리

"인터페이스 분리 원칙(ISP)은 어떤가요?"라고 묻는다. "외부 다형성을 사용할 때는 기초 클래스에서 관심사를 분리하는 것이 쉬웠어요. 이 능력을 잃은 것 같지 않나요?" 훌륭한 질문이다. '지침 31: 비간섭 런타임 다형성에는 외부 다형성을 사용하라'에서 JSONExportable과 Serializable 기초 클래스를 사용한 예제를 기억할 것이다. 정말 타입 소거를 사용하면 숨겨진 기초 클래스를 더 이상 사용할 수 없으며 추상 값 타입만 사용할 수 있다. 그러므로 마치 ISP에 닿을 수 없는 것처럼 보일 수 있다.

---

[7] std::function을 기반으로 한 구현은 '지침 31: 비간섭 런타임 다형성에는 외부 다형성을 사용하라'를 참고한다.

```
class Document   // 타입 소거한 'Document'
{
 public:
   // ...
   void exportToJSON( /*...*/ ) const;
   void serialize( ByteStream& bs /*, ...*/ ) const;
   // ...
};

// JSON 내보내기만 필요하지만 'ByteStream'에 인위적으로 결합한다
void exportDocument( Document const& doc )
{
   // ...
   doc.exportToJSON( /* 필요한 인자를 전달한다 */ );
   // ...
}
```

하지만 다행히도 이 구현은 잘못됐다. 몇 가지 타입 소거한 추상화를 제공해 ISP를 쉽게 준수할 수 있다.[8]

```
Document doc = /*...*/;   // 타입 소거한 'Document'
doc.exportToJSON( /* 필요한 인자를 전달한다 */ );
doc.serialize( /* 필요한 인자를 전달한다 */ );

JSONExportable jdoc = doc;   // 타입 소거한 'JSONExportable'
jdoc.exportToJSON( /* 필요한 인자를 전달한다 */ );

Serializable sdoc = doc;   // 타입 소거한 'Serializable'
sdoc.serialize( /* 필요한 인자를 전달한다 */ );
```

이를 고려하기 전에 '지침 34: 소유형 타입 소거 래퍼의 설정 비용을 인식하라'를 살펴보자.

"구현 복잡도와 단항 연산에 대한 제약 외에는 단점이 없는 듯해요. 그러면 이건 정말 놀라워요! 분명 이점이 단점보다 커요." 글쎄, 물론 그것은 항상 상황에 따라 다르며, 이런 문제 중 일부는 특정 상황에서 고통을 좀 일으킬 수 있다. 하지만 전체적으로 타입 소거가 매우 가치 있는 디자인 패턴이라는 점에는 동

---

8   이 예를 제공해 준 아서 오드와이어에 많은 감사드린다.

의한다. 디자인 관점에서는 결합을 끊는 수준이 엄청나므로 소프트웨어를 변경하거나 확장할 때 확실히 덜 고통스러울 것이다. 이것만으로도 매력적이지만, 더 많은 것이 있다. 몇 차례 성능을 언급했지만, 아직 어떤 성능 수치도 보여주지 않았다. 그러면 성능 결과를 살펴보자.

성능 벤치마크

타입 소거에 대한 성능 결과를 보여주기 전에 비지터와 전략 해결책을 벤치마크할 때 사용한 시나리오를 상기해 보자('지침 16: 비지터를 사용해 연산을 확장하라'의 표 4-2와 '지침 23: 전략과 커맨드는 값 기반 구현을 선호하라'의 표 5-1 참고). 이번에는 `OwningShapeModel` 구현에 기반한 타입 소거 해결책으로 벤치마크를 확장했다. 벤치마크를 위해 여전히 (원, 정사각형, 타원, 직사각형) 서로 다른 도형 네 가지를 사용한다. 그리고 다시 얘기하지만, 무작위로 생성한 도형 10,000개에 이동 연산을 25,000번 실행한다. GCC 11.1과 Clang 11.1을 모두 사용하며, 두 컴파일러 모두 -O3과 -DNDEBUG 컴파일 플래그만 추가한다. 사용하고 있는 플랫폼은 8 코어인 인텔 코어 i7 3.8 GHz와 주 메모리가 64GB인 맥OS 빅서 (버전 11.4)다.

표 8-1에서 성능 수치를 볼 수 있다. 편의를 위해 전략 벤치마크 성능 결과를 가져왔다. 결국 전략 디자인 패턴은 동일한 디자인 공간을 목표로 하는 해결책이다. 가장 흥미로운 부분은 마지막 줄이며, 타입 소거 디자인 패턴에 대한 성능 결과를 볼 수 있다.

표 8-1. 타입 소거 구현에 대한 성능 결과

타입 소거 구현	GCC 11.1	Clang 11.1
객체 지향 해결책	1.5205 s	1.1480 s
`std::function`	2.1782 s	1.4884 s
`std::function` 직접 구현	1.6354 s	1.4465 s
고전적인 전략	1.6372 s	1.4046 s
타입 소거	1.5298 s	1.1561 s

"매우 흥미로워 보여요. 타입 소거가 꽤 빠른 듯해요. 분명 더 빠른 건 객체 지향 해결책뿐이에요." 그렇다. Clang에서는 객체 지향 해결책 성능이 조금 더 낫다. 하지만 아주 조금이다. 그런데 객체 지향 해결책은 아무것도 분리하지 않는다는 점을 기억했으면 한다. `draw()` 함수는 Shape 상속 계통에서 가상 멤버 함수로 구현하므로 그리기 기능에 대한 결합이 매우 크다. 이는 성능 추가 비용이 거의 없을 수 있지만, 디자인 관점에서 최악의 시나리오다. 이 점을 고려하면 타입 소거의 성능 수치는 정말 놀랍다. 어떤 전략

구현보다도 6%에서 20% 더 나은 성능을 보인다. 따라서 타입 소거는 가장 강력하게 결합을 끊을 뿐만 아니라 결합을 줄이려는 다른 어떤 시도보다 더 나은 성능을 제공한다.[9]

용어에 대한 한 마디

요약하면, 타입 소거는 효율적이면서도 코드를 느슨하게 결합할 수 있는 놀라운 접근법이다. 몇 가지 한계와 단점이 있을 수 있지만, 아마도 쉽게 무시할 수 없는 한 가지는 복잡한 구현 상세일 것이다. 이런 이유로 나와 에릭 니블러(Eric Niebler)를 포함한 많은 사람은 타입 소거가 언어 기능이 돼야 한다고 생각한다.[10]

> 과거로 돌아가 C++를 바꿀 힘이 있다면 가상 함수를 추가하는 대신 타입 소거와 콘셉트에 대한 언어 지원을 추가할 것이다. 단일 타입 콘셉트를 정의하고 이를 위한 타입 소거 래퍼를 자동으로 생성하게 한다.

하지만 타입 소거를 디자인 패턴으로 확립하기 위해서는 할 일이 더 있다. 나는 타입 소거를 외부 다형성, 브리지, 프로토타입으로 구축한 복합 디자인 패턴으로 소개했다. 이를 타입 집합과 관련 연산을 강하게 분리하기 위한 값 기반 기법으로 소개했다. 하지만 안타깝게도 타입 소거의 다른 '형식'을 볼 수 있을지도 모른다. 시간이 지남에 따라 모든 기법과 개념에 **타입 소거**라는 용어를 오남용했기 때문이다. 예를 들면, 때때로 사람들은 void*를 타입 소거로 부르기도 한다. 드물게는 상속 계통 또는 더 구체적으로는 기초 클래스에 대한 포인터를 타입 소거로 얘기하기도 한다. 마지막으로는 std::variant 맥락에서 타입 소거를 얘기할 수도 있다.[11]

특히 std::variant 예시를 통해 **타입 소거**라는 용어의 남용이 정말로 얼마나 심각한 결함인지 볼 수 있다. 타입 소거 배후의 주 디자인 패턴인 외부 다형성은 새로운 타입을 추가할 수 있게 하는 반면, 비지터 디자인 패턴과 std::variant를 이용한 이의 최신 구현은 새로운 연산을 추가한다('지침 15: 타입 또는 연산 추가를 위한 디자인' 참고). 소프트웨어 디자인 관점에서 이 두 해결책은 서로 완전히 독립적이다. 즉, 타입 소거는 구체 타입을 진정으로 분리하고 타입 정보를 소거하는 반면, std::variant의 템플릿 인자는 가능한 모든 대안을 드러내므로 이런 타입에 의존하게 한다. 이 둘에 동일한 용어를 사용하면 **타입**

---

[9] 다시 얘기하지만, 이 성능 수치를 완벽한 진실로 생각하지 않기를 바란다. 이는 내 컴퓨터와 구현에 대한 성능 결과다. 여러분의 결과는 분명 다를 것이다. 하지만 요점은 타입 소거 성능이 정말로 좋으며 많은 최적화 선택지를 고려하면 심지어 더 나을 수도 있다는 것이다('지침 33: 타입 소거의 최적화 잠재력을 인식하라' 참고).
[10] 에릭 니블러의 트위터(https://twitter.com/ericniebler/status/1274031123522220033), 2020년 6월 19일.
[11] std::variant에 대한 소개는 '지침 17: 비지터를 구현하는 데 std::variant를 고려하라'를 참고한다.

소거라는 용어를 사용할 때 전달하는 정보가 전혀 없게 돼 다음과 같은 의견이 생겨난다. "이 문제를 해결하는 데 타입 소거를 추천해요.", "좀 더 구체적으로 얘기해 줄래요? 타입을 추가하려는 건가요, 아니면 연산을 추가하려는 건가요?" 이렇게 이 용어는 디자인 패턴의 특성을 충족하지 못하며 어떤 의도도 전달하지 않으므로 쓸모가 없어진다.

타입 소거를 디자인 패턴의 전당에서 충분한 자격이 있는 위치와 어떤 의미를 부여하려면 이 지침에서 논의한 의도에 대해서만 이 용어를 사용하는 것을 고려하라.

> **지침 32: 상속 계통을 타입 소거로 대체할 것을 고려하라**
>
> - 타입 소거 디자인 패턴은 서로 관련이 없고 잠재적으로 비다형이지만 동일한 의미론적 행위를 지닌 타입의 확장 가능한 집합에 대해 값 기반, 비간섭 추상화를 제공할 의도로 적용한다.
> - 타입 소거를 외부 다형성, 브리지, 프로토타입으로 구축한 복합 디자인 패턴으로 간주한다.
> - 타입 소거의 장점을 이해하되, 그 한계도 명심한다.
> - 타입 소거라는 용어는 고정된 연산 집합을 지원하는 타입을 쉽게 추가할 수 있는 디자인 패턴이라는 그 의도를 전달할 때만 사용한다.

지침 33: 타입 소거의 최적화 잠재력을 인식하라

이 책의 주요 초점은 디자인 패턴이다. 그러므로 소프트웨어 구조화, 디자인 원칙, 의존성과 추상화 관리 도구에 대한 이 모든 논의, 그리고 물론 디자인 패턴에 대한 모든 정보가 관심의 중심에 있다. 그럼에도 불구하고 성능이 중요하다는 점을 몇 번 언급했다. **매우** 중요하다! 결국 C++는 성능 중심 프로그래밍 언어다. 따라서 이제 예외를 둔다. 즉, 이번 지침은 성능에 전념한다. 의존성에 대한 얘기도 없고 관심사 분리에 대한 예도 (거의) 없으며 값 의미론도 없다. 오로지 성능뿐이다. "마침내 성능에 대한 것이네요, 멋져요!" 여러분이 환호한다. 하지만 이 지침은 구현 상세가 상당히 많다는 것을 인식해야 한다. 그리고 C++에서 그렇듯이, 상세 내용 하나를 언급하면 상세 내용을 둘 이상 더 다뤄야 하므로 꽤 빠르게 구현 상세 영역으로 빠져든다. 이를 피하기 위해 (그리고 출판사를 만족시키기 위해) 모든 구현 상세를 자세히 설명하거나 모든 대안을 보여주지는 않을 것이다. 하지만 더 깊이 파고드는 데 도움이 될 추가 참고 자료를 제공하겠다.[12]

---

[12] 하지만 너무 깊이 파고든 모리아(Moria)의 난쟁이가 어떻게 됐는지 아마도 기억할 테니 너무 깊이 들어가는 건 피하는 게 좋다.

'지침 32: 상속 계통을 타입 소거로 대체할 것을 고려하라'에서는 최적화하지 않은 기본 타입 소거 구현의 훌륭한 성능 수치를 살펴봤다. 하지만 이제 포인터만이 아닌 값 타입과 래퍼 클래스가 있으므로 성능을 높일 다양한 기회가 생겼다. 이런 이유로 성능을 향상시킬 두 선택지인 SBO와 수동 가상 디스패치를 살펴본다.

소규모 버퍼 최적화

타입 소거 구현의 성능을 높이기 위한 탐구를 시작해 보자. 성능에 대해 얘기할 때 일반적으로 가장 먼저 떠오르는 것 중 하나는 메모리 할당 최적화다. 동적 메모리를 획득하고 해제하는 것은 매우 **느ㅇㅇㅇ리고** 비결정적일 수 있기 때문이다. 실제로 메모리 할당을 최적화하면 느린 것과 번개처럼 빠른 것 사이만큼의 차이를 만들 수 있다.

하지만 메모리를 살펴봐야 할 두 번째 이유가 있다. '지침 32: 상속 계통을 타입 소거로 대체할 것을 고려하라'에서 타입 소거를 성공적으로 구현하려면 동적 메모리가 필요하다는 인상을 실수로 줬을 수 있다. 사실 첫 번째 Shape 클래스의 초기 구현 상세 중 하나는 주어진 객체의 크기와 무관하게 생성자와 clone() 함수에서 무조건 동적 메모리를 할당하는 것이었으므로 작은 객체와 큰 객체 모두에 대해 항상 std::make_unique()로 동적 메모리를 할당했다. 이 선택은 특히 작은 객체에 대한 성능 때문만이 아니라 특정 환경에서는 동적 메모리를 사용할 수 없기 때문에 제한적이다. 따라서 메모리에 관해 여러분이 할 수 있는 것이 많다는 것을 보여줄 것이다. 사실 여러분은 메모리 관리를 완전히 통제하고 있다! 여러분은 값 타입인 래퍼를 사용하고 있으므로 적절하다고 생각하는 방법으로 메모리를 처리할 수 있다. 많은 선택지 중 하나는 클래스 내 메모리에 전적으로 의존하고 객체가 너무 크면 컴파일 오류를 발생시키는 것이다. 또는 저장한 객체 크기에 따라 클래스 내 메모리와 동적 메모리 사이를 전환할 수도 있다. 이 둘 다 SBO로 가능하다.

SBO가 작동하는 방식에 대한 아이디어를 제공하기 위해 절대 메모리를 동적으로 할당하지 않으며, 클래스 내 메모리만 사용하는 Shape 구현을 살펴보자.

```
#include <array>
#include <cstdlib>
#include <memory>

template< size_t Capacity = 32U, size_t Alignment = alignof(void*) >   ❷
class Shape
{
 public:
```

```cpp
   // ...

 private:
   // ...

   Concept* pimpl()           ❸
   {
      return reinterpret_cast<Concept*>( buffer_.data() );
   }

   Concept const* pimpl() const           ❹
   {
      return reinterpret_cast<Concept const*>( buffer_.data() );
   }

   alignas(Alignment) std::array<std::byte,Capacity> buffer_;   ❶
};
```

이 Shape 클래스는 더 이상 std::unique_ptr을 저장하지 않는 대신 적절하게 정렬한 바이트 배열을 소유한다(❶).[13] Shape 사용자에게 이 배열의 용량과 정렬을 모두 조정할 수 있는 유연성을 제공하기 위해 타입이 아닌 템플릿 매개변수 두 가지, 즉 Capacity와 Alignment를 Shape 클래스에 제공할 수 있다(❷).[14] 이렇게 하면 서로 다른 상황에 맞게 조정할 수 있는 유연성이 향상되는 반면, Shape 클래스가 클래스 템플릿으로 바뀐다는 점이 이 접근법의 단점이다. 결과적으로 이 추상화를 사용하는 모든 함수는 함수 템플릿으로 바뀔 수 있다. 이는 바람직하지 않을 수 있는데, 예를 들면 코드를 소스 파일에서 헤더 파일로 옮겨야 할 수 있기 때문이다. 하지만 이는 많은 가능성 중 하나일 뿐이라는 점을 인식하자. 이전에 언급했듯이 여러분이 모든 것을 통제하고 있다.

std::byte 배열과 간편하게 작동하도록 (클래스 내 메모리를 사용할 뿐 여전히 브리지 디자인 패턴을 실현한다는 사실에 기반해 명명한) pimpl() 함수 쌍을 추가한다(❸과 ❹). "아, 안 돼요! reinterpret_cast예요!" 여러분이 말한다. "이거 엄청 위험하지 않나요?" 여러분이 옳다. 일반적으로 reinterpret_cast는 잠재적으로 위험한 것으로 간주해야 한다. 하지만 이 특정 사례에서는 여기서 하는 일이 완벽하게 안전하다는 점을 C++ 표준이 뒷받침한다.

---

[13] 또는, 예를 들면 std::byte[Capacity]나 std::aligned_storage(https://en.cppreference.com/w/cpp/types/aligned_storage) 등 바이트 배열을 사용할 수 있다. std::array의 장점은 버퍼를 복사할 수 있다는 점이다(해당하는 경우!).

[14] Capacity와 Alignment에 대한 기본 인자를 선택하는 것은 합리적이지만, 여전히 임의적이라는 점에 주의한다. 물론 기대하는 실제 타입의 특성에 가장 적합한 서로 다른 기본값을 사용할 수 있다.

지금쯤 예상했겠지만, 외부 다형성 디자인 패턴에 기반한 외부 상속 계통도 도입해야 한다. 이번에는 이 상속 계통을 Shape 클래스의 **private** 구역에 실현한다. 그것이 이 Shape 구현에 더 낫거나 더 적합해서가 아니라 다른 대안을 보이기 위해서일 뿐이다.

```
template< size_t Capacity = 32U, size_t Alignment = alignof(void*) >
class Shape
{
 public:
   // ...

 private:
   struct Concept
   {
      virtual ~Concept() = default;
      virtual void draw() const = 0;
      virtual void clone( Concept* memory ) const = 0;     ❺
      virtual void move( Concept* memory ) = 0;            ❻
   };

   template< typename ShapeT, typename DrawStrategy >
   struct OwningModel : public Concept
   {
      OwningModel( ShapeT shape, DrawStrategy drawer )
         : shape_( std::move(shape) )
         , drawer_( std::move(drawer) )
      {}

      void draw() const override
      {
         drawer_( shape_ );
      }

      void clone( Concept* memory ) const override     ❺
      {
         std::construct_at( static_cast<OwningModel*>(memory), *this );

         // 또는:
         // auto* ptr =
```

```cpp
            //    const_cast<void*>(static_cast<void const volatile*>(memory));
            // ::new (ptr) OwningModel( *this );
         }

         void move( Concept* memory ) override                ❻
         {
            std::construct_at( static_cast<OwningModel*>(memory), std::move(*this) );

            // 또는:
            // auto* ptr =
            //    const_cast<void*>(static_cast<void const volatile*>(memory));
            // ::new (ptr) OwningModel( std::move(*this) );
         }

         ShapeT shape_;
         DrawStrategy drawer_;
      };

      // ...

      alignas(Alignment) std::array<std::byte,Capacity> buffer_;
};
```

이 맥락에서 흥미로운 첫 번째 내용은 clone() 함수다(❺). clone()은 복사본 생성을 책임지므로 클래스 내 메모리에 맞게 조정해야 한다. 그러므로 std::make_unique()를 통해 새 Model을 생성하는 대신 std::construct_at()을 통해 그 위치에 새 Model을 생성한다. 또는 위치 지정 new(https://en.cppreference.com/w/cpp/language/new#Placement_new)를 사용해 주어진 메모리 위치에 복사본을 생성할 수 있다.[15]

"와, 잠깐만요! 받아들이기 꽤 힘든 코드네요. 이 캐스트는 모두 뭐죠? 정말 필요한 건가요?" 이 부분이 조금 어렵다는 점은 인정한다. 그러므로 자세히 설명하겠다. 그 자리에 인스턴스를 생성하기 위해 애용하는 접근법은 위치 지정 new를 통하는 것이다. 하지만 new를 사용하면 항상 누군가가 클래스별 new 연산자를 (무심코 또는 악의적으로) 대체할 수 있다는 위험이 있다. 이런 문제를 피하고 객체를 그 자리에

---

15 이전에 위치 지정 new를 본 적이 없을 수도 있다. 그렇더라도 이 new 형식은 어떤 메모리 할당도 수행하지 않으며 생성자를 호출해 지정한 주소에 객체를 생성하기만 하므로 안심해도 된다. 유일한 구문 차이는 new에 추가 포인터 인자를 제공한다는 점이다.

신뢰할 수 있게 생성하기 위해 주어진 주소를 static_cast를 통해 먼저 void const volatile*로 변환한 다음 const_cast를 통해 void*로 변환한다. 그 결과 주소는 전역 위치 지정 new에 전달한다. 사실 이것이 가장 명확한 코드는 아니다. 따라서 C++20 알고리듬인 std::construct_at()을 사용하기를 권한다. 이는 훨씬 더 멋진 구문을 사용해 정확히 동일한 기능을 제공한다.

하지만 함수가 하나 더 필요하다. clone()은 복사 연산에만 관련이 있으며 이동 연산에는 적용하지 않는다. 이런 이유로 move() 순수 가상 함수로 Concept를 확장해 OwningModel 클래스 템플릿에 구현한다(❻).

"이게 정말 필요한가요? 다른 Shape 인스턴스로 **이동**할 수 없는 클래스 내 메모리를 사용하고 있어요. 이 move()가 어떤 의미가 있죠?" 음, 그 메모리 자체를 한 객체에서 다른 객체로 이동할 수 없다는 점은 맞지만, 내부에 저장한 도형은 여전히 이동할 수 있다. 즉, move() 함수는 OwningModel을 복사하는 대신 한 버퍼에서 다른 버퍼로 이동한다.

clone()과 move() 함수는 Shape의 복사 생성자(❼), 복사 대입 연산자(❽), 이동 생성자(❾), 그리고 이동 대입 연산자(❿)에서 사용한다.

```
template< size_t Capacity = 32U, size_t Alignment = alignof(void*) >
class Shape
{
 public:
   // ...

   Shape( Shape const& other )
   {
      other.pimpl()->clone( pimpl() );     ❼
   }

   Shape& operator=( Shape const& other )
   {
      // 복사 교환 관용구
      Shape copy( other );                 ❽
      buffer_.swap( copy.buffer_ );
      return *this;
   }
```

```cpp
   Shape( Shape&& other ) noexcept
   {
      other.pimpl()->move( pimpl() );         ❾
   }

   Shape& operator=( Shape&& other ) noexcept
   {
      // 복사 교환 관용구
      Shape copy( std::move(other) );         ❿
      buffer_.swap( copy.buffer_ );
      return *this;
   }

   ~Shape()                    ⓫
   {
      std::destroy_at( pimpl() );
      // 또는: pimpl()->~Concept();
   }

private:
   // ...

   alignas(Alignment) std::array<std::byte,Capacity> buffer_;
};
```

분명히 Shape 소멸자(⓫)는 언급할 만한 가치가 있다. `std::construct_at()`이나 위치 지정 new로 바이트 버퍼 내에 OwningModel을 직접 생성하므로 명시적으로 소멸자를 호출할 책임도 있다. 가장 쉽고 우아한 방법은 C++17 알고리듬인 `std::destroy_at()`을 사용하는 것이다. 또는 Concept 소멸자를 명시적으로 호출할 수도 있다.

마지막으로 Shape에서 중요한 상세 내용은 템플릿 생성자다.

```cpp
template< size_t Capacity = 32U, size_t Alignment = alignof(void*) >
class Shape
{
 public:
   template< typename ShapeT, typename DrawStrategy >
   Shape( ShapeT shape, DrawStrategy drawer )
```

```cpp
   {
      using Model = OwningModel<ShapeT,DrawStrategy>;

      static_assert( sizeof(Model) <= Capacity, "Given type is too large" );
      static_assert( alignof(Model) <= Alignment, "Given type is misaligned" );

      std::construct_at( static_cast<Model*>(pimpl())
                       , std::move(shape), std::move(drawer) );
      // 또는:
      // auto* ptr =
      //    const_cast<void*>(static_cast<void const volatile*>(pimpl()));
      // ::new (ptr) Model( std::move(shape), std::move(drawer) );
   }

   // ...

 private:
   // ...
};
```

요구하는 `OwningModel`이 클래스 내 버퍼에 적합하고 정렬 제한을 따르는지 컴파일 시점 검사 한 쌍으로 확인한 후 `std::construct_at()`으로 `OwningModel`을 클래스 내 버퍼에 인스턴스화한다.

이 구현을 이용해, 이제 '지침 32: 상속 계통을 타입 소거로 대체할 것을 고려하라'의 성능 벤치마크를 조정하고 재실행한다. 정확히 같은 벤치마크를 실행하되, 이번에는 Shape 내부에 동적 메모리 할당이 없으며 많고 작은 할당으로 인한 메모리 단편화도 없다. 예상대로 성능 결과는 인상적이다(표 8-2 참고).

표 8-2 SBO를 이용한 타입 소거에 대한 성능 결과

타입 소거 구현	GCC 11.1	Clang 11.1
객체 지향 해결책	1.5205 s	1.1480 s
std::function	2.1782 s	1.4884 s
std::function 직접 구현	1.6354 s	1.4465 s
고전적인 전략	1.6372 s	1.4046 s
타입 소거	1.5298 s	1.1561 s
타입 소거 (SBO)	1.3591 s	1.0348 s

"와, 빠르네요. 이건… 음, 계산해 볼게요… 놀라워요. 가장 빠른 전략 구현보다 대략 20% 더 빠르고 객체 지향 해결책보다도 훨씬 더 빨라요." 정말 그렇다. 매우 인상적이지 않은가? 그럼에도 불구하고 이 수치는 내 시스템에서 얻는 것이라는 점을 기억해야 한다. 여러분의 수치는 분명 다를 것이다. 수치가 동일하지 않더라도 일반적으로 기억해야 할 중요한 사실은 메모리 할당을 처리함으로써 성능을 최적화할 잠재력이 많다는 것이다.

그런데 성능이 뛰어난 반면 유연성을 많이 잃었다. 즉, 지정한 `Capacity`보다 작거나 같은 `OwningModel` 인스턴스만 `Shape` 내에 저장할 수 있으며, 더 큰 모델은 제외한다. 이를 통해 주어진 도형의 크기에 따라 클래스 내 메모리와 동적 메모리 사이를 전환할 수 있는 아이디어를 얻을 수 있다. 즉, 작은 도형은 클래스 내 버퍼에 저장하고 큰 도형은 동적으로 할당한다. 이제 계속 진행해 두 가지 메모리를 모두 사용하도록 `Shape` 구현을 갱신할 수 있다. 하지만 이 시점에 가장 중요한 디자인 원칙 중 하나인 관심사 분리를 다시 짚고 넘어가는 게 좋을 듯하다. 모든 논리 구조와 기능을 `Shape` 클래스에 눌러 담는 대신 구현 상세를 분리하고 `Shape`를 단위 전략 기반 디자인으로 구현하는 것이 더 쉽고 (훨씬) 더 유연할 것이다('지침 19: 전략을 사용해 작업 수행 방법을 분리하라' 참고).

```cpp
template< typename StoragePolicy >
class Shape;
```

`Shape` 클래스 템플릿은 `StoragePolicy`를 받아들이게 재작성한다. 이 단위 전략을 통해 해당 클래스가 메모리를 획득하는 방법을 외부에서 지정할 수 있다. 물론 SRP와 OCP를 완벽히 따라야 한다. 이런 저장 공간 단위 전략 중 하나는 `DynamicStorage` 단위 전략 클래스다.

```cpp
#include <utility>

struct DynamicStorage
{
   template< typename T, typename... Args >
   T* create( Args&&... args ) const
   {
      return new T( std::forward<Args>( args )... );
   }

   template< typename T >
   void destroy( T* ptr ) const noexcept
   {
```

```
        delete ptr;
    }
};
```

이름에서 알 수 있듯이 DynamicPolicy는 메모리를 동적으로, 예를 들면 new를 통해 획득한다. 또는 너 강한 요구 사항이 있다면, 지정한 메모리 정렬로 동적 메모리를 제공하게 std::aligned_alloc() (https://en.cppreference.com/w/cpp/memory/c/aligned_alloc)이나 유사한 기능을 기반으로 구축할 수 있다. DynamicStorage와 유사하게 InClassStorage 단위 전략을 제공할 수도 있다.

```
#include <array>
#include <cstddef>
#include <memory>
#include <utility>

template< size_t Capacity, size_t Alignment >
struct InClassStorage
{
    template< typename T, typename... Args >
    T* create( Args&&... args ) const
    {
        static_assert( sizeof(T) <= Capacity, "The given type is too large" );
        static_assert( alignof(T) <= Alignment, "The given type is misaligned" );

        T* memory = const_cast<T*>(reinterpret_cast<T const*>(buffer_.data()));
        return std::construct_at( memory, std::forward<Args>( args )... );

        // 또는:
        // void* const memory = static_cast<void*>(buffer_.data());
        // return ::new (memory) T( std::forward<Args>( args )... );
    }

    template< typename T >
    void destroy( T* ptr ) const noexcept
    {
        std::destroy_at(ptr);
        // 또는: ptr->~T();
    }
```

```
    alignas(Alignment) std::array<std::byte,Capacity> buffer_;
};
```

이 모든 단위 전략 클래스는 동일한 인터페이스를 제공한다. 즉, T 타입 객체를 인스턴스화하는 **create()** 함수와 정리 작업에 필요한 모든 것을 처리하는 **destroy()** 함수가 그렇다. 이 인터페이스는 예를 들면 Shape 클래스의 템플릿 생성자(⓬)[16]와 소멸자(⓭)에서 생성과 소멸을 유발하는 데 사용한다.

```
template< typename StoragePolicy >
class Shape
{
 public:
    template< typename ShapeT >
    Shape( ShapeT shape )
    {
       using Model = OwningModel<ShapeT>;
       pimpl_ = policy_.template create<Model>( std::move(shape) )          ⓬
    }

    ~Shape() { policy_.destroy( pimpl_ ); }          ⓭

    // ... 다른 모든 멤버 함수, 특히
    //     특수 멤버 함수는 보이지 않는다

 private:
    // ...
    [[no_unique_address]] StoragePolicy policy_{};          ⓮
    Concept* pimpl_{};
};
```

간과하지 말아야 할 마지막 상세 내용은 데이터 멤버다(⓮). 이제 Shape 클래스는 주어진 StoragePolicy 인스턴스와 (놀라지 말자) Concept에 대한 **생포인터**를 저장한다. 사실 소멸자에서 객체를 직접 소멸하므로 더 이상 `std::unique_ptr`을 저장할 필요가 없다. 또한 저장 공간 단위 전략의 [[no_unique_address]](https://en.cppreference.com/w/cpp/language/attributes/no_unique_address)

---

[16] 이 구문은 흔히 보지 못했을 수 있으므로 혹시 몰라 얘기하면, 의존 이름(템플릿 매개변수에 따라 의미가 달라지는 이름)에 대해 함수 템플릿을 호출하려고 하므로 생성자의 `template` 키워드가 필요하다. 따라서 다음이 템플릿 인자 목록의 시작이며 미만 비교가 아니라는 점을 컴파일러에 명확히 해야 한다.

속성을 알아챘을 수도 있다. 이 C++20 기능은 저장 공간 단위 전략을 위한 메모리를 절약할 기회를 제공한다. 단위 전략이 비어 있으면 이제 컴파일러는 데이터 멤버에 대해 어떤 메모리도 예약하지 않는다. 이 속성이 없으면 policy_에 대해 최소 1바이트를 예약해야 하지만, 메모리 정렬 제한으로 인해 더 많은 바이트를 예약해야 할 수도 있다.

요약하면, SBO는 타입 소거 구현을 위한 효과적이며 가장 흥미로운 최적화 중 하나다. 이런 이유로 std::function과 std::any 같은 많은 표준 타입에서 어떤 형태로든 SBO를 사용한다. 불행히도 C++ 표준 라이브러리 사양은 SBO를 사용할 것을 **요구하지** 않는다. 이런 이유로 SBO를 사용하기를 바랄 뿐, 기대할 수는 없다. 하지만 성능이 대단히 중요하고 SBO가 결정적인 역할을 하므로 inplace_function과 inplace_any 타입을 표준화할 것을 제안하는 제안서도 이미 나왔다. 그것을 표준 라이브러리에 포함할지는 시간이 지나면 알게 될 것이다.

함수 디스패치 직접 구현

"와, 유용하겠어요. 타입 소거 구현의 성능을 향상시키기 위해 할 수 있는 다른 것이 있을까요?" 물론 더 있다. 두 번째 잠재적인 성능 최적화가 있다. 이번에는 가상 함수 성능을 개선하려고 한다. 그렇다. 외부 상속 계통, 즉 외부 다형성 디자인 패턴으로 도입한 가상 함수에 대해 얘기하고 있다.

"가상 함수를 어떻게 최적화할 수 있죠? 전적으로 컴파일러에 달려 있지 않나요?" 확실히 맞다. 하지만 컴파일러별 구현 상세인 뒷단을 다루는 것이 아니라 가상 함수를 더 효율적인 것으로 대체하는 것을 얘기하고 있다. 그리고 이건 정말 가능하다. 가상 함수는 가상 함수 테이블 내에 저장한 함수 포인터일 뿐이라는 점을 기억하자. 가상 함수가 하나라도 있는 모든 타입은 이런 가상 함수 테이블이 있다. 하지만 가상 함수 테이블은 타입마다 단 하나만 존재한다. 즉, 이 테이블을 모든 인스턴스에 저장하지 않는다. 그래서 해당 타입의 모든 인스턴스를 가상 함수 테이블과 연결하기 위해 클래스는 숨겨진 데이터 멤버를 추가로 저장하는데, 이것이 흔히 vptr이라고 하는, 가상 함수 테이블에 대한 생포인터다.

가상 함수를 호출하면 먼저 vptr을 통해 가상 함수 테이블을 가져온다. 가상 함수 테이블에서는 해당 함수 포인터를 얻어 호출할 수 있다. 따라서 전체적으로 가상 함수 호출은 vptr과 실제 함수에 대한 포인터, 두 가지 간접 지정을 수반한다. 대략 이런 이유로 가상 함수 호출은 인라인이 아닌 보통의 함수 호출보다 비용이 두 배 더 든다.

이런 두 가지 간접 지정에 최적화 기회가 있다. 사실 간접 지정 횟수를 단 한 번으로 줄일 수 있다. 이를 위해 꽤 자주 효과가 있는 최적화 전략을 사용한다. 즉, 공간과 시간을 맞바꾼다. 여기서는 가상 디스패치를 직접 구현해 가상 함수 포인터를 Shape 클래스에 저장한다. 다음 코드 조각에서는 상세 내용에 대한 꽤 좋은 아이디어를 볼 수 있다.

```cpp
//---- <Shape.h> ----------------

#include <cstddef>
#include <memory>

class Shape
{
 public:
   // ...

 private:
   // ...

   template< typename ShapeT
           , typename DrawStrategy >
   struct OwningModel       ⑮
   {
      OwningModel( ShapeT value, DrawStrategy drawer )
         : shape_( std::move(value) )
         , drawer_( std::move(drawer) )
      {}

      ShapeT shape_;
      DrawStrategy drawer_;
   };

   using DestroyOperation = void(void*);    ⑯
   using DrawOperation    = void(void*);    ⑰
   using CloneOperation   = void*(void*);   ⑱

   std::unique_ptr<void,DestroyOperation*> pimpl_;   ⑲
   DrawOperation*  draw_ { nullptr };        ⑳
   CloneOperation* clone_{ nullptr };        ㉑
};
```

가상 소멸자를 포함한 **모든** 가상 함수를 대체하고 있으므로 더 이상 Concept 기초 클래스가 필요하지 않다. 결과적으로 외부 상속 계통은 여전히 특정 도형(ShapeT)과 DrawStrategy에 대한 저장 공간 역할을 하는 OwningModel 클래스 템플릿으로 축소된다(⑮). 그럼에도 불구하고 모든 가상 함수를 제거하는 동일한 운명을 맞는다. 유일하게 남은 상세 내용은 생성자와 데이터 멤버다.

가상 함수는 수동 함수 포인터로 대체한다. 함수 포인터 구문이 사용하기에 그렇게 좋지는 않으므로 편의성을 위해 함수 타입 별칭 몇 가지를 추가한다.[17] DestroyOperation은 이전의 가상 소멸자(⑯), DrawOperation은 이전의 draw() 가상 함수(⑰), CloneOperation은 이전의 clone() 가상 함수(⑱)를 나타낸다. DestroyOperation은 pimpl_ 데이터 멤버의 Deleter를 설정하는 데 사용한다(⑲)(물론 전략과 같은 역할을 한다). 마지막 두 가지, DrawOperation과 CloneOperation은 추가 함수 포인터 데이터 멤버인 draw_와 clone_에 사용한다(⑳과 ㉑).

"아, 안 돼요. void*라니요! 구식에다 정말 위험한 방법 아닌가요?"라며 숨 막혀 한다. 좋다. 설명이 없으면 **매우** 의심스러워 보인다는 점을 인정한다. 하지만 모든 것이 완벽하고 타입에 안전하다는 것을 약속한다. 이제 이것이 작동하는 핵심은 이런 함수 포인터의 초기화에 있다. 이 포인터는 Shape 클래스 템플릿 생성자에서 초기화한다.

```
//---- <Shape.h> ----------------

// ...

class Shape
{
 public:
   template< typename ShapeT
           , typename DrawStrategy >
   Shape( ShapeT shape, DrawStrategy drawer )
      : pimpl_(  ㉒
          new OwningModel<ShapeT,DrawStrategy>( std::move(shape)
                                              , std::move(drawer) )
          , []( void* shapeBytes ){           ㉓
              using Model = OwningModel<ShapeT,DrawStrategy>;
              auto* const model = static_cast<Model*>(shapeBytes);  ㉔
```

---

17 일부 사람은 함수 포인터를 C++ 최고의 기능으로 생각한다. 제임스 맥넬리스(James McNellis)가 'The Very Best Feature of C++'(https://youtu. be/6eX9gPithBo)라는 라이트닝 토크에서 함수 포인터의 구문적 아름다움과 엄청난 유연성을 시연했다. 하지만 이를 너무 진지하게 받아들이지는 말고 C++의 불완전한 점에 대한 익살스러운 시연으로 생각했으면 한다.

```
                    delete model;          ㉕
                } )
            , draw_(   ㉖
                [ ]( void* shapeBytes ){
                    using Model = OwningModel<ShapeT,DrawStrategy>;
                    auto* const model = static_cast<Model*>(shapeBytes);
                    (model->drawer_)( model->shape_ );
                } )
            , clone_(  ㉗
                [ ]( void* shapeBytes ) -> void* {
                    using Model = OwningModel<ShapeT,DrawStrategy>;
                    auto* const model = static_cast<Model*>(shapeBytes);
                    return new Model( *model );
                } )
        {}

        // ...

    private:
        // ...
};
```

pimpl_ 데이터 멤버에 초점을 맞추자. 이 멤버는 새로 인스턴스화한 OwningModel에 대한 포인터(㉒)와 상태 비유지 람다 표현식(㉓) 둘 다로 초기화한다. 상태 비유지 람다는 함수 포인터로 암시적 변환을 할 수 있다는 것을 기억할 것이다. 우리는 이 언어 보증을 이점으로 사용한다. 즉, 람다를 unique_ptr의 생성자에 삭제자로 직접 전달하고 컴파일러가 DestroyOperation*로 암시적 변환을 적용하게 강제한다. 따라서 람다 함수를 std::unique_ptr에 결합한다.

"좋아요, 람다를 사용해 함수 포인터를 초기화할 수 있다는 건 알겠어요. 하지만 어떻게 작동하죠? 무슨 일을 하죠?" 음, 템플릿 생성자 안에서 이 람다를 생성하고 있다는 점도 기억해야 한다. 이 시점에서는 전달한 ShapeT와 DrawStrategy의 실제 타입을 완전히 알고 있다는 뜻이다. 따라서 OwningModel의 어떤 타입을 인스턴스화하고 pimpl_ 내에 저장하는지 알고 람다를 생성한다. 결국 void*, 즉 어떤 OwningModel의 주소로 호출한다. 하지만 OwningModel의 실제 타입에 대한 지식을 기반으로 우선 void*를 OwningModel<ShapeT,DrawStrategy>로 static_cast할 수 있다(㉔). 다른 맥락 대부분에서는 이런 캐스트가 의심스럽고 어림짐작일 수 있지만, 이 맥락에서는 완벽히 타입 안전하다. OwningModel의 올바른 타입을 확신할 수 있기 때문이다. 따라서 결과로 얻은 포인터를 사용해 올바른 정리 행위를 유발할 수 있다(㉖).

draw_와 clone_ 데이터 멤버 초기화는 매우 유사하다(㉖과 ㉗). 물론 유일한 차이는 람다로 수행하는 행동이다. 즉, 각각 도형을 그리고 모델의 복사본 생성하는 올바른 행동을 수행한다.

지금까지 설명한 내용을 소화하는 데 시간이 좀 걸릴 수 있다. 하지만 거의 다 됐다. 이제 남은 상세 내용은 특수 멤버 함수뿐이다. 소멸자와 이동 연산 두 가지에 대해서는 다시 컴파일러가 생성한 기본값을 요청할 수 있다. 하지만 복사 생성자와 복사 대입 연산자는 직접 처리해야 한다.

```
//---- <Shape.h> ----------------

// ...

class Shape
{
 public:
   // ...

   Shape( Shape const& other )
      : pimpl_( other.clone_( other.pimpl_.get() ), other.pimpl_.get_deleter() )
      , draw_ ( other.draw_ )
      , clone_( other.clone_ )
   {}

   Shape& operator=( Shape const& other )
   {
      // 복사 교환 관용구
      using std::swap;
      Shape copy( other );
      swap( pimpl_, copy.pimpl_ );
      swap( draw_, copy.draw_ );
      swap( clone_, copy.clone_ );
      return *this;
   }

   ~Shape() = default;
   Shape( Shape&& ) = default;
   Shape& operator=( Shape&& ) = default;
```

```
private:
    // ...
};
```

이것이 필요한 전부이며 이제 시험해 볼 준비가 됐다. 그렇다면 이 구현을 시험해 보자. '지침 32: 상속 계통을 타입 소거로 대체할 것을 고려하라'의 벤치마크를 다시 갱신하고 우리가 가상 함수를 직접 구현한 것과 함께 실행한다. 수동 가상 디스패치를 이전에 논의한 SBO와 결합하기도 했다. 표 8-3에서 성능 결과를 볼 수 있다.

표 8-3. 수동 가상 디스패치를 이용한 타입 소거 구현에 대한 성능 결과

타입 소거 구현	GCC 11.1	Clang 11.1
객체 지향 해결책	1.5205 s	1.1480 s
std::function	2.1782 s	1.4884 s
std::function 직접 구현	1.6354 s	1.4465 s
고전적인 전략	1.6372 s	1.4046 s
타입 소거	1.5298 s	1.1561 s
타입 소거 (SBO)	1.3591 s	1.0348 s
타입 소거 (수동 가상 디스패치)	1.1476 s	1.1599 s
타입 소거 (SBO + 수동 가상 디스패치)	1.2538 s	1.2212 s

GCC에서는 수동 가상 디스패치에 대한 성능 향상이 놀랍다. 내 시스템에서는 1.1476초로 줄었으며 최적화하지 않은 기본 타입 소거 구현과 비교해 25% 향상됐다. 한편 Clang에서는 최적화하지 않은 기본 구현과 비교해 어떤 향상도 없다. 이점이 다소 실망스러울 수 있지만, 실행 시간은 여전히 놀랍다.

불행히도 SBO와 수동 가상 디스패치의 조합은 더 나은 성능으로 이어지지 않았다. GCC에서는 (동적 메모리가 없는 환경에서 흥미로울 수 있는) 순수 SBO 접근법과 비교해 작은 향상이 있지만, Clang에서 이 조합은 바라는 만큼 효과가 없다.

요약하면, 타입 소거 구현의 성능을 최적화할 가능성은 많다. 이전에 타입 소거에 대해 회의적이었다면 이런 성능 향상은 직접 조사할 강한 동기가 될 것이다. 이는 놀랍고 의심할 여지 없이 꽤 흥미롭지만, 이 결과가 어디서 왔는지 기억하는 게 중요하다. 즉, 가상 행위라는 관심사를 분리하고 그 행위를 값 타입으로 캡슐화했기 때문에 이런 최적화 기회를 얻었다. 포인터 기반이 전부였다면 이를 달성할 수 없었을 것이다.

지침 33: 타입 소거의 최적화 잠재력을 인식하라

- SBO를 사용해 작은 객체에 대한 값비싼 복사 연산을 피하자.
- 가상 디스패치를 직접 구현해 간접 지정 횟수를 줄이자.

지침 34: 소유형 타입 소거 래퍼의 설정 비용을 인식하라

'지침 32: 상속 계통을 타입 소거로 대체할 것을 고려하라'와 '지침 33: 타입 소거의 최적화 잠재력을 인식하라'에서는 기본 타입 소거 구현에 대한 구현 상세라는 덤불을 헤치며 자세히 안내했다. 힘들었지만, 분명 노력할 만한 가치가 있었다. 여러분은 더 강하고 현명해졌으며, 새롭고 효율적이며 결합을 강력하게 끊어주는 디자인 패턴을 여러분의 도구 상자에 추가했다. 멋지다!

하지만 그 덤불 속으로 다시 돌아가야 한다. 여러분이 지루해하며 눈을 굴리는 것을 알지만, 더 많은 것이 있다. 그리고 거짓말을 했다는 것을 인정한다. 적어도 조금은. 잘못된 것을 얘기한 것이 아니라 생략한 것이 있다. 타입 소거에는 알아야 할 단점이 하나 더 있다. 큰 단점이며, 전혀 좋아하지 않을 수도 있다. 휴우.

소유형 타입 소거 래퍼 설정 비용

다시 Shape이 기초 클래스이고 Circle을 많은 파생 클래스 중 하나로 가정한다. 그러면 Shape const&를 기대하는 함수에 Circle을 전달하는 것이 쉽고 저렴할 것이다(❶).

```
#include <cstdlib>

class Shape { /*...*/ };   // 고전적인 기초 클래스

class Circle : public Shape { /*...*/ };   // 파생 클래스

void useShape( Shape const& shape )
{
    shape.draw( /*...*/ );
}

int main()
```

```
{
   Circle circle{ 3.14 };

   // 'Circle const&'에서 'Shape const&'로 저렴한 자동 변환
   useShape( circle );         ❶

   return EXIT_SUCCESS;
}
```

(예를 들면, 항상 그리기 전략을 요구하는 등) 타입 소거 Shape 추상화는 약간 다르지만, 이런 변환은 여전히 가능하다.

```
#include <cstdlib>

class Circle { /*...*/ };    // 비다형성 기하 기본 요소

class Shape { /*...*/ };    // 이전에 본 것과 같은 타입 소거 래퍼 클래스

void useShape( Shape const& shape )
{
   draw(shape);
}

int main()
{
   Circle circle{ 3.14 };
   auto drawStrategy = []( Circle const& c ){ /*...*/ };

   // 복사 연산과 메모리 할당을 포함해
   //    임시 'Shape' 객체를 생성한다
   useShape( { circle, drawStrategy } );    ❷

   return EXIT_SUCCESS;
}
```

불행히도 더 이상 비용이 저렴하지 않다. 반대로, 기본과 최적화한 구현 모두를 포함하는 이전 구현을 기반으로 useShape() 함수 호출은 몇 가지 잠재적으로 비용이 많이 드는 연산을 포함한다(❷).

- Circle을 Shape로 변환하기 위해 컴파일러는 비-explicit 템플릿 Shape 생성자를 사용해 임시 Shape를 생성한다.
- 생성자 호출은 주어진 도형의 복사 연산(Circle에 대해서는 비용이 많이 들지 않지만, 다른 도형에 대해서는 잠재적으로 비용이 많이 들 수 있다)과 주어진 그리기 전략(전략이 상태를 유지하지 않으면 본질적으로 무료지만, 해당 객체 내에 저장하는 것에 따라 잠재적으로 비용이 많이 들 수 있다)을 수행한다.
- Shape 생성자 내에서 new로 메모리 할당을 포함해 새 도형 모델을 생성한다(Shape 생성자 내 std::make_unique() 호출에 숨겨져 있으며 확실히 비용이 많이 든다).
- 임시 (우변 값) Shape를 const에 대한 참조로 useShape() 함수에 전달한다.

이는 Shape 구현에 한정한 문제가 아니라는 점에 주목하자. 예를 들어 함수 인자로 std::function을 사용하면 동일한 문제에 부딪힐 것이다.

```
#include <cstdlib>
#include <functional>

int compute( int i, int j, std::function<int(int,int)> op )
{
   return op( i, j );
}

int main()
{
   int const i = 17;
   int const j = 10;

   int const sum = compute( i, j, [offset=15]( int x, int y ) {
      return x + y + offset;
   } );

   return EXIT_SUCCESS;
}
```

이 예에서는 주어진 람다를 std::function 인스턴스로 변환한다. 이 변환은 복사 연산을 포함하며 메모리 할당을 포함할 수도 있다. 이는 전적으로 주어진 함수 호출성 객체 크기와 std::function 구현에 따라 다르다. 이런 이유로 std::function은, 예를 들면 std::string_view와 std::span과는 서로 다른 추상화 종류다. `std::string_view`와 `std::span`은 첫 요소에 대한 포인터와 크기로만 구성하므로 복사 비용이 저렴한 비소유형 추상화다. 이 두 가지 타입은 얕은 복사를 수행하므로 함수 매개변수로 완벽히 적합하다. 반면 `std::function`은 깊은 복사를 수행하는 소유형 추상화다. 따라서 함수 매개변수로 사용하기에 완벽한 타입은 아니다. 불행히도 Shape 구현도 마찬가지다.[18]

"아, 이건 좋아하지 않아요. 전혀요. 끔찍해요! 내 돈 돌려주세요!"라고 외친다. 여러분의 코드베이스에 심각한 문제가 있을 수 있다는 점에 동의한다. 하지만 근본적인 문제는 Shape 클래스의 소유형 의미론이라는 점을 이해할 것이다. 즉, 값 의미론 배경을 기반으로, 현재 Shape 구현은 항상 주어진 타입의 복사본을 생성해 그 복사본을 소유한다. 이는 '지침 22: 참조 의미론보다 값 의미론을 선호하라'에서 논의한 모든 이점과 완벽히 일치하지만, 이번 맥락에서 이는 매우 안타까운 성능 불이익을 초래한다. 하지만 마음을 가라앉히자. 이를 처리할 방법이 있다. 즉, 이런 맥락에서는 비소유형 타입 소거 구현을 제공할 수 있다.

간단한 비소유형 타입 소거 구현

일반적으로 값 의미론 기반 타입 소거 구현은 아름다우며 최신 C++ 정신을 완벽히 따른다. 하지만 성능은 중요하다. 때로는 값 의미론 부분은 신경 쓰지 않고 타입 소거에서 제공하는 추상화만 신경 쓸 정도로 너무 중요할 수 있다. 그런 때는 참조 의미론 영역으로 후퇴한다는 단점에도 불구하고 비소유형 타입 소거 구현을 이용하기를 원할 수도 있다.

좋은 소식은 소유권이 없고 쉽게 복사할 수 있는 간단한 타입 소거 래퍼, 즉 기초 클래스에 대한 참조를 나타내는 래퍼만 원한다면 필요한 코드는 매우 간단하다. '지침 33: 타입 소거의 최적화 잠재력을 인식하라'에서 가상 디스패치를 직접 구현하는 방법을 이미 봤으므로 이는 특히 그렇다. 이 기법을 이용하면 간단한 비소유형 타입 소거 구현을 단 몇 줄로 처리할 수 있다.

```
//---- <Shape.h> ----------------

#include <memory>

class ShapeConstRef
{
 public:
   template< typename ShapeT, typename DrawStrategy >
```

---

[18] 이 글을 쓰는 시점에는 비소유형 `std::function`인 `std::function_ref` 타입에 대해 활발히 논의 중인 제안서(https://open-std.org/JTC1/SC22/WG21/docs/papers/2017/p0792r0.html)가 있다.

```
   ShapeConstRef( ShapeT& shape, DrawStrategy& drawer )            ❻
      : shape_{ std::addressof(shape) }
      , drawer_{ std::addressof(drawer) }
      , draw_{ []( void const* shapeBytes, void const* drawerBytes ){
           auto const* shape = static_cast<ShapeT const*>(shapeBytes);
           auto const* drawer = static_cast<DrawStrategy const*>(drawerBytes);
           (*drawer)( *shape );
        } }
   {}

 private:
   friend void draw( ShapeConstRef const& shape )
   {
      shape.draw_( shape.shape_, shape.drawer_ );
   }

   using DrawOperation = void( void const*,void const* );

   void const* shape_{ nullptr };              ❸
   void const* drawer_{ nullptr };             ❹
   DrawOperation* draw_{ nullptr };            ❺
};
```

이름에서 알 수 있듯이 ShapeConstRef 클래스는 const 도형 타입에 대한 참조를 나타낸다. 이 클래스는 주어진 타입의 복사본을 저장하는 대신 그에 대한 포인터를 void* 형식으로만 보유한다(❸). 게다가 연관된 DrawStrategy에 대한 void*(❹)와 세 번째 데이터 멤버이자 직접 구현한 draw() 가상 함수에 대한 포인터(❺)를 보유한다('지침 33: 타입 소거의 최적화 잠재력을 인식하라' 참고).

ShapeConstRef는 cv로 한정할 수 있는 도형과 그리기 전략 두 인자를 비-const에 대한 참조로 취한다(❻).[19] 이 형식에서는 우변 값을 생성자에 전달할 수 없으므로 임시 값에 대한 생명 주기 문제를 방지한다. 안타깝게도 이것이 좌변 값에서 가능한 모든 생명 주기 문제를 방지하지는 못하지만, 여전히 매우 합리적인 보호를 제공한다.[20] 우변 값을 허용하고 싶으면 다시 생각해 봐야 한다. 임시 객체에 대한 생명 주기 문제에 대한 위험을 정말, **정말** 기꺼이 무릅쓰겠다면 단순히 그 인자를 const에 대한 참조로 받으면 된다. 이 조언을 내가 하지 않았다는 점을 기억하자!

---

19 **cv로 한정한**(cv qualified)이라는 용어는 const와 volatile 한정자를 뜻한다.
20 좌변 값과 우변 값에 대해 다시 살펴보려면 니콜라이 요수티스의 이동 의미론에 대한 책,《C++ Move Semantics – The Complete Guide》를 참고한다.

이것이다. 이것이 바로 완전한 비소유형 구현이다. 효율적이며 짧고 간단하며, 어떤 연관된 데이터나 전략 객체도 저장할 필요가 없다면 더 짧고 간단해질 수도 있다. 이 기능을 사용하면 이제 저렴한 도형 추상화를 생성할 수 있다. 이는 useShapeConstRef() 함수를 통한 다음 코드 예제에서 볼 수 있다. 이 함수는 단순히 ShapeConstRef를 함수 인자로 사용해 가능한 모든 그리기 구현으로 (Circle, Square 등) 어떤 도형이든 그릴 수 있다. main() 함수에서는 구체 도형과 구체 그리기 전략(이 예에서는 람다)으로 useShapeConstRef()를 호출한다(❼).

```
//---- <Main.cpp> ----------------

#include <Circle.h>
#include <Shape.h>
#include <cstdlib>

void useShapeConstRef( ShapeConstRef shape )
{
   draw( shape );
}

int main()
{
   // 구체 도형 타입의 한 가지 대표로 원을 생성한다
   Circle circle{ 3.14 };

   // 람다 형식으로 그리기 전략을 생성한다
   auto drawer = []( Circle const& c ){ /*...*/ };

   // 'ShapeConstRef' 추상화를 통해 원을 직접 그린다
   useShapeConstRef( { circle, drawer } );   ❼

   return EXIT_SUCCESS;
}
```

이 호출은 어떤 메모리 할당이나 값비싼 복사 연산 없이 주어진 도형과 그리기 전략에 대한 포인터 집합을 다형성 행위로 감싸는 것만으로 원하는 행위를 유발한다.

더 강력한 비소유형 타입 소거 구현

대부분 이 간단한 비소유형 타입 소거 구현으로 충분하며, 여러분의 모든 요구를 충족할 수 있다. 하지만 때로는, 정말 가끔씩 충분하지 않을 수 있다. 때로는 조금 다른 Shape 참조 형식에 흥미가 있을 수 있다.

```cpp
#include <Cirlce.h>
#include <Shape.h>
#include <cstdlib>

int main()
{
   // 구체 도형 타입의 한 가지 대표로 원을 생성한다
   Circle circle{ 3.14 };

   // 람다 형식으로 그리기 전략을 생성한다
   auto drawer = []( Circle const& c ){ /*...*/ };

   // 도형과 그리기 전략을 'Shape' 추상화에 결합한다
   Shape shape1( circle, drawer );

   // 도형을 그린다
   draw( shape1 );

   // 도형에 대한 참조를 생성한다
   // 이미 작동하지만 도형 참조는 'circle'에 대한 포인터 대신
   // 'shape1' 인스턴스에 대한 포인터를 저장한다.
   ShapeConstRef shaperef( shape1 );          ❽

   // 도형 참조를 통해 그리며 같은 결과를 얻는다
   // 이는 작동하지만 두 가지 간접 지정을 통해서만 가능하다!
   draw( shaperef );          ❾

   // 도형 참조를 통해 도형의 깊은 복사본을 생성한다
   // 이는 간단한 비소유형 구현에서는 _불가능_하다!
   // 간단한 구현에서는 'shaperef' 인스턴스의 복사본을
   // 생성한다. 'shape2' 자체는 참조 역할을 하며
   // 간접 지정이 셋이 된다... 후.
   Shape shape2( shaperef );          ❿
```

```
    // 복사본을 그리면 다시 동일한 출력 결과가 나온다
    draw( shape2 );

    return EXIT_SUCCESS;
}
```

shape1이라는 타입 소거한 circle이 있다고 가정하면 이 Shape 인스턴스를 ShapeConstRef로 변환하고 싶을 수 있다(❽). 현재 구현에서 이것은 작동하지만, shaperef 인스턴스는 circle에 대한 포인터 대신 shape1 인스턴스에 대한 포인터를 보유하게 된다. 결과적으로 shaperef를 사용하면 두 가지 간접 지정(하나는 ShapeConstRef를 통해, 다른 하나는 Shape 추상화를 통해)이 일어난다(❾). 더욱이 ShapeConstRef 인스턴스를 Shape 인스턴스로 변환하는 데 관심이 있을 수도 있다(❿). 이때는 바탕 Circle의 전체 복사본을 생성하고 그 결과로 얻은 Shape 추상화가 이 복사본을 담고 있으며 나타낼 것을 기대할 수도 있다. 불행히도 현재 구현에서 Shape은 ShapeConstRef 인스턴스 복사본을 생성하므로 세 번째 간접 지정을 도입한다. **휴우**.

소유형과 비소유형 타입 소거 래퍼 사이에 더 효율적인 상호 작용이 필요하거나 비소유형 래퍼를 소유형 래퍼에 복사할 때 실제 복사본이 필요하다면 효과가 있는 해결책을 제안할 수 있다. 불행히도 이전 구현보다 더 복잡하지만, 다행히 지나치게 복잡하지는 않다. 이 해결책은 '지침 32: 상속 계통을 타입 소거로 대체할 것을 고려하라'의 기본 타입 소거 구현을 기반으로 구축하며, detail 네임스페이스의 ShapeConcept, OnwingShapeModel 클래스와 Shape 타입 소거 래퍼를 포함한다. 몇 가지 추가해야 하지만, 모두 이전에 이미 봤던 것이다.

첫 번째 추가는 ShapeConcept 기초 클래스에 있다.

```
//---- <Shape.h> ----------------

#include <memory>
#include <utility>

namespace detail {

class ShapeConcept
{
 public:
    // ...
```

```cpp
      virtual void clone( ShapeConcept* memory ) const = 0;       ⓫
   };

   // ...

} // namespace detail
```

ShapeConcept 클래스는 두 번째 clone() 함수로 확장한다(⓫). 이 함수는 해당 모델의 새로 인스턴스화한 복사본을 반환하는 대신 새 모델을 생성하는 데 필요한 메모리 위치 주소를 전달받는다.

두 번째 추가는 새 모델 클래스인 NonOwningShapeModel이다.

```cpp
//---- <Shape.h> ----------------

// ...

namespace detail {

// ...

template< typename ShapeT
        , typename DrawStrategy >
class NonOwningShapeModel : public ShapeConcept
{
 public:
   NonOwningShapeModel( ShapeT& shape, DrawStrategy& drawer )
      : shape_{ std::addressof(shape) }
      , drawer_{ std::addressof(drawer) }
   {}

   void draw() const override { (*drawer_)(*shape_); }       ⓮

   std::unique_ptr<ShapeConcept> clone() const override       ⓯
   {
      using Model = OwningShapeModel<ShapeT,DrawStrategy>;
      return std::make_unique<Model>( *shape_, *drawer_ );
   }
```

```cpp
      void clone( ShapeConcept* memory ) const override            ⑯
      {
         std::construct_at( static_cast<NonOwningShapeModel*>(memory), *this );

         // 또는:
         // auto* ptr =
         //    const_cast<void*>(static_cast<void const volatile*>(memory));
         // ::new (ptr) NonOwningShapeModel( *this );
      }

   private:
      ShapeT* shape_{ nullptr };                      ⑫
      DrawStrategy* drawer_{ nullptr };               ⑬
   };

   // ...

} // namespace detail
```

NonOwningShapeModel은 OwningShapeModel 구현과 매우 유사하지만, 이름에서 알 수 있듯이 주어진 도형과 전략의 복사본을 저장하지 않는다. 대신 포인터만 저장한다(⑫와 ⑬). 따라서 이 클래스는 OwningShapeModel 클래스의 참조 의미론 버전을 나타낸다. 또한 NonOwningShapeModel은 ShapeConcept 클래스의 순수 가상 함수를 재정의해야 한다. 즉, draw()는 그리기 요청을 주어진 그리기 전략으로 다시 전달(⑭)하는 반면, clone() 함수는 복사를 수행한다. 첫 번째 clone() 함수는 새 OwningShapeModel을 생성하고 저장한 도형과 그리기 전략을 모두 복사하도록 구현한다. 두 번째 clone() 함수는 std::construct_at()으로 지정한 주소에 새 NonOwningShapeModel을 생성하도록 구현한다(⑯).

게다가 OwningShapeModel 클래스는 새 clone() 함수 구현을 제공해야 한다.

```cpp
//---- <Shape.h> ----------------

// ...

namespace detail {
```

```
template< typename ShapeT
        , typename DrawStrategy >
class OwningShapeModel : public ShapeConcept
{
 public:
    // ...

    void clone( ShapeConcept* memory ) const            ⑰
    {
        using Model = NonOwningShapeModel<ShapeT const,DrawStrategy const>;

        std::construct_at( static_cast<Model*>(memory), shape_, drawer_ );

        // 또는:
        // auto* ptr =
        //    const_cast<void*>(static_cast<void const volatile*>(memory));
        // ::new (ptr) Model( shape_, drawer_ );
    }
};

// ...

} // namespace detail
```

OwningShapeModel의 clone() 함수는 std::construct_at()으로 NonOwningShapeModel의 새 인스턴스를 생성함으로써 NonOwningShapeModel 클래스의 구현과 유사하게 구현한다(⑰).

다음 추가는 외부 상속 계통인 ShapeConcept와 NonOwningShapeModel을 감싸는 래퍼 역할을 하는 래퍼 클래스다. 이 래퍼는 Shape 클래스와 동일한 책임(즉, NonOwningShapeModel 클래스 템플릿 인스턴스화와 모든 포인터 처리 캡슐화)을 맡지만, 복사본이 아닌 const 구체 도형에 대한 참조를 나타내야 할 뿐이다. 이 래퍼는 다시 ShapeConstRef 클래스 형태로 주어진다.

```
//---- <Shape.h> ----------------

#include <array>
#include <cstddef>
#include <memory>
```

```
// ...

class ShapeConstRef
{
 public:
   // ...

 private:
   // ...

   // 모델 인스턴스 예상 크기:
   //     sizeof(ShapeT*) + sizeof(DrawStrategy*) + sizeof(vptr)
   static constexpr size_t MODEL_SIZE = 3U*sizeof(void*);      ⓳

   alignas(void*) std::array<std::byte,MODEL_SIZE> raw_;       ⓲
};
```

보다시피 ShapeConstRef 클래스는 Shape 클래스와 매우 유사하지만, 몇 가지 중요한 차이가 있다. 가장 먼저 주목할 만한 상세 내용은 raw_ 저장 공간을 적절히 정렬한 std::byte 배열 형태로 사용하는 것이다(⓲). 이는 ShapeConstRef가 동적으로 할당하지 않고 클래스 내 메모리를 기반으로 확고하게 구축한다는 점을 나타낸다. 하지만 이 경우에는 필요한 NonOwningShapeModel 크기가 포인터 세 개 크기와 같을 것으로 예측할 수 있으므로 쉽게 가능하다(가상 함수 테이블에 대한 포인터 vptr이 다른 포인터와 크기가 같다고 가정한다)(⓳).

ShapeConstRef의 private 구역에는 멤버 함수도 몇 가지 포함돼 있다.

```
//---- <Shape.h> ----------------

// ...

class ShapeConstRef
{
 public:
   // ...

 private:
   friend void draw( ShapeConstRef const& shape )
```

```cpp
   {
      shape.pimpl()->draw();
   }

   ShapeConcept* pimpl()        ⓴
   {
      return reinterpret_cast<ShapeConcept*>( raw_.data() );
   }

   ShapeConcept const* pimpl() const        ㉑
   {
      return reinterpret_cast<ShapeConcept const*>( raw_.data() );
   }

   // ...
};
```

또한 draw() 함수를 숨겨진 friend로 추가하고 '지침 33: 타입 소거의 최적화 잠재력을 인식하라'의 SBO 구현처럼 pimpl() 함수 쌍을 추가한다(⓴과 ㉑). 이렇게 하면 클래스 내 std::byte 배열로 편리하게 작업할 수 있다.

두 번째로 주목할 만한 상세 내용은 모든 타입 소거 구현의 시그니처 함수인 템플릿 생성자다.

```cpp
//---- <Shape.h> ----------------

// ...

class ShapeConstRef
{
 public:
   // 'ShapeT'와 'DrawStrategy' 타입은 cv 한정할 수 있으며
   // 좌변 값 참조는 우변 값에 대한 참조를 방지한다
   template< typename ShapeT
           , typename DrawStrategy >
   ShapeConstRef( ShapeT& shape
                , DrawStrategy& drawer )        ㉒
   {
      using Model =
```

```
            detail::NonOwningShapeModel<ShapeT const,DrawStrategy const>;    ㉓
   static_assert( sizeof(Model) == MODEL_SIZE, "Invalid size detected" );    ㉔
   static_assert( alignof(Model) == alignof(void*), "Misaligned detected" );
   std::construct_at( static_cast<Model*>(pimpl()), shape_, drawer_ );       ㉕

   // 또는:
   // auto* ptr =
   //    const_cast<void*>(static_cast<void const volatile*>(pimpl()));
   // ::new (ptr) Model( shape_, drawer_ );
}

// ...

 private:
   // ...
};
```

다시 얘기하지만, 임시 객체의 생명 주기 문제를 방지하기 위해 인자를 비-const에 대한 참조로 받아들일 수 있다(매우 권장한다!)(㉒). 또는 인자를 const에 대한 참조로 받아들이면 우변 값을 전달할 수 있지만, 임시 객체의 생명 주기 문제를 겪을 위험에 처한다. 생성자 내부에서는 모델의 실제 크기와 메모리 정렬을 확인하기 전에(㉔), 필요한 모델 타입에 대한 편리한 타입 별칭을 먼저 다시 사용한다(㉓). 만약 이것이 기대하는 MODEL_SIZE나 포인터 정렬을 따르지 않으면 컴파일 오류가 발생한다. 그런 다음 std::construct_at()을 사용해 클래스 내 메모리 내에 새 모델을 생성한다(㉕).

```
//---- <Shape.h> ----------------

// ...

class ShapeConstRef
{
 public:
   // ...

   ShapeConstRef( Shape& other )          { other.pimpl_->clone( pimpl() ); }    ㉖
   ShapeConstRef( Shape const& other ) { other.pimpl_->clone( pimpl() ); }

   ShapeConstRef( ShapeConstRef const& other )
```

```
   {
      other.pimpl()->clone( pimpl() );
   }

   ShapeConstRef& operator=( ShapeConstRef const& other )
   {
      // 복사 교환 관용구
      ShapeConstRef copy( other );
      raw_.swap( copy.raw_ );
      return *this;
   }

   ~ShapeConstRef()
   {
      std::destroy_at( pimpl() );
      // 또는: pimpl()->~ShapeConcept();
   }

   // 이동 연산을 명시적으로 선언하지 않았다          ㉑

 private:
   // ...
};
```

ShapeConstRef는 템플릿 ShapeConstRef 생성자에 외에도 Shape 인스턴스를 변환할 수 있는 생성자를 두 가지 더 제공한다(㉖). 이것이 꼭 필요한 것은 아니지만, 우리가 Shape에 대한 NonOwningShapeModel 인스턴스를 생성할 수도 있듯이 이 생성자가 해당 바탕 도형 타입에 대한 NonOwningShapeModel을 직접 생성하므로 간접 지정 하나를 줄여 성능 향상에 기여한다. 이 생성자가 작동하려면 ShapeConstRef가 Shape 클래스의 friend가 돼야 한다는 점에 주의한다. 하지만 이는 좋은 friend 관계의 예이므로 걱정하지 않아도 된다. 즉, Shape와 ShapeConstRef는 실제로 한 세트이며 함께 작동하고 심지어 같은 헤더 파일로 제공된다.

마지막으로 주목할 만한 상세 내용은 이동 연산 두 가지를 명시적으로 선언하거나 삭제하지 않았다는 점이다(㉑). 복사 연산 두 가지를 명시적으로 정의했기 때문에 컴파일러는 이동 연산 두 가지를 생성하거나 삭제하지 않으며, 따라서 이 연산은 사라진다. 이 함수 두 가지는 다중 정의 해석에 절대 참여하지 않는다는 의미로 완전히 사라진다. 이는 명시적으로 삭제하는 것과는 다르다. 삭제하면 다중 정의 해석에 참여하며, 선택하면 컴파일 오류를 일으킨다. 하지만 이 두 함수가 사라지므로 ShapeConstRef를 이동하려고 하면 복사 연산이 대신 사용되는데, 이는 ShapeConstRef가 참조를 나타낼 뿐이므로 비용이 저렴하고 효율적이다. 따라서 이 클래스는 의도적으로 3의 법칙(https://en.cppreference.com/w/cpp/language/rule_of_three)을 구현한다.

거의 마무리다. 마지막 상세 내용은 Shape 클래스에 생성자를 하나 더 추가하는 것이다.

```
//---- <Shape.h> ----------------

// ...

class Shape
{
 public:
   // ...

   Shape( ShapeConstRef const& other )
      : pimpl_{ other.pimpl()->clone() }
   {}

 private:
   // ...
}
```

이 생성자를 통해 Shape 인스턴스는 전달받은 ShapeConstRef 인스턴스에 저장된 도형의 깊은 복사를 생성한다. 이 생성자가 없으면 Shape는 ShapeConstRef의 복사본을 저장하므로 참조자 그 자체의 역할을 한다.

요약하면, 간단한 비소유형 구현과 더 복잡한 것 모두 타입 소거 디자인 패턴의 모든 디자인 이점을 주지만, 동시에 모든 결함과 함께 참조 의미론 영역으로 후퇴시킨다. 이런 이유로 비소유형 타입 소거의 강점을 활용하면서 일반적인 생명 주기 문제도 인식해야 한다. 이를 std::string_view와 std::span과 같은 수준으로 생각해 보자. 이 모두는 함수 인자를 위한 매우 유용한 도구 역할을 하지만, 예를 들면 데이터 멤버 형태로 무언가를 오랜 기간 저장하는 데 사용해서는 안 된다. 생명 주기 관련 문제의 위험이 너무 크기 때문이다.

지침 34: 소유형 타입 소거 래퍼의 설정 비용을 인식하라

- 소유형 타입 소거 래퍼 설정에는 복사 연산과 메모리 할당을 포함할 수 있다는 점을 명심한다.
- 비소유형 타입 소거를 인식하고 참조 의미론의 결함도 이해한다.
- 간단한 타입 소거 구현을 선호하되, 그 한계를 이해한다.
- 함수 인수에는 비소유형 타입 소거 사용을 선호하되, 데이터 멤버나 반환 타입에는 사용하지 않는다.

09
데코레이터 디자인 패턴

이 장에서는 또 다른 고전 디자인 패턴인 데코레이터(Decorator) 디자인 패턴에 전념한다. 수년 간 데코레이터는 서로 다른 구현을 결합하고 재사용할 때 가장 유용한 디자인 패턴 중 하나로 판명됐다. 그래서 심지어 C++ 표준 라이브러리 기능을 개선하는 인상적인 작업 과정에서도 흔히 사용하는 것이 그리 놀랍지 않다. 이 장의 주 목표는 소프트웨어를 디자인할 때 데코레이터를 왜 그리고 언제 선택해야 좋은지에 대한 매우 좋은 아이디어를 제공하는 것이다. 추가로 좀 더 값 기반의 최신 데코레이터 형식도 보여준다.

'지침 35: 데코레이터를 사용해 사용자 정의를 계통적으로 추가한다'에서는 데코레이터 디자인 패턴의 디자인 측면을 자세히 살펴본다. 이를 언제 사용하는 것이 올바른 디자인 선택인지, 그리고 얻을 수 있는 이점이 무엇인지 알아본다. 또한 다른 디자인 패턴과 비교한 차이점과 잠재적 단점도 배운다.

'지침 36: 런타임과 컴파일 시점 추상화 간 이율배반적 관계를 이해한다'에서는 데코레이터 디자인 패턴의 구현을 두 가지 더 살펴본다. 두 구현 모두 값 의미론 영역에 확고히 뿌리를 두고 있지만, 첫 번째는 정적 다형성을 기반으로 하는 반면 두 번째는 동적 다형성을 기반으로 한다. 둘 모두 동일한 의도로 데코레이터를 구현하지만, 이 둘의 대조를 통해 디자인 패턴에 대한 디자인 공간의 광대함을 느낄 수 있다.

지침 35: 데코레이터를 사용해 사용자 정의를 계통적으로 추가하라

전략 디자인 패턴에 기반한 해결책을 제안해 팀의 2D 그래픽 도구의 디자인 문제를 해결한 이후 ('지침 19: 전략을 사용해 작업 수행 방법을 분리하라' 참고) 디자인 패턴 전문가로서 명성이 회사 전체에 퍼졌다. 따라서 다른 팀에서 여러분에게 조언을 구하는 것이 놀라운 일은 아니다. 어느 날, 회사 상품 관리 시스템 개발자 두 명이 사무실로 찾아와 도움을 요청한다.

동료의 디자인 문제

그 개발자 두 명이 속한 팀은 다양한 `Item`을 다룬다(그림 9-1 참고). 이 모든 항목에는 `price()` 꼬리표가 있다는 공통점이 한 가지 있다. 두 개발자는 C++ 상점에서 가져온 항목 두 가지, 즉 C++ 책을 나타내는 클래스(CppBook 클래스)와 C++ 콘퍼런스 입장권(ConferenceTicket 클래스)을 사용해 문제를 설명하려고 한다.

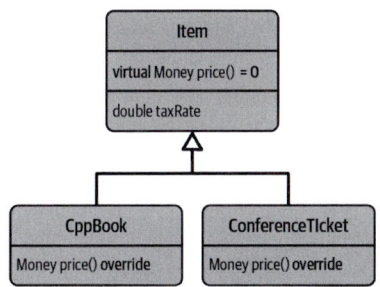

그림 9-1. 초기 `Item` 상속 계통

그 개발자가 문제 개요를 설명하는 동안 여러분은 가격을 수정하는 방법이 다양하다는 점이 문제라는 것을 이해하기 시작한다. 처음에는 세금만 고려하면 됐다고 한다. 그런 이유로 `Item` 기초 클래스는 세율을 나타내는 `protected` 데이터 멤버를 갖추고 있었다.

```
//---- <Money.h> ----------------

class Money { /*...*/ };

Money operator*( Money money, double factor );
Money operator+( Money lhs, Money rhs );
```

```
//---- <Item.h> ----------------

#include <Money.h>

class Item
{
 public:
   virtual ~Item() = default;

   virtual Money price() const = 0;
   // ...

 protected:
   double taxRate_;
};
```

이 코드는 한동안 문제없이 잘 작동했다. 그런데 어느 날 서로 다른 할인율도 고려해 달라는 요청을 받게 됐다. 당연히 이를 위해 수많은 다른 항목에 대해 많은 기존 클래스를 리팩터링하는 데 많은 노력이 들었다. 모든 파생 클래스가 그 protected 데이터 멤버에 접근하고 있으므로 그 이유를 쉽게 상상할 수 있을 것이다. '그래, 항상 변경을 위해 디자인해야 해…'라고 스스로 생각한다.[1]

그들은 불행히도 디자인이 잘못됐음을 인정하며 계속한다. 물론 Item 기초 클래스에 세율을 더 잘 캡슐화해야 했다. 하지만 이런 자각과 함께, 기초 클래스에서 데이터 멤버로 가격 변경자를 나타낼 때 새로운 가격 변경자는 항상 간섭적인 행동이며 Item 클래스에 직접 영향을 미친다는 것을 이해하게 됐다. 이런 이유로 향후에는 이런 대규모 리팩터링을 피하고 새 변경자를 쉽게 추가할 수 있는 방법에 대해 생각하기 시작했다. '잘하고 있어!'라며 스스로 생각한다. 안타깝게도 그들이 가장 먼저 떠올린 접근법은 상속 계통을 사용해 서로 다른 가격 변경자를 뽑아내는 것이었다(그림 9-2 참고).

---

[1] '지침 2: 변경을 위한 디자인'과 핵심 지침 C.133(http://isocpp.github.io/CppCoreGuidelines/CppCoreGuidelines#Rh-protected): 'Avoid protected data'를 기억하자.

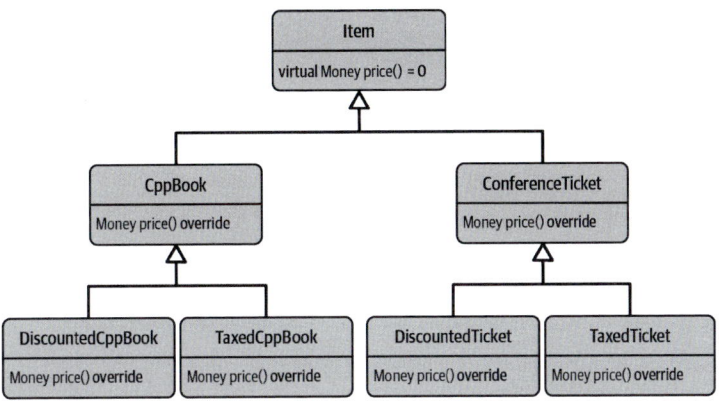

그림 9-2. 확장한 Item 상속 계통

세금과 할인 값을 기초 클래스 내에 캡슐화하는 대신 이런 변경자를 파생 클래스로 뽑아내 필요한 가격 조정을 수행한다. 여러분은 '어…'하며 생각하기 시작한다. 누가 봐도 여러분의 표정은 이 아이디어가 특히 맘에 들지 않는다는 것을 드러내고 있으므로 그들은 이미 그 아이디어를 폐기했다고 재빨리 얘기한다. 분명 그들은 이것이 더 많은 문제를 일으킬 것이라는 점을 스스로 깨달은 것 같다. 즉, 이 해결책은 타입 폭증을 빠르게 일으키고 기능 재사용이 안 좋을 것이다. 불행히도 모든 특정 Item에 대해 세금과 할인 코드를 중복해야 했기에 많은 코드가 두 배로 늘 것이다. 하지만 가장 골칫거리는 세금과 할인 모두에 영향을 받는 Item을 처리하는 것이다. 그들은 둘 다 처리하는 클래스를 제공하는 접근법을 좋아하지 않으며 상속 계통에 또 다른 계층을 도입하고 싶어 하지도 않았다(그림 9-3 참고).

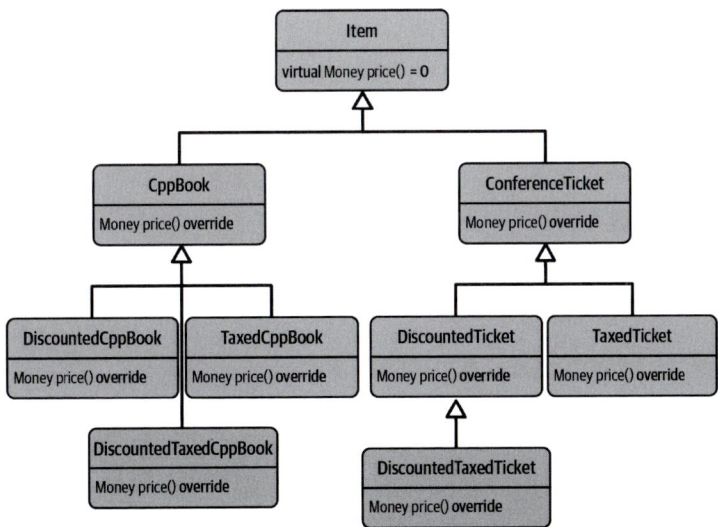

그림 9-3. 문제가 있는 Item 상속 계통

당연히, 그리고 그들에게는 놀랍게도, 직접 상속을 사용해 기초 클래스나 파생 클래스에서 가격 변경자를 처리할 수 없었다. 하지만 관심사 분리에 대한 어떤 언급을 하기 전에 그들은 최근에 전략 해결책에 대해 들었다고 설명했다. 마침내 그들은 이 문제를 적절히 리팩터링할 방법에 대한 아이디어를 얻었다 (그림 9-4 참고).

가격 변경자를 별도의 상속 계통으로 추출하고 `PriceStrategy`를 사용해 생성할 때 `Item`을 구성함으로써 마침내 비간섭적으로 새 가격 변경자를 추가하기 위한 효과 있는 해결책을 찾았으며, 이는 많은 리팩터링 작업을 덜어줄 것이다. '이것이 관심사를 분리하고 상속보다 구성을 선호하는 이점이야.'라고 스스로 생각한다.[2] 그리고 큰 소리로 묻는다. "대단해요. 정말 기뻐요. 이제 모든 게 잘 작동하는 것 같고 스스로 해결했어요! 정확히 뭐 때문에 여기에 온 거죠?"

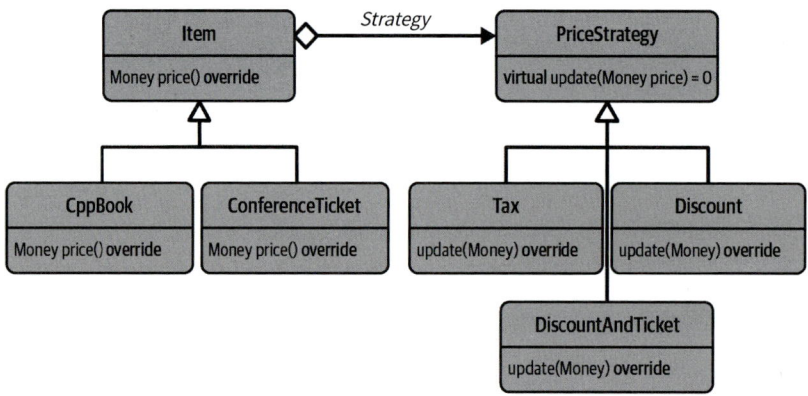

그림 9-4. 전략 기반 `Item` 상속 계통

그들은 여러분의 전략 해결책이 (고마워하는 표정을 포함해) 그들에게 있어 단연 최고의 접근법이라고 얘기한다. 하지만 그 접근법이 완전히 만족스럽지 않다는 것도 인정한다. 그들이 보기에 문제가 두 가지 남아 있으며 물론 여러분이 이를 해결할 방법을 알고 있기를 기대하고 있다. 첫 번째 문제는 가격 변경자를 적용하지 않더라도 모든 `Item` 인스턴스에 전략 클래스가 필요하다는 점이다. 이 문제는 **널 객체**(null object)로 해결할 수 있다는 데 동의하지만, 더 간단한 해결책이 있어야 한다고 생각한다.[3]

```
class PriceStrategy
{
 public:
```

---

[2] 많은 디자인 패턴이 그 힘을 상속보다 구성에서 얻는 이유에 대한 논의는 '지침 20: 상속보다 구성을 선호하라'를 참고한다.
[3] **널 객체**는 중립(널) 행위를 하는 객체를 나타낸다. 이처럼 이는 전략 구현의 기본값으로 볼 수 있다.

```
    virtual ~PriceStrategy() = default;
    virtual Money update( Money price ) const = 0;
    // ...
};

class NullPriceStrategy : public PriceStrategy
{
 public:
    Money update( Money price ) const override { return price; }
};
```

두 번째 문제는 해결하기가 조금 더 어려워 보인다. 분명 그들은 (예를 들면 Discount와 Tax를 DiscountAndTax로) 서로 다른 변경자를 결합하는 데 관심이 있다. 불행히도 그들의 현재 구현에서는 코드 중복이 생긴다. 예를 들면 Tax와 DiscountAndTax 클래스 모두에 세금 관련 계산을 포함한다. 그리고 당장은 변경자가 단둘이므로 중복에 대처할 합리적인 해결책이 바로 있지만, 변경자를 더 추가하거나 이를 임의로 조합하면 문제에 부딪힐 것을 예상한다. 그러므로 서로 다른 가격 변경자를 처리할 또 다른 더 나은 해결책이 있는지 궁금해한다.

이는 정말 흥미로운 문제이며 여러분은 그들을 돕게 돼 기뻐한다. 그들은 절대적으로 옳다. 전략 디자인 패턴은 이 문제에 대한 올바른 해결책이 아니다. 전략이 함수의 전체 구현 상세에 대한 의존성을 제거하고 서로 다른 구현을 우아하게 처리하는 훌륭한 해결책이지만, 서로 다른 구현을 쉽게 조합하고 재사용할 수 있게 하지는 않는다. 이를 시도하면 전략 상속 계통이 원하지 않게 급속히 복잡해진다.

이 문제에 필요한 것은 전략의 상속 계통 형태, 즉 서로 다른 가격 변경자를 분리하면서도 매우 유연하게 조합할 수 있는 형태일 것 같다. 따라서 성공을 위한 한 가지 열쇠는 관심사 분리의 결과를 적용하는 것이다. 즉, DiscountAndTax 클래스의 정신에 따라 경직되고 수동으로 부호화한 모든 조합을 금지한다. 하지만 이 해결책은 또한 기존 코드를 수정하지 않고 언제든 새 아이디어를 구현할 수 있게 비간섭적이어야 한다. 마지막으로, 인위적인 **널 객체**로 기본 사례를 처리할 필요가 없어야 한다. 대신, 상속 대신 구성을 기반으로 구축하고 래퍼 형태로 가격 변경자를 구현하는 것이 결과적으로 더 합리적일 것이다. 이런 인식과 함께 여러분은 미소 짓기 시작한다. 그렇다. 이 목적에 딱 맞는 디자인 패턴이 있다. 그 두 개발자 손님에게 필요한 것은 데코레이터 디자인 패턴의 구현이다.

데코레이터 디자인 패턴 해설

데코레이터 디자인 패턴 역시 GoF 책에서 유래했다. 주요 초점은 구성을 통해 서로 다른 기능을 유연하게 조합하는 것이다.

데코레이터 디자인 패턴

의도: '객체에 추가적인 책임을 동적으로 부여한다. 데코레이터는 기능을 확장하는 데 서브클래싱(subclassing)에 대한 유연한 대안을 제공한다.'[4]

그림 9-5에서는 주어진 `Item` 문제에 대한 UML 도표를 볼 수 있다. 이전과 마찬가지로 `Item` 기초 클래스는 가능한 모든 항목의 추상화를 나타낸다. 한편 CppBook 파생 클래스는 `Item`의 서로 다른 구현을 대표하는 역할을 한다. 이 상속 계통의 문제는 기존 `price()` 함수에 대한 새 변경자를 추가하기 어렵다는 점이다. 데코레이터 디자인 패턴에서는 이런 새로운 '책임'의 추가를 **변형점**으로 식별하고 `DecoratedItem` 클래스 형태로 추출한다. 이 클래스는 `Item` 기초 클래스의 특수한 별도 구현이며 주어진 모든 항목에 대해 추가한 책임을 나타낸다. 한편 `DecoratedItem`은 `Item`에서 파생하므로 `Item` 추상화의 모든 기대를 따라야 한다('지침 6: 추상화로 기대하는 행위를 따르라' 참고). 다른 한편으로 이는 (구성이나 집합을 통해) `Item`을 포함하기도 한다. 이로 인해 `DecoratedItem`은 모든 항목을 감싸며 잠재적으로는 그 자체로 기능을 확장할 수 있는 래퍼 역할을 한다. 이런 이유로 이는 변경자의 계통적 적용을 위한 토대를 제공한다. 가능한 변경자 두 가지는 특정 항목에 대한 할인을 나타내는 `Discounted` 클래스와 세금을 나타내는 `Taxed` 클래스로 나타낸다.[5]

---

[4] 에릭 감마 등, 《GoF의 디자인 패턴》
[5] 이것이 세금을 처리하는 가장 합리적인 접근법인지 궁금해할 수 있다. 불행히도 아니다. 그 이유는 첫째 늘 그렇듯 현실은 이 단순하고 교육적인 예보다 훨씬 더 복잡하며, 둘째로 이 형태에서는 세금을 잘못 적용하기가 쉽기 때문이다. 첫 번째는 도울 수 없지만, (난 보통 인간일 뿐이다) 두 번째에 대해서는 이 지침 마지막에서 자세히 설명한다.

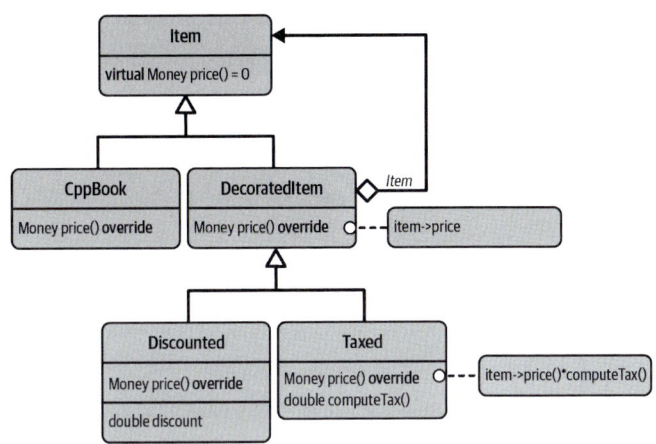

그림 9-5. 데코레이터 디자인 패턴의 UML 표현

`DecoratedItem` 클래스를 도입하고 변경이 필요한 관심사를 분리해 SRP를 따른다. 이 관심사를 분리해 새로운 가격 변경자를 쉽게 추가할 수 있게 해 **개방-폐쇄 원칙(OCP)**도 따른다. `DecoratedItem` 클래스의 계통적이며 재귀적인 본질과 서로 다른 변경자를 쉽게 재사용하고 결합할 수 있는 능력으로 인해 **반복하지 말 것(DRY)** 원칙의 조언도 따른다. 마지막으로 중요한 것은 데코레이터의 래퍼 접근법 때문에 **널 객체** 형태로 어떤 기본 행위도 정의할 필요가 없다. 변경자가 필요하지 않은 모든 `Item`은 그대로 사용할 수 있다.

그림 9-6에서는 데코레이터 디자인 패턴의 의존성 도표를 볼 수 있다. 이 그림에서 `Item` 클래스는 아키텍처 최상위 수준에 상주한다. 한 수준 아래에 상주하는 `DecoratedItem` 클래스를 포함해 다른 모든 클래스는 이에 의존한다. 물론 이것이 필수 조건은 아니다. 즉, `Item`과 `DecoratedItem` 모두 동일한 아키텍처 수준에 도입하는 것도 완벽히 허용한다. 하지만 이 예에서는 기존 코드 수정 없이 새 데코레이터를 (언제, 어디서든) 항상 도입할 수 있다는 것을 보여준다. `Item`의 구체 타입은 아키텍처 최하위 수준에서 구현한다. 이런 항목 사이에는 의존성이 없다는 점에 주의한다. 즉, `Discounted` 같은 변경자를 포함해 모든 항목은 누구든 언제나 독립적으로 도입할 수 있으며, 데코레이터 구조로 인해 유연하고 임의로 결합될 수 있다.

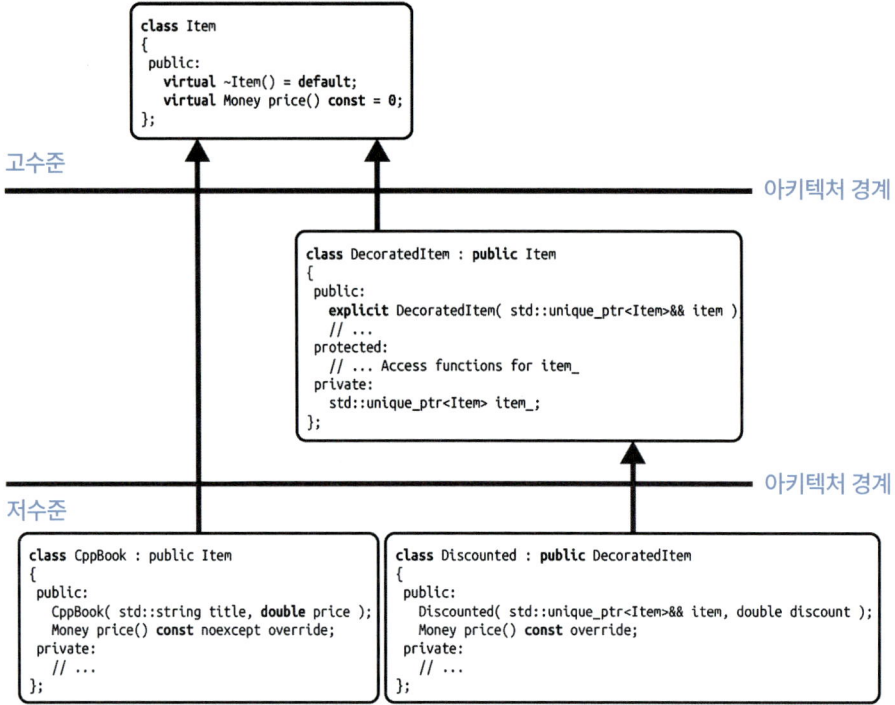

그림 9-6. 데코레이터 디자인 패턴에 대한 의존성 도표

데코레이터 디자인 패턴의 고전적인 구현

주어진 Item 예를 사용해 데코레이터 디자인 패턴의 완전한 GoF식 구현을 살펴보자.

```
//---- <Item.h> ----------------

#include <Money.h>

class Item
{
 public:
   virtual ~Item() = default;
   virtual Money price() const = 0;
};
```

Item 기초 클래스는 가능한 모든 항목에 대한 추상화를 나타낸다. 유일한 요구 사항은 주어진 항목의 가격을 조회하는 데 사용할 수 있는 `price()` 순수 가상 함수로 정의한다. DecoratedItem 클래스는 가능한 Item 클래스 구현 하나를 나타낸다(❶).

```
//---- <DecoratedItem.h> ----------------

#include <Item.h>
#include <memory>
#include <stdexcept>
#include <utility>

class DecoratedItem : public Item      ❶
{
 public:
   explicit DecoratedItem( std::unique_ptr<Item> item )      ❸
      : item_( std::move(item) )
   {
      if( !item_ ) {
         throw std::invalid_argument( "Invalid item" );
      }
   }

 protected:
   Item&       item()       { return *item_; }      ❹
   Item const& item() const { return *item_; }

 private:
   std::unique_ptr<Item> item_;      ❷
};
```

DecoratedItem은 Item 클래스에서 파생되지만, item_도 담고 있다(❷). 이 item_은 생성자를 통해 지정하며 다른 Item에 대한 널이 아닌 모든 `std::unique_ptr`을 받아들인다(❸). 이 DecoratedItem 클래스는 `price()` 순수 가상 함수를 아직 정의하지 않아서 여전히 추상이다. DecoratedItem은 Item을 저장하고 protected 멤버 함수를 통해 Item에 접근하는 데 필요한 기능만 제공한다(❹).

이 두 클래스를 갖추고 있으면 구체 Item을 구현할 수 있다.

```
//---- <CppBook.h> ----------------

#include <Item.h>
#include <string>
#include <utility>

class CppBook : public Item            ❺
{
 public:
   CppBook( std::string title, Money price )
      : title_{ std::move(title) }
      , price_{ price }
   {}

   std::string const& title() const { return title_; }
   Money price() const override { return price_; }

 private:
   std::string title_{};
   Money price_{};
};


//---- <ConferenceTicket.h> ----------------

#include <Item.h>
#include <string>
#include <utility>

class ConferenceTicket : public Item          ❻
{
 public:
   ConferenceTicket( std::string name, Money price )
      : name_{ std::move(name) }
      , price_{ price }
   {}

   std::string const& name() const { return name_; }
```

```cpp
      Money price() const override { return price_; }

   private:
      std::string name_{};
      Money price_{};
};
```

CppBook과 ConferenceTicket 클래스는 가능한 특정 Item 구현을 나타낸다(❺와 ❻). C++ 책은 그 책 제목으로 나타내지만, C++ 콘퍼런스는 해당 콘퍼런스 이름으로 나타낸다. 가장 중요한 것은 두 클래스 모두 지정한 price_를 반환하도록 price() 함수를 재정의한다는 점이다.

CppBook과 ConferenceTicket 모두 어떤 세금이나 할인도 의식하지 않는다. 하지만 분명히 두 Item 모두 잠재적으로는 그 둘에 종속돼 있다. 이런 가격 변경자는 Discounted와 Taxed 클래스를 이용해 구현한다.

```cpp
//---- <Discounted.h> ----------------

#include <DecoratedItem.h>

class Discounted : public DecoratedItem
{
 public:
   Discounted( double discount, std::unique_ptr<Item> item )    ❼
      : DecoratedItem( std::move(item) )
      , factor_( 1.0 - discount )
   {
      if( !std::isfinite(discount) || discount < 0.0 || discount > 1.0 ) {
         throw std::invalid_argument( "Invalid discount" );
      }
   }

   Money price() const override
   {
      return item().price() * factor_;     ❽
   }

 private:
```

```cpp
    double factor_;
};
```

Discounted 클래스(❼)는 Item에 대한 std::unique_ptr과 0.0에서 1.0 범위인 double 값으로 나타낸 할인 값을 전달해 초기화한다. 주어진 Item을 즉시 DecoratedItem 기초 클래스로 전달하는 반면 주어진 할인 값은 할인 factor_를 계산하는 데 사용한다. 이 요소는 price() 함수를 구현해 주어진 항목의 가격을 수정하는 데 사용한다(❽). 이는 CppBook이나 ConferenceTicket 같은 특정 항목이거나 차례로 다른 Item 가격을 변경하는, Discounted 같은 데코레이터일 수 있다. 따라서 price() 함수는 데코레이터의 계통적 구조를 완전히 이용하는 지점이다.

```cpp
//---- <Taxed.h> ----------------

#include <DecoratedItem.h>

class Taxed : public DecoratedItem
{
 public:
    Taxed( double taxRate, std::unique_ptr<Item> item )        ❾
      : DecoratedItem( std::move(item) )
      , factor_( 1.0 + taxRate )
    {
       if( !std::isfinite(taxRate) || taxRate < 0.0 ) {
          throw std::invalid_argument( "Invalid tax" );
       }
    }

    Money price() const override
    {
       return item().price() * factor_;
    }

 private:
    double factor_;
};
```

Taxed 클래스는 Discounted 클래스와 매우 유사하다. 주요 차이는 생성자에서 세금 관련 요소를 평가한다는 점이다(❾). 다시 얘기하지만, 이 요소는 감싼 Item의 가격을 수정하기 위해 price() 함수에서 사용한다.

이 모든 기능을 main() 함수에 함께 모은다.

```cpp
#include <ConferenceTicket.h>
#include <CppBook.h>
#include <Discounted.h>
#include <Taxed.h>
#include <cstdlib>
#include <memory>

int main()
{
  // 7% 세금: 19*1.07 = 20.33
  std::unique_ptr<Item> item1(         ❿
    std::make_unique<Taxed>( 0.07,
      std::make_unique<CppBook>( "Effective C++", 19.0 ) ) );

  // 20% 할인, 19% 세금: (999*0.8)*1.19 = 951.05
  std::unique_ptr<Item> item2(         ⓫
    std::make_unique<Taxed>( 0.19,
      std::make_unique<Discounted>( 0.2,
        std::make_unique<ConferenceTicket>( "CppCon", 999.0 ) ) ) );

  Money const totalPrice1 = item1->price(); // 결과는 20.33
  Money const totalPrice2 = item2->price(); // 결과는 951.05

  // ...

  return EXIT_SUCCESS;
}
```

첫 번째 Item으로 CppBook을 생성한다. 이 책에 세금을 7% 부과한다고 가정하고 이 항목을 Taxed 데코레이터로 감싸 적용한다. 그러므로 그 결과로 얻은 item1은 세금을 부과한 C++ 책을 나타낸다(❿). 두 번째 Item으로는 CppCon(https://cppcon.org)을 나타내는 ConferenceTicket 인스턴스를 생성한다. 운 좋게도 얼리버드 입장권을 얻어 20% 할인을 받았다. 이 할인은 `Discounted` 클래스를 이용해 `ConferenceTicket` 인스턴스를 감쌌다. 또한 이 입장권에는 세금을 19% 부과하며 이전처럼 `Taxed` 데코레이터를 통해 적용한다. 따라서 결과로 얻은 `item2`는 할인과 세금을 부과한 C++ 콘퍼런스 입장권을 나타낸다(❶).

두 번째 데코레이터 예

데코레이터 디자인 패턴의 이점을 보여주는 또 다른 인상적인 예는 C++17의 STL 할당자 재작업에서 볼 수 있다. 할당자 구현이 데코레이터를 기반으로 하므로 가장 특수한 메모리 요구 사항조차 충족하는 임의의 복잡한 할당자 상속 계통을 생성할 수 있다. 예를 들면 `std::pmr::monotonic_buffer_resource`를 사용하는 다음 예를 생각해 보자(❷).

```cpp
#include <array>
#include <cstddef>
#include <cstdlib>
#include <memory_resource>
#include <string>
#include <vector>

int main()
{
   std::array<std::byte,1000> raw;   // 주의: 초기화하지 않는다!

   std::pmr::monotonic_buffer_resource
      buffer{ raw.data(), raw.size(), std::pmr::null_memory_resource() };       ❷

   std::pmr::vector<std::pmr::string> strings{ &buffer };

   strings.emplace_back( "String longer than what SSO can handle" );
   strings.emplace_back( "Another long string that goes beyond SSO" );
   strings.emplace_back( "A third long string that cannot be handled by SSO" );

   // ...

   return EXIT_SUCCESS;
}
```

std::pmr::monotonic_buffer_resource는 std::pmr 네임스페이스에서 사용할 수 있는 몇 가지 할당자 중 하나다. 이 예에서는 strings 벡터가 메모리를 요청할 때마다 주어진 바이트 배열 raw의 덩어리만 분배하게 설정돼 있다. 예를 들어 buffer에 메모리가 부족해 처리할 수 없는 메모리 요청은 std::bad_alloc 예외를 던져 처리한다. 이 행위는 생성 중 std::pmr_null_memory_resource(https://en.cppreference.com/w/cpp/memory/null_memory_resource)를 전달해 지정한다. 하지만 std::pmr::monotonic_buffer_resource를 적용할 수 있는 다른 많은 사례가 있다. 예를 들면 동적 메모리를 기반으로 구축하고 std::pmr::new_delete_resource()(https://en.cppreference.com/w/cpp/memory/new_delete_resource)를 사용해 new와 delete를 통해 추가 메모리 덩어리를 재할당하게 할 수도 있다(⑬).

```
// ...

int main()
{
   std::pmr::monotonic_buffer_resource
      buffer{ std::pmr::new_delete_resource() };        ⑬

   // ...
}
```

이 유연성과 할당자의 계통적 구성은 데코레이터 디자인 패턴을 이용해 할 수 있다. std::pmr::monotonic_buffer_resource는 std::pmr::memory_resouce(https://en.cppreference.com/w/cpp/memory/memory_resource) 기초 클래스에서 파생하지만, 동시에 std::pmr::memory_resource에서 파생한 다른 할당자를 감싼 래퍼 역할도 한다. buffer 메모리가 부족할 때마다 사용하는 업스트림 할당자는 std::pmr::monotonic_buffer_resource를 생성할 때 지정한다.

하지만 가장 인상적인 것은 할당 전략을 쉽게 비간섭적으로 사용자 정의할 수 있다는 점이다. 예를 들면 큰 메모리 덩어리에 대한 요청을 작은 덩어리에 대한 요청과 다르게 처리할 수 있다는 것이 흥미로울 수 있다. 자신의 사용자 정의 할당자만 제공하면 된다. 다음 CustomAllocator 개요를 생각해 보자.

```
//---- <CustomAllocator.h> ----------------

#include <cstdlib>
#include <memory_resource>
```

```cpp
class CustomAllocator : public std::pmr::memory_resource        ⑭
{
 public:
   CustomAllocator( std::pmr::memory_resource* upstream )       ⑯
      : upstream_{ upstream }
   {}

 private:
   void* do_allocate( size_t bytes, size_t alignment ) override;   ⑰

   void do_deallocate( void* ptr, [[maybe_unused]] size_t bytes,   ⑱
                       [[maybe_unused]] size_t alignment ) override;

   bool do_is_equal(
      std::pmr::memory_resource const& other ) const noexcept override;   ⑲

   std::pmr::memory_resource* upstream_{};   ⑮
};
```

C++17 할당자로 인식하도록 CustomAllocator 클래스를 모든 C++17 할당자에 대한 요구 사항 집합을 나타내는 std::pmr::memory_resource 클래스에서 파생한다(⑭). 우연히도 CustomAllocator 또한 생성자를 통해 초기화하는(⑯) std::pmr::memory_resource에 대한 포인터도 소유한다(⑮).

C++17 할당자에 대한 요구 사항 집합은 가상 함수인 do_allocate(), do_deallocate(), do_is_equal()로 구성된다. do_allocate() 함수는 잠재적으로 업스트림 할당자를 통해 메모리를 획득할 책임이 있는 반면(⑰), do_deallocate() 함수는 메모리를 돌려줘야 할 때마다 호출한다(⑱). 마지막으로 중요한 것은, 두 할당자의 상등을 확인해야 할 때마다 do_is_equal() 함수를 호출한다는 점이다(⑲).[6]

특히 표준 라이브러리에서 다른 어떤 코드도 변경할 필요 없이 CustomAllocator만 도입해 새 할당자를 std::pmr::monotonic_buffer_resource와 std::pmr::new_delete_resource() 사이에 쉽게 연결할 수 있으므로(⑳) 할당 행위를 비간섭적으로 확장할 수 있다.

---

[6] 불완전한 구현에 대해 궁금해할 수도 있는데, 여기서는 할당자를 **구현**하는 방법이 아니라 전적으로 **디자인**하는 방법에 초점을 맞추고 있다. C++17 할당자를 구현하는 방법에 대한 자세한 소개는 니콜라이 요수티스의 《C++17 - The Complete Guide》를 참고한다.

```
// ...
#include <CustomAllocator.h>

int main()
{
    CustomAllocator custom_allocator{ std::pmr::new_delete_resource() };

    std::pmr::monotonic_buffer_resource buffer{ &custom_allocator };   ⑳

    // ...
}
```

데코레이터, 어댑터, 전략 비교

데코레이터와 **어댑터**라는 이름의 이 두 가지 디자인 패턴은 목적이 비슷해 보인다. 하지만 자세히 살펴보면 이 두 패턴은 매우 다르며 전혀 관련이 없다. 어댑터 디자인 패턴의 의도는 주어진 인터페이스를 기대한 인터페이스에 맞게 조정하고 변경하는 것이다. 어떤 기능도 추가하지 않으며 한 함수 집합을 다른 함수 집합으로 사상하는 것에만 관심이 있다('지침 24: 어댑터를 사용해 인터페이스를 표준화하라' 참고). 한편 데코레이터 디자인 패턴은 주어진 인터페이스를 보존하며 그것을 변경하는 것에는 전혀 관심이 없다. 대신 책임을 추가하고 기존 함수 집합을 확장하며 사용자 정의하는 능력을 제공한다.

전략 디자인 패턴은 데코레이터와 훨씬 더 비슷하다. 두 패턴 모두 기능을 사용자 정의할 수 있는 능력을 제공한다. 하지만 두 패턴은 적용 의도가 서로 다르므로 제공하는 이점도 다르다. 전략 디자인 패턴은 특정 기능의 구현 상세에 대한 의존성을 제거하는 데 초점을 맞추며 외부에서 이러한 상세 내용을 정의할 수 있게 한다. 따라서 이런 관점에서 해당 기능의 핵심, 즉 '내장(gut)'을 나타낸다. 이 형식은 특히 서로 다른 구현을 나타내고 이들 사이를 전환하는 데 적합하다('지침 19: 전략을 사용해 작업 수행 방법을 분리하라' 참고). 이에 비해 데코레이터 디자인 패턴은 추가할 수 있는 구현 사이 의존성을 제거하는 데 초점을 맞춘다. 데코레이터는 래퍼 형태로 인해 기능의 '피부'를 나타낸다.[7] 이 형태는 특히 서로 다른 구현을 결합하는 데 적합하며, 기능을 대체하거나 구현 간에 전환하기보다 기능을 증강하고 확장할 수 있게 한다.

---

[7] 전략은 객체의 내장이며, 데코레이터는 피부라는 은유는 GoF 책에서 유래했다.

분명 전략과 데코레이터 모두 각각 강점이 있으며 그에 따라 선택해야 한다. 하지만 이 두 가지 디자인 패턴을 결합해 두 세계의 가장 좋은 점을 얻을 수도 있다. 예를 들면, 전략 디자인 패턴으로 Item을 구현하되, 데코레이터를 이용해 전략을 더 세밀하게 구성하게 할 수 있다.

```cpp
class PriceStrategy
{
 public:
   virtual ~PriceStrategy() = default;
   virtual Money update( Money price ) const = 0;
   // ...
};

class DecoratedPriceStrategy : public PriceStrategy
{
 public:
   // ...
 private:
   std::unique_ptr<PriceStrategy> priceModifier_;
};

class DiscountedPriceStrategy : public DecoratedPriceStrategy
{
 public:
   Money update( Money price ) const override;
   // ...
};
```

이 디자인 패턴 조합은 전략 구현이 이미 준비돼 있을 때 특히 흥미롭다. 전략은 간섭적이며 클래스를 수정해야 하지만, 언제나 DecoratedPriceStrategy 클래스 같은 데코레이터를 비간섭적으로 추가할 수 있다. 물론 이것이 올바른 해결책인지 여부는 상황에 따라 결정해야 한다.

데코레이터 디자인 패턴 단점 분석

데코레이터 디자인 패턴은 행위를 계통적으로 확장하고 사용자 정의할 수 있는 능력으로 인해 디자인 패턴 카탈로그에서 가장 가치 있고 유연한 패턴 중 하나임이 분명하다. 하지만 그 이점에도 불구하고 몇 가지 단점도 있다. 무엇보다 먼저, 데코레이터의 유연성에는 대가가 따른다. 주어진 상속 계통의 모든 수준에서 간접 지정을 한 단계 추가한다. 구체적 예로, Item 상속 계통의 객체 지향적 구현에서 이 간접 지정은 데코레이터당 가상 함수 호출 한 번의 형태로 개입한다. 따라서 데코레이터를 광범위하게 사용하면 잠재적으로 상당한 성능 추가 비용이 발생할 수 있다. 이런 가능한 성능 불이익이 문제가 될지 여부는 상황에 따라 다르다. 데코레이터의 유연성과 구조적 측면이 성능 문제보다 중요한지 여부는 벤치마크를 사용해 사례별로 결정해야 한다.

또 다른 단점은 데코레이터를 무의미한 방식으로 결합하는 잠재적 위험성이다. 예를 들면, 다른 Taxed 데코레이터를 Taxed 데코레이터로 감싸거나 이미 세금을 부과한 Item에 Discounted를 적용하는 것을 쉽게 할 수 있다. 두 시나리오 모두 정부를 행복하게 하겠지만, 그럼에도 불구하고 절대 일어나서는 안 되므로 디자인으로 피해야 한다. 이런 합리성은 스콧 마이어스의 보편 디자인 원칙에서 잘 표현하고 있다.[8]

> 인터페이스는 올바르게 쓰기는 쉽고 잘못 쓰기는 어렵게 만들어라.

따라서 데코레이터의 엄청난 유연성은 놀랍지만, (물론 시나리오에 따라) 위험할 수도 있다. 이 시나리오에서는 세금이 특별한 역할을 하는 듯하므로 데코레이터가 아닌 다른 방법으로 처리하는 것이 매우 합리적인 듯하다. 실제로 세금은 다소 복잡한 주제이므로 전략 디자인 패턴을 통해 이 관심사를 분리하는 것이 합리적일 것 같다.

```
//---- <TaxStrategy.h> ----------------

#include <Money.h>

class TaxStrategy           ㉑
{
 public:
   virtual ~TaxStrategy() = default;
   virtual Money applyTax( Money price ) const = 0;
   // ...
};



//---- <TaxedItem.h> ----------------
```

---
[8] 스콧 마이어스, 《이펙티브 C++》 3판(프로텍미디어, 2015).

```cpp
#include <Money.h>
#include <TaxStrategy.h>
#include <memory>

class TaxedItem
{
 public:
   explicit TaxedItem( std::unique_ptr<Item> item
                     , std::unique_ptr<TaxStrategy> taxer )   ㉒
      : item_( std::move(item) )
      , taxer_( std::move(taxer) )
   {
      // 항목과 세금 전략이 유효한지 확인한다
   }

   Money netPrice() const  // 세금 제외 가격               ㉓
   {
      return price();
   }

   Money grossPrice() const  // 세금 포함 가격             ㉔
   {
      return taxer_->applyTax( item_->price() );
   }

 private:
   std::unique_ptr<Item> item_;
   std::unique_ptr<TaxStrategy> taxer_;
};
```

TaxStrategy 클래스는 세금을 Item에 적용하는 다양한 방법을 나타낸다(㉑). 이런 TaxStrategy는 TaxedItem 클래스에서 Item과 결합한다(㉒). TaxedItem은 Item 자체가 아니므로 다른 Item으로 장식할 수 없다는 점에 주의한다. 그러므로 데코레이터를 종료하는 역할을 하며, 가장 마지막 데코레이터로만 적용할 수 있다. 또한 price() 함수를 제공하지 않는 대신, 세금 포함 가격과 감싼 Item의 원래 가격 모두를 조회할 수 있도록 netPrice()(㉓)와 grossPrice()(㉔) 함수를 제공한다.[9]

---

[9] 진짜 목적을 반영하기 위해 원래 price() 함수를 netPrice()로 이름을 바꿔야 한다고 생각한다면 그에 동의한다.

여러분이 알고 있을지도 모를 유일한 다른 문제는 `nullptr` 검사와 허상 포인터(dangling pointer)의 위험성을 포함한 많은 포인터, `std::unique_ptr`과 `std::make_unique()`를 이용한 명시적 생명 주기 관리, 그리고 많고 작은 수동 메모리 할당 등 데코레이터 디자인 패턴의 참조 의미론 기반 구현이다. 하지만 다행히 여러분에게는 여전히 비책이 있으며, 값 의미론에 기반한 데코레이터를 구현하는 방법을 보여 줄 수 있다(다음 지침 참고).

요약하면, 데코레이터 디자인 패턴은 필수적인 디자인 패턴 중 하나이며, 몇 가지 결점에도 불구하고 여러분의 도구 상자에 추가할 가치가 충분하다. 다만 너무 흥분한 나머지 그것을 모든 것에 사용하기 시작하지 않도록 주의한다. 결국 모든 패턴에서 적절한 사용과 남용은 종이 한 장 차이다.

지침 35: 데코레이터를 사용해 사용자 정의를 계통적으로 추가하라

- 상속이 답인 경우는 드물다는 점을 이해한다.
- 데코레이터 디자인 패턴은 행위를 비간섭적이며 계통적으로 확장하고 사용자 정의할 의도로 적용한다.
- 독립적인 행위를 결합하고 재사용하기 위해 데코레이터를 고려한다.
- 데코레이터, 어댑터, 전략 디자인 패턴 간의 차이를 이해한다.
- 데코레이터의 극단적인 유연성을 활용하되, 단점을 알고 있어야 한다.
- 무의미한 데코레이터를 피하되, 올바르게 사용하기 쉬운 디자인을 선호한다.

지침 36: 런타임과 컴파일 시점 추상화 간 이율배반적 관계를 이해하라

'지침 35: 데코레이터를 사용해 사용자 정의를 계통적으로 추가한다'에서는 데코레이터 디자인 패턴을 소개했으며, 이 디자인 패턴을 여러분의 도구 상자에 추가하기 위한 강력한 동기가 됐기를 바란다. 하지만 지금까지는 데코레이터를 고전적인 객체 지향 구현을 통해서만 설명했으며 '지침 22: 참조 의미론보다 값 의미론을 선호하라'의 조언을 따르지 않았다. 데코레이터를 값 의미론 기반으로 구현하는 법을 여러분이 간절히 기다리고 있을 것으로 추정하므로 가능한 접근법 두 가지를 소개하겠다. 그렇다. **두 가지** 접근법이다. 즉, 매우 다른 구현 두 가지를 보여주는 것으로 지연을 만회하려고 한다. 둘 모두 값 의미론에 확고한 기반을 두고 있지만, 비교하면 디자인 공간에서 거의 반대편에 있다. 첫 번째 접근법은 정적 다형성을 기반으로 구현해 모든 컴파일 시점 정보를 이용할 수 있는 반면, 두 번째 접근법은 오히려 동적 다형성의 모든 런타임 이점을 이용한다. 두 접근법 모두 장점과 함께 특유의 단점도 있다. 그러므로 이 예에서는 선택 가능한 디자인의 폭을 잘 볼 수 있을 것이다.

값 기반 컴파일 시점 데코레이터

정적 다형성을 기반으로 한 데코레이터 구현으로 시작하자. "이 역시 템플릿을 많이 사용하겠죠?" 여러분이 묻는다. 그렇다. 기본 추상화 메커니즘으로 템플릿을 사용하며 C++20 콘셉트와 심지어 전달 참조도 사용한다. 하지만 템플릿을 특별히 많이 사용하지는 않을 것이다. 오히려 데코레이터 디자인 패턴의 디자인 측면과 새 데코레이터와 새 일반 항목을 쉽게 추가할 수 있도록 하는 목표에 집중한다. 그런 항목 하나가 ConferenceTicket 클래스다.

```cpp
//---- <ConferenceTicket.h> ----------------

#include <Money.h>
#include <string>
#include <utility>

class ConferenceTicket
{
 public:
   ConferenceTicket( std::string name, Money price )
      : name_{ std::move(name) }
      , price_{ price }
   {}

   std::string const& name() const { return name_; }
   Money price() const { return price_; }

 private:
   std::string name_;
   Money price_;
};
```

ConferenceTicket은 관련 기초 클래스가 없으며 가상 함수도 없다는 점에서 값 타입의 기대를 완벽히 충족한다. 이는 항목을 더 이상 기초 클래스에 대한 포인터를 통해 장식하지 않으며, 그 대신 구성이나 비-public 직접 상속을 통해 장식한다는 것을 나타낸다. 이에 대한 예제 두 가지는 다음의 Discounted 와 Taxed 클래스 구현이다.

```
//---- <PricedItem.h> ----------------

#include <Money.h>

template< typename T >
concept PricedItem =            ❸
   requires ( T item ) {
      { item.price() } -> std::same_as<Money>;
   };


//---- <Discounted.h> ----------------

#include <Money.h>
#include <PricedItem.h>
#include <utility>

template< double discount, PricedItem Item >
class Discounted   // 구성을 사용한다              ❶
{
 public:
   template< typename... Args >
   explicit Discounted( Args&&... args )
      : item_{ std::forward<Args>(args)... }
   {}

   Money price() const {
      return item_.price() * ( 1.0 - discount );
   }

 private:
   Item item_;
};


//---- <Taxed.h> ----------------

#include <Money.h>
```

```cpp
#include <PricedItem.h>
#include <utility>

template< double taxRate, PricedItem Item >
class Taxed : private Item   // 상속을 사용한다        ❷
{
 public:
   template< typename... Args >
   explicit Taxed( Args&&... args )
      : Item{ std::forward<Args>(args)... }
   {}

   Money price() const {
      return Item::price() * ( 1.0 + taxRate );
   }
};
```

Discounted(❶)와 Taxed(❷) 모두 다른 Item에 대한 데코레이터 역할을 한다. 즉, Discounted 클래스는 주어진 항목에 대한 특정 할인을 나타내며, Taxed 클래스는 세금을 나타낸다. 하지만 이번에는 둘 모두 클래스 템플릿 형식으로 구현했다. 첫 번째 템플릿 인자는 각각 할인과 세율을 지정하고, 두 번째 템플릿 인자는 장식한 Item의 타입을 지정한다.[10]

하지만 가장 주목할 만한 것은 두 번째 템플릿 인자에 대한 PricedItem 제약이다(❸). 이 제약은 의미론적 요구 사항, 즉 기대 행위를 나타낸다. 이 제약으로 인해 price() 멤버 함수가 있는 항목을 나타내는 타입만 제공할 수 있다. 다른 타입을 사용하면 즉시 컴파일 오류가 발생한다. 따라서 PricedItem은 '지침 35: 데코레이터를 사용해 사용자 정의를 계통적으로 추가한다'의 고전적인 데코레이터 구현에서 Item 기초 클래스와 동일한 역할을 한다. 같은 이유로 이는 **단일 책임 원칙(SRP)** 에 기반한 관심사 분리도 나타낸다. 더욱이 이 제약이 아키텍처의 고수준에 속한다면 누구든 저수준에 새로운 항목과 새 데코레이터를 추가할 수 있다. 이 기능은 **개방-폐쇄 원칙(OCP)** 을 완벽히 충족하며, 추상화의 적절한 소유권으로 인해 **의존성 역전 원칙(DIP)** 도 완벽히 충족한다(그림 9-7 참고).[11]

---

[10] C++20부터는 타입이 아닌 템플릿 매개변수(NTTP)(https://en.cppreference.com/w/cpp/language/template_parameters)로 부동 소수점 값을 사용할 수 있다. 또는 할인과 세율을 데이터 멤버 형태로 저장할 수 있다.

[11] 특히 C++20 콘셉트를 아직 사용할 수 없으면 대안으로 **묘하게 되풀이되는 템플릿 패턴(CRTP)** 을 사용할 기회다. '지침 26: CRTP를 사용해 정적 타입 범주를 도입하라'를 참고한다.

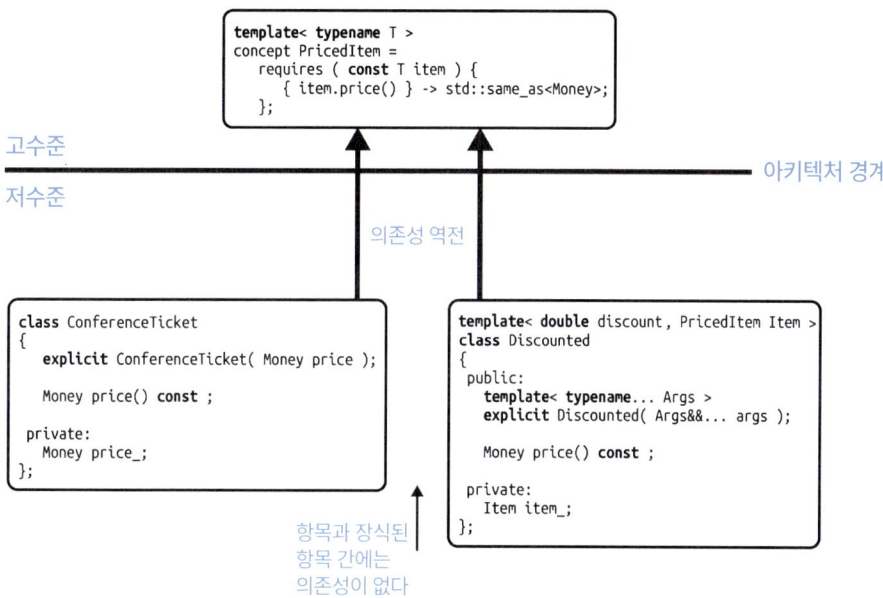

그림 9-7. 컴파일 시점 데코레이터에 대한 의존성 도표

Discounted와 Taxed 클래스 템플릿 모두 장식된 Item을 처리하는 방식 외에는 매우 유사하다. 즉 Discounted 클래스 템플릿이 Item을 데이터 멤버 형태로 저장하며 '지침 20: 상속보다 구성을 선호하라'를 따르는 반면, Taxed 클래스 템플릿은 주어진 Item 클래스를 비공개로 상속한다. 두 접근법 모두 가능하고 합리적이며 각각 강점이 있지만, Discounted 클래스 템플릿에서 취한 구성 접근법을 더 일반적인 접근법으로 고려해야 한다. '지침 24: 어댑터를 사용해 인터페이스를 표준화하라'에서 설명한 것처럼 비-public 상속을 구성보다 선호하는 이유는 다섯 가지뿐이다(그중 일부는 **매우** 드물다).

- 가상 함수를 재정의해야 할 때
- protected 멤버 함수에 접근해야 할 때
- 조정한 타입을 다른 기초 클래스보다 **먼저** 생성해야 할 때
- 공통 가상 기초 클래스를 공유하거나 가상 기초 클래스의 생성자를 재정의해야 할 때
- **공백 기초 클래스 최적화(EBO)**(https://en.cppreference.com/w/cpp/language/ebo)에서 **상당한** 이점을 끌어낼 수 있을 때

많은 어댑터에 대해 **EBO**가 상속을 선호할 이유라는 것은 거의 틀림없을 수 있지만, (예를 들면 전형적인 벤치마크를 통해) 수치로 여러분의 선택을 뒷받침해야 한다.

이 세 가지 클래스가 준비되면 20% 할인과 15% 세금을 적용한 `ConferenceTicket`을 지정할 수 있다.

```
#include <ConferenceTicket.h>
#include <Discounted.h>
#include <Taxed.h>
#include <cstdlib>

int main()
{
   // 20% 할인, 15% 세금: (499*0.8)*1.15 = 459.08
   Taxed<0.15,Discounted<0.2,ConferenceTicket>> item{ "Core C++", 499.0 };

   Money const totalPrice = item.price();  // 결과는 459.08

   // …

   return EXIT_SUCCESS;
}
```

이 컴파일 시점 접근법의 가장 큰 장점은 성능 향상이 상당하다는 점이다. 즉, 포인터 간접 지정이 없으며 인라인화 가능성으로 인해 컴파일러가 전력을 다해 결과 코드를 최적화할 수 있다. 또한 결과 코드가 훨씬 짧고 어떤 반복적인 코드로 비대하지 않음이 분명하므로 더 읽기 쉽다.

"성능 결과에 대해 조금 더 구체적으로 얘기해 주시겠어요? C++에서 개발자는 1% 성능 차이에 대해 논쟁하며 이를 **중요하다**고 해요. 정말 진심으로, 컴파일 시점 접근법이 얼마나 더 빠르죠?" 여러분은 C++ 공동체의 성능에 대한 열의를 잘 알고 있는 듯하다. 다시 얘기하지만, 이 결과를 절대적인 답이 아닌 하나의 예로 간주하기로 약속하며 이 비교를 성능 연구로 발전시키지 않을 것이라는 데 동의하면 몇 가지 수치를 보여줄 수 있다. 하지만 그 전에, 사용할 벤치마크에 대한 개요를 잠시 설명하겠다. 설명한 컴파일 시점 버전을 '지침 35: 데코레이터를 사용해 사용자 정의를 계통적으로 추가한다'의 고전적인 객체 지향 구현과 비교한다. 물론 조합한 데코레이터의 수는 무작위지만, 항목 타입은 다음 네 가지로 제한한다.[12]

---

12 조세 징수청 방문을 피하기 위해 Discounted<0.2,Taxed<0.19,ConferenceTicket>> 클래스의 의심스러운 특성을 알고 있다는 점을 명시적으로 언급해야겠다('지침 35: 데코레이터를 사용해 사용자 정의를 계통적으로 추가한다'의 끝부분에 있는 데코레이터의 잠재적 문제 목록도 참고한다). 변명하자면, 이는 너무 뻔한 데코레이터 순열이며 이 벤치마크에 잘 맞다.

```
using DiscountedConferenceTicket = Discounted<0.2,ConferenceTicket>;
using TaxedConferenceTicket = Taxed<0.19,ConferenceTicket>;
using TaxedDiscountedConferenceTicket =
    Taxed<0.19,Discounted<0.2,ConferenceTicket>>;
using DiscountedTaxedConferenceTicket =
    Discounted<0.2,Taxed<0.19,ConferenceTicket>>;
```

컴파일 시점 해결책에서는 이 네 가지 타입에 공통 기초 클래스가 없으므로 네 가지 특정 `std::vector`를 이들로 채운다. 이에 비해 고전적인 런타임 해결책에서는 `std::unique_ptr<Item>`을 요소로 하는 `std::vector` 하나를 사용한다. 전체적으로, 두 해결책 모두 임의의 가격으로 항목을 10,000개 생성하고 `std::accumulate()`를 5,000번 호출해 모든 항목의 총가격을 계산한다.

이런 배경 정보를 바탕으로 성능 결과를 살펴보자(표 9-1). 다시 얘기하지만, 런타임 구현의 성능으로 정규화했다.

표 9-1. 컴파일 시점 데코레이터 구현에 대한 성능 결과 (정규화한 성능)

	GCC 11.1	Clang 11.1
고전적인 데코레이터	1.0	1.0
컴파일 시점 데코레이터	0.078067	0.080313

앞서 언급한 것처럼 컴파일 시점 해결책의 성능은 런타임 해결책에 비해 상당히 빠르다. GCC와 Clang 모두 런타임 해결책 기준으로 시간을 약 8%만 소비하며 한 자릿수 이상 더 빠르다. 놀랍게 들릴 수 있다는 걸 안다. 하지만 컴파일 시점 해결책의 성능이 대단한 반면 잠재적으로 몇 가지 심각한 한계가 있다. 전적으로 템플릿에 집중하므로 런타임 유연성이 없다는 것이다. 심지어 할인과 세율을 템플릿 매개변수를 통해 실체화하므로 서로 다른 세율에 대해 각각 새로운 타입을 생성해야 한다. 이로 인해 컴파일 시간이 더 길어지고 더 많은 코드(즉, 더 큰 실행 파일)를 생성하게 될 수 있다. 게다가 당연히 모든 클래스 템플릿이 헤더 파일에 상주하므로 다시 컴파일 시간이 증가하고 구현 상세를 원하는 것 이상으로 드러낼 수도 있다. 더 중요하게는 구현 상세에 대한 변경을 광범위한 곳에서 볼 수 있어 대규모로 재컴파일해야 할 수도 있다. 하지만 가장 제한적인 요소는 컴파일 시점에 모든 정보를 사용할 수 있을 때만 이 형태로 사용할 수 있다는 점이다. 따라서 몇 가지 특수한 사례에서만 이 성능 수준에 도달할 수 있다.

값 기반 런타임 데코레이터

컴파일 시점 데코레이터는 빠르지만 실행 시점에는 매우 유연하지 않을 수 있으므로 두 번째 값 기반 데코레이터 구현으로 관심을 돌려 보자. 이 구현으로 모든 런타임 유연성과 함께 동적 다형성 영역으로 돌아간다.

이제 데코레이터 디자인 패턴을 알았으므로 새로운 타입, 즉 새 Item뿐만 아니라 새 가격 변경자를 쉽게 추가할 수 있어야 한다는 것을 깨달았다. 그러므로 '지침 35: 데코레이터를 사용해 사용자 정의를 계통적으로 추가한다'의 데코레이터 구현을 값 의미론 기반 구현으로 바꾸기 위해 선택한 디자인 패턴은 **바로 타입 소거이다**.[13] 다음 Item 클래스는 가격을 매긴 항목 예에 대해 소유형 타입 소거 래퍼를 구현한다.

```cpp
//---- <Item.h> ----------------

#include <Money.h>
#include <memory>
#include <utility>

class Item
{
 public:
   // ...

 private:
   struct Concept                                    ❹
   {
      virtual ~Concept() = default;
      virtual Money price() const = 0;
      virtual std::unique_ptr<Concept> clone() const = 0;
   };

   template< typename T >
   struct Model : public Concept                     ❺
   {
      explicit Model( T const& item ) : item_( item ) {}
      explicit Model( T&& item ) : item_( std::move(item) ) {}
```

---

[13] 타입 소거에 대한 자세한 개요는 8장, 특히 '지침 32: 상속 계통을 타입 소거로 대체할 것을 고려하라'를 참고한다.

```cpp
      Money price() const override
      {
         return item_.price();
      }

      std::unique_ptr<Concept> clone() const override
      {
         return std::make_unique<Model<T>>(*this);
      }

      T item_;
   };

   std::unique_ptr<Concept> pimpl_;
};
```

이 구현에서 Item 클래스는 private 구역에 Concept 중첩 기초 클래스를 정의한다(❹). 늘 그렇듯이 Concept 기초 클래스는 감쌀 타입에 대한 요구 사항 집합(즉, 기대 행위)을 나타내며, 이를 price()와 clone() 멤버 함수로 표현한다. 이러한 요구 사항은 Model 중첩 클래스 템플릿으로 구현한다(❺). Model은 저장한 item_ 데이터 멤버의 price() 멤버 함수에 호출을 전달해 price() 함수를 구현하고, 저장한 항목의 복사본을 생성해 clone() 함수를 구현한다.

Item 클래스의 public 구역은 익숙할 것이다.

```cpp
//---- <Item.h> ----------------

// ...

class Item
{
 public:
   template< typename T >
   Item( T item )                    ❻
      : pimpl_( std::make_unique<Model<T>>( std::move(item) ) )
   {}

   Item( Item const& item ) : pimpl_( item.pimpl_->clone() ) {}
```

```cpp
   Item& operator=( Item const& item )
   {
      pimpl_ = item.pimpl_->clone();
      return *this;
   }

   ~Item() = default;
   Item( Item&& ) = default;
   Item& operator=( Item&& item ) = default;

   Money price() const { return pimpl_->price(); }   ❼

 private:
   // ...
};
```

일반적인 5의 법칙(http://isocpp.github.io/CppCoreGuidelines/CppCoreGuidelines#Rc-five) 구현 외에, 이 클래스는 모든 항목 종류를 받아들이는 템플릿 생성자를 다시 갖췄다(❻). 마지막으로 중요한 것은, 모든 항목의 기대 인터페이스를 모방하는 price() 멤버 함수를 제공한다는 점이다(❼).

이 래퍼 클래스가 준비되면 기존 코드에 대해 어떤 간섭적인 수정을 하거나 기초 클래스도 전혀 사용할 필요 없이 새 항목을 쉽게 추가할 수 있다. price() 멤버 함수를 제공하며 복사할 수 있는 클래스는 모두 작동한다. 다행히 이에 포함되는 컴파일 시점 데코레이터 구현의 ConferenceTicket 클래스는 필요한 모든 것을 제공하며 값 의미론에 확고한 기반을 두고 있다. 안타깝게도 Discounted와 Taxed 클래스는 장식한 항목을 템플릿 인자 형식으로 기대하므로 해당하지 않는다. 그러므로 Discounted와 Taxed를 타입 소거 맥락에서 사용하기 위해 재구현한다.

```cpp
//---- <Discounted.h> ----------------

#include <Item.h>
#include <utility>

class Discounted
{
 public:
```

```cpp
   Discounted( double discount, Item item )
      : item_( std::move(item) )
      , factor_( 1.0 - discount )
   {}

   Money price() const
   {
      return item_.price() * factor_;
   }

 private:
   Item item_;
   double factor_;
};


//---- <Taxed.h> ----------------

#include <Item.h>
#include <utility>

class Taxed
{
 public:
   Taxed( double taxRate, Item item )
      : item_( std::move(item) )
      , factor_( 1.0 + taxRate )
   {}

   Money price() const
   {
      return item_.price() * factor_;
   }

 private:
   Item item_;
   double factor_;
};
```

특히 흥미로운 점은 이 두 클래스 모두 어떤 기초 클래스에서도 파생하지 않았지만, 데코레이터 디자인 패턴을 완벽히 구현한다는 것이다. 한편으로는 둘 모두 (특히 `price()` 멤버 함수와 복사 생성자에서) `Item` 래퍼를 항목으로 간주하는 데 필요한 연산을 구현하지만, 다른 한편으로는 `Item`을 소유하고 있다. 따라서 다음 `main()` 함수에서 볼 수 있듯이 둘 모두 데코레이터를 임의로 결합할 수 있다.

```cpp
#include <ConferenceTicket.h>
#include <Discounted.h>
#include <Taxed.h>

int main()
{
    // 20% 할인, 15% 세금: (499*0.8)*1.15 = 459.08
    Item item(Taxed(0.19, Discounted(0.2, ConferenceTicket{"Core C++",499.0})));

    Money const totalPrice = item.price();

    // ...

    return EXIT_SUCCESS;
}
```

"와, 멋져요. 포인터도 없고 수동 할당도 없으며 매우 자연스럽고 직관적으로 느껴져요. 하지만 동시에 극단적으로 유연해요. 더할 나위 없이 좋은데, 분명 문제가 있을 거예요. 성능은 어떤가요?"라고 얘기한다. 글쎄, 전체적인 성능 저하를 기대하는 듯하다. 그럼 이 해결책을 벤치마크해 보자. 물론 컴파일 시점 버전 데코레이터와 동일한 벤치마크를 사용하며 타입 소거에 기반한 세 번째 해결책만 추가했다. 성능 수치는 표 9-2에서 볼 수 있다.

표 9-2. 타입 소거 데코레이터 구현에 대한 성능 결과 (정규화한 성능)

	GCC 11.1	Clang 11.1
고전적인 데코레이터	1.0	1.0
컴파일 시점 데코레이터	0.078067	0.080313
타입 소거 데코레이터	0.997510	0.971875

보다시피 고전적인 런타임 해결책의 성능보다 나쁘지 않다. 사실, 심지어 아주 조금 더 나은 듯하지만 여러 차례 실행한 것의 평균이므로 너무 강조하지는 않겠다. 하지만 '지침 33: 타입 소거의 최적화 잠재력을 인식하라'에서 보여준 것처럼 타입 소거 해결책의 성능을 향상시킬 여러 선택지가 있다는 점을 기억하자.

성능이 (적어도 컴파일 시점 해결책과 비교해) 런타임 해결책의 주요 강점은 아닐 수 있지만, 런타임 유연성에 관해서는 분명 빛을 발한다. 예를 들면, (사용자 입력이나 계산 결과 등을 바탕으로) 런타임에 어떤 Item을 다른 데코레이터로 감싸도록 결정할 수 있다. 물론 이렇게 하면 다시 Item을 만들어 내며, 다른 많은 Item과 함께 단일 컨테이너에 저장할 수 있다. 이는 정말로 엄청난 런타임 유연성을 제공한다.

또 다른 강점은 소스 파일에서 구현 상세를 더 쉽게 숨길 수 있다는 점이다. 이로 인해 런타임 성능 손실이 생길 수 있지만, 컴파일 시간이 더 짧아질 수 있다. 가장 중요한 것은 숨겨진 코드를 수정하는 것이 다른 어떤 코드에도 영향을 미치지 않으므로 재컴파일 횟수를 많이 줄일 수 있다는 것이다. 구현 상세를 더욱 강력하게 캡슐화하기 때문이다.

요약하면, 컴파일 시점과 런타임 해결책 모두 값 기반이며, 더 간단하고 더욱 이해하기 쉬운 사용자 코드로 이어진다. 하지만 각각 강점과 약점도 있다. 런타임 접근법은 더 유연한 반면, 컴파일 시점 해결책은 성능 면에서 우세하다. 실제로는 순수한 컴파일 시점이나 런타임 접근법을 사용하는 일은 거의 없으며, 흔히 이 양 극단 사이 어딘가에 있을 것이다. 서로를 비교하고 두 세계의 가장 좋은 점을 완벽히 결합해 특정 상황에 맞는 절충안을 찾아내는 등 여러분의 선택지를 확실히 알아내도록 한다.

지침 36: 런타임과 컴파일 시점 추상화 간 이율배반적 관계를 이해하라

- 런타임과 컴파일 시점 데코레이터 디자인 패턴 구현 모두를 인식한다.
- 일반적으로 컴파일 시점 해결책은 성능이 더 좋지만, 런타임 유연성과 캡슐화를 제한한다는 점을 이해한다.
- 런타임 해결책은 더 유연하며 상세 내용을 숨기기 더 좋지만, 성능이 더 나쁘다는 점을 이해한다.
- **참조 의미론** 해결책보다 **값 의미론** 해결책을 선호한다.

10
싱글턴 패턴

이 장에서는 유명한 (또는 악명 높은) **싱글턴** 패턴을 살펴본다. 싱글턴을 이미 알고 있거나 이에 대한 확고한 의견이 있을 수도 있다. 심지어 안티패턴(antipattern)으로 간주하는 싱글턴을 어떻게 이 책에 포함할 용기를 냈는지 자문할 수도 있다. 싱글턴이 전역 특성 때문에 딱히 인기가 없고 많은 집단에서 평판이 다소 좋지 않다는 것을 알고 있다. 하지만 이런 관점에서 C++ 표준 라이브러리에 '싱글턴'과 비슷한 인스턴스가 몇 가지 있다는 것은 매우 놀라울 수 있다. 정말이다! 그리고 솔직히 환상적으로 작동한다! 그러므로 싱글턴이 **무엇**이고 **언제** 작동하며 **어떻게** 다뤄야 하는지 진지하게 얘기해야 한다.

'지침 37: 싱글턴을 디자인 패턴이 아닌 구현 패턴으로 다루라'에서는 싱글턴 패턴을 설명하고, 매우 흔히 사용하는 구현인 이른바 **마이어스 싱글턴**(Meyers' Singleton)으로 작동 방법을 설명한다. 하지만 싱글턴을 디자인 패턴이 **아닌 구현 패턴**으로 다뤄야 한다는 주장도 강하게 할 것이다.

'지침 38: 싱글턴을 변경과 테스트 용이성을 위해 디자인하라'에서는 때때로 몇 가지 전역 측면을 나타내는 해결책이 코드에 필요하다는 것을 인정한다. 이것이 싱글턴 패턴을 종종 사용하는 이유다. 이는 또한 전역 상태, 매우 강한 인위적 의존성, 그리고 변경 용이성과 테스트 용이성 저해 등 싱글턴의 일반적인 문제에 직면한다는 뜻이다. 이런 것이 결국 싱글턴을 피해야 할 훌륭한 이유로 들리지만, 적절한 소프트웨어 디자인으로 뛰어난 변경 용이성과 테스트 용이성을 싱글턴의 이점과 결합할 수 있다는 것을 보여준다.

지침 37: 싱글턴을 디자인 패턴이 아닌 구현 패턴으로 다루라

모두가 꺼리는 문제로 시작해 보자.

> *싱글턴은 디자인 패턴이 **아니다.***

이전에 싱글턴에 대해 들어 본 적이 없다면 전혀 이해할 수 없을 수도 있겠지만, 참고 들어주기를 바란다. 곧 싱글턴에 대해 설명할 것을 약속한다. **들어봤다면** '알아요'라는 공감하는 표정으로 동의하며 고개를 끄덕이거나 완전히 놀라 처음에는 무슨 말을 해야 할지 몰랐을 것이다. "하지만 왜 안되죠?" 결국 여러분은 감히 묻는다. "사인방 책에 있는 원래 디자인 패턴 중 하나 아닌가요?" 그렇다. 옳은 말이다. 싱글턴은 GoF 책에서 문서화한 원래 패턴 23개 중 하나다. 이 글을 쓰는 시점에 위키피디아에서는 이를 디자인 패턴이라 하며, 스티브 맥코넬(Steve McConnell)의 베스트셀러 《코드 컴플리트》에서도 디자인 패턴으로 등재하고 있다.[1] 그럼에도 불구하고 디자인 패턴의 특성이 없으므로 여전히 디자인 패턴이 아니다. 이제 설명하겠다.

싱글턴 패턴 해설

때로는 특정 클래스의 인스턴스가 **정확히** 단 하나만 존재하도록 보장하고 싶을 수 있다. 다시 말해 '단 한 명만이 남는다'는 하이랜더(Highlander) 상황이다.[2] 시스템 전체 데이터베이스, 유일한 로거(logger), 시스템 시계, 시스템 설정 또는 요컨대 단 한 번만 존재하는 무언가를 나타내므로 여러 번 인스턴스화해서는 안 되는 모든 클래스에 타당할 수 있다. 이것이 싱글턴 패턴의 의도다.

싱글턴 패턴

의도: '클래스 인스턴스가 단 하나만 있게 하고 이에 대한 전역 접근점을 제공한다.'[3]

이런 의도를 사인방이 그림 10-1의 UML 도표로 시각화했는데, 여기서 instance() 함수를 고유한 인스턴스에 대한 전역 접근점으로 도입한다.

---

1 스티브 맥코넬, 《코드 컴플리트》 2판(위키북스, 2020)
2 '단 한 명만이 남는다'는 크리스토퍼 램버트(Christopher Lambert)가 출연한 1986년 영화 〈하이랜더〉(https://en.wikipedia.org/wiki/Highlander_(film))의 태그라인이다.
3 에릭 감마 등, 《GoF의 디자인 패턴》.

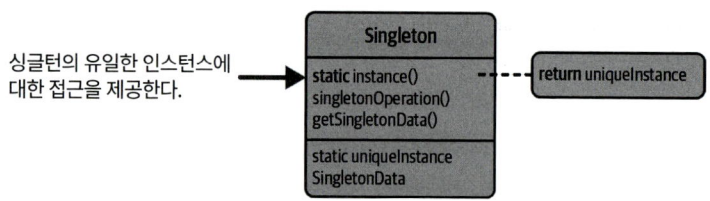

그림 10-1. 싱글턴 패턴의 UML 표현

인스턴스 수를 정확히 하나로 제한하는 방법은 여럿이다. 가장 유용하고, 그래서 흔히 사용하는 싱글턴 형식 중 하나는 분명 마이어스 싱글턴이다.[4] 다음 **Database** 클래스는 마이어스 싱글턴으로 구현했다.

```
//---- <Database.h> ----------------

class Database final
{
 public:
   static Database& instance()        ❶
   {
      static Database db;  // 단 하나의 고유한 인스턴스
      return db;
   }

   bool write( /*몇몇 인자*/ );
   bool read( /*몇몇 인자*/ ) const;
   // ... 데이터베이스 전용 기능이 더 있다

   // ... 데이터 멤버에 접근할 수 있다

 private:
   Database() {}              ❷
   Database( Database const& ) = delete;
   Database& operator=( Database const& ) = delete;
   Database( Database&& ) = delete;
   Database& operator=( Database&& ) = delete;

   // ... 몇몇 데이터 멤버가 있을 수 있다
};
```

---

4   마이어스 싱글턴은 스콧 마이어스의 《이펙티브 C++》 항목 4에서 설명한다.

마이어스 싱글턴은 public, static instance() 함수를 통해서만 Database 클래스의 단일 인스턴스에 접근할 수 있다는 사실을 중심으로 발전한다(❶).

```cpp
#include <Database.h>
#include <cstdlib>

int main()
{
    // 첫 번째 접근, 데이터베이스 객체를 생성한다
    Database& db1 = Database::instance();
    // ...

    // 두 번째 접근, 같은 객체에 대한 참조를 반환한다
    Database& db2 = Database::instance();
    assert( &db1 == &db2 );

    return EXIT_SUCCESS;
}
```

정말 이 함수가 Database를 얻는 유일한 방법이다. 인스턴스를 생성, 복사, 이동하는 데 사용할 수 있는 모든 기능은 private 구역에 선언하거나 명시적으로 delete했다.[5] 꽤 간단해 보이지만, 구현 상세 하나가 매우 흥미롭다. 기본 생성자를 default가 아니라 명시적으로 정의했다는 점에 주목하라(❷). 그 이유는 default로 정의하면 C++17까지는 빈 중괄호 집합, 즉 **값 초기화**(https://en.cppreference.com/w/cpp/language/value_initialization)를 통해 Database를 생성할 수 있기 때문이다.

```cpp
#include <cstdlib>

class Database
{
public:
    // ... 이전과 같다

private:
    Database() = default;  // 컴파일러가 생성한 기본 생성자
```

---

[5] 복사와 이동 대입 연산을 명시적으로 처리하는 것이 과해 보이는 건 알지만, 이를 통해 여러분에게 5의 법칙(http://isocpp.github.io/CppCoreGuidelines/CppCoreGuidelines#Rc-five)을 상기시킬 수 있다.

```cpp
   // ... 이전과 같다
};

int main()
{
   Database db;      // 컴파일하지 못한다: 기본 초기화
   Database db{};    // 작동한다, Database는 집합 타입이므로
                     // 값 초기화는 집합 초기화가 되기 때문이다

   return EXIT_SUCCESS;
}
```

C++17까지는 Database 클래스를 **집합 타입(aggregate type)**으로 간주하며, 이는 **집합 초기화(aggregate initialization)**(https://en.cppreference.com/w/cpp/language/aggregate_initialization)를 통해 **값 초기화**를 수행한다는 뜻이다. 결국 **집합 초기화**는 기본 생성자가 private이라는 사실을 포함해 기본 생성자를 무시하고 단순히 해당 객체에 **영 초기화(zero initialization)**를 수행한다. 따라서 값 초기화를 하면 여전히 인스턴스를 생성할 수 있다. 하지만 기본 생성자를 제공하면 해당 클래스를 집합 타입으로 간주하지 않으며 집합 초기화를 막는다.[6]

instance() 함수는 **정적 지역 변수** (https://en.cppreference.com/w/cpp/language/storage_duration#Static_local_variables)로 구현한다. 이는 처음 제어가 그 선언을 지날 때 해당 변수를 스레드 안전한 방법으로 초기화하고 이후 모든 호출에서는 초기화를 건너뛴다는 것을 의미한다.[7] 모든 호출, 즉 처음과 모든 후속 호출에서 이 함수는 그 정적 지역 변수에 대한 참조를 반환한다.

Database 클래스의 나머지 부분은 데이터베이스를 나타내는 클래스에 기대하는 것과 거의 같다. public인 데이터베이스 관련 함수(예를 들면 write()와 read())가 몇 가지 있고 접근 함수를 포함해 데이터 멤버가 몇 가지 있을 수 있다. 즉, instance() 멤버 함수와 특수 멤버를 제외하면 Database는 일반적인 클래스일 뿐이다.

---

6 이 행위는 C++20에서 바뀌었다. 이제 사용자가 어떤 생성자라도 선언하면 비집합 타입이 된다.
7 정확히 그리고 불만을 피하기 위해 말하자면, 정적 지역 변수를 영 또는 상수 초기화하면 해당 함수에 진입하기 전에 그 초기화가 일어날 수 있다. 이 예에서는 실제로 처음 지날 때 그 변수를 생성했다.

싱글턴은 의존성을 관리하거나 줄이지 않는다

이제 가능한 싱글턴 구현 하나를 염두에 두고 싱글턴은 디자인 패턴이 아니라는 주장으로 돌아가 보자. 먼저 '지침 11: 디자인 패턴의 목적을 이해하라'에서 정의한 디자인 패턴의 특성을 떠올려 보자.

디자인 패턴은

- 이름이 있다.
- 의도를 전달한다.
- 추상화를 도입한다.
- 입증됐다.

싱글턴 패턴은 분명 이름이 있으며 의도가 있다. 의심할 여지가 없다. (비록 싱글턴이 다소 악명 높다는 점을 지적하는 회의적인 목소리가 있을 수 있지만) 또한 수년에 걸쳐 입증됐다고 주장할 것이다. 하지만 기초 클래스, 템플릿 매개변수 등 추상화라는 것이 전혀 없다.

싱글턴은 추상화 자체를 나타내지 않으며 추상화를 도입하지도 않는다. 사실 코드 구조나 개체의 상호 작용과 상호 의존성에 관심이 없으므로 의존성을 관리하거나 줄이는 것을 목표로 하지 않는다.[8] 하지만 이는 내가 소프트웨어 디자인의 필수적인 부분으로 정의한 것이다. 대신 싱글턴은 인스턴스 수를 정확히 하나로 제한하는 데 초점을 맞춘다. 따라서 싱글턴은 디자인 패턴이 아니라 단지 구현 패턴일 뿐이다.

"그러면 왜 그렇게 많은 출처에서 디자인 패턴으로 등재하는 거죠?" 여러분이 묻는다. 이는 타당하며 좋은 질문이다. 이에 대한 답은 세 가지가 있을 수 있다. 첫째, 다른 프로그래밍 언어, 특히 모든 클래스가 자동으로 추상화를 나타낼 수 있는 언어에서는 상황이 다를 수 있다. 이 점을 인정하지만, 여전히 싱글턴 패턴의 의도는 주로 의존성과 결합을 끊는 것이 아닌 구현 상세를 대상으로 한다고 생각한다.

둘째, 싱글턴은 (비록 흔히 **오용**하기도 하지만) 매우 흔히 사용하므로 분명 패턴이다. 다양한 프로그래밍 언어에 싱글턴이 있으므로 단지 C++ 프로그래밍 언어의 관용구로만 볼 수는 없다. 그 결과로 디자인 패턴이라고 하는 게 타당해 보인다. 이 일련의 주장이 그럴 듯하게 들릴 수 있지만, 소프트웨어 디자인과 구현 상세를 구분하기에는 부족한 것 같다. '지침 11: 디자인 패턴의 목적을 이해하라'에서 싱글턴과 같이 언어에 구애되지 않는 서로 다른 패턴을 구분하기 위해 **구현 패턴**이라는 용어를 소개했다.[9]

8　사실 싱글턴을 순진하게 구현하면 그 자체로 인위적인 의존성을 많이 생성한다. '지침 38: 싱글턴을 변경과 테스트 용이성을 위해 디자인하라'를 참고한다.
9　자세히 설명하지는 않겠지만, 위키피디아(https://en.wikipedia.org/wiki/Software_design_pattern)에서 디자인 패턴으로 등재한 **모노스테이트**(Monostate) 패턴, **메멘토**(Memento) 패턴, **RAII 관용구** 같이 구현 패턴 범주에 속하는 이른바 '디자인 패턴'이 몇 가지 더 있다고 주장한다. C++ 외 다른 언어에서는 타당할지도 모르지만, RAII의 의도는 확실히 의존성을 줄이는 것이 아니라 정리를 자동화하고 책임을 캡슐화하는 것이다.

셋째, 우리는 여전히 소프트웨어 디자인과 디자인 패턴을 이해하는 중이라고 생각한다. 소프트웨어 디자인에 대한 공통된 정의는 없다. 이런 이유로 '지침 1: 소프트웨어 디자인의 중요성을 이해하라'에서는 한 가지를 제시했다. 디자인 패턴에 대한 공통된 정의 역시 없다. 이 또한 '지침 11: 디자인 패턴의 목적을 이해하라'에서 한 가지를 제시한 이유다. (특히 C++에서) 필요한 용어에 대한 공통된 이해에 도달하기 위해 소프트웨어 디자인과 패턴에 대해 더 많이 얘기해야 한다고 굳게 믿는다.

요약하면, 소프트웨어 개체를 분리하는 데 싱글턴을 사용하지 말아야 한다. 그러므로 유명한 GoF 책이나 《코드 컴플리트》에서 설명하거나 심지어 위키피디아에 디자인 패턴으로 등재돼 있더라도 디자인 패턴의 목적에 적합하지 않다. 싱글턴은 단지 구현 상세를 다룰 뿐이므로 구현 패턴으로 취급해야 한다.

> **지침 37: 싱글턴을 디자인 패턴이 아닌 구현 패턴으로 다루라**
> - 싱글턴의 목표는 의존성을 분리하거나 관리하는 것이 아니므로 디자인 패턴의 기대를 충족하지 않는다.
> - 싱글턴 패턴은 특정 클래스의 인스턴스 수를 정확히 하나로 제한할 의도로 적용한다.

지침 38: 싱글턴을 변경과 테스트 용이성을 위해 디자인하라

싱글턴은 정말 다소 악명 높은 패턴이다. 싱글턴을 코드의 일반적인 문제, 안티패턴, 위험하거나 심지어 악으로 묘사하는 목소리가 많다. 그러므로 이 패턴을 피하기 위한 조언이 많은데, 그중에서도 핵심 지침 I.3(http://isocpp.github.io/CppCoreGuidelines/CppCoreGuidelines#i3-avoid-singletons)은 다음과 같다.[10]

싱글턴을 피하라.

사람들이 싱글턴을 싫어하는 주요 이유 중 하나는 종종 인위적인 의존성을 초래하고 테스트 용이성을 방해하기 때문이다. 이처럼 이 책에서 가장 중요하며 일반적인 지침 두 가지, 즉 '지침 2: 변경을 위한 디자인'과 '지침 4: 테스트 용이성을 위한 디자인'에 어긋난다. 이런 관점에서 싱글턴은 정말 코드에서 문제로 보이며 피해야 한다. 하지만 모든 선의의 경고에도 불구하고 많은 개발자가 지속적으로 사용한다. 이유는 다양하지만, 아마 주로 다음 두 가지 사실과 관련이 있을 것이다. 첫째, 때로는 (그리고 **때로는**

---

[10] 이와 같은 또 다른 조언은 피터 멀둔(Peter Muldoon)의 'Retiring the Singleton Pattern: Concrete Suggestions for What to Use Instead'(https://youtu.be/K5c7uvWe_hw)라는 CppCon 2020 강연으로, 코드베이스에서 싱글턴을 다루는 방법에 대한 여러 유용한 기법을 제공한다.

에 동의하자) 코드에서 어떤 것이 단 한 번만 존재하고 많은 개체에서 사용할 수 있어야 한다는 사실을 표현하는 것이 바람직하다. 둘째, 때로는 전역 측면을 나타낼 것이 **있기** 때문에 싱글턴이 적절한 해결책으로 보인다.

그래서 싱글턴이 항상 나쁘고 악하다고 주장하는 대신 프로그램에서 전역 측면을 나타내야 하는 몇 가지 상황에 초점을 맞추고, 이런 측면을 직절히 나타내면서도 여전히 변경과 테스트 용이성을 위해 디자인하는 방법에 대해 논의해 보자.

싱글턴은 전역 상태를 나타낸다

싱글턴은 프로그램에서 논리적 그리고/또는 물리적으로 단 한 번만 존재하고 많은 다른 클래스와 함수에서 사용해야 하는 개체를 나타내는 데 주로 사용한다.[11] 일반적인 예로는 시스템 전체 데이터베이스, 로거, 시계 또는 설정이 있다. **시스템 전체**라는 용어를 포함한 이러한 예에서는 흔히 전역으로 사용 가능한 기능이나 데이터, 즉 전역 상태를 나타내는 이런 개체의 본질에 대한 징후를 볼 수 있다. 이런 관점에서 싱글턴 패턴은 모두가 새 인스턴스를 생성하는 것을 막고 **유일한** 인스턴스를 사용하도록 강제해, 사용하는 모든 개체가 이 전역 상태에 공통되고 일관되게 접근하도록 보장할 수 있다는 점에서 타당해 보인다.

하지만 이런 전역 상태 표현과 도입은 흔히 싱글턴을 문제라고 생각하는 이유도 설명한다. 마이클 페더스(Michael Feathers)는 다음처럼 표현했다.[12]

> 싱글턴 패턴은 사람들이 전역 변수를 만드는 데 사용하는 메커니즘 중 하나다. 일반적으로 전역 변수는 몇 가지 이유로 나쁜 생각이다. 그중 하나는 불투명성이다.

전역 변수는 특히 다음과 같은 한 가지 중요한 이유로 정말 나쁜 생각이다. **변수**라는 용어는 우리가 **변경 가능한**(mutable) 전역 상태에 대해 얘기하고 있다는 것을 암시한다. 이런 상태는 정말 많은 골칫거리를 야기할 수 있다. 명확히 말하면, 변경 가능한 전역 상태는 (일반적으로, 특히 멀티스레드 환경에서) 접근을 제어하고 정확성을 보장하기 어렵고 비용도 많이 들기 때문에 눈살을 찌푸리게 된다. 더욱이 (변경 가능한) 전역 상태는 이 상태에 대한 읽기와 쓰기 접근이 일반적으로 전역 상태를 사용한다는 사실을 드러내지 않는 어떤 함수 내에서 그 인터페이스를 기반으로 보이지 않게 일어나므로 이에 대해 추론하기가 매우 어렵다. 그리고 마지막으로 중요한 것은, 생명 주기를 서로 의존하는 전역 상태가 있으며 여러

---

[11] 싱글턴을 다른 용도로 사용하면 매우 의심하며 싱글턴 패턴을 오용한 것으로 생각해야 한다.
[12] 마이클 페더스, 《레거시 코드 활용 전략》(에이콘출판사, 2018)

컴파일 단위에 분산돼 있다면 **정적 초기화 순서 실패(SIOF)**에 직면할지도 모른다.[13] 분명 가능한 한 전역 상태를 피하는 것이 이롭다.[14]

하지만 전역 상태 문제는 싱글턴을 피하는 것으로 해결할 수 없다. 이는 특정 패턴과 무관한 일반적인 문제다. 예를 들면, 단일한 전역 상태를 강제하지만, 인스턴스를 얼마든지 허용하는 모노스테이트 패턴에서도 동일한 문제가 존재한다.[15] 그러므로 반대로 싱글턴은 전역 상태에 대한 접근을 제약함으로써 전역 상태를 다루는 데 도움이 될 수 있다. 예를 들면, 미쉬코 헤버리(Miško Hevery)가 2008년 자신의 기사에서 설명한 것처럼 어떤 전역 상태와 단방향 데이터 흐름을 제공하는 싱글턴은 허용할 수 있다.[16] 로거를 구현하는 싱글턴은 데이터 쓰기만 허용하며 읽기는 허용하지 않는다. 시스템 전체 설정이나 시계를 나타내는 싱글턴은 데이터 읽기만 허용하며 쓰기는 허용하지 않으므로 전역 **상수**를 나타낸다. 데이터 흐름을 단방향으로 제약하면 전역 상태로 인한 많은 일반 문제를 피하는 데 도움이 된다. 미쉬코 헤버리의 말을 빌면 다음과 같다(강조는 내가 했다).[17]

> '전역' 또는 준전역(semi-Global) 상태를 **적절히** 사용하면 응용 프로그램의 디자인을 크게 간소화할 수 있다 […].

싱글턴은 변경 용이성과 테스트 용이성을 저해한다

전역 상태는 싱글턴의 본질적인 문제다. 하지만 싱글턴으로 전역 상태를 나타내는 것이 편하다고 느껴도 심각한 결과로 이어진다. 즉, 싱글턴을 사용하는 함수는 나타낸 전역 데이터에 의존하므로 변경하고 테스트하기가 더 어려워진다. 이를 더 잘 이해하기 위해 '지침 37: 싱글턴을 디자인 패턴이 아닌 구현 패턴으로 다루라'의 Database 싱글턴을 돌아보자. 여기서는 이 싱글턴을 몇 가지 임의의 클래스, 즉 Widget과 Gadget에서 활발하게 사용한다.

```
//---- <Widget.h> ----------------
```

---

13 알고 있는 SIOF에 대한 가장 좋은 요약은 조나단 뮐러가 같은 제목으로 'Meeting C++2020'에서 한 강연(https://youtu.be/6EOSRKMYCTc)이다.
14 《Beautiful C++: 30 Core Guidelines for Writing Clean, Safe, and Fast Code》(Addison Wesley)에서 가이 데이비슨(Guy Davidson)과 케이트 그레고리는 '전역은 나빠요, 알았죠?'라고 언급했다.
15 내가 아는 한, 모노스테이트 패턴은 1996년 《C++ Report》 9월 호에 스티브 볼(Steve Ball)과 존 크로포드(John Crawford)가 쓴 기사 'Monostate Classes: The Power of One'에서 처음 언급했다(스탠리 B 립먼 등, 《More C++ Gems》(Cambridge University Press) 참고). 또한 마틴 레디(Martin Reddy)의 《C++ API 디자인》(지앤선, 2014)에서도 설명한다. 모노스테이트는 싱글턴과 달리 한 타입의 인스턴스를 얼마든지 허용하지만, 모든 인스턴스에 대해 단 하나의 유일한 상태만 존재하도록 한다. 이처럼 이 패턴을 std::variant에서 잘 작동하는 빈 대안으로 사용하는 std::monostate와 혼동해서는 안 된다.
16 미쉬코 헤버리, 'Root Cause of Singletons'(http://misko.hevery.com/2008/08/25/root-cause-of-singletons), The Testability Explorer(blog), 2008년 8월.
17 앞서 언급한 같은 글에서.

```
#include <Database.h>

class Widget
{
 public:
   void doSomething( /*몇몇 인자*/ )
   {
     // ...
     Database::instance().read( /*몇몇 인자*/ );
     // ...
   }
};
```

```
//---- <Gadget.h> ----------------

#include <Database.h>

class Gadget
{
 public:
   void doSomething( /*몇몇 인자*/ )
   {
     // ...
     Database::instance().write( /*몇몇 인자*/ );
     // ...
   }
};
```

Widget과 Gadget 둘 다 시스템 전체 Database에 접근해야 한다. 이런 이유로 Database::instance() 함수를 호출한 다음 read()와 write() 함수를 호출한다.

Database를 사용하며 이에 의존하므로 그것들이 Database 싱글턴의 수준보다 **낮은** 아키텍처 수준에 상주하기를 바란다. 그 이유는 '지침 2: 변경을 위한 디자인'에서 기억하듯이 모든 의존성 화살표가 고수준을 향해야만 적절한 아키텍처라고 할 수 있기 때문이다(그림 10-2 참고).

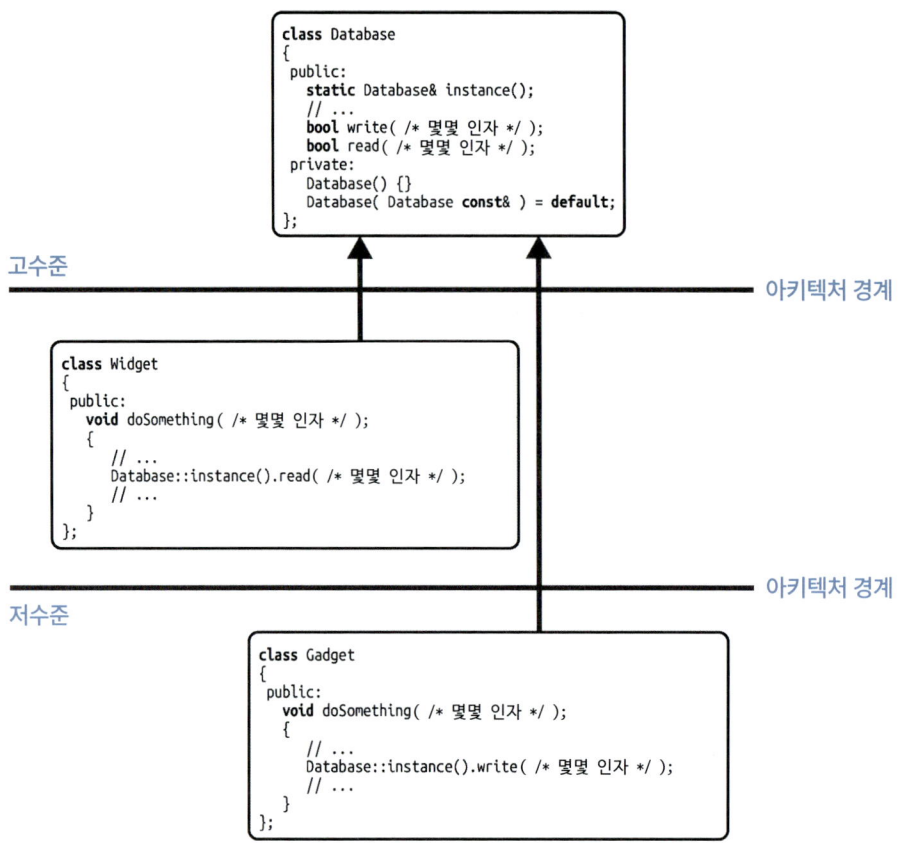

그림 10-2. 싱글턴으로 구현한 Database에 대해 원하는 의존성 도표

이 의존성 구조가 바람직하겠지만, 안타깝게도 환상일 뿐이다. Database 클래스는 추상화가 아니며 매우 특정한 데이터베이스에 대한 의존성을 나타내는 구체 구현이다! 그러므로 **실제** 의존성 구조는 뒤집어져 그림 10-3처럼 보인다.

실제 의존성 구조는 의존성 역전 원칙(DIP)에 완전히 불합격이다('지침 9: 추상화 소유권에 주의하라' 참고). 모든 의존성 화살표가 저수준을 가리키고 있기 때문이다. 다시 말해, 지금은 소프트웨어 아키텍처가 없다!

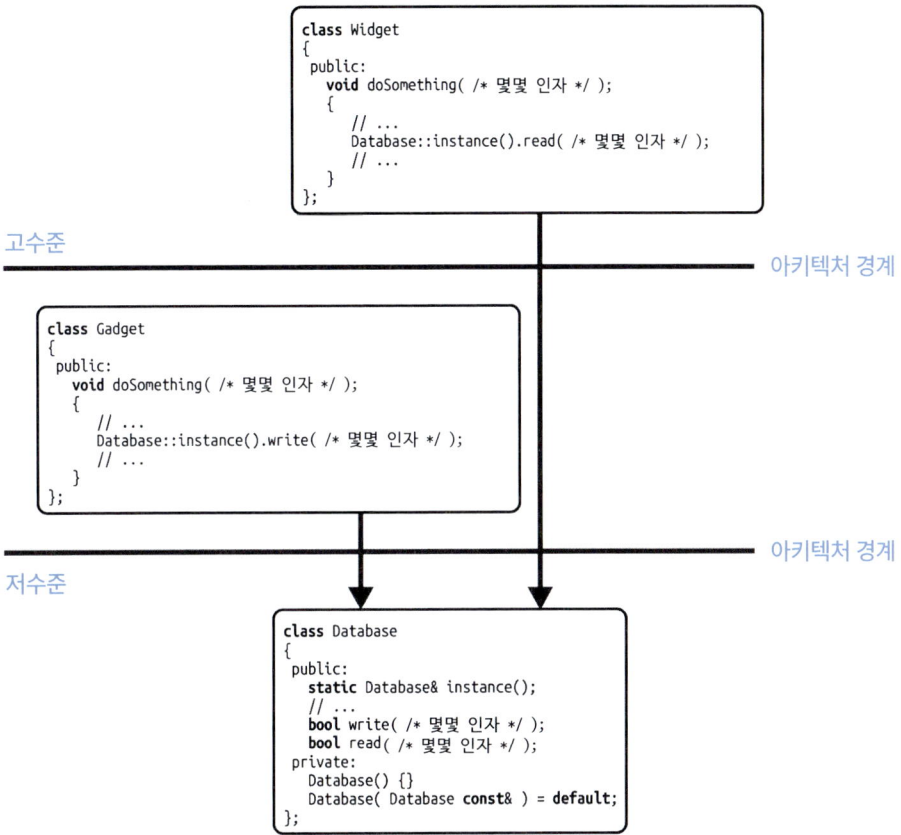

그림 10-3. 싱글턴으로 구현한 Database에 대한 실제 의존성 도표

Database는 구체 클래스이며 추상화가 아니므로 코드 전체에 Database 클래스의 특정 구현 상세와 디자인 선택에 대한 강력하며 불행히도 볼 수조차 없는 의존성이 존재한다. 최악의 경우에는 공급사별 상세 내용에 대한 의존성이 다양한 곳에서 나타나고 코드 전반에서 볼 수 있게 돼 나중에는 변경이 극도로 어렵거나 거의 불가능하게 될 수도 있다. 이로 인해 코드를 변경하기가 훨씬 더 어려워진다.

또한 이 의존성으로 인해 테스트가 얼마나 심하게 영향을 받는지 생각해야 한다. Database 싱글턴에 의존하는 함수 중 하나를 사용하는 모든 테스트는 그 자체로 그 싱글턴에 의존하게 된다. 이는 예를 들면 `Widget::doSomething()` 함수를 사용하는 모든 테스트에 대해 항상 유일한 Database 클래스를 제공해야 한다는 뜻이다. 안타깝지만 간단한 이유는 이런 함수 중 어느 것도 Database를 스텁(stub)이나 목

(mock) 또는 가짜(fake) 같은 무언가 다른 것으로 대체할 방법을 제공하지 않기 때문이다.[18] 이 모두는 Database 싱글턴을 빛나는 소중한 비밀로 다룬다. 그러므로 테스트 용이성을 심각하게 저해하고 테스트를 작성하는 것이 너무 어려워져 전혀 작성하고 싶지 않은 유혹에 빠질 수도 있다.[19]

이 예에서는 싱글턴의 일반적인 문제와 싱글턴이 도입하는 불행한 인위적인 의존성을 정말 잘 볼 수 있다. 이런 의존성으로 인해 시스템은 더욱 유연성이 떨어지고 경직되므로 변경과 테스트하기가 더욱 어려워진다. 물론 그래서는 안 된다. 반대로 데이터베이스 구현을 다른 것으로 쉽게 대체하고 데이터베이스를 사용하는 기능을 쉽게 테스트할 수 있어야 한다. 이런 정확한 이유로 Database가 적절한 아키텍처의 저수준에 존재하는 진정한 구현 상세가 되게 해야 한다.[20]

"하지만 잠시만요. 방금 Database가 구현 상세라면 아키텍처는 없다고 하지 않았나요?" 그렇다. 그렇게 말했다. Database 싱글턴은 어떤 추상화도 나타내지 않으며 의존성을 전혀 다룰 수 없으므로 현 상황에서는 우리가 할 수 있는 게 전혀 없다. 싱글턴은 디자인 패턴이 아니다. 따라서 Database 클래스에 대한 의존성을 제거하고 아키텍처가 작동하도록 하려면 추상화를 도입하고 실제 디자인 패턴을 사용해 변경과 테스트 용이성을 위해 디자인해야 한다. 이를 이루기 위해 C++ 표준 라이브러리의 싱글턴을 사용해 전역 측면을 다루는 좋은 방법에 대한 예를 살펴보자.

싱글턴에 대한 의존성 뒤집기

이제 서로 다른 디자인 패턴을 보여주기 위해 여러 차례 사용했던 디자인 패턴의 진정한 엘도라도(El Dorado)로 돌아가고 있다. 바로 C++17 다형성 메모리 자원이다.

```
#include <array>
#include <cstddef>
#include <cstdlib>
#include <memory_resource>
#include <string>
#include <vector>
// ...

int main()
```

---

18 서로 다른 테스트 대역(test double)에 대한 설명은 마틴 파울러(Martin Fowler)의 기사 'Mocks Aren't Stubs'(https://martinfowler.com/articles/mocksArentStubs.html)를 참고한다. C++에서 이를 사용하는 방법에 대한 예는 제프 랭어(Jeff Langr)의 《Modern C++ Programming with Test-Driven Development》를 참고한다.
19 하지만 어렵더라도 어쨌든 테스트 작성을 단념하지 않을 것이라 확신한다.
20 이는 또한 로버트 C. 마틴의 《클린 아키텍처》에서 강력하게 주장하는 것 중 하나다.

```
{
    std::array<std::byte,1000> raw; // 주의: 초기화하지 않는다!

    std::pmr::monotonic_buffer_resource
        buffer{ raw.data(), raw.size(), std::pmr::null_memory_resource() };   ❶

    std::pmr::vector<std::pmr::string> strings{ &buffer };

    // ...

    return EXIT_SUCCESS;
}
```

이 예에서는 주어진 std::array raw가 담고 있는 정적 메모리에서만 buffer라고 하는 std::pmr::monotonic_buffer_resource(https://en.cppreference.com/w/cpp/memory/monotonic_buffer_resource)가 작동하도록 설정한다(❶). 이 메모리가 고갈되면 buffer는 std::pmr::null_memory_resource()(https://en.cppreference.com/w/cpp/memory/null_memory_resource)로 지정한 업스트림 할당자를 통해 새 메모리를 획득하려고 시도한다. 이 할당자를 통한 할당은 어떤 메모리도 반환하지 않으며 항상 std::bad_alloc() 예외와 함께 실패한다. 따라서 buffer를 raw로 제공한 1,000바이트로 제한한다.

이를 즉시 데코레이터 디자인 패턴의 예로 기억하고 인식하겠지만, 이는 싱글턴 패턴의 예 역할도 한다. std::pmr::null_memory_resource() 함수는 호출할 때마다 동일한 할당자에 대한 포인터를 반환하므로 std::pmr::null_memory_resource의 유일한 인스턴스에 대한 단일 접근점 역할을 한다. 따라서 반환한 할당자는 싱글턴 역할을 한다. 이 싱글턴이 데이터의 단방향 흐름을 제공하지는 않지만(결국 메모리 할당과 반환을 모두 할 수 있다), 메모리라는 전역 상태를 나타내므로 여전히 싱글턴이 합리적인 선택인 듯하다.

특히 흥미롭고 중요한 점은 이 싱글턴이 할당자의 특정 구현 상세에 의존하지 않게 해준다는 것이다. std::pmr::null_memory_resource() 함수가 std::pmr::memory_resource(https://en.cppreference.com/w/cpp/memory/memory_resource)에 대한 포인터를 반환하므로 오히려 그 반대다. (적어도 C++17 영역에서) 이 클래스는 모든 할당자 종류에 대한 기초 클래스를 나타내므로 추상화 역할을 한다. 그럼에도 불구하고 std::pmr::null_memory_resource()는 특정 할당자, 즉 현재 의존하는 특정 선택을 나타낸다. 이 기능이 표준 라이브러리에 있으므로 의존성으로 인식하지 않는 경향이 있지만, 일반적으로 말하면 표준별 구현을 대체할 기회가 제공되지 않으므로 의존성이다.

이는 std::pmr::null_memory_resource() 호출을 std::pmr::get_default_resource()(https://en.cppreference.com/w/cpp/memory/get_default_resource) 호출로 대체하면 바뀐다(❷).

```
#include <memory_resource>
// ...

int main()
{
  // ...

  std::pmr::monotonic_buffer_resource
    buffer{ raw.data(), raw.size(), std::pmr::get_default_resource() };    ❷

  // ...

  return EXIT_SUCCESS;
}
```

또한 std::pmr::get_default_resource() 함수는 시스템 전체 기본 할당자에 대한 추상화를 나타내는 std::pmr::memory_resource에 대한 포인터를 반환한다. 기본적으로, 반환한 할당자는 std::new_delete_resource()(https://en.cppreference.com/w/cpp/memory/new_delete_resource) 함수에서 반환한다. 하지만 놀랍게도 std::pmr::set_default_resource()(https://en.cppreference.com/w/cpp/memory/set_default_resource) 함수로 이 기본값을 사용자 정의할 수 있다.

```
namespace std::pmr {

memory_resource* set_default_resource(memory_resource* r) noexcept;

} // namespace std::pmr
```

이 함수를 이용해 std::pmr::null_memory_resource()를 새로운 시스템 전체 기본 할당자로 정의할 수 있다(❸).

```
// ...

int main()
```

```
{
  // ...

  std::pmr::set_default_resource( std::pmr::null_memory_resource() );   ❸

  std::pmr::monotonic_buffer_resource
     buffer{ raw.data(), raw.size(), std::pmr::get_default_resource() };

  // ...

  return EXIT_SUCCESS;
}
```

std::pmr::set_default_resource()를 사용해 시스템 전체 할당자를 사용자 정의할 수 있다. 다시 말해 이 함수는 이 할당자에 의존성을 주입하는 능력을 제공한다. 들어본 것 같지 않은가? 친숙하게 들리지 않는가? 이를 통해 또 다른 필수적인 디자인 패턴인… **두구두구두구**… 그렇다. 전략 디자인 패턴을 떠올렸기를 바란다.[21]

확실히 이는 전략이다. 이 디자인 패턴을 사용한 것은 아키텍처에 놀라운 영향을 미치므로 환상적인 선택이다. std::pmr::memory_resource가 가능한 모든 할당자의 추상화를 나타내므로 아키텍처 고수준에 상주할 수 있는 반면, 모든 (공급사) 특정 구현 상세를 포함해 할당자의 모든 구체 구현은 아키텍처의 최하위 수준에 상주할 수 있다. 이에 대한 설명으로 CustomAllocator 클래스에 대한 다음 개요를 생각해 보자.

```
//---- <CustomAllocator.h> ----------------

#include <memory_resource>

class CustomAllocator : public std::pmr::memory_resource
{
 public:
   // 단일 인스턴스를 강제할 필요가 없다
   CustomAllocator( /*...*/ );
   // 복사나 이동 연산을 명시적으로 선언하지 않는다
```

---

21 디자인 패턴 전문가를 위해 std::pmr::get_default_resource() 함수 자체가 또 다른 디자인 패턴인 **퍼사드** 디자인 패턴의 의도를 충족한다는 점을 분명히 언급해야겠다. 아쉽지만, 이 책에서는 퍼사드에 대해 자세히 설명하지 않는다.

```cpp
private:
   void* do_allocate( size_t bytes, size_t alignment ) override;

   void do_deallocate( void* ptr, size_t bytes,
                       size_t alignment ) override;

   bool do_is_equal(
      std::pmr::memory_resource const& other ) const noexcept override;

   // ...
};
```

CustomAllocator는 C++17 할당자로서 자격을 얻기 위해 std::pmr::memory_resource를 public 으로 상속한다는 점에 주목하라. 이 때문에 std::pmr_set_default_resource() 함수를 이용해 CustomAllocator의 인스턴스를 새로운 시스템 전체 기본 할당자로 설정할 수 있다(❹).

```cpp
#include <CustomAllocator.h>

int main()
{
   // ...
   CustomAllocator custom_allocator{ /*...*/ };

   std::pmr::set_default_resource( &custom_allocator );   ❹
   // …
}
```

std::pmr::memory_resource 기초 클래스가 아키텍처 최상위 수준에 상주하는 반면 CustomAllocator 는 논리적으로 아키텍처 최하위 수준에 도입한다(그림 10-4 참고). 따라서 전략 패턴은 의존성 역전을 초래한다('지침 9: 추상화 소유권에 주의하라' 참고). 즉, 할당자의 싱글턴성(Singleton-ness)과 전역 상태를 나타냄에도 불구하고 구체 구현 상세 대신 추상화에 의존한다.

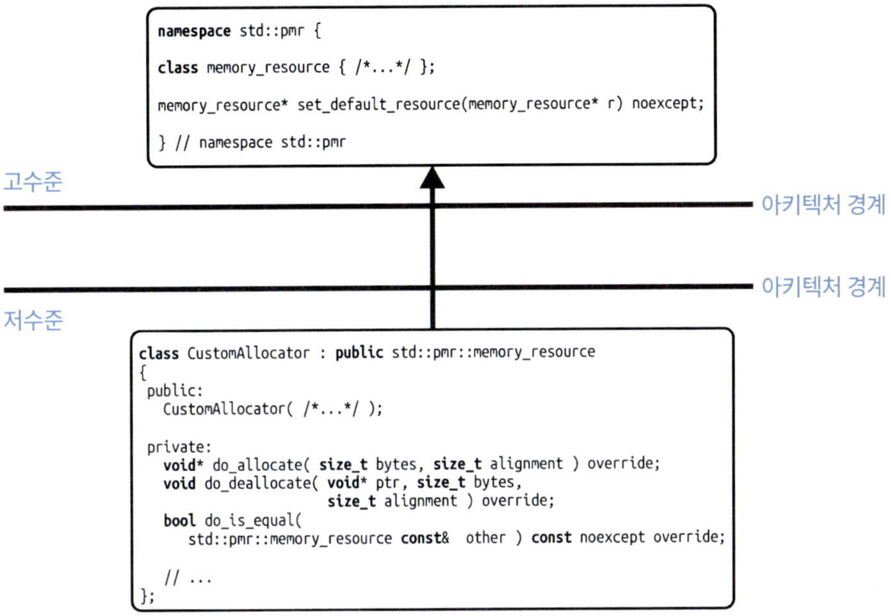

```
namespace std::pmr {
class memory_resource { /*...*/ };
memory_resource* set_default_resource(memory_resource* r) noexcept;
} // namespace std::pmr
```

고수준 ─────────────────────────────── 아키텍처 경계

─────────────────────────────── 아키텍처 경계

저수준

```
class CustomAllocator : public std::pmr::memory_resource
{
 public:
   CustomAllocator( /*...*/ );
 private:
   void* do_allocate( size_t bytes, size_t alignment ) override;
   void  do_deallocate( void* ptr, size_t bytes,
                        size_t alignment ) override;
   bool do_is_equal(
       std::pmr::memory_resource const&  other ) const noexcept override;
   // ...
};
```

그림 10-4. std::pmr::memory_resource 추상화를 통해 이룬 의존성 역전

참고로 이 접근법을 사용하면 모든 싱글턴을 스택과 단일 컴파일 단위에서 생성해 초기화 순서를 명시적으로 관리할 수 있으므로 전역 초기화 순서에 대한 모든 의존성(즉 SIOF)을 쉽게 피할 수 있다는 점은 언급할 만한 가치가 있다.

```
int main()
{
    // 유일한 시스템 전체 시계는 생명 주기 의존성이 없다.
    // 따라서 먼저 생성한다
    SystemClock clock{ /*...*/ };

    // 유일한 시스템 전체 설정은 시계에 의존한다.
    SystemConfiguration config{ &clock, /*...*/ };

    // ...
}
```

전략 디자인 패턴 적용

이전 예를 기반으로 이제 Database 예를 어떻게 고쳐야 할지에 대한 아이디어를 얻었을 것이다. 다시 얘기하면, Database 클래스를 기본 데이터베이스 구현으로 유지하되 구체 구현에 대한 모든 의존성을 제거해 구현 상세로 만드는 것이 목표다. 이를 위해서는 전략 디자인 패턴을 적용해 아키텍처 상위 수준에서 전역 접근점과 **의존성 주입**을 위한 전역 지점과 함께 추상화를 도입하기만 하면 된다. 이를 통해 누구나 (개방–폐쇄 원칙(OCP)도 따르므로 정말로 누구나를 뜻한다. '지침 5: 확장을 위한 디자인' 참고) 최하위 수준에 사용자 정의 데이터베이스 구현(구체 구현뿐만 아니라 테스트 스텁, 목, 가짜 모두)을 도입할 수 있다.

따라서 다음 PersistenceInterface 추상화를 도입한다(❺).

```
//---- <PersistenceInterface.h> ----------------

class PersistenceInterface                    ❺
{
 public:
   virtual ~PersistenceInterface() = default;

   bool read( /*몇몇 인자*/ ) const            ❻
   {
      return do_read( /*...*/ );
   }
   bool write( /*몇몇 인자*/ )                 ❼
   {
      return do_write( /*...*/ );
   }

   // ... 데이터베이스 전용 기능이 더 있다

 private:
   virtual bool do_read( /*몇몇 인자*/ ) const = 0;   ❻
   virtual bool do_write( /*몇몇 인자*/ ) = 0;        ❼
};

PersistenceInterface* get_persistence_interface();                        ❽
void set_persistence_interface( PersistenceInterface* persistence );      ❾
```

```
// 유일한 'instance' 변수 선언
extern PersistenceInterface* instance;            ❿
```

PersistenceInterface 기초 클래스는 가능한 모든 데이터베이스 구현에 대한 인터페이스를 제공한다. 예를 들면, `std::pmr::memory_resource` 클래스로 설정한 예를 기반으로 `public` 인터페이스 부분과 `private` 구현 부분으로 나눠 `read()`와 `write()` 함수를 도입한다(❻과 ❼).[22] 물론 실제로는 데이터베이스 전용 함수를 몇 가지 더 도입하겠지만, 이 예에서는 `read()`와 `write()`로 충분하다.

PersistenceInterface에 추가로 `get_persistence_interface()`라는 전역 접근점(❽)과 `set_persistence_interface()`라는 **의존성 주입**을 가능하게 하는 함수(❾)도 도입한다. 이 함수 두 가지를 통해 전역 영속성 시스템을 접근하고 설정할 수 있다(❿).

이제 Database 클래스는 PersistenceInterface 기초 클래스를 상속하고 (바라건대 리스코프 치환 원칙(LSP)을 따르며) 요구하는 인터페이스를 구현한다('지침 6: 추상화로 기대하는 행위를 따르라' 참고).

```
//---- <Database.h> ----------------

class Database : public PersistenceInterface
{
 public:
   // ... 데이터 멤버에 접근할 수 있다

   // 복사와 이동 연산을 삭제해 클래스가 움직이지 못하게 한다
   Database( Database const& ) = delete;
   Database& operator=( Database const& ) = delete;
   Database( Database&& ) = delete;
   Database& operator=( Database&& ) = delete;

 private:
   bool do_read( /*몇몇 인자*/ ) const override;
   bool do_write( /*몇몇 인자*/ ) override;
   // ... 데이터베이스 전용 기능이 더 있다
```

---

[22] public 인터페이스와 private 구현으로 분리한 것은 템플릿 메서드 디자인 패턴 예다. 불행히도 이 책에서는 이 디자인 패턴의 이점에 대해 자세히 설명할 수 없다.

```
    // ... 몇몇 데이터 멤버가 있을 수 있다
};
```

우리의 특수 설정에서 Database 클래스는 기본 데이터베이스 구현을 나타낸다. set_persistence_interface() 함수를 통해 다른 영속성 시스템을 설정하지 않은 때는 이 데이터베이스의 기본 인스턴스를 생성해야 한다. 하지만 Database를 생성하기 전에 다른 어떤 영속성 시스템을 시스템 전체 데이터베이스로 설정하면 불필요하고 아까운 추가 비용을 일으키므로 인스턴스를 생성하지 말아야 한다. 이 행위는 **정적 지역 변수** 두 개와 **즉시 실행 람다 표현식(IILE)**으로 get_persistence_interface() 함수를 구현해 달성한다(⓫).

```
//---- <PersistenceInterface.cpp> ----------------

#include <Database.h>

// 유일한 'instance' 변수 정의
PersistenceInterface* instance = nullptr;

PersistenceInterface* get_persistence_interface()
{
   // 지역 객체,
   //   '즉시 호출 람다 표현식(IILE)'으로 초기화했다
   static bool init = [](){          ⓫
      if( !instance ) {
         static Database db;
         instance = &db;
      }
      return true;   // 또는 false, 실제 값은 중요하지 않기 때문이다
   }();  // 람다 표현식 다음의 '()'에 주의한다. 이는 람다를 호출한다

   return instance;
}

void set_persistence_interface( PersistenceInterface* persistence )
{
   instance = persistence;
}
```

처음 실행 흐름이 get_persistence_interface() 함수에 진입하면 init 정적 지역 변수를 초기화한다. 이 시점에 instance를 이미 설정했으면 Database를 생성하지 않는다. 하지만 그렇지 않으면 람다 내에서 Database 인스턴스를 다른 정적 변수로 생성해 instance 변수와 결합한다.

```
#include <PersistenceInterface.h>
#include <cstdlib>

int main()
{
    // 첫 접근, 데이터베이스 객체를 생성한다
    PersistenceInterface* persistence = get_persistence_interface();

    // ...

    return EXIT_SUCCESS;
}
```

이 구현은 원하는 효과를 달성한다. 즉, Database는 다른 어떤 코드도 의존하지 않으며 언제든 사용자 정의 데이터베이스 구현으로 대체할 수 있는 구현 상세가 된다(그림 10-5 참고). 따라서 Database의 싱글턴성에도 불구하고 의존성을 도입하지 않으며 테스트 목적으로 쉽게 변경하고 쉽게 대체할 수 있다.

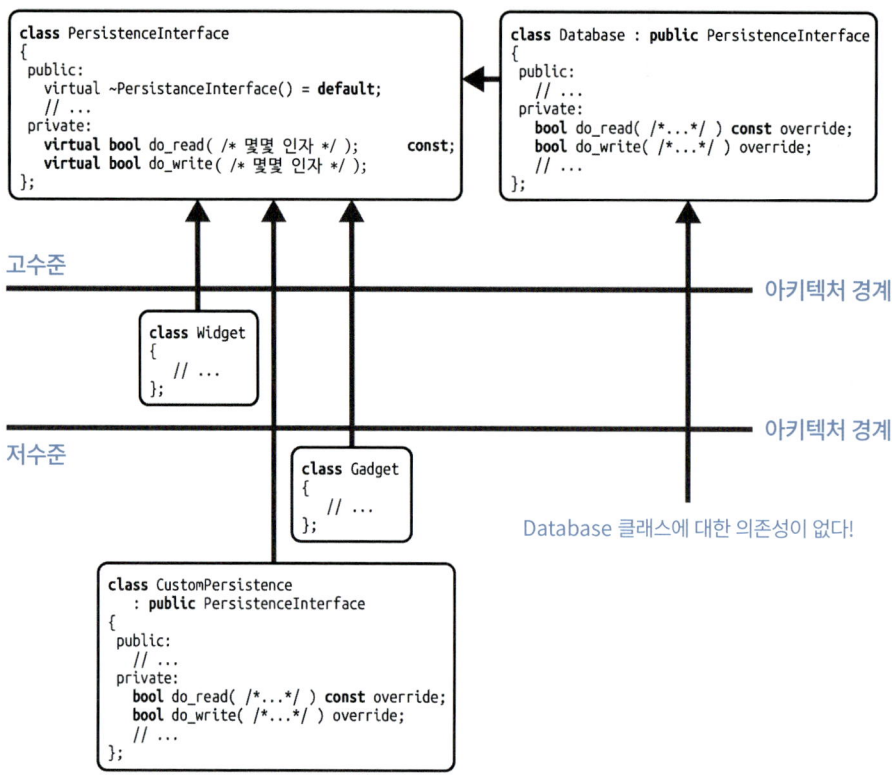

그림 10-5. 리팩터링한 비싱글턴 Database에 대한 의존성 도표

"와, 정말 멋진 해결책이에요. 내 코드베이스 몇 곳에서 쓸 수 있겠어요!" 감동과 감탄하는 표정을 지으며 말한다. "하지만 인터페이스 클래스를 상속해야 하므로 간섭적 해결책이라는 잠재적 문제가 있어요. 주어진 싱글턴 클래스를 변경할 수 없으면 어떻게 해야 하죠?" 그럴 때는 선택할 수 있는 비간섭적 디자인 패턴이 두 가지 있다. 이미 상속 계통이 준비돼 있다면 주어진 싱글턴을 감싸는 어댑터를 도입할 수 있으며('지침 24: 어댑터를 사용해 인터페이스를 표준화하라' 참고), 상속 계통이 아직 준비돼 있지 않으면 외부 다형성 디자인 패턴을 잘 활용할 수 있다('지침 31: 비간섭 런타임 다형성에는 외부 다형성을 사용하라' 참고).

"좋아요. 하지만 더 심각한 문제가 있어요. 이 코드는 정말 스레드 안전한가요?" 솔직히 말해 그렇지 않다. 한 가지 가능한 문제의 예를 들어 보면, Database 인스턴스 설정으로 인해 시간이 걸릴 수 있으므로 get_persistence_interface()를 처음 호출하는 동안 set_persistence_interface()를 호출할 수 있다. 이때는 생성한 Database가 쓸모없어지거나 set_persistence_intreface()에 대한 호출을 잃게 된다. 하지만 놀랍게도 이는 우리가 해결해야 할 일이 아니다. 이유는 다음과 같다. instance가 전역 상태를 나타낸다는 점을 기억하자. 코드 어딘가에서 언제든 set_persistence__interface()를 호출할 수 있다고 가정하면, 일반적으로 set_persistence_interface()를 호출한 후 get_persistence_interface()를 호출해도 그 설정값을 반환할 것이라 기대할 수 없다. 따라서 코드 어딘가에서 set_persistence_interface() 함수를 호출하는 것은 누군가의 발아래에 있는 양탄자를 당기듯이 곤란하게 만드는 일이다. 이는 모든 좌변 값에 std::move()를 호출하는 것과 비슷하다.

```
template< typename T >
void f( T& value )
{
  // ...
  T other = std::move(value);   // (그야말로) 매우 나쁜 이동이다!
  // ...
}
```

이런 관점에서 set_persistence_interface() 함수는 임의로 사용하지 말고 프로그램 맨 처음이나 단일 테스트 시작 지점에서 사용해야 한다.

"set_persistence_interface() 함수를 단 한 번만 호출하도록 할 수 없을까요?"라고 묻는다. 확실히 그렇게 할 수 있지만 이는 테스트 목적으로 사용하는 것을 인위적으로 제한한다. 매번 단일 테스트를 시작할 때 영속성 시스템을 되돌릴 수 없기 때문이다.

지역 의존성 주입으로 전환

"좋아요. 알겠어요. 마지막 질문이에요. 이 해결책이 변경할 수 있는 전역 상태를 포함하므로 더 직접적이며 지역적인 의존성 주입을 보다 낮은 수준의 클래스에 사용하는 것이 더 낫지 않나요? 생성할 때 의존성을 지정하는 다음 Widget 클래스 수정을 생각해 보세요."

```
//---- <Widget.h> ----------------

#include <PersistenceInterface.h>

class Widget
{
 public:
```

```cpp
    Widget( PersistenceInterface* persistence )  // 의존성 주입
       : persistence_(persistence)
    {}

    void doSomething( /*몇몇 인자*/ )
    {
       // ...
       persistence_->read( /*몇몇 인자*/ );
       // ...
    }

  private:
    PersistenceInterface* persistence_{};
};
```

전적으로 동의한다. 이는 전역 상태 문제를 해결하기 위한 다음 단계일 수 있다. 하지만 이 접근법을 분석하기 전에, 이미 의존성을 뒤집었으므로 이 아이디어는 선택지 중 하나일 뿐이라는 점을 명심하자. 아키텍처 고수준에 추상화를 도입한 덕분에 갑자기 선택권이 생겼으며 대체 방안을 얘기할 수 있게 됐다. 따라서 가장 중요한 첫 단계는 의존성을 적절히 관리하는 것이다. 여러분의 제안으로 돌아가서, 이 접근법이 정말 맘에 든다. Widget 클래스 인터페이스가 더욱 '솔직'해지고 그 모든 의존성을 명확히 표시한다. 생성자 인자를 통해 의존성을 전달하므로 의존성 주입이 더욱 직관적이고 자연스러워진다.

또는 Widget::doSomething() 함수에 의존성을 직접 전달할 수도 있다.

```cpp
//---- <Widget.h> ----------------

#include <PersistenceInterface.h>

class Widget
{
 public:
    void doSomething( PersistenceInterface* persistence, /*몇몇 인자*/ )
    {
       // ...
       persistence->read( /*몇몇 인자*/ );
       // ...
    }
};
```

이 접근법이 멤버 함수에는 최선이 아닐 수 있지만, 자유 함수에는 유일한 선택지일 수 있다. 다시 얘기하지만, 의존성을 명시적으로 언급함으로써 해당 함수는 좀 더 '솔직'해진다.

하지만 이 직접 의존성 주입에는 이면이 있다. 대규모 호출 스택에서 이 접근법은 금방 다루기 어려워질 수 있다. 의존성을 여러 소프트웨어 스택 수준을 통해 전달해 필요한 시점에 사용할 수 있게 하는 것은 편리하지도, 직관적이지도 않다. 게다가, 특히 싱글턴이 여럿 있을 때 이 해결책은 급속히 다루기가 힘들어진다. 예를 들어, 최하위 수준에서 사용할 수 있도록 PersistenceInterface, Allocator 그리고 시스템 전체 Configuration을 여러 함수 호출 계층을 통해 전달하는 것은 진정으로 가장 우아한 접근법이 아니다. 이런 이유로, 예를 들면 래퍼 함수를 도입해 전역 접근점과 지역 의존성 주입 아이디어를 결합하고 싶어질 수도 있다.

```cpp
//---- <Widget.h> ----------------

#include <PersistenceInterface.h>

class Widget
{
 public:
   void doSomething( /*몇몇 인자*/ )               ⓬
   {
      doSomething( get_persistence_interface(), /*몇몇 인자*/ );
   }

   void doSomething( PersistenceInterface* persistence, /*몇몇 인자*/ )  ⓭
   {
      // ...
      persistence->read( /*몇몇 인자*/ );
      // ...
   }
};
```

여전히 이전의 doSomething() 함수를 제공하지만(⓬), 이제 PersistenceInterface를 함수 인자로 받아들이는 다중 정의를 추가로 제공한다(⓭). 두 번째 함수가 모든 일을 하며, 이제 첫 번째 함수는 전역으로 설정한 PersistenceInterface를 주입하는 래퍼 역할을 할 뿐이다. 이 조합에서는 지역적인 결정을 내릴 수 있고 원하는 의존성을 지역적으로 주입할 수 있지만, 동시에 여러 함수 호출 계층을 통해 의존성을 전달할 필요가 없다.

하지만 사실을 말하자면, 이 해결책이 이 데이터베이스 예와 메모리를 관리하는 상황에서도 매우 잘 작동할 수 있지만 모든 싱글턴 문제에 대한 올바른 접근법은 아닐 수 있다. 그러므로 이것이 가능한 유일한 해결책이라고 믿으면 안 된다. 결국 상황에 따라 다르다. 그러나 이는 의존성을 변경하거나 야기하는 측면을 식별한 다음, 적합한 추상화를 추출해 관심사를 분리하는 일반적인 소프트웨어 디자인 절차를 보여주는 훌륭한 예다. 여러분은 자신의 의도에 따라 디자인 패턴을 적용했을 것이다. 그러므로 그에 맞춰 여러분의 해결책을 명명하고, 그것으로 다른 개발자가 알아차릴 수 있게 여러분이 추론한 흔적을 남기는 것을 고려하자.

요약하면, 싱글턴 패턴은 확실히 매력적인 패턴 중 하나는 아니다. 그야말로 단점이 너무 많으며 가장 중요한 것은 전역 상태라는 일반적인 결함이다. 하지만 많은 부정적 측면에도 불구하고 신중하게 사용하면, 일부 상황에서 코드의 몇 가지 전역 측면을 나타내는 데 훌륭한 해결책이 될 수 있다. 그런 상황이라면 데이터 흐름이 단방향인 싱글턴이 나오며, 전략 디자인 패턴으로 의존성을 뒤집고 의존성 주입을 가능하게 해 싱글턴을 변경과 테스트 용이성을 위해 디자인한다.

> **지침 38: 싱글턴을 변경과 테스트 용이성을 위해 디자인하라**
>
> - 싱글턴은 모든 결함을 갖춘 전역 상태를 나타낸다는 것을 인식한다.
> - 가능한 한 전역 상태를 피한다.
> - 싱글턴은 코드의 몇 가지 전역 측면에 대해서만 신중하게 사용한다.
> - 데이터 흐름이 단방향인 싱글턴을 선호한다.
> - 변경 용이성과 테스트 용이성에 대한 일반적인 장애물을 제거하기 위해 전략 디자인 패턴을 사용해 싱글턴에 대한 의존성을 뒤집는다.

11 마지막 지침

여러분에게 줄 수 있는 지침과 조언이 딱 하나 더 있다. 다음은 마지막 지침이다.

지침 39: 디자인 패턴을 계속 배워라

"이게 다인가요? 이게 전부인가요? 아니, 훨씬 더 많은 디자인 패턴이 있고 겨우 표면만 건들어 봤을 뿐이에요!" 솔직히 전적으로 그 말이 맞다. 그 말에 이의는 전혀 없다. 하지만 변명해 보자면, 더 많은 패턴을 계획하고 있었지만, 400쪽 분량의 책에 담기에는 너무 많다는 현실에 부딪혔다. 하지만 조바심 내지 않아도 된다. 이 400쪽에 걸쳐 소프트웨어 개발 경력에서 언제 어디서나 필요한 모든 디자인 패턴에 대해 가장 중요한 조언을 여러분에게 안내했다.

의존성을 최소화하라

의존성을 다루는 것은 소프트웨어 디자인의 핵심이다. 어떤 소프트웨어를 작성하든 지속하는 데 진심으로 관심이 있다면 의존성, 즉 필요한 의존성, 그중에서도 주로 인위적인 의존성을 다뤄야 한다. 물론 주요 목표는 의존성을 줄이거나 심지어 최소화하는 것이다. 이 목표를 달성하려면 필연적으로 디자인 패턴을 다루게 될 것이다.

관심사를 분리하라

이는 이 책에서 얻을 수 있는 가장 중요하며 중심이 되는 디자인 지침일 것이다. 관심사를 분리하면 엉킨 소프트웨어 구조가 풀어지며, 이해와 변경, 그리고 테스트가 더 쉬워진다. 모든 디자인 패턴은 예외 없이 관심사를 분리하는 방법을 제공한다. 패턴 간 주된 차이는 관심사를 분리하는 방법, 즉 **의도**다. 디자인 패턴이 구조적으로 유사할 수 있지만, 그 의도는 항상 고유하다.

상속보다 구성을 선호하라

상속은 강력한 기능이지만, 많은 디자인 패턴의 진정한 힘은 구성을 기반으로 구축하는 데서 기인한다. 예를 들면, **모든 곳**에서 사용하는 패턴 중 하나(이제는 이 점이 명백해졌기를 바란다)인 전략 디자인 패턴은 주로 구성을 기반으로 구축해 관심사를 분리하지만, 상속을 사용해 기능을 확장하는 선택지도 제공한다. 브리지, 어댑터, 데코레이터, 외부 다형성, 타입 소거도 마찬가지다.

비간섭적 디자인을 선호하라

진정한 유연성과 확장성은 기존 코드를 수정할 필요 없이 새 코드를 추가할 수 있을 때 발생한다. 그러므로 기존 코드를 간섭적으로 수정하는 디자인보다 비간섭적인 디자인을 선호한다. 따라서 데코레이터, 어댑터, 외부 다형성, 타입 소거 같은 디자인 패턴은 여러분의 디자인 패턴 도구 상자에 추가할 가치가 있다.

참조 의미론보다 값 의미론을 선호하라

코드를 단순하고 이해하기 쉽게 유지하며 nullptr, 허상 포인터, 생명 주기 의존성 등과 같은 어두운 구석을 멀리하려면 포인터와 참조 대신 값을 이용하는 것을 선호해야 한다. C++는 값 의미론을 중요하게 여기므로 이런 목적으로 사용하기에 아주 멋진 언어다. 이를 통해 개발자는 값 의미론 영역에서 행복한 삶을 살 수 있다. 놀랍게도 std::variant와 타입 소거에서 본 것처럼 이런 철학이 반드시 성능에 부정적인 영향을 미치는 것은 아니며 오히려 성능을 증가시킬 수도 있다.

소프트웨어 디자인에 대한 이런 일반적인 조언 외에 디자인 패턴의 목적에 대한 통찰력도 얻었다. 이제 여러분은 디자인 패턴이 무엇인지 안다.

디자인 패턴은

- 이름이 있다.
- 의도를 전달한다.
- 추상화를 도입한다.
- 입증됐다.

이런 정보를 갖추면 (내 경력에서 여러 번 마주친 것처럼) 일부 구현 상세가 디자인 패턴이라는 잘못된 주장, 예를 들면 (std::unique_ptr, std::shared_ptr 등) 스마트 포인터나 std::make_unique() 같은 팩토리 함수가 디자인 패턴의 구현이라는 주장에 더 이상 빠지지 않을 것이다. 또한 이제 가장 중요하고 유용한 디자인 패턴 몇 가지에 익숙해졌으므로 이 패턴은 계속해서 유용할 것이다.

비지터

타입의 닫힌 집합에서 연산을 확장하려면 (`std::variant`로 실현할 수 있는) 비지터 디자인 패턴을 이용한다.

전략

행위를 설정하고 이를 외부에서 '주입'하려면 (일명 단위 전략 기반 디자인이라고도 하는) 전략 디자인 패턴을 선택한다.

커맨드

서로 다른 연산을 추상화하려면 연산을 실행 취소할 수 있는 커맨드 디자인 패턴을 활용한다.

옵서버

일부 개체의 상태 변화를 관찰하려면 옵서버 디자인 패턴을 선택한다.

어댑터

한 인터페이스를 또 다른 인터페이스에 코드 변경 없이 비간섭적으로 맞추려면 어댑터 디자인 패턴을 사용한다.

CRTP

가상 함수 없는 정적 추상화를 위해서는 (그리고 아직 C++20 콘셉트를 쓸 수 없으면) CRTP 디자인 패턴을 적용한다. CRTP는 컴파일 시점 믹스인 클래스를 생성하는 데 유용할 수도 있다.

브리지

구현 상세를 숨기고 물리적 의존성을 줄이려면 브리지 디자인 패턴을 활용한다.

프로토타입

가상 복사본을 생성하려면 프로토타입 디자인 패턴이 올바른 선택이다.

외부 다형성

외부에서 다형성 행위를 추가해 느슨한 결합을 촉진하려면 외부 다형성 디자인 패턴을 기억한다.

타입 소거

값 의미론의 장점과 결합한 외부 다형성의 힘을 위해서는 타입 소거 디자인 패턴을 고려한다.

데코레이터

객체에 책임을 비간섭적으로 추가하려면 데코레이터 디자인 패턴의 이점을 선택한다.

하지만 더 많은 디자인 패턴이 있다. 훨씬 더 많다! 또한 중요하고 유용한 디자인 패턴도 많다. 따라서 디자인 패턴을 계속 배워야 한다. 그렇게 하는 방법에는 두 가지가 있다. 첫 번째는 더 많은 패턴을 알아가는 것이다. 즉, 그 의도와 다른 디자인 패턴과 비교한 유사성과 차이점을 배운다. 또한 디자인 패턴은 구현 상세가 아닌 의존성 구조에 대한 것이라는 점을 잊지 않는다. 두 번째는 각 패턴을 더 잘 이해하고 장단점을 경험하는 것이다. 이를 위해, 작업하는 코드베이스에서 사용하는 디자인 패턴을 살펴본다. 장담하건대, 의존성을 관리하고 줄이려는 모든 시도가 디자인 패턴의 증거일 가능성이 높으며, 거기서 많이 찾을 수 있을 것이다. 그렇다. 디자인 패턴은 어디에나 있다!

> **지침 39: 디자인 패턴을 계속 배워라**
>
> - 더 많은 디자인 패턴을 알고 그 의도를 이해한다.
> - 각 디자인 패턴의 장단점에 대해 더 자세히 알아본다.
> - 야생에서 디자인 패턴을 찾아 직접 경험해 본다.

기호

⟨ElectricCar.h⟩	270
⟨ElectricEngine.h⟩	270
⟨functional⟩	94
⟨number⟩	93
⟨Person.h⟩	282
=default	282
[[no_unique_address]]	352
5의 법칙	406

A – D

ABI 안정성	271, 278
AbstractVisitor	141, 142, 144
accept()	121, 122, 123, 125, 126, 132, 143, 144
accumulate()	93, 101
Acyclic Visitor	104
Adapter	210
Add	176, 178
Addable	262, 263, 265
Addable 믹스인	266
addBlob()	30
AddressObserver	234, 237, 239
ADL	220
aggregate initialization	414
aggregate type	414
Alexander Stepanov	63
Alignment	344
allocate()	99
Allocator	435
Andrei Alexandrescu	170
Animal	294, 296, 297, 298, 301
Animal*	295
antipattern	410
assert()	50
assert 문	49
ATM	68
attach()	225, 232, 233
author()	20
auto	253
auto&	254
Barbara Liskov	50
begin()	61, 62, 63, 218, 244, 245, 247, 251, 253
behavioral subtyping	50
big endian	14
BinaryOperation	101
BinaryReductionStrategy	101
black box test	31
blob_	35
Blob	29, 30
blobs_	34
boilerplate code	123
Boost 라이브러리	321
boost::function	321
Boost.serialization	13, 153
Boost Type Erasure 라이브러리	334
Bridge	8
ByteStream	12, 13, 15, 25, 26, 316
Calculator	178, 180, 185
CalculatorCommand	176, 178, 179
callable	101
Capacity	344
Car	275, 276, 278
Cat	297
changeability	170
CI	79
Circle	90, 91, 92, 93, 106, 107, 109, 110, 111, 118, 120, 123, 126, 130, 132, 141, 142, 143, 144, 147, 149, 150, 153, 156, 157, 158, 159, 162, 170, 171, 204, 205, 302, 304, 305, 307, 308, 309, 310, 311, 313, 325, 332, 335, 359, 364, 366
CircleModel	313
CircleVisitor	141
class adapter	214
client-server architecture	7
clone()	296, 297, 299, 300, 301, 328, 331, 332, 343, 346, 347, 367, 368, 369, 405
CloneOperation	355
cohesion	11
Command	176, 180, 182
Compare	169
compilation firewall	208
composition	146
compute()	179
Concept	27, 347, 348, 352, 355, 405
ConcreteCommand	176
ConcreteCreator	87
ConcreteDatabaseEngine	285
ConcreteProduct	87
ConcreteStrategyA	86
ConcreteStrategyB	86
ConcreteSubject	225
concretion	67
concurrent environment	226
ConferenceTicket	19, 20, 377, 387, 388, 389, 390, 398, 402, 406
Configuration	435
const에 대한 참조	363, 372
const_cast	347
constexpr	10
const_iterator	243, 245, 251, 252
Context	86
Continuous Integration	79
contravariant	53
convertToBytes()	212, 214
copy-and-swap	8
copy elision	195
copy-on-write	195
coupling	1
covariant	52
CppBook	19, 20, 377, 382, 387, 388, 389
create()	352
Creator 기초 클래스	87
cross-cast	144
CRTP	96, 210, 241, 248, 249, 250, 253, 254, 255, 256, 257, 259, 262, 263, 266, 267
Curiously Recurring Template Pattern	95, 210
CustomAllocator	391, 392, 425, 426

CustomType	43, 44
Cyclic Visitor	125
DAG	241
dangling pointer	232, 397
Database	283, 284, 285, 412, 413, 414, 418, 419, 421, 422, 428, 430, 431
DatabaseEngine	284, 285
Database::instance()	419
deallocate()	99
decltype(auto)	253, 254
DecoratedItem	382, 383, 385, 388
DecoratedPriceStrategy	394
Decorator	7, 376
deep copy	195
DefaultDrawer	313
delete	170, 298, 413
Deleter	170, 355
DenseVector	246, 247, 248, 249, 252, 255, 258
DenseVector⟨DynamicVector⟨T⟩⟩	254
DenseVectorTag	257, 258
dependency injection	92
Dependency Inversion Principle	47, 67
dependent	225
Deposit	68
DepositUI	70
Derived	249, 250, 251, 255, 263
destroy()	352
DestroyOperation	355
detach()	225, 232, 233
detail::OwningShapeModel	329
DIP	47, 67, 70, 71, 72, 74, 75, 76, 78, 173, 180, 225, 297, 310, 313, 400, 420
Discount	381
DiscountAndTax	381
Discounted	382, 383, 387, 388, 389, 390, 395, 398, 400, 401, 406
do_allocate()	99, 392
Document	12, 14, 15, 17, 24, 26, 37, 38, 39, 41, 58, 212, 213, 214
Document 인터페이스	27
DocumentConcept	316
DocumentType	38, 39, 40
DocumentType 열거형	15
do_deallocate()	99, 392
Dog	297
do_is_equal()	99, 392
Don't Repeat Yourself	1
doSomething()	435
double dispatch	126
draw()	90, 91, 92, 107, 113, 115, 121, 149, 150, 153, 155, 156, 158, 301, 303, 304, 307, 308, 313, 314, 317, 328, 331, 332, 340, 355, 363, 368, 371
Draw 비지터	133, 134, 142
drawAllShapes()	109, 110, 111, 115, 123, 133, 134
DrawCircle.h	107
DrawCircleStrategy	162, 171, 202, 204
DrawOperation	355
Draw::operator()	134
DrawSquareStrategy	162, 202, 204

DrawStrategy	92, 93, 155, 156, 158, 159, 164, 204, 308, 310, 329, 330, 338, 355, 356, 363
DrawTriangleStrategy	162
DRY	1, 22, 23, 63, 164, 246, 250, 262, 275
DRY 원칙	123, 299, 308, 309, 313
Duck	221, 222
duck typing	222
dynamic_cast	144, 338
DynamicStorage	350
DynamicVector	242, 244, 245, 246, 248, 249, 252, 257
DynamicVector⟨int⟩	252
DynamicVector⟨T⟩	254
dyno 라이브러리	334

E – L

EBO	215, 402
Editor	73, 74, 75
ElectricCar	269, 270, 271, 272, 274, 275, 277, 278
ElectricEngine	270, 271, 272, 274
Elisabeth Robson	220
Ellipse	118, 120
emplace()	217
emplace_back()	98
empty()	217
Empty Base Optimization	215
encapsulation	8, 35
end()	61, 62, 63, 218, 244, 245, 247, 251, 253
Engine	274, 276, 278
enumeration	14
erase()	192
erase-remove 관용구	192, 193
erasure 라이브러리	334
Eric Freeman	220
Euclidean norm	244
execute()	176, 178
exportDocument()	25, 26
exportToJSON()	12, 13, 14, 15, 214, 316
exportToJSONFormat()	212, 214
Expression Templates	96
extensibility	2
factory function	6
fake	422
Family	248
final	126
fixture	31
fly()	221, 222
Foot	262
forename	291
FormattingCommand	182
forwarding reference	325
free()	170
friend	31, 32, 331, 373
Gadget	418, 419
Gang of Four	84
geometric primitive	91
getArea()	48, 49

getHeight()	48
get_persistence_interface()	429, 430, 431, 432, 433
getter	36, 49
getType()	106, 110
getWidth()	48, 54
GoF	84
grossPrice()	396
Has–A	175
height	48, 49
hierarchical layer	99
hierarchy	13
idiom	7
IILE	430
Implementation Details	5
implementation pattern	7
InClassStorage	351
indirection	127
informInsufficientFunds()	68
inplace_any	353
inplace_function	353
InputIt	59, 76
input iterator	27
instance()	411, 414
Interface Segregation Principle	1
intrusive nature	125
Invoker	176
IS–A	51, 175
IS–A 관계	54, 60
IsDenseVector	258
is_equal()	99
ISP	1, 25, 27, 59, 70, 78, 159, 211, 227, 228, 315, 338, 339
Item	18, 19, 20, 22, 377, 378, 379, 380, 382, 383, 384, 385, 387, 388, 389, 395, 396, 400, 401, 404, 405, 409
Item 래퍼	408
Items	21
iterator	243, 245, 251, 252
James Coplien	241
Jeannette Wing	50
JSON	12, 13
JSONExportable	26, 213, 338
Katerina Trajchevska	23
Kent Beck	4
Kilometer	260, 261, 262, 266
KISS 원칙	166
L2 노름	244
l2norm()	245, 255
LA 라이브러리	244
Large Scale C++ Software Design	iv
Liskov Substitution Principle	46
little endian	14
locality	8
LPS	56
LSP	46, 50, 55, 58, 59, 64, 65, 67, 77, 219, 222, 223, 246, 266, 297, 307, 317, 324, 429
LSP 추상화	59, 60
lvalue	204

M – R

makeSound()	294
MallarDuck	221
malleable	3
managed pointer	322
Matthew Wilson	220
Metal	91
MetalBoostSerialSquare	154
MetalCircle	153
Meter	260, 261, 262, 266
Meyers' Singleton	410
microservices	7
Mile	262
Mixin	210
mock	422
Model	346, 405
modules	9
Money	19, 20
monotonic_buffer_resource	99
move()	347
multipass guarantee	28
mutable	417
name()	20
NameObserver	234, 237, 239
netPrice()	396
noexcept	10, 42, 282
NonOwningShapeModel	367, 368, 369, 370, 373
Non–Virtual Interface	8
notify()	225, 232, 233
null_memory_resource()	99
null object	380
nullptr	130, 144, 193, 240, 438
nullptr 검사	397
NVI	8, 99
object adapter	214
Observer	210, 224, 225, 226, 227, 228, 229, 230, 231, 237, 238, 239
OCP	2, 39, 40, 41, 61, 111, 116, 119, 121, 135, 155, 180, 183, 187, 214, 225, 234, 275, 304, 313, 350, 400, 428
OnUpdate	238
OnwingShapeModel	366
opaque pointer	276
Open–Closed Principle	2
OpenGL	91
OpenGLBoostSerialCircle	154
OpenGLCircle	151
OpenGLCircleStrategy	162, 164, 205
OpenGLDrawStrategy	311, 313
OpenGLProtobufCircle	154
OpenGLSquare	151
OpenGLSquareStrategy	165
OpenPages	212, 213, 214
operator()	130, 133
orthogonality	11
OutputIt	59, 76
output iterator	27
overengineering	23

overloading	41
override	49
OwningModel	347, 348, 349, 355, 356
OwningShapeModel	324, 327, 328, 329, 330, 340, 368, 369
Pages	213, 214
PersistenceInterface	428, 429, 435
Person	230, 231, 237, 278, 279, 280, 282, 287
PersonObserver	231
pessimization	195
Peter Parker	174
pimpl()	276, 344, 371
Pimpl 관용구	8, 268
Plugin	73, 75
Point	105
pointer-to-implementation	276
Point.h	105
polymorphic_allocator	100
polymorphic memory resource	97
pop()	217
PowerEngine	272
predicate	76
price()	19, 20, 377, 382, 385, 387, 388, 389, 396, 400, 405, 406, 408
PricedItem	400
PriceStrategy	380
print()	190
Printable	264
PrintCommand	182
private	31, 32, 33, 34, 35, 36, 271, 345, 370, 413
Product	87
propertyChanged()	239
protected	32, 33, 377
protected 생성자	276
protobuf	13, 153
public	31, 33, 35, 36
pull observer	228
push()	217
push observer	227
quack()	221, 222
RAII	2
RAII 관용구	8, 110
Ralph Johnson	7
Range	61, 62, 63
rapidjson	13
raw.data()	98
raw pointer	194, 232
raw.size()	98
read()	419, 429
Receiver	176
Rectangle	47, 48, 49, 54, 118, 120
reduction operation	94
reference semantics	146
reinterpret_cast	344
remove()	193
requestDepositAmount()	68
requestSpeedTransferAmount()	69
requestTransferAmount()	68
requestVIPNumber()	69
requestWithdrawalAmount()	68
Robert C. Martin	4
rotate()	119, 121, 304
rvalue	204

S – Z	
SBO	319, 343, 353, 358, 371
scalability	2
schedule()	182
Sean Parent	172
self-documenting code	56
Serializable	213, 338
serialization()	214
Serialization	17, 40
serialize()	12, 13, 14, 15, 25, 37, 38, 116, 119, 153, 167, 212, 304
set()	186
setHeight()	48, 49, 50, 54
set_persistence__interface()	433
set_persistence_interface()	429, 430, 432
setWidth()	48, 49, 50
SFINAE	6
Shape	106, 107, 110, 111, 116, 118, 119, 120, 123, 124, 144, 147, 149, 150, 156, 157, 172, 173, 303, 304, 324, 329, 330, 331, 333, 335, 336, 338, 340, 343, 344, 345, 348, 349, 350, 352, 354, 355, 359, 360, 361, 365, 366, 373, 374
Shape 기초 클래스	113
ShapeConcept	304, 305, 306, 307, 308, 310, 313, 315, 316, 317, 327, 328, 329, 330, 331, 366, 367, 368, 369
ShapeConstRef	363, 364, 366, 369, 370, 373, 374
Shape.h	105
ShapeModel	304, 305, 306, 308, 309, 310, 311, 314, 315, 317, 324, 327
ShapeOperation	119
ShapeT	330, 356
ShapeVisitor	119, 120, 121, 124, 125, 126
Sheep	294, 296, 297, 298, 299
Sheep 복사 생성자	295
shim	220
SIGKILL	50
signature	14
simdjson	13
Single-Responsibility Principle	1, 11
Singleton	98
Singleton-ness	426
SIOF	418
size()	217, 243, 245, 249, 251
slicing	296
Small Buffer Optimization	319
Small String Optimization	98
SOLID	23, 39, 50, 67, 180
SOLID 원칙	11
SpeedTransfer	69, 70

SpeedTransferUI	70
Square	48, 49, 50, 54, 106, 107, 109, 110, 111, 118, 120, 126, 130, 132, 142, 147, 149, 150, 153, 156, 157, 158, 159, 162, 204, 205, 304, 305, 307, 308, 309, 310, 311, 313, 325, 335, 364
SquareModel	313
SquareVisitor	141
SRP	1, 11, 16, 22, 23, 27, 35, 41, 63, 70, 72, 74, 78, 91, 121, 150, 155, 167, 180, 183, 187, 214, 225, 258, 275, 304, 304, 313, 350, 383, 400
SRP 위반	14
SSO	98
Stack	216
Static	245
static_cast	110, 249, 250, 347, 356
static storage duration	98
StaticVector	244, 245, 246
std::accumulate()	94
std::aligned_alloc()	351
std::any	321, 353
std::array	62, 95, 98, 245
std::array⟨T⟩::iterator	247
std::array raw	423
std::bad_alloc	391
std::bad_alloc()	423
std::bad_function_call	200
std::bad_variant_exception	129
std::basic_string	100
std::basic_string⟨char⟩	100
std::byte	344, 370, 371
std::construct_at()	346, 347, 348, 349, 368, 369, 372
std::copy()	27, 28, 58, 59
std::copy_if()	76
std::cos	200
std::destroy_at()	348
std::enable_if	6
std::erase()	193
std::find()	43
std::find_if()	43
std::for_each()	102, 183, 184, 186
std::forward_iterator	28
std::function	147, 199, 200, 201, 204, 206, 207, 208, 209, 237, 238, 239, 240, 301, 303, 308, 309, 321, 338, 353, 361, 362
std::get()	129
std::get_if()	130, 134, 138
std::hash	44
std::input_iterator	28
std::make_unique()	6, 87, 88, 126, 135, 167, 282, 299, 313, 328, 329, 343, 346, 397, 438
std::max_element()	192
std::min_element()	290
std::move	204
std::move()	433
std::multiplies	94
std::new_delete_resource()	424
std::optional	197
std::output_iterator	28
std::partition()	169, 184
std::plus	94
std::pmr	97
std::pmr::get_default_resource()	424
std::pmr::memory_resource	98, 392, 423, 424, 425, 426, 429
std::pmr::monotonic_buffer_resource	98, 390, 391, 392, 423
std::pmr::new_delete_resource()	391, 392
std::pmr::null_memory_resource()	98, 391, 423, 424
std::pmr::polymorphic_allocator	100
std::pmr::set_default_resource()	426
std::pmr::set_default_resource()	424, 425
std::pmr::string	100
std::pmr::vector	100
std::priority_queue	217
std::queue	217
std::remove()	191, 192, 193
std::set	95, 231, 232
std::shared_ptr	231, 322, 323, 438
std::sin	200
std::sort()	169, 184
std::span	189, 190, 191, 361, 362, 374
std::sqrt	200
std::stack	217
std::string	42, 63, 100, 195, 246, 257, 261
std::string_view	191, 361, 362, 374
std::swap()	41, 42, 44
std::unique_ptr	87, 132, 170, 171, 197, 218, 231, 276, 279, 282, 298, 300, 322, 330, 344, 352, 356, 385, 388, 397, 438
std::unique_ptr⟨Shape⟩	110
std::unique_ptr 벡터	313
std::variant	103, 104, 128, 129, 130, 132, 134, 136, 137, 196, 255, 289, 341, 438
std:variant	300
std::variant 해결책	136
std::vector	95, 100, 194, 195, 246, 257
std::vector⟨Blob⟩	36
std::vector⟨T⟩::iterator	247
std::visit()	103, 130, 134, 138
std::weak_ptr	232
Steve McConnell	411
STL	63
StoragePolicy	350, 352
Strategy	7, 86
strength of association	11
strings	98
StrongType	259, 262, 264
stub	421
subclassing	382
Subject	224, 225, 229
Subtract	176, 178
subtype	51
suite	29
sum type	129
super type	51
Surname	260, 261, 262, 266, 291
swap()	43, 64, 65, 77, 217
Swappable	264
tag	229
tag class	257

Tax	381
Taxed	382, 387, 389, 398, 400, 401, 406
Taxed 데코레이터	389, 395
TaxedItem	396
TaxStrategy	396
Template Method	98
testability	2
test-driven development	4
TestStrategy	92
TestWidget 테스트 픽스처	31
the Standard Template Library	63
this 포인터	36
thread pool	181
ThreadPool	181, 182, 184
title()	20
to_int()	196
Tom DeMarco	11
top()	217
trait class	258
Transaction	68
Transfer	68
TransferUI	70
transform()	49, 50
Translate 비지터	123
traverseRange()	61, 62, 219
triangle	111
Triangle	111, 118, 120, 159, 162
Turkey	221, 222
TurkeyAdapter	222
Type Erasure	201
typename	252
UI 클래스	68, 69, 70, 72, 73
UML	16
UnaryCommand	102
UnaryPredicate	76, 169
underlying type	261
undo()	176, 178, 179, 186
undoLast()	179, 180
Unified Modeling Language	16
unique_ptr	158, 356
unit test	23
update()	225, 226, 227, 228, 233, 238, 239, 240
updateCollection()	29, 30, 31, 32, 34, 35, 36
useDocument()	58
User	15
useShape()	360, 361
useShapeConstRef()	364
using 선언	219
value semantics	146
value_type	243, 245, 251, 252
variant	134
variant 해결책	138
variation point	16
Venkat Subramaniam	90
VimModePlugin	73, 75
virtual 복사	299
visit()	120, 121, 123, 124, 125, 141, 144
Visitor	7, 141, 173
Visitor⟨Circle⟩	142, 144
Visitor⟨Square⟩	142
vptr	353, 370
Vulkan	91
VulkanCircle	153
white box test	30
Widget	29, 31, 32, 33, 35, 36, 64, 76, 77, 88, 418, 419, 433, 434
Widget::doSomething()	421, 434
Widget swap()	78
width	48, 49
WildTurkey	221
Withdrawal	68
WithdrawalUI	70
Word	213
work package	175
wrapper	64
write()	419, 429
YAGNI	23, 44
year_of_birth	282, 291
You Aren't Gonna Need It	23
zero initialization	414
ZeroVector	254
zoo 라이브러리	334

ㄱ – ㄹ

가격 변경자 378, 380, 383, 387, 404
가독성 2, 11, 208, 286
가변인자(variadic) 템플릿 템플릿 매개변수 묶음 264
가상 디스패치 362
가상 멤버 함수 159
가상 소멸자 48
가상 함수 36, 66, 118, 353, 355
가상 함수 집합 304
가상 함수 테이블 353
가상 함수 호출 217
가슈페르 아주만(Gašper Ažman) 334
가짜 422
간섭성 125
간섭적 61, 258, 394
간섭적 해결책 432
간접 지정 127, 139, 167, 171, 187, 240, 286, 301, 353, 366, 395
값 기반 데코레이터 404
값 기반 해결책 135
값 의미론 146, 194, 195, 198, 199, 201, 237, 239, 240, 300, 301, 303, 319, 320, 329, 362, 376, 397, 406, 438
값 의미론 기반 구현 323, 404
값 의미론 기반 해결책 314
값 의미론 기반 타입 소거 구현 362
값 초기화 413, 414
강한 내부 결합 127
강타입 261, 262, 265
개념 60, 76
개방–폐쇄 원칙 2, 39, 61, 111, 155, 214, 400, 428
객체 어댑터 214, 218
결합 1, 228
결합도 11, 229
계통적 계층 99
계통적 구조 388
고수준 16, 40, 47, 71, 73, 74
고유한 인스턴스 411
고전적인 구현 206, 208, 237
고전적인 디자인 패턴 118
고전적인 런타임 해결책 403
고전적인 방문자 패턴 125
고전적인 비지터 136
고전적인 비지터 해결책 138
고전적인 추상화 307
고전적인 CRTP 접근법 259
고전적인 GoF 디자인 패턴 93
고전적인 GoF 패턴 94
공백 기초 클래스 최적화 215
공변적 52
과도한 설계 23
관리 포인터 322
관심사 63, 227, 437
관심사를 분리 238, 258, 274
관심사 분리 11, 17, 26, 28, 34, 41, 304, 318, 319, 350, 380, 381, 400
관심사의 격리 155
관용구 7
관찰자 224, 225, 226, 227, 228, 229, 231, 232, 233, 237, 240

교차 캐스트 144
구성 146, 174, 238, 307, 381, 438
구조 2
구조 디자인 패턴 284
구체 관찰자 228
구체화 67
구체 반복자 59
구현 274
구현 경직성 124, 127
구현 상세 5, 6, 8, 72, 87, 88, 93, 154, 171, 214, 233, 266, 286, 409, 440
구현 상세에 대한 추상화 166
구현을 가리키는 포인터 276
구현 패턴 7, 88, 259, 266, 410, 415, 416
규모 가변성 2, 3, 6
그래픽 라이브러리 91
기능 9
기능 확장성 2, 6, 37, 41, 44
기대 행위 58, 60, 67, 400, 405
기록 시 복사 195
기본 기하 개체 306
기초 클래스 46, 48, 76, 91, 141, 248
기초 클래스에 대한 포인터 297
기하 기본 요소 91, 150
깊은 복사 195, 201, 332, 362, 374
꼬리표 229, 233
꼬리표 클래스 257
끼움쇠 220
널 객체 380, 381
논리적 결합 15
논리적 의존성 283
느슨한 결합 133, 208, 313, 318, 334
다중 경로 보증 28
다중 등록 232
다중 정의 42, 435
다중 정의 집합 61, 65, 66, 67, 76, 78, 219, 247
다중 정의 함수 집합 64
다중 정의 해석 373
다형성 메모리 자원 97, 422
다형성 연산 301
다형성 행위 302, 303, 304, 307, 313, 314, 318, 320, 324, 364
다형성 타입 173
단방향 데이터 흐름 418
단방향 흐름 423
단순성 286
단위 전략 353
단위 전략 기반 디자인 167, 170, 308, 309, 350
단위 전략 클래스 352
단위 테스트 23
단일 가상 함수 209
단일 인스턴스 413
단일 접근점 423
단일 책임 11
단일 책임 원칙 1, 11, 63, 91, 121, 150, 214, 400
단일한 전역 상태 418
닫힌 집합 116, 118
대안 129
더글라스 그레고르 321
더글라스 C. 슈미트(Douglas C. Schmidt) 303
덧셈 연산 178

데이비드 토머스 175
데코레이터 7, 98, 99, 100, 376, 381, 382, 383, 388, 390, 391, 393, 394, 396, 397, 398, 400, 404, 408, 423, 438
동적 다형성 58, 95, 105, 117, 169, 184, 187, 376, 397, 404
동적 메모리 301, 343, 350, 351, 391
동적 메모리 할당 325, 328, 349
동적 메모리 할당 비용 198
디스패치 134
디자인 3, 5, 9, 88
디자인 관심사 13
디자인 패턴 84, 88, 89, 94
랄프 존슨 7, 80
람다 2, 183, 199, 200, 206, 239, 356, 361, 364, 431
람다 접근법 333
래퍼 64, 218, 304, 307, 309, 317, 322, 323, 324, 329, 362, 369, 381, 382, 383, 391, 393, 435
래퍼 클래스 369, 406
래퍼 함수 435
런타임 간접 지정 309
런타임 다형성 41, 256
런타임 유연성 404, 409
런타임 전략 구현 308
런타임 추상화 58, 139
런타임 해결책 403, 409
로버트 마틴 67, 71
로버트 C. 마틴 4
루이스 디온(Louis Dionne) 334
리스코프 치환 원칙 46, 172, 219, 228, 429
리틀 엔디언 14

ㅁ - ㅅ

마이어스 싱글턴 410, 412, 413
마이크로서비스 7
마이클 페더스 174
마이클 페더스(Michael Feathers) 417
매튜 윌슨 220
메모리 단편화 126, 167, 349
메모리 할당 361
메모리 할당자 95
메모리 할당 최적화 343
메모리 획득 6
메탈 91
멤버 함수 35
모노스테이트 418
모듈 9
목 421
묘하게 되풀이되는 템플릿 패턴 95, 210, 241
물리적 결합 15
물리적 의존성 15, 272, 274, 275, 284, 286
미쉬코 헤버리(Miško Hevery) 418
미정의 행위 191
믹스인 210
믹스인 클래스 262, 264, 267
밀집 벡터 246, 247
밀집 벡터 타입 집합 258
바바라 리스코프 50, 55

바탕 타입 261
반공변적 53
반복자 56, 61, 63, 76
반복하지 말 것 1, 22, 63, 246
반복하지 말 것(DRY) 원칙 383
반환 타입 추론 253
방향 비순환 그래프 241
벌컨 91
벤캣 수브라마니암 90
변경 3
변경 가능성 6
변경 가능한 417
변경 용이성 170, 410
변경을 위한 디자인 23
변경자 381, 383
변경자의 계통적 적용 382
변수 417
변하기 쉬기 3
변형점 16, 17, 22, 91, 121, 155, 166, 175, 180, 183, 225, 304, 382
별칭 100
별칭 템플릿 261
병행성 233
병행 환경 226
복사-교환 8
복사 교환 관용구 331
복사 대입 연산자 282, 294, 295, 299, 300, 331, 347, 357
복사 생략 195
복사 생성자 204, 282, 294, 299, 300, 331, 332, 347, 357, 408
복사 의미론 282, 323
복잡도 4, 46
부분 브리지 293
부정적 최적화 195
불변속성 49, 50, 53, 54
불완전한 타입 249
불완전 타입 252, 253, 282
불투명 포인터 276
브리지 8, 139, 268, 269, 274, 278, 280, 283, 284, 285, 286, 287, 288, 289, 292, 293, 323, 330, 341, 344, 438
블랙박스 테스트 31
비가상 인터페이스 8, 99
비간섭 61, 103, 132, 136, 257, 313, 314, 318, 394
비간섭적 디자인 패턴 432
비간섭적으로 확장 392
비간섭적인 디자인 438
비간섭 추상화 323, 324
비다형 326
비다형성 323
비다형성 타입 303, 304
비다형성 타입 집합 314
비다형성 형태 브리지 280
비다형적 306, 313
비소유형 구현 364, 374
비소유형 래퍼 366
비소유형 추상화 362
비소유형 타입 소거 319, 362, 374
비소유형 타입 소거 구현 365
비소유 참조 타입 191
비순환 비지터 104, 140, 143, 163

비응집적	16	숀 파렌트	172
비지터	7, 18, 95, 103, 104, 118, 123, 136, 139,	숀 파렌트(Sean Parent)	321
	159, 163, 166, 173, 255, 300, 341	수동 가상 디스패치	319, 343, 358
빅 엔디언	14	수정에 닫혀 있음	39
빈 중괄호 집합	413	수치 벡터	243
비-const 참조	49	순수 가상 함수	13, 119, 173, 297
비-explicit 생성자	135	순수 가상 visit()	142
비-friend 함수	35	순수 지정자	13
비-public 상속을 구성보다 선호하는 이유	401	순차 컨테이너	246
뺄셈 연산	178	순환 비지터	125
사용자 정의 지점	41, 43, 44, 87	순환 의존성	124, 125, 136, 140, 142, 144, 162
사용자 지정 할당자	95	술어 함수	76
사인방	84	숨겨진 프렌드	32, 263, 331
삭제자	322, 323	숨겨진 friend	331, 371
삼각형	159	스레드	182
상등	335, 336	스레드 안전	240
상등 비교	335, 338	스레드 풀	181
상속	33, 49, 55, 107, 146, 153, 154, 172, 173, 174, 188,	스마트 포인터	193, 231, 438
	215, 238, 241, 263, 266, 307, 310, 381, 402, 438	스스로 문서화하는 코드	56
상속 계통	13, 18, 76, 150, 154, 187, 237, 301,	스콧 마이어스	35, 63, 112, 395
	304, 378, 379, 432	스택	179, 216
상속(런타임 다형성)	218	스텝	421
상용구 코드	123	스티브 맥코넬	411
상위 타입	51	스티븐 와타나베(Steven Watanabe)	334
상태 변경	232	시그니처	14
상태 변경 통지	241	싱글턴	98, 410, 411, 415, 416, 417, 418, 421,
상태 비유지	239		422, 423, 427, 432, 435, 436
상태 비유지 람다 표현식	356	싱글턴성	426
상태 비유지 삭제자	322		
상태 유지	239		
상호 의존성	4	**ㅇ — ㅊ**	
생명 주기	191, 193, 198, 208, 417		
생명 주기 관리	397	아키텍처	5, 79, 80
생명 주기 문제	363, 372, 374	아키텍처 고수준	76
생명 주기 의존성	438	아키텍처 문서	80
생성 디자인 패턴	296	아키텍처 저수준	76
생포인터	194, 232, 240, 300, 322, 352, 353	아키텍처 패턴	7
서브클래싱	382	안드레 알렉산드레스쿠	170
서브타이핑	55	안티패턴	410, 416
선형 대수(LA) 라이브러리	242	알고리듬	2, 63
설정자	36	알고리듬 군	92, 95
성능	6	알렉산더 스테파노프	63
성능 결함	127	앤드류 헌트	175
성능 향상	171	약한 참조 횟수	323
세금	387, 400	얕은 복사	201, 362
세금 포함 가격	396	어댑터	98, 100, 210, 212, 214, 216, 218, 220, 222, 223,
세율	377, 378, 400		239, 256, 314, 317, 393, 432, 438
소규모 버퍼 최적화	319	언어별 관용구	90
소유권	78, 194, 195	에두아르도 마드리드(Eduardo Madrid)	334
소유권 문제	76	에릭 니블러(Eric Niebler)	341
소유형 래퍼	366	에릭 프리먼	220
소유형 의미론	362	엘리자베스 롭슨	220
소유형 추상화	362	역직렬화	153
소유형 타입 소거	319	연관 강도	11
소유형 타입 소거 래퍼	404	연관된 타입의 군	248
소프트웨어	3, 10, 23	연산의 열린 집합	124, 139, 140
소프트웨어 디자인	3, 5, 10	연산의 추상화	166
소프트웨어 디자인 패턴	7	연산 집합	103
소프트웨어 아키텍처	5, 7	열거형	14, 38, 111
송금	68		

열거형 기반 접근법	130	인위적인 결합	12, 32, 36, 227
열거형 기반 해결책	138, 139	인위적인 의존성	13, 311, 416, 422, 437
열거형 ShapeType	106	인자 의존 검색	220
열린 집합	116, 118, 123	인출	68
영속성 시스템	430, 433	인터페이스	25, 27, 99, 214, 215, 216, 217, 218, 220, 221, 232, 246, 393, 429
영 요소	254		
영 초기화	414	인터페이스 분리 원칙	1, 25, 59, 159, 211, 338
예외 안전성	6, 8	인터페이스 표준화	314
오리	221	일대다 의존성	225
오리 타입 정의	222	일반 가상 함수	119
오직 한 가지	12	일반화 프로그래밍	64, 67, 95
옵서버	210, 224, 225, 226, 227, 232, 236, 240, 241	입금	68
완전한 타입	249	입력 반복자	27, 59
외부 다형성	18, 169, 268, 302, 303, 304, 305, 310, 313, 314, 315, 317, 318, 320, 323, 324, 326, 329, 332, 335, 338, 341, 345, 353, 432, 438	자동 입출금기	68
		자유 함수	34, 61, 63, 64, 206, 218, 308, 331
		자유 함수 다중 정의 집합	62
외부 상속 계통	304, 314, 324, 328, 329, 345, 353, 355, 369	작업 꾸러미	175
		잘림	296
외부화한 상속 계통	316	재귀 함수 호출	249
요구 사항	58	재사용	173
요구 사항 집합	75, 328, 405	재사용성	2, 170, 172
요청	175	재정의	49
우변 값	204, 363, 372	저수준	16, 40, 47, 71
우변 값 참조	204	저장 공간 단위 전략	352, 353
원	106, 159	전달 참조	325, 398
원래 가격	396	전략	7, 18, 86, 91, 93, 94, 95, 98, 100, 102, 146, 154, 155, 156, 157, 159, 162, 163, 165, 166, 167, 169, 170, 171, 174, 184, 185, 186, 187, 199, 206, 208, 209, 218, 283, 284, 301, 303, 308, 334, 340, 361, 377, 380, 381, 393, 394, 425, 426, 428, 436
원형	296		
위치 지정 new	346, 348		
유연성	101, 171, 187		
유일한 인스턴스	417		
유지 보수성	2, 6, 23	전방 선언	156, 249, 272
유클리드 노름	244	전역 변수	417
응집도	11	전역 상수	418
응집성	167	전역 상태	417, 418, 423, 426, 433, 436
의도	101	전역 상태 문제	418, 434
의미론적 요구 사항	400	전역 위치 지정 new	347
의미론적 추상화	324	전역 의존성 구조	78
의미론적 행위	323	전역 접근점	411, 428, 435
의존성	1, 4, 11, 13, 15, 18, 25, 26, 27, 40, 67, 74, 86, 166, 224, 228, 284, 308, 313, 318, 423, 425, 431, 434, 437, 440	전역 역전	71
		전이적인 의존성	15
		접착적	16
의존성 구조	440	정사각형	49, 50, 54, 106, 159
의존성 역전	71, 73, 75, 76, 125, 163, 426	정적 기억 존속 시간	98
의존성 역전 법칙	173	정적 다형성	58, 95, 117, 169, 170, 184, 376, 397, 398
의존성 역전 원칙	47, 67, 225, 400, 420	정적 믹스인	267
의존성의 지역(local) 역전	71	정적 지역 변수	414, 430, 431
의존성 주입	92, 102, 158, 167, 185, 428, 429, 433, 434, 435, 436	정적 초기화 순서 실패	418
		정적 코드 분석 도구	79
의존성 최소화	4	정적 타입 집합	257
의존성 화살표	419	정적 타입 추상화	256
이동 대입 연산자	282, 347	제임스 코플리엔	241
이동 생성자	204, 282, 347	존 라코스	iv
이동 의미론	195	종속자	225
이중 디스패치	126, 138	좌변 값	204, 363
이항 연산	334, 336, 338	주입	93, 94, 169, 310, 331, 425
인라인화	249, 293	주제	224, 227, 229, 230
인스턴스	430	중복 등록	232
인스턴스 수를 정확히 하나로 제한	415	즉시 실행 람다 표현식	430
인위적 의존성	306, 316, 334	지넷 윙	50
		지속적 통합	79

지역성	8
지역 역전	71
지역 의존성 주입	435
지역적	280
직교성	11
직교적	13
직교적 관심사	11, 15, 17, 23, 25, 27
직렬화	14
직사각형	48, 49, 50, 54
집합 초기화	414
집합 타입	414
짧은 문자열 최적화	98
참조 의미론	146, 188, 190, 191, 194, 197, 208, 237, 300, 301, 319, 320, 329, 362, 374, 397
참조 의미론 버전	368
참조 횟수	323
책임	11, 12
첨자 연산	243
첨자 연산자	245, 247, 251, 253
추상 기초 클래스	176
추상 복사본	301
추상 복사 연산	300
추상화	4, 5, 8, 18, 46, 47, 48, 50, 51, 60, 67, 68, 73, 74, 86, 87, 88, 127, 173, 174, 176, 190, 214, 219, 225, 241, 248, 266, 272, 274, 275, 284, 307, 310, 324, 426, 428, 434
추상화 소유권	78
추상화의 소유권	75
축소	102
축소 연산	94, 102
출력 반복자	27, 59
출력 연산자	245
칠면조	221

ㅋ - ㅎ

카트리나 트라예브스카	23
캐스트	250, 356
캡슐화	8, 35, 92, 95, 175, 186, 379, 409
커맨드	102, 146, 175, 176, 180, 181, 183, 184, 185, 186, 187, 199, 209
컨테이너	63, 95
컨테이너 어댑터	217
컴파일 단위	418
컴파일 방화벽	208, 274
컴파일 시점 간접 지정	258
컴파일 시점 다형성	256
컴파일 시점 데코레이터	404, 406
컴파일 시점 버전 데코레이터	408
컴파일 시점 전략 구현	308
컴파일 시점 접근법	309
컴파일 시점 정보	397
컴파일 시점 추상화	58, 248
컴파일 시점 추상화 메커니즘	67
컴파일 시점 해결책	403, 409
케블린 헤니(Kevlin Henny)	321
케이트 그레고리	274
켄트 벡	4

코드 복잡도	286
코드 중복	334
콘셉트	10, 27, 43, 46, 58, 59, 256, 257, 259, 267, 398
크리스 클리랜드(Chris Cleeland)	303
클라이언트-서버 아키텍처	7
클래스 내 메모리	301, 343, 344, 347, 350, 370, 372
클래스 어댑터	214, 218
클래스 템플릿	163, 171, 229, 230, 237, 242, 248, 344
타입 디스패치	134
타입 별칭	238, 329, 355, 372
타입 소거	169, 201, 208, 240, 319, 320, 321, 323, 324, 325, 328, 329, 330, 334, 336, 338, 339, 340, 341, 343, 353, 358, 374, 404, 438
타입 소거 해결책	340, 409
타입의 다형적 사용	173
타입의 닫힌 집합	124, 132, 139, 300
타입의 열린 집합	140, 300
타입 폭증	379
테스트	28, 35, 49, 79, 437
테스트 묶음	29
테스트 용이성	2, 6, 36, 92, 170, 410, 416, 422, 436
테스트 주도 개발	4
템플릿	27, 41, 76, 87, 167, 169, 188, 310, 398
템플릿 매개변수	43, 93, 100
템플릿 메서드	8, 98, 99
템플릿(컴파일 시점 다형성)	218
템플릿 특수화	41, 44
톰 드마르코	11
통지	232, 235, 241
통합 모델링 언어	16
트랜잭션	68, 69
특성 정보	259
특성 클래스	258
특수 멤버 함수	293, 299
티모시 H. 해리슨(Timothy H. Harrison)	303
파생 관찰자	228
파생 클래스	115
패스키(Passkey) 관용구	32
팩토리 메서드	87, 88
팩토리 함수	6, 87, 438
포인터 간접 지정	287
포인터 의미론	188
표준 라이브러리	41, 44
표준 템플릿 라이브러리	63
표현식 템플릿	96
푸시 옵서버	227, 228, 229, 240
풀 옵서버	228, 240
프락시 객체	140
프락시(Proxy) 객체	139
프로그래밍	9
프로토타입	95, 268, 294, 296, 299, 300, 301, 323, 328, 341
플러그인	73, 75
플러그인 아키텍처	74
피터 파커	174
필요한 것만 할 것	23
핌플	276, 277
핌플 관용구	268, 280, 288
핌플 포인터	286
하드웨어	3, 10

하위 타입	51
할당자	423, 424, 425, 426
할당자의 계통적 구성	391
할인	400
할인도	387
할인율	378
함수 객체	199, 206
함수 다중 정의	41, 46, 60, 61, 67, 87, 218
함수 디스패치	353
함수 어댑터	220
함수 템플릿	42, 219, 246, 255, 344
함수 포인터	183, 199
함수형 프로그래밍	95
함수 호출성 객체	101, 199, 200, 240, 308
함수 호출성 객체의 값 기반 추상화	321
함수 호출 연산자	130, 311
합 타입	129
행위적 서브타이핑	50, 55
행위(behavioral) 디자인 패턴	283
허상 포인터	232, 397, 438
현 유연성	133
화이트박스 테스트	30
확장성	101, 170
확장에 열려 있음	39
획득자	49